Schmitthenner Scheffel
Roth Schlegel Schopenhauer Rabelais Wolff Bebel
Proust Ganghofer Machiavelli Verne
Chesterton Hugo Zola
Mozart Doyle Mendelssohn Vulpius Barlach
Kleist Saint-Pierre Turgenjev Vergiriée Yeats
Salomon Andreas-Salomé Marx
Luther Saavedra Nietzsche Fouqué Storm
Richter Campe Baudelaire Barbusse
Heine Alarcon Beringer Pestalozzi Mérimée
Spyri Aristoteles Spindler Engels
Jansen Defoe Lespinasse Pückler Zschokke Mörike Dante
Gogol Lessing Przybyszewski Reymont Kafka
Yorke Droste-Hülshoff
Herder Boccaccio Chateaubriand Twain Kant
Reuter Diderot Wallace Grillparzer Tucholsky Fontane
Salgari Rousseau Moltke
Melville Albrecht Roseegger Kierkegaard Voltaire Gorki
Puschkin Smidt Shakespeare Schelling Humboldt Hölderlin Dickens Swift
Baudissin Fielding Poe
Gerstäcker Auerbach Dahn
Lons Horváth Björnson Liliencron Ibsen
Alexis Keyserling Roquette Busch
Brentano Anzengruber Franzos
Pellico Heym Rilke
Platon Maupassant Bulwer-Lytton Herodot Scott
Raabe Gotthelf Ebner-Eschenbach Schiller Tolstoi
Grimm Hegel Dostojewski Dehmel
Keller Paulus Dauthendey Rathenau
Molière Michelangelo Stevenson
Eichendorff Augustinus Brehm Goethe
Laotse Rose Bornstein Ringelnatz Wilde Berend
Bismarck Chamberlain Alighieri Lassalle
Wille Cervantes Balzac Arnim

Der Verlag tredition aus Hamburg veröffentlicht in der Reihe **TREDITION CLASSICS** Werke aus mehr als zwei Jahrtausenden. Diese waren zu einem Großteil vergriffen oder nur noch antiquarisch erhältlich.

Symbolfigur für **TREDITION CLASSICS** ist Johannes Gutenberg (1400 — 1468), der Erfinder des Buchdrucks mit Metalllettern und der Druckerpresse.

Mit der Buchreihe **TREDITION CLASSICS** verfolgt tredition das Ziel, tausende Klassiker der Weltliteratur verschiedener Sprachen wieder als gedruckte Bücher aufzulegen – und das weltweit!

Die Buchreihe dient zur Bewahrung der Literatur und Förderung der Kultur. Sie trägt so dazu bei, dass viele tausend Werke nicht in Vergessenheit geraten.

Komik und Humor Eine Psychologische-Ästhetische Untersuchung

Theodor Lipps

Impressum

Autor: Theodor Lipps
Umschlagkonzept: toepferschumann, Berlin

Verlag: tredition GmbH, Hamburg
ISBN: 978-3-8495-4904-6

www.tredition.com
www.tredition.de

KOMIK UND HUMOR

EINE PSYCHOLOGISCH-ÄSTHETISCHE UNTERSUCHUNG

VON

THEODOR LIPPS

Vorwort

Vor jetzt zehn Jahren habe ich in den "Philosophischen Monatsheften" eine Reihe von Aufsätzen über die "Psychologie der Komik" zu veröffentlichen begonnen. Teils eigenes Bedürfnis, teils der Wunsch anderer, hat mich zu einer Umarbeitung und Erweiterung dieser Aufsätze veranlasst. Daraus ist schliesslich dies Buch geworden.

Ich bezeichne den Inhalt desselben als "psychologisch-ästhetische Untersuchung". Dabei könnte das "psychologisch" überflüssig erscheinen. Eine ästhetische *Untersuchung* ist immer psychologisch. Aber ich wollte mit diesem Ausdruck andeuten, dass es mir vor allem ankam auf die psychologische Analyse meines Gegenstandes, auf die breite psychologische Fundamentierung des Problems, auf die Einfügung desselben in den Zusammenhang mit angrenzenden, verwandten und allgemeineren psychologischen und ästhetischen Problemen.

Darüber trat ein anderes Interesse zurück. Ich habe darauf verzichtet, den Humor oder die künstlerische Verwendung des Komischen weiter, als es die Natur der Sache erforderte, in die verschiedenen Kunstgattungen und Kunstrichtungen hinein zu verfolgen, oder gar bestimmte humoristische Kunstwerke im einzelnen zu analysieren. Es genügte mir, die verschiedenen Möglichkeiten, die Arten, Daseinsweisen und Stufen der Komik und des Humors allgemein aufgezeigt und in ihrer Wirkung verständlich gemacht zu haben. Jene mehr kunst- und litterarhistorische Aufgabe möchte ich gerne anderen, womöglich solchen, die dazu geschickter sind, überlassen. Ich hoffe aber freilich, dass für solche Arbeit das in diesem Buche Gebotene als die geeignete Grundlage erscheinen wird.

Ich gedenke noch mit besonderem Danke der Anregung, die ich bei Abfassung dieses Buches aus einem die Komik betreffenden Aufsatze *Heymans*' in der Zeitschrift für Psychologie habe schöpfen können.

Starnberg, Mai 1898.

Th. L.

INHALT.

9

III. ABSCHNITT. PSYCHOLOGIE DER KOMIK.

I. ABSCHNITT. THEORIEN DER KOMIK.

Die Psychologie der Komik kann ihre Aufgabe auf doppeltem Wege zu lösen versuchen. Komisch heissen Gegenstände, Vorgänge, Aussagen, Handlungen, weil sie ein eigenartiges Gefühl, nämlich eben das Gefühl der Komik in uns erwecken. Das Wort "komisch" will, allgemein gesagt, zunächst nicht wie das Wort "blau" eine Eigenschaft bezeichnen, die an einem Gegenstände angetroffen wird, sondern die Wirkung angeben, die der Gegenstand auf unser Gemüt ausübt. Freilich muss dieser Wirkung irgendwelche Beschaffenheit des Gegenstandes zu Grunde liegen. Insofern dies der Fall ist, heisst dann auch die Beschaffenheit selbst oder der Träger derselben komisch.

Darnach scheint der naturgemässeste Weg zur Bestimmung des Wesens der
Komik, dass man erst jene Wirkung feststellt, also das Gefühl der Komik
in seiner Eigentümlichkeit zu begreifen sucht, um dann zuzusehen, welche
Besonderheiten der Gegenstände diese Wirkung nach psychologischen
Gesetzen ergehen können, bezw. wie sie dieselbe ergeben können.

Daran müsste sich natürlich die Probe auf das Exempel anschliessen, d. h. es müsste festgestellt werden, inwiefern die thatsächlich gegebenen Arten des Komischen diese Besonderheiten an sich tragen.

Andererseits hindert doch nichts, auch in anderer Weise die Untersuchung zu beginnen. Das Gefühl der Komik ist ein so eigenartiges, dass wir im gegebenen Falle kaum zweifeln können, ob wir einen Gegenstand, ein Verhalten, ein Ereignis, eine Gebärde, Rede, Handlung unter die komischen zu rechnen haben. Darauf beruht die Möglichkeit, zunächst von diesen *Gegenständen* auszugehen. Wir fassen dieselben ins Auge, analysieren sie, vergleichen die verschiedenartigen Fälle, variieren die Bedingungen, und gelangen so zu den Momenten, auf denen die Wirkung beruhen muss. Auch hier ist dann eine Probe erforderlich. Wir müssen uns überzeugen, ob diese Momente auch nach allgemeinen psychologischen Gesetzen die komische Wirkung hervorbringen können, bezw. wiefern sie dazu fähig sind. Darin ist dann die Analyse des Gefühls der Komik schon eingeschlossen.

Diese beiden Wege unterscheiden sich nicht hinsichtlich dessen, was zu leisten ist, sondern lediglich hinsichtlich des Ausgangspunktes. Offenbar hat aber der zweite Weg insofern einen Vorzug, als man dabei von vornherein in den Gegenständen der Komik einen sicheren Halt hat. Im Übrigen wird individuelle Neigung und Befähigung die Wahl des Wegs bestimmen, oder zum Mindesten darüber entscheiden, ob die eine oder die andere Weise der Untersuchung vorherrscht.

I. KAPITEL. THEORIE DES GEFÜHLSWETT-STREITES.

HECKERS THEORIE. KOMIK, LUST UND UNLUST.

Achten wir auf die Geschichte der Psychologie und Ästhetik des Komischen in unseren Tagen, so sehen wir den ersten jener beiden Wege am entschiedensten eingeschlagen von *Hecker* in seiner "Physiologie und Psychologie des Lachens und des Komischen", Berlin 1873. Dagegen tritt die andere Weise deutlicher hervor bei *Kräpelin*, dem Verfasser des Aufsatzes "Zur Psychologie der Komik" im zweiten Bande von *Wundts* "Philosophischen Studien". Hiermit habe ich zugleich diejenigen Arbeiten bezeichnet, die bisher — abgesehen von den Aufsätzen, als deren Umarbeitung und Erweiterung diese Schrift sich darstellt —, mit der Psychologie der Komik am eingehendsten sich befasst haben.

Wie leicht der Versuch, das Gefühl der Komik in seiner Eigenart zu begreifen, ohne dass man von vornherein an den Gegenständen der Komik einen festen Halt sucht, in die Irre führen kann, zeigt *Hecker* deutlich. Er meint das Gefühl der Komik zu analysieren. Statt dessen dekretiert er es.

Für Hecker ist das Gefühl der Komik ein "beschleunigter Wettstreit der Gefühle" d. h. ein "schnelles Hin- und Herschwanken zwischen Lust und Unlust". "Von einem Punkte aus sehen wir plötzlich und gleichzeitig zwei verschiedene unvereinbare Gefühlsqualitäten (Lust und Unlust) in uns erzeugt werden." Dass sie von einem Punkte aus und darum gleichzeitig erzeugt werden und doch unvereinbar sind, dies bedingt nach *Hecker* den Wettstreit. In diesem Wettstreit würde die schwächere der beiden Qualitäten unterdrückt werden, wenn eine erhebliche Verschiedenheit der Gefühle hinsichtlich ihrer Stärke bestände. Eine solche besteht aber nach *Hecker* nicht. Die konträren Gefühle sind von "annähernd gleicher Stärke". Daraus ergiebt sich die Notwendigkeit des Hin- und Hergehens. Dasselbe wird zum schnellen Hin- und Hergehen, zum beschleunigten Wettstreit in diesem Sinne, wegen der Plötzlichkeit der Wirkung. Das Gefühl der Lust, das ursprünglich dem der Unlust nur die Wage hielt, erscheint in diesem plötzlich erzeugten Wettstreit durch Kontrast gehoben, so dass in der schliesslichen Gesamtwirkung die Lust überwiegt.

Den Inhalt dieser Erklärung sucht *Hecker* zu stützen, indem er auf das Phänomen des Glanzes verweist. Wenn dem einen Auge eine schwarze, dem andern an derselben Stelle des gemeinsamen Sehfeldes eine weisse Fläche dargeboten wird, so ergiebt sich unter Umständen das Gesamtbild einer glänzenden schwärzlichen Fläche. Die beiden monokularen Bilder können, so wie sie sind, nicht an derselben Raumstelle gleichzeitig gesehen werden. Sie können wegen der Selbständigkeit, welche sie besitzen, auch nicht einfach zu einem Mittleren, also zum Bilde einer grauen Fläche verschmelzen. Sind keine Bedingungen vorhanden, welche das eine der Bilder vor dem andern bevorzugt sein lassen, so fehlt endlich auch die Möglichkeit, dass das eine durch das andere auf längere Zeit verdrängt werde. So bleibt nach *Hecker* nur übrig, dass die Wahrnehmung zwischen beiden mit grosser Schnelligkeit hin- und herzittert; und dies Hin- und Herzittern, meint *Hecker*, sei der Glanz.

In gleicher Weise nun sollen auch annähernd gleich starke Gefühle der Lust und Unlust, die gleichzeitig gegeben sind, nicht nebeneinander bestehen, noch zu einem mittleren Gefühle verschmelzen können, sondern zu schnellem Wechsel genötigt sein. Und in diesem Wechsel soll das Gefühl der Komik bestehen.

Scharfsinnig ausgedacht mag diese Theorie erscheinen. Schade nur, dass sie gar keinen Boden unter den Füssen hat. Dem Physiologen *Hecker* erscheint die Analogie zwischen Gefühl der Komik und Wahrnehmung des Glanzes als eine vollständige. Ich sehe in *Heckers* Meinung nur ein Beispiel dafür, wie leicht es demjenigen, der mit der Eigenart eines Gebietes wenig vertraut ist, begegnet, dass er Erscheinungen, die diesem Gebiete angehören, mit Erscheinungen von völlig heterogener Natur in Analogie setzt und aus dieser Analogie zu erklären meint. Dass auch *Heckers* Erklärung des *Glanzes* keineswegs einwandfrei ist, soll dabei nicht besonders betont werden.

Thatsächlich ist freilich auch nach *Heckers* Darstellung die Analogie zwischen Glanz und Komik keine vollständige. Der beschleunigte Wettstreit wird beim Glänze einfach daraus abgeleitet, dass die entgegengesetzten Qualitäten sich die Wage halten, während beim Gefühl der Komik das plötzliche Auftreten des Kontrastes als wesentlich erscheint.

Aber davon wollen wir absehen. Wichtiger ist, dass die Grundvoraussetzung der ganzen Theorie irrig ist. Das Gefühl der Komik gehört der Linie zwischen reiner Lust und reiner Unlust an. Aber es erfüllt in seinen möglichen Abstufungen die ganze Linie, so dass es stetig einerseits in reine Lust, andererseits in reine Unlust übergeht. Wenn jemand eine anerkannte Wahrheit in witziger Form ausspricht, so spielend und doch so unmittelbar einleuchtend, wie es der gute Witz zu thun pflegt; wenn durch einen solchen Witz niemand verletzt oder abgefertigt wird; dann ist das Gefühl der Komik, das sich daran heftet, zwar durchaus eigenartig, hinsichtlich seines Verhältnisses zu Lust und Unlust aber mit den reinsten Lustgefühlen, die uns beschieden sind, vergleichbar. Wenn andererseits ein Mann sich wie ein Kind beträgt, jemand, der wichtige Verpflichtungen mit viel Selbstbewußtsein übernommen hat, im letzten Momente sich feige zurückzieht, so kann ein Gefühl der Komik entstehen, das von reiner *Unlust* sich beliebig wenig unterscheidet.

Auch hier darf freilich das Moment der Erheiterung nicht fehlen, wenn wir das Gebahren noch komisch oder "lächerlich" nennen sollen. Aber eine bestimmte Stärke desselben ist dazu nicht erforderlich. Denken wir uns dies Moment schwächer und schwächer, so geht das Lächerliche nicht sprungweise, sondern allmählich in das Verächtliche oder Erbärmliche über.

Das Gleiche gilt von dem "Hohnlachen", mit dem der Verbrecher, der am Ende seiner nichtswürdigen Laufbahn angekommen ist und alle seine Pläne hat scheitern sehen, sich gegen sich selbst und seine Vergangenheit wendet. Auch hierin steckt noch jenes Moment der Erheiterung. Zunächst aber spricht aus diesem verzweiflungsvollen Lachen eben das Gefühl der Verzweiflung, also des höchsten seelischen Schmerzes. Und dieser Schmerz kann sich steigern und die Fähigkeit sich darüber zu erheben und der Sache eine heitere Seite abzugewinnen, sich mindern. So lange dies letztere Moment nicht völlig verschwindet, ist der Verbrecher sich selbst lächerlich, also Gegenstand einer, wenn auch noch so schmerzlichen Komik.

GEFÜHL UND "GEFÜHLSSWETTSTREIT".

Das Gefühl der Komik, das steht uns fest, ist nicht durch ein bestimmtes quantitatives Verhältnis von Lust und Unlust gekennzeichnet. Darüber hätte *Hecker* schon der einfache Sprachgebrauch belehren können, der ein Lachen bald als lustig, fröhlich, herzlich, bald als ärgerlich, schmerzlich, bitter bezeichnet.

Es können aber auch umgekehrt Lust und Unlust, die "aus einem Punkte erzeugt" sind, recht wohl sich annähernd die Wage halten, ohne dass doch, sei es das Gefühl der Komik, sei es der Wettstreit entsteht, der nach *Hecker* die Komik machen soll.

Lust und Unlust sollen nicht nebeneinander bestehen und sich zu einem
Gesamtgefühl vereinigen können. Und warum nicht? Wegen der Analogie des
Glanzes? Aber diese Analogie wird Lust und Unlust schwerlich verhindern,
ihren eigenen Gesetzen zu gehorchen.

Sagen wir es kurz: Der ganze *Hecker*'sche Wettstreit der Gefühle ist ein psychologisches Unding. Es giebt in uns gar keine "*Gefühle*", die mit einander in Wettstreit geraten könnten, sondern von vornherein immer nur ein *Gefühl*, genauer: eine so oder so beschaffene Weise, wie uns zu Mute ist, oder wie wir "*uns*" fühlen. Fühlen heisst *sich* fühlen. Alles Gefühl ist Selbstgefühl. Dies ist eben das Besondere des Gefühls im Gegensatz zur Empfindung, die jederzeit Empfindung von Etwas, d. h. Empfindung eines von mir unterschiedenen Objektes ist. Ich fühle mich lust- oder unlustgestimmt, ernst oder heiter, strebend oder widerstrebend.

So gewiss nun ich in meinem Selbstgefühl mir nicht als eine Mehrheit erscheine, so gewiss giebt es für mich nicht in einem und demselben Momente nebeneinander mehrere Gefühle. Dies hindert nicht, dass ich an dem Gefühl oder Selbstgefühl eines Momentes mehrere *Seiten* unterscheide, so etwa, wie ich auch an einem Klange, diesem einfachen Inhalte meines Bewusstseins, verschiedene Seiten, nämlich die Höhe, die Lautheit und die Klangfarbe unterscheide. Aber diese verschiedenen Seiten sind eben doch nur verschiedene Seiten eines und desselben an sich *Einfachen*.

Ich fühle mich etwa in einem Momente lustgestimmt. In der Lust aber liegt zugleich ein gewisser Ernst. Andererseits ist damit ein Streben oder Sehnen "verbunden". Dann habe ich doch nicht drei Gefühle, so wenig ich drei Töne höre, wenn mein Ohr eine Tonhöhe und mit ihr "verbunden" eine bestimmte Lautheit und eine bestimmte Klangfarbe vernimmt. Sondern ich fühle Lust, aber die Lust ist nicht Lust überhaupt, sondern Lust von eigentümlich ernster Art. Und wiederum ist diese ernste Lust nicht ernste Lust überhaupt, sondern zugleich Lust mit einem Charakter des Sehnens. Oder umgekehrt gesagt, das Sehnen oder Streben ist ein lustgestimmtes und ernstes.

Dem entspricht auch der eigentliche psychologische Sinn der Lust. In dem einen Gefühl giebt sich mir jedesmal der *Gesamtzustand* meines psychischen Lebens, der immer nur einer sein kann, in gewisser Art unmittelbar kund. Oder genauer gesagt: Es giebt sich mir darin eben die — freie oder gehemmte — *Weise* kund, *wie* sich die mannigfachen Vorgänge und Regungen in mir zu einem psychischen Gesamtzustande vereinigen. Nichts ist unrichtiger als die Vorstellung, dass jemals ein Gefühl, so wie Gefühle in uns thatsächlich vorzukommen pflegen, an einer einzelnen Empfindung oder Vorstellung oder auch an einem einzelnen Komplex von solchen, hafte. Nichts ist unzutreffender als die Lehre vom "Gefühlston" einer Empfindung oder Vorstellung, wenn damit eine solche Meinung sich verbindet.

Dies schliesst nicht aus, dass dennoch ein Gefühl an bestimmten einzelnen Empfindungsinhalten oder Komplexen von solchen in gewissem Sinne "haften" könne und als an ihnen haftend sich uns darstelle. Wir müssen nur wissen, was wir damit meinen und einzig meinen können. In dem gesamten psychischen Leben eines Momentes sind nicht alle Elemente psychisch gleichwertig. Sondern die einen treten beherrschend hervor, die anderen treten zurück. Und es treten in aufeinanderfolgenden Momenten bald diese bald jene Elemente hervor oder zurück. Damit ändert sich auch das Gefühl.

Es gewinnt jetzt diesen, jetzt jenen Charakter. Es wandelt sich etwa, indem ein bestimmter psychischer Inhalt, eine bestimmte Empfindung oder Vorstellung, hervortritt, ein Gefühl, das Lustcharakter besass, in ein unlustgefärbtes, und diese Färbung wird immer deutlicher, jemehr jener bestimmte Inhalt hervortritt. Dann kann ich sagen, es hafte diese Unlustfärbung meines Gefühles, oder auch: es hafte ein Gefühl der Unlust an diesem Inhalte. Das einheitliche oder einfache Gesamtgefühl bleibt dann doch durch den psychischen Gesamtzustand bedingt. Nur ist zugleich eben dieser psychische Gesamtzustand vorzugsweise durch jenen bestimmten, in ihm hervorstrebenden *Inhalt* bedingt.

Darnach giebt es auch keinen Wettstreit der Gefühle. Man muss in Wahrheit etwas anderes meinen, wenn man diesen Ausdruck gebraucht. Und was man einzig meinen kann, das ist der Wettstreit der *Vorstellungen*, an denen verschiedene Gefühle im oben bezeichneten Sinne des Wortes *"haften"*. Ein solcher Vorstellungswettstreit besteht ja thatsächlich. Es geschieht nicht nur, wie oben gesagt, dass Vorstellungen hervortreten, andere zurücktreten, sondern das Hervortreten einer Vorstellung bedingt das Zurücktreten anderer. Und damit vollzieht sich zugleich, wie gleichfalls bereits bemerkt, ein Wechsel der Gefühle, genauer ein Wechsel in der "Färbung" *des* Gefühls.

Nehmen wir aber jetzt versuchsweise an, auch *Hecker* wolle eigentlich von einem Wettstreit der *Vorstellungen* reden. Dann erscheint doch der Irrtum, in dem *Hecker* sich befindet, nicht geringer. Nach *Hecker* müssten Vorstellungen, die "von einem Punkte aus", also gleichzeitig erzeugt werden, in Wettstreit geraten, also sich wechselseitig verdrängen, wenn oder weil sie eine entgegengesetzte Färbung des Gefühles bedingen. Aber dies trifft nicht zu. Der Vorstellungswettstreit hat an sich mit dem Gegensatz der Gefühle gar nichts zu thun.

Vorstellungen geraten in Wettstreit einmal, weil sie einander fremd sind, d. h. in keinem Zusammenhang miteinander stehen; zum anderen, zugleich in anderer Weise, weil sie miteinander unverträglich sind, also sich wechselseitig ausschliessen. Vorstellungen nun, die von einem Punkte aus erzeugt sind, können, eben weil sie von einem Punkte aus erzeugt sind, einander niemals völlig fremd sein. Sie sind es um so weniger, je mehr sie von einem Punkte aus erzeugt sind. Und ob Vorstellungen sich ausschliessen oder nicht, dies hängt keineswegs von den an ihnen haftenden Gefühlen ab. Die Vorstellungen, dass ein Objekt jetzt hier, und dass dasselbe Objekt jetzt dort sich befinde, schliessen sich aus. Dies heisst doch nicht, dass die eine Vorstellung von Lust, die andere von Unlust begleitet sei. Und umgekehrt: Die Vorstellung, dass ein Objekt eine schöne Form und zugleich eine hässliche Farbe habe, vertragen sich vortrefflich miteinander, obgleich die schöne Form Gegenstand der Lust, die hässliche Farbe Gegenstand der Unlust ist.

Geraten aber Vorstellungen, die von einem Punkte aus erzeugt und einerseits von Lust, andererseits von Unlust begleitet sind, nicht miteinander in Wettstreit, so ist auch kein Grund zum Wechsel des Gefühles. Sondern es entsteht ein einziges in sich gleichartiges Gefühl, in dem beide zu ihrem Rechte kommen.

GEFÜHL DER TRAGIK UND DER KOMIK.

Hierfür giebt es allerlei Beispiele, auf die *Hecker* hätte aufmerksam werden müssen. Psychologie ist doch nicht ein Feld für blinde Spekulationen, sondern für die Feststellung von Erfahrungsthatsachen, und für sichere Schlüsse aus solchen.

Nicht auf die ganze Mannigfaltigkeit der hier in Betracht kommenden Thatsachen, sondern zunächst nur auf eine einzige will ich hier hinweisen. Ich meine die Tragik und das Gefühl der Tragik. Eine Persönlichkeit leide, sei dem Untergange geweiht, gehe schliesslich thatsächlich unter. Aber in allem dem bewähre sich eine grosse Natur, irgend welche Stärke und Tiefe des Gemütes. Hier werden, wenn irgendwo, von einem Punkte aus gleichzeitig Lust und Unlust erzeugt. Der fragliche Punkt ist das Leiden der Persönlichkeit. Dass sie — nicht nur überhaupt — sondern in solcher Weise, *leidet*, ist Grund der Unlust; dass sie — nicht nur überhaupt, sondern in solcher *Weise*, d. h. als diese grosse Persönlichkeit, leidet, oder dass sie im Leiden als diese grosse Persönlichkeit sich zeigt, das ist Grund der Lust. Hier wären also in besonderem Masse, ja wir dürfen sagen in unvergleichlicher Weise, die Bedingungen des *Hecker*'schen Wettstreites der Gefühle gegeben.

Aber derselbe will sich nicht einstellen. Gerade dies, dass in so hohem Grade von *einem Punkte* aus die entgegengesetzten Gefühle erzeugt werden, verhindert ihn. In dem einen psychischen Gesamtthatbestande sind die beiden Vorstellungen, des Leidens und der Persönlichkeit, die leidet, untrennbar verbunden. Ebendarum findet kein Vorstellungswettstreit statt; und damit unterbleibt auch der Wechsel der Gefühle. Die Eigenart jenes Gesamtthatbestandes giebt sich vielmehr, hier wie überall, dem Bewusstsein kund in einem einzigen *eigenartigen Gefühl*. Wir kennen es als Gefühl der Tragik. Dies Gefühl ist so wenig ein wechselndes oder schwankendes dass vielmehr die feierliche Ruhe für dasselbe kennzeichnend ist.

Lassen wie uns aber den "Wettstreit" für einen Augenblick gefallen. Er finde bei der Tragik statt, obgleich ich wenigstens von solchem Stattfinden desselben nichts weiss. Dann besinnen wir uns, dass doch Hecker aus demselben nicht das Gefühl der Tragik, sondern das Gefühl der Komik ableiten will. Der Wechsel der Gefühle soll das Gefühl der Komik sein. Das Gefühl der Tragik ist aber, wie man weiss, nicht das Gefühl der Komik.

GEFÜHLSKONTRAST.

Allerdings bezeichnet *Hecker* die Bedingungen dieses Gefühles noch genauer. Lust und Unlust sollen sich beim Wettstreit zunächst die Wage halten. Dann aber soll das Gefühl der Last durch Kontrast gehoben werden.

Indessen auch diese Bedingungen können in unserem Falle erfüllt sein. Es hindert zunächst nichts, dass das Unlustvolle des Leidens und das Befriedigende, das die Weise des Leidens oder die Eigenart der leidenden Persönlichkeit in sich schliesst, in beliebigem Grade sich die Wage halten.

Und auch eine Kontrastwirkung kann nicht nur, sondern wird jederzeit bei der Tragik stattfinden. — Doch ist hierzu eine besondere Bemerkung erforderlich.

Hecker redet von _Gefühls_kontrast. Das Gefühl der Unlust soll unmittelbar das mit ihm wechselnde Gefühl der Lust "heben". Hier ist ein, auch sonst behauptetes allgemeines psychologisches *Kon-*

trastgesetz vorausgesetzt. Nehmen wir einmal an, dies Gesetz bestände, so müsste ihm zufolge offenbar, wie die Lust durch die Unlust, so auch die Unlust durch die Lust gehoben werden. Damit
wäre das schliessliche Überwiegen der Lust, das *Hecker* bei der Komik annimmt, wiederum illusorisch geworden.

Aber jenes Kontrastgesetz existiert nicht. Wohl giebt es mancherlei Thatsachen, die man als Wirkungen eines Kontrastes bezeichnen
kann. Aber wenn man dies thut, so hat man nur einen zusammen-
fassenden Namen, und zwar einen Namen für sehr Verschiedenar-
tiges. Die fraglichen Thatsachen sind der mannigfachsten Art und
beruhen auf völlig heterogenen Gründen. Rot *scheint* nicht bloss,
sondern *ist*, für das Auge nämlich, röter neben Grünblau als neben
Rot. Dies hat seine bestimmten, nämlich *physiologischen* Gründe. Der
Mann von mittlerer Grösse *ist* nicht, für unsere Wahrnehmung
nämlich, grösser, wenn er neben einem Zwerge, als wenn er neben
einem Riesen steht, aber er wird grösser *geschätzt* oder *taxiert*. Dies
hat wiederum seine bestimmten, aber diesmal *psychologischen*
Gründe.

Wie es aber auch mit dem Empfindungs- oder Vorstellungskontrast bestellt sein mag; eine Kontrastwirkung, die Gefühle unmittelbar auf Gefühle ausübten, giebt es nicht. Wenn ich hier ganz allgemein reden darf: Gefühle wirken überhaupt nicht. Sie haben als
solche keine psychomotorische Bedeutung. Sie sind überall nichts
als begleitende Phänomene, Bewusstseinsreflexe, im Bewusstsein
gegebene Symptome der Weise, wie *Empfindungen* und *Vorstellun-*
gen, oder Zusammenhänge von solchen, in uns wirken. Die Psychologie hat sich noch nicht überall zur klaren Anerkennung dieses
Sachverhaltes durchgearbeitet. Aber sie wird sich wohl oder übel
dazu entschliessen müssen.

Was man so Wirkung von Gefühlen nennt, ist Wirkung der Bedingungen, aus denen die Gefühle erwachsen, also Wirkung der
Empfindungs- und Vorstellungsvorgänge und der Beziehungen, in
welche dieselben verflochten sind. So ist auch der "Gefühlskontrast"
in Wahrheit Empfindungs- oder Vorstellungskontrast. Vorstellungen können anderen, zu denen sie in Gegensatz treten, eine höhere
psychische "Energie" verleihen, und dadurch auch das an diesen
haftende Gefühl steigern. Sie thun dies nicht ohne weiteres, wohl

aber unter bestimmten Voraussetzungen. Welches diese Voraussetzungen sind, und nach welcher psychologischen Gesetzmäßigkeit dieselben die "Kontrastwirkung" vermitteln, dies muss natürlich im einzelnen festgestellt werden. Das Kontrastgesetz ist mehr als ein blosser Sammelname, soweit dieser Forderung genügt ist.

Ich sagte nun schon, dass auch bei der Tragik eine Kontrastwirkung stattfinde. Auch diese hat ihre eigenen Gründe. Je grösser das Leid, je härter der Untergang, und je grösser unser Eindruck von beidem, desto schöner und grösser erscheint die Persönlichkeit, die in allem dem sich oder das Grosse, Gute, Schöne, das in ihr liegt, behauptet. Damit ist wenigstens eine mögliche Art der tragischen Kontrastwirkung bezeichnet.

Fassen wir alles zusammen, dann sind – falls wir fortfahren, die _Hecker_sche Theorie des "Wettstreites" uns gefallen zu lassen, in der Tragik alle _Hecker_'schen Bedingungen der Komik in ausgezeichneter Weise gegeben. Die Tragik müsste also nach _Hecker_ die komischste Sache von der Welt sein. Wir müssten über die Tragik des Leidens und Untergangs aufs herzlichste lachen. Dies thun wir nicht, Tragik und Komik sind äusserste Gegensätze.

DER WECHSEL DER GEFÜHLE.

Ich nahm oben versuchsweise an, dass der _Hecker_'sche "Wettstreit" unter den _Hecker_'schen Bedingungen wirklich stattfinde. Träfe diese Annahme zu, dann wäre noch die Frage, ob aus solchem Wettstreit, oder dem damit gegebenen schnellen Wechsel von entgegengesetzten Gefühlen ein einheitliches Gefühl, wie das Gefühl der Komik es ist, sich ergeben würde. Auch diese Frage muss verneint werden. Ein Wettstreit der Vorstellungen kann thatsächlich stattfinden und mit einem Wechsel der Gefühle, speciell der Gefühle der Lust und Unlust, verbunden sein, ohne dass doch das Gefühl der Komik entsteht.

Ich stehe etwa vor dem Momente, wo es sich entscheiden muss, ob eine lange gehegte Hoffnung in Erfüllung gehen wird oder nicht. Alles scheint für die Erfüllung zu sprechen. Nur ein Umstand liegt vor, der am Ende die ganze Hoffnung zunichte machen könnte. Diese gegensätzlichen Gedanken werden sich weder dauernd das

Gleichgewicht halten, noch wird einer den andern für längere Zeit völlig unterdrücken können. Das letztere um so weniger, in je engerem Zusammenhang die der Hoffnung günstigen, und der ihr ungünstige Faktor miteinander stehen. Ich achte jetzt auf die günstigen Faktoren und glaube an die Erfüllung der Hoffnung. Aber je lebendiger dieser Gedanke in mir wird, um so sicherer weckt er die Vorstellung jenes anderen, ungünstigen Faktors. Diese Vorstellung tritt hervor und verwandelt für einen Augenblick mein Vertrauen in sein Gegenteil. Doch nur für einen Augenblick. Denn in Wirklichkeit ist zu ernster Besorgnis kein Grund. Ich brauche nur den ungünstigen Faktor genau ins Auge zu fassen, um zu sehen, wie wenig er doch gegen die anderen Faktoren in Betracht kommen kann, wie unwahrscheinlich es also ist, dass er die Erfüllung der Hoffnung verhindern wird. Damit hat wieder der erste Gedanke das Übergewicht gewonnen u. s. w. So ergiebt sich ein beständiges Hin- und Hergehen, zunächst zwischen entgegenstehenden Gedanken, dann auch zwischen entsprechenden Gefühlen. Und die Unruhe dieses Hin- und Hergehens, in dem im Ganzen ebensowohl die Lust wie die Unlust überwiegen kann, wird sich steigern, je mehr der Moment der Entscheidung naht. Heisst dies: mir wird immer komischer und komischer zu Mute? Ich denke nicht. Andere mögen über die Situation lachen. Ich selbst werde vom Lachen soweit als möglich entfernt sein. Ist dem aber so, dann liegt in dem Beispiel der Beweis, dass auch, wo das gleichzeitige Entstehen von Lust und Unlust aus einem Punkte wirklich in den *Hecker*'schen beschleunigten Wettstreit mündet, noch etwas hinzukommen muss, wenn das Gefühl der Komik entstehen soll. Dies Etwas ist die Komik.

SCHADENFREUDE UND GESTEIGERTES SELBSTGEFÜHL.

Nachdem *Hecker* das Gefühl der Komik in der bezeichneten Weise bestimmt hat, geht er dazu über, die Möglichkeiten der gleichzeitigen Entstehung von Lust und Unlust festzustellen und daraus die möglichen Arten der Komik abzuleiten. Das ist gut und konsequent gedacht. Die Ausführung des Gedankens aber geschieht in denkbar unvollständigster Weise. Freilich, wäre sie weniger unvollständig, so würde *Hecker* selbst die Unmöglichkeit seiner Theorie des komischen Gefühles sich aufgedrängt haben. Die Fälle der Komik, die er anführt, sind wirklich komisch, wenn auch nicht aus den angegebenen Gründen. Dagegen würden andere Fälle und Klassen von Fällen, die er hätte anführen *müssen*, sich jeder Bemühung, sie komisch zu finden, widersetzt haben.

Einige Bemerkungen genügen, um dies zu zeigen. Eine Hauptgattung der Komik bezeichnen für *Hecker* die Fälle, bei denen zwei Vorstellungen in ihrer Vereinigung oder ihrem Zusammenhang unseren logischen, praktischen, ideellen "Normen" oder den "Normen der Ideenassociation" entsprechen, während zugleich die eine der Vorstellungen einer der Normen widerstreitet. Nachher schrumpft die ganze Gattung zusammen zur Komik der "gerechten Schadenfreude". Die rote Nase zum Beispiel missfällt, weil sie unseren "ideellen Normen" widerspricht. Betrachten wir sie aber als verdiente Strafe der Unmässigkeit, so befriedigt diese Ideenverbindung unser Gerechtigkeitsgefühl. Und aus Beidem zusammen ergiebt sich das Gefühl der Komik.

Diese Erklärung ist ohne Zweifel falsch. Die Schadenfreude hat, so oft sie auch zur Erklärung der Komik verwandt worden ist, mit Komik nichts zu thun. Die gerechteste und intensivste Schadenfreude ergiebt sich, wenn wir über einen nichtswürdigen und gefährlichen Verbrecher die wohlverdiente Strafe verhängt sehen. Je nichtswürdiger und gefährlicher er ist, je gerechter und wirkungsvoller andrerseits die Strafe erscheint, um so stärker ist das Gefühl der Unlust, das er selbst, und das Gefühl der Befriedigung, das seine Bestrafung erweckt. Nun mag ein solcher Verbrecher zwar, wie wir schon oben meinten, sich selbst in gewisser Weise Gegenstand der Komik werden, uns wird er nie so erscheinen. Dementsprechend kann die Schadenfreude auch die Komik der roten Nase nicht begründen.

Andrerseits hätte *Hecker* neben den Fällen der Schadenfreude mannigfache andere Fälle berücksichtigen müssen, die ganz den gleichen Bedingungen genügen. Ich höre etwa, jemand habe eine entehrende Handlung begangen aus Freundschaft, um einen andern, vielleicht mich selbst, aus tödlicher Verlegenheit zu retten. Oder ich lese in der Geschichte, L. Junius *Brutus* habe seine eigenen Söhne hinrichten lassen, um seiner Pflicht zu genügen. In beiden Fällen missfällt die That an sich; sie gefällt zugleich, wenn wir sie im Zusammenhang mit dem zu Grunde liegenden Motiv betrachten. Sie befriedigt insofern nicht unser Gerechtigkeitsgefühl, aber andere sittliche "Normen". Darum ist doch von Komik keine Rede.

Neben der Schadenfreude spielt bei *Heckers* Erklärung der (objektiven) Komik das gesteigerte "Selbstgefühl" die Hauptrolle. Freilich, Schadenfreude ist am Ende eine Weise des gesteigerten Selbstgefühles, oder kann es zum mindesten sein. Dann wäre mit dem gesteigerten Selbstgefühl kein neues Moment eingeführt. Aber *Hecker* sagt nicht, ob und wie er die Schadenfreude auf das gesteigerte Selbstgefühl zurückzuführen gedenkt.

Dies gesteigerte Selbstgefühl spielt in der Psychologie der Komik auch sonst eine Rolle. Schon *Hobbes* hat es zur Erklärung der Komik herangezogen. Es ist aber fast der schlechteste Erklärungsgrund, den man finden kann. Jede Unwissenheit, die ich nicht teile, jeder Irrtum, den ich durchschaue, jede mangelhafte Leistung, der gegenüber ich das Bewusstsein des Besserkönnens habe, müsste mich zum Lachen reizen, wenn das Gefühl der Überlegenheit dem unangenehmen Gefühl, das Unwissenheit, Irrtum, mangelhafte Leistung an sich erwecken, ungefähr die Wage hält. Der Pharisäer müsste lachen über den Zöllner, dessen Verschuldungen seiner Vortrefflichkeit zur Folie dienen, der Reiche über den Armen, der vergeblich sich ein gleich behagliches Dasein zu verschaffen sucht, die schöne Frau über die hässliche, deren Hässlichkeit sie an ihre Schönheit erinnert, auch wenn der Charakter des Zöllners, die Not des Armen, die Hässlichkeit der hässlichen Frau an sich nicht im mindesten komisch erschiene. Aber eben das ist es, was *Hecker* und was jeder, der den Eindruck der Komik aus der Erhöhung des Selbstgefühles abzuleiten versucht, im Grunde jedesmal voraussetzt. Man meint nicht den Irrtum, sondern den lächerlichen Irrtum, nicht die Hässlichkeit, sondern die lächerliche Hässlichkeit u. s. w. und diese allerdings sind komisch, nicht wegen des hinzutretenden Selbstgefühles, wohl aber gelegentlich trotz demselben.

Denn es ist offenbar, dass das Selbstgefühl geradezu die Komik *zerstören* kann. Ich sehe jemanden vergebens bemüht, eine Last zu heben, zu der, wie ich mich sofort überzeuge, seine Kräfte nicht ausreichen. Der Anblick ist mir peinlich, zugleich aber habe ich das befriedigende Bewusstsein, dass ich die Last heben und dem Armen helfen kann. Hier ist von Komik keine Rede, auch wenn das Bedauern und das Befriedigende des Bewusstseins, zu können, was der Arme nicht kann, sich die Wage halten. Ich lache nicht, eben weil ich die Kraft des Menschen mit der eigenen vergleiche und die letztere als so viel grösser erkenne. Unterlasse ich dagegen den Vergleich und fasse nur einfach die Situation ins Auge, so kann mir diese recht wohl komisch erscheinen. Und ich habe allen Grund, mir *selbst* so zu erscheinen, wenn ich den Versuch mache, die Last selbst zu heben, und dabei es erlebe, dass mein Selbstgefühl nicht gesteigert, sondern schmählich zu *Schanden* wird.

Der Begriff der Überlegenheit ist nach dem oben Gesagten, ebenso wie der engere Begriff der Schadenfreude, nicht ein entscheidender Begriff der *Hecker*'schen Theorie. Er soll nur besondere Fälle der Komik charakterisieren. Sehen wir darum von diesem Begriffe hier ab, und beachten den oben dargelegten allgemeinen Grundgedanken *Heckers*. Dann scheint doch ein doppeltes Moment der Kritik standzuhalten. Einmal wird es dabei bleiben, dass lust- und unlusterzeugende Elemente in die Komik eingehen. Das Gefühl der Komik wird in gewissem Sinne beide Gefühle in sich enthalten. Das andere Moment ist der Gegensatz oder Kontrast zwischen Vorstellungen oder Gedankenelementen. Mag *Hecker* diesen Kontrast noch so unzutreffend bezeichnen, der Gedanke, dass ein solcher Kontrast beim Komischen stattfinden müsse, wird seinen Wert behaupten.

II. KAPITEL. DIE KOMIK UND DAS GEFÜHL DER ÜBERLEGENHEIT.

HOBBES' UND GROOS' THEORIE.

Dagegen ist das gesteigerte Selbstgefühl von anderen in den Mittelpunkt der Theorie der Komik gestellt worden. Wie schon gesagt, hat bereits *Hobbes* dasselbe zur Erklärung der Komik verwendet. *Hobbes* meint, der Affekt des Lachens sei nichts, als das plötzlich auftauchende Selbstgefühl, das sich ergebe aus der Vorstellung einer Überlegenheit unserer selbst im Vergleich mit der Inferiorität anderer, oder der Inferiorität, die wir selbst vorher bekundeten. Hierin liegt zugleich, so viel ich weiss, der zeitlich erste Versuch einer Begründung des *Gefühls* der Komik. *Aristoteles* bezeichnet als komisch das unschädliche Hässliche. Hier fehlt die Antwort auf die Frage, wiefern denn das Hässliche, das an sich Gegenstand der Unlust ist, vermöge des rein negativen Momentes seiner Unschädlichkeit die komische Lust oder Lustigkeit hervorrufen könne. Dagegen scheint die lusterzeugende Wirkung des Gefühles der Überlegenheit ohne weiteres einleuchtend.

Ich will aber hier nicht an *Hobbes*, sondern an einen Erneuerer der *Hobbes*'schen Theorie meine weiteren kritischen Bemerkungen anknüpfen. Ich denke an *Groos'* Einleitung in die Ästhetik. *Groos* scheint sich freilich seines Verhältnisses zu *Hobbes* nicht bewusst zu sein. Seine Theorie giebt sich wie eine neue. Indessen dies thut hier nichts zur Sache.

In welcher Weise *Groos* zu seiner Theorie gelangt ist, ob auf dem einen oder dem anderen der eingangs dieser Schrift unterschiedenen Wege, vermag ich nicht zu entscheiden. *Groos* beginnt sofort mit der Definition der Komik, um sie dann zu erörtern und zu begründen. Das Gefühl der Komik ist für *Groos* das Gefühl der Überlegenheit über eine Verkehrtheit.

In diesem *Groos*'schen Gefühl der Überlegenheit liegt eine genauere Bestimmung des *Hecker*'schen gesteigerten Selbstgefühles. Zugleich ist bei *Groos* die Forderung eines Gleichgewichtes von Lust und Unlust und des Wettstreits zwischen beiden Gefühlen weggefallen. An die Stelle tritt die Forderung, dass nicht Mitleid oder Furcht in den Vordergrund trete, weil sonst die erheiternde Wirkung notwendig ausbleiben müsste. Dabei sollen unter dem Mitleid auch die "sanfteren Regungen der Ehrfurcht und Einschüchterung" begriffen werden.

Gehen wir darauf etwas näher ein. Ich darf von vornherein sagen: Ist es unzutreffend, dass jedes Gefühl der Überlegenheit, bei dem Lust und Unlust—nach *Heckers* Forderung—sich die Wage halten, ein Gefühl der Komik ist, dann ist es noch unzutreffender, dass jedes Gefühl der Überlegenheit ein Gefühl der Komik ist, falls das Angenehme dieses Gefühles nicht durch Furcht oder Mitleid aufgehoben wird. Und ebenso unzutreffend ist die Umkehrung dieser Annahme, dass bei allem Komischen ein Gefühl der Überlegenheit über eine Verkehrtheit stattfinde.

Wenn ich das Bewusstsein habe, klüger oder geschickter zu sein, als ein anderer, so mag es wohl geschehen, dass ich mit dem im Vergleich mit mir Unklugen oder Ungeschickten Mitleid habe. Dann ist nach *Groos* die Bedingung für die Komik nicht gegeben. Aber vielleicht habe ich kein Mitleid. Der Unkluge oder Ungeschickte beansprucht gar kein Mitleid. Er müht sich in einer Sache vergeblich und lässt dann die Sache laufen. Oder es wäre wohl Grund zum Mitleid, aber ich gebe mir nicht die Mühe mich darauf zu besinnen. Ich bin nun einmal der Selbstbewusste, für den die "Verkehrtheit" anderer lediglich ein Mittel ist, sich in seiner Überlegenheit zu sonnen. Ich thue dies also auch in diesem Falle. Wo ist dann die Komik? Es ist kein Zweifel, dass dieselbe um so sicherer unterbleibt, je mehr ich meinem Gefühl der Überlegenheit mich hingebe.

GEFÜHL UND GRUND DES GEFÜHLS.

Dass es so sich verhalten muss, zeigt eine einfache Überlegung. Für *Groos* soll die *Verkehrtheit komisch* erscheinen, weil ich mich *überlegen* fühle. Das Gefühl meiner Überlegenheit ist für *Groos* identisch mit dem Gefühl der Komik des Gegenstandes, oder allgemeiner gesagt, ein auf mich bezogenes Gefühl soll identisch sein mit einem nicht auf mich, sondern auf ein Objekt bezogenen Gefühl. Dies ist ein Widerspruch in sich selbst.

Was heisst dies: Ein Gefühl ist für mich auf ein Objekt bezogen? Worin besteht das *Bewusstsein* dieses *Bezogenseins*? Gewiss nicht einfach darin, dass ich ein Objekt und neben ihm oder gleichzeitig mit ihm ein bestimmtes Gefühl in meinem Bewusstsein vorfinde. Gefühle können mit Objekten gleichzeitig vorhanden sein und doch nicht auf sie bezogen erscheinen. Ich stehe etwa vor einem Kunstwerk, und es stört mich etwas an ihm. Aber ich weiss zunächst nicht, was das Störende ist. Hier ist das Gefühl des Störenden, d. h. das Gefühl der Unlust für mein Bewusstsein nicht auf sein Objekt bezogen.

Und wie nun kommt das Bewusstsein der Beziehung des Gefühls auf ein bestimmtes Objekt zu stande? Jedermann weiss die Antwort. Ich analysiere den Wahrnehmungskomplex, in dem das Kunstwerk für mich besteht; d. h. ich richte nach einander auf die verschiedenen Teile, Züge, Momente des Kunstwerkes meine Aufmerksamkeit, und sehe zu, wann das Unlustgefühl heraustritt oder sich steigert. Endlich weiss ich, was mich störte. Ich achtete auf einen bestimmten Zug des Kunstwerkes mit Ausschluss anderer. Indem ich dies that, und mir zugleich dieses Thuns, d. h. der auf diesen bestimmten Zug gerichteten Aufmerksamkeit bewusst war, trat das Unlustgefühl rein oder beherrschend zu Tage. So besteht die bewusste Beziehung oder das Bewusstsein der Bezogenheit eines Gefühles der Lust oder Unlust auf ein Objekt immer darin, dass das Gefühl hervortritt, indem ich das Bewusstsein habe, es sei die Aufmerksamkeit auf eben dieses Objekt gerichtet.

Neben die eben gestellte Frage stelle ich jetzt die andere, davon verschiedene: Wie wird ein psychischer Vorgang von uns als *Grund* eines Gefühles erkannt? Diese Frage haben wir schon ehemals gestreift. Offenbar muss die Antwort lauten: Ein psychischer Vorgang ist Grund eines Gefühles, wenn und sofern die Steigerung dieses Vorganges, oder die erhöhte Kraft seines Auftretens in uns dies Gefühl steigert oder erst heraustreten lässt. Es leuchtet ja ein: Ist ein psychischer Vorgang, ein Vorgang des Empfindens oder Vorstellens etwa, dasjenige, was ein Gefühl bedingt, oder woran ein Gefühl "haftet", so muss das fragliche Gefühl sich steigern—oder, was dasselbe sagt, es muss unser Gesamtgefühl die Färbung dieses Gefühles annehmen—in dem Masse als der bedingende Vorgang psychisch zur Geltung kommt, Kraft gewinnt, im Zusammenhang des psychischen Geschehens dominierend hervortritt.

Nun findet dies "Hervortreten" oder Kraftgewinnen eines psychischen Vorganges statt, wenn wir auf ihn unsere Aufmerksamkeit richten. Und der *Bewusstseinsthatbestand*, den wir als *Bewusstsein* des Aufmerkens auf ein empfundenes oder vorgestelltes Objekt bezeichnen, ist nichts anderes als die Begleiterscheinung dieses Hervortretens, Kraftgewinnens, Dominierens des Empfindungs- oder Vorstellungsvorganges. Also können wir auch sagen: Erscheint in unserem Bewusstsein, oder nach Aussage desselben, ein Gefühl der Lust oder Unlust auf einen Empfindungs- oder Vorstellungsinhalt bezogen, so ist in dem entsprechenden Empfindungs- oder Vorstellungs_vorgang_ zugleich der *Grund* dieses Gefühles zu suchen.

ALLERLEI ÄSTHETISCHE THEORIEN.

Diese Einsicht scheint nun eine sehr triviale. Aber dies hindert nicht, dass damit eine ganze Reihe psychologisch-ästhetischer Theorien endgültig abgewiesen sind. Ich erwähne etwa die Theorie, die das Wohlgefallen an Linien auf das Wohlgefallen an bequemen oder leicht zu vollziehenden Augenbewegungen zurückführt; oder derzufolge Linienschönheit nichts anderes ist als Annehmlichkeit von Augenbewegungen. Es ergiebt sich aus Obigem, was dagegen einzuwenden ist: Die Linien, nicht die Augenbewegungen meine ich, wenn ich die Linien schön finde. Auf jene nicht auf diese erscheint mein Gefühl der Lust bezogen.

Dies zeigt sich besonders deutlich, wenn ich besondere Fälle annehme. Es könnte geschehen, dass die Augenbewegungen, vermöge deren ich eine schöne Linie—wirklich oder angeblich—"verfolge", einmal sehr unbequeme wären. Die Linie findet sich etwa an einer Wand, so weit oben, dass ich den Kopf und die Augen stark nach oben wenden muss, um die Linie zu betrachten. Jetzt sind die Augenbewegungen vielleicht sogar schmerzhaft. Dann ist doch nicht die Linie für mich hässlich, sondern eben die Augenbewegung schmerzhaft. Ich verspüre Wohlgefallen "*an*" der Linie, d. h. ich verspüre Lust, wenn und in dem Masse, als ich auf die Linie achte, und damit zugleich meine Aufmerksamkeit von der Stellung und Bewegung meiner Augen *abwende*. Ich verspüre andererseits Unlust "*an*" den Augenbewegungen, d. h. ich verspüre Unlust, wenn und in dem Masse, als ich auf die Augenbewegungen achte, und die Linie für eine Zeitlang Linie sein lasse.

Also habe ich auch den *Grund* jener Lust in der Linie zu suchen. Wenn nicht in der sichtbaren Form der Linie, dann in etwas, das für mich in der Linie oder ihrer Form unmittelbar liegt. Dies wird allerdings gleichfalls eine Bewegung sein. Aber nicht eine Bewegung meiner Augen, überhaupt nicht eine Bewegung in oder an mir, sondern eine Bewegung *der* Linie oder *in* der Linie selbst, eine Bewegung, die die Linie selbst zu vollführen, oder vermöge welcher die Linie, dies von mir unterschiedene und mir frei gegenübertretende Objekt, in jedem Augenblick von neuem *sich selbst zu erzeugen* scheint.—Nicht minder liegt der Grund meiner Unlust in den Augenbewegungen, also *nicht* in der Linie und dem, was sie leistet, sondern in mir und dem was ich, diese von der Linie unterschiedene und sich ihr gegenüberstellende Person, leiste oder zu leisten jetzt genötigt bin.

Eben dahin gehört die Theorie, welche die Erhabenheit von Objekten identifiziert mit dem Gefühl meiner Erhabenheit, etwa der Überlegenheit meines Verstandes. In dieser Theorie liegt gewiss Richtiges. Aber es fehlt noch die Hauptsache. Das Gefühl meiner Erhabenheit ist an sich schlechterdings nichts, als das Gefühl meiner Erhabenheit, niemals ein Gefühl der Erhabenheit eines *Objektes*. Wie überall, so setze ich auch hier deutlich einander gegenüber: mich und das Objekt. Dieser Gegensatz ist ja für uns der allerfundamentalste. Es ist der Gegensatz der Gegensätze. Es ist damit hier wie überall absolut ausgeschlossen, dass ich mich mit dem Objekt, das ich anschaue, verwechsele oder dem Objekte zurechne, was mir zugehört, dass ich also auch ein Gefühl auf das Objekt bezogen glaube, das nach Aussage meines unmittelbaren Bewusstseins auf mich bezogen ist.

Erst wenn ich, durch das "erhabene" Objekt selbst genötigt,— nicht meine gegenwärtige Erhabenheit, aber eine Erhabenheit, wie ich sie in mir finden *kann*, also eine mögliche Erhabenheit menschlichen Wesens—und eine andere Erhabenheit giebt es für uns nicht—in das Objekt *hinein verlege*, und in ihm, als etwas ihm Zugehörigen, *wiederfinde*, oder besser gesagt, wenn ich im Objekte, als ihm zuhörig, die persönlichen Regungen, inneren Verhaltungsweisen, Wollungen wiederfinde, die das Gefühl der Erhabenheit begründen, wenn mir also diese Regungen in dem Objekte als etwas von mir Verschiedenes, "Objektives", gegenübertreten, kann das Objekt für mich zu einem erhabenen werden, oder kann mein Gefühl der Erhabenheit mir auf dies Objekt bezogen erscheinen. Und umgekehrt, erscheint das Gefühl auf das Objekt bezogen, erscheint also das Objekt mir erhaben, so liegt darin der Beweis, dass das Objekt diesen Grund des Erhabenheitsgefühles in sich selbst trägt, dass nicht mein Erhabensein, sondern der erhebende Sinn und Inhalt des Objektes das Gefühl bedingt.—Dass, nebenbei bemerkt, diese Erhabenheit des Objektes keine Erhabenheit des Verstandes sein kann, leuchtet ein. Unser Anthropomorphisieren ist kein Objektivieren unseres Verstandes, sondern unseres Willens.

Nicht minder gehört hierhin der ganze Grundgedanke der *Groos*'schen Ästhetik. Freude an der Schönheit von Objekten, oder, wie *Groos* zu sagen vorzieht, Freude am "ästhetischen Wert" von Objekten soll *Groos* zufolge Freude am Spiel meiner Phantasie sein. Ich entgegne: Es ist nun einmal thatsächlich nicht so. Freude am Spiel meiner Phantasie ist—Freude am Spiel meiner Phantasie. Solche Freude mag vorkommen. Vielleicht gelingt es auch diesem oder jenem, solche Freude zu haben, während er angeblich mit einem *Kunstwerke* innerlich beschäftigt ist. Ich mag vielleicht gelegentlich das Kunstwerk, dies mir objektiv gegenübertretende und für mein Bewusstsein von mir total unterschiedene Ding, eine Zeitlang aus dem Auge lassen und auf meine Phantasiethätigkeit hinblicken; ich meine: auf die Phantasiethätigkeit, die ich jetzt eben, wo ich noch mit dem Kunstwerk beschäftigt war, geübt habe; und ich mag dann an dem Spiel dieser Thätigkeit, an diesem von mir erkannten psychologischen Faktum, meine Freude haben. Dann freue ich mich eben an diesem Spiel.

Und dies Spiel ist dann notwendig auch der *Grund* meiner Freude. Ebenso gewiss aber ist dieses Spiel *nicht* der Grund meiner Freude, sondern der *Gegenstand* dieses Spieles begründet mein Gefühl, wenn ich das Gefühl innerlich auf diesen Gegenstand beziehe, wenn also das *Kunstwerk* mir wertvoll oder erfreulich erscheint. Ich sage: der Gegenstand des "Spieles" ist der Grund der Freude. Dabei setze ich natürlich voraus, dass mein Verhalten zum Kunstwerk wirklich Spiel ist, ich nicht etwa in allem Ernst mich dem Kunstwerk hingebe, nicht etwa das Kunstwerk mich so erfasst und zu sich hinzwingt, dass das Spielen mit ihm ein Ende hat.

DIE KOMIK DES OBJEKTES UND MEINE ÜBERLEGENHEIT.

Am auffallendsten tritt aber schliesslich die Verwechselung, auf welcher, nach dem eben Gesagten, *Groos'* Begründung des ästhetischen Genusses überhaupt beruht, bei *Groos'* Theorie der Komik zu Tage. Ich sei überlegen über die Verkehrtheit des komischen Objektes. Das komische Objekt, oder das Verkehrte, ist dann natürlich nicht überlegen, sondern inferior. Komisch aber ist für mich das Objekt, nicht ich, oder meine Überlegenheit. Mein Gefühl der komischen Lust ist ein nicht auf das überlegene Ich, sondern auf das inferiore Objekt bezogenes Gefühl. Ich kann wohl auch hier meiner Überlegenheit mich freuen. Das heisst, ich kann auf die Überlegenheit, die mir und nur mir zukommt, achten, und dabei ein angenehmes Gefühl haben. Aber das, worum es sich hier handelt, das ist ja das Gefühl, das ich auf das von mir so deutlich als möglich unterschiedene Objekt und seine Inferiorität beziehe, d. h. das Gefühl, das entsteht, indem ich — *nicht* mich und meine Überlegenheit mir vergegenwärtige, *nicht* auf *diese* Seite des Gegensatzes zwischen mir und dem Objekte meine Aufmerksamkeit richte, sondern dem Objekte und seiner Inferiorität, dieser *anderen* Seite des Gegensatzes meine Aufmerksamkeit zuwende.

Dann kann auch der *Grund* des Gefühles der Komik nicht in meiner Überlegenheit oder dem Bewusstsein derselben liegen. Sondern er muss in dem Objekte, seiner Verkehrtheit, seiner Inferiorität, kurz seiner Nichtigkeit gesucht werden. Er muss liegen in dieser Nichtigkeit selbst, nicht etwa in dieser Nichtigkeit sofern sie meine Überlegenheit begründet. Denn dann müsste wiederum das Achten auf mich und meine Überlegenheit das Gefühl der Komik hervortreten lassen. Dies müsste also doch wiederum auf mich bezogen erscheinen. Es entstände, mit anderen Worten, von neuem der Widerspruch, der darin liegt, dass ein Gefühl, das ich thatsächlich nicht auf mich, sondern auf ein von mir verschiedenes Objekt beziehe, mit einem auf mich bezogenen Gefühle identisch sein soll.

Es liegt aber in *Groos'* Anschauung nicht nur eine einfache, sondern eine doppelte Verwechselung. Das Gefühl der Komik ist, soviel ich sehe, nicht ein Gefühl der Überlegenheit, sondern eben — ein Gefühl der Komik. Es ist also für *Groos* nicht nur ein auf mich bezogenes Gefühl ein aufs Objekt bezogenes, sondern es ist auch das Gefühl der Überlegenheit identisch mit einem Gefühl der Komik. Das Gefühl meiner Überlegenheit ist eine Art des Gefühles der Erhabenheit, nämlich meiner Erhabenheit. Das Gefühl der Komik aber ist das Gegenteil jedes Gefühles der Erhabenheit. Für *Groos* sind beide identisch. Das ist eine zu starke Zumutung.

Achten wir schliesslich auch noch — auch sonst erweist sich dergleichen als nützlich — auf die objektiv gegebenen Thatsachen. Fragen wir zunächst, wer denn das Gefühl der Überlegenheit über wirkliche oder vermeintliche Verkehrtheiten zu haben, und wer andererseits dem Gefühl der Komik hingegeben zu sein und über das Komische herzlich zu lachen pflegt. Dann erscheint *Groos'* Theorie in demselben seltsamen Lichte.

Jene "Überlegenen", das sind die Suffisanten, die Eitlen, die Gecken. Ihnen ist alles ein Mittel sich überlegen zu fühlen. Ihnen aber fehlt eben damit der Humor dem Komischen gegenüber, d. h. die Fälligkeit die
Komik zu geniessen. Die "Überlegenen" wissen nichts von herzlichem
Lachen.

Und es kann dies auch von ihnen nicht gefordert werden. Der Humor, die Anteilnahme an der Komik des Komischen ist nun einmal ein sich Hingeben an das Komische, oder das in ihm liegende Verkehrte. Wer über das Verkehrte herzlich lacht, geht in die Verkehrtheit ein, macht sich zum Teilhaber, sozusagen zum Mitschuldigen. Er steigt von dem Piedestal, auf dem er sonst stehen mag, herab; betrachtet die Sache von unten, nicht von oben. Die Komik ist zu Ende in dem Momente, wo wir wiederum auf das Piedestal heraufsteigen, d. h. wo wir beginnen, uns überlegen zu fühlen. Das Gefühl der Überlegenheit erweist sich so als das volle Gegenteil des Gefühls der Komik, als sein eigentlicher Todfeind. Das Gefühl der Komik ist möglich in dem Masse, als das Gefühl der Überlegenheit nicht aufkommt und nicht aufkommen kann.

So verhält es sich, soweit Objekten der Komik gegenüber ein Gefühl der Überlegenheit überhaupt *möglich* ist. In vielen Fällen der Komik ist aber gar nicht einzusehen, wie ein solches Gefühl zu stande kommen sollte. Ich will etwa ein grosses, wohlvorbereitetes Feuerwerk abbrennen. Und der Erfolg ist: ein Zischen, ein Lichtschein, weiter nichts. Dies wirkt auf mich komisch, falls ich den nötigen Humor habe, d. h. meinen etwaigen Ärger unterdrücke und mich ganz der Situation hingebe.

Worüber nun fühle ich mich hier überlegen? Die Verkehrtheit, die vorliegt, besteht in der Thatsache, dass das Wohlvorbereitete aus irgendwelchem Grunde, vielleicht weil mir ohne meine Schuld verdorbene Feuerwerkskörper geliefert wurden, misslingt, meine hochgespannte Erwartung zergeht. Aber wie kann ich mich solcher Thatsache gegenüber überlegen fühlen? Wie würde ich wohl meine Überlegenheit über das misslingende Feuerwerk oder über das Pulver, das seine Schuldigkeit nicht that, in praxi dokumentieren?

Zum Gefühl der Überlegenheit gehört, dass ich mich mit dem Verkehrten vergleiche. Mit mechanischen Vorgängen aber kann ich mich nicht vergleichen. Ich vergleiche mich auch nicht mit leblosen Dingen. Wenn neben einem Palast ein kleines Gebäude stände, das in seiner Form den Palast getreu nachahmte, so könnte dies überaus komisch wirken. Was soll es hier heissen, ich fühle mich über eine Verkehrtheit überlegen. Die Verkehrtheit besteht hier darin, dass ein Kleines aussieht, wie ein Grosses, und doch nicht gross ist wie dieses. Habe ich hier etwa das Bewusstsein, mir könne dergleichen nicht begegnen?

Eher schon vergleichen wir uns mit Kindern und Tieren. Aber ein freudiges Bewusstsein der Überlegenheit über Kinder, oder über das possierliche Gebahren junger Katzen und Hunde, wäre doch allzu kindisch. Kinder und Tiere sind komisch vor allem, wenn sie sich gebärden wie wir, und doch wiederum nicht wie wir, zweckvoll und doch wiederum zwecklos oder zweckwidrig, ernsthaft und nichtig und doch wiederum spielend und nichtig. Im Bewusstsein hiervon liegt ein Vergleich. Aber doch eben ganz und gar nicht der Vergleich, wie er in *Groos'* Theorie vorausgesetzt ist, kein Messen, kein Abwägen dessen, was das Objekt der Komik ist oder kann, und dem, was wir sind oder können, jedenfalls nicht ein Abwägen mit dem schliesslichen stolzen Bewusstsein, dass wir es in Vergleich mit den Objekten, also den Kindern, oder den jungen Hunden und Katzen so herrlich weit gebracht haben.

Auch der Witz soll endlich von *Groos'* Definition getroffen werden. Dieser Anspruch ist selbstverständlich, da ja der Witz eine Gattung des
Komischen ist. Man vergegenwärtige sich aber einmal etwa das zweifellos
witzige und witzig komische Rätsel *Schleiermachers* "der Galgenstrick":

> Fest vom Dritten umschlungen, so schwebt das vollendete Ganze,
> Wann es die Parze gebeut, an den zwei Ersten empor.

Das Verkehrte, das hier sich findet, besteht in der abnormen oder spielenden Form, in welcher der gar nicht verkehrte Gedanke ausgedrückt ist. Freilich, hier ist der Ausdruck Verkehrtheit etwas — verkehrt. Aber *Groos* versteht unter der Verkehrtheit so vielerlei, dass wir auch diese Abnormität als Verkehrtheit — in seinem Sinne — bezeichnen können.

Ich frage nun: Worin besteht unser Gefühl der Überlegenheit über dies Abnorme, oder über diese witzig geistreiche Art des Ausdrucks eines Gedankens? Trifft hier *Groos'* Satz zu: "Wir haben bei jedem Komischen das behagliche Pharisäergefühl, dass wir nicht und wie dieser Verkehrten einer"? In der That sind wir vielleicht nicht wie dieser Verkehrten, d. h. dieser Witzigen einer. Aber es ist zu befürchten, dass in diesem Falle das Pharisäergefühl eher in ein gegenseitiges Gefühl umschlage. *Groos* hat Sinn für Witz, vielleicht zu viel. Darum vermute ich, das er den "Humor" des *Schleiermacher*'schen Witzes nicht etwa in dem Gefühl der Überlegenheit finden wird, das der logische Pedant der witzigen Wendung gegenüber allerdings haben wird. Diese Überlegenheit ist aber die einzige, die der witzigen Komik gegenüber möglich ist.

ÜBERLEGENHEIT UND "ERLEUCHTUNG".

Doch wir dürfen nicht übersehen: *Groos* kennt noch eine andere Art der Überlegenheit. Und die könnte hier, wie in dem vorhin erwähnten Falle *Groos'* Theorie zu retten scheinen. *Kant* sagt, und *Groos* zitiert, es sei eine merkwürdige Eigenschaft des Komischen, dass es immer etwas in sich enthalten müsse, das auf einen Augenblick täuschen könne. Diese vortreffliche Bemerkung *Kants* wendet *Groos* in folgender Weise zu seinen Gunsten. Wir fallen auf das komische Objekt herein, "das komische Objekt will uns weismachen, dass seine widersprechenden Glieder in friedlichstem und geordnetstem Zusammenhang seien. Und erst wenn wir diesen scheinbaren Zusammenhang zerrissen haben, kommen wir zu dem vollen Gefühl der Überlegenheit."

Offenbar handelt es sich hier um eine andere Art der Überlegenheit, als diejenige ist, von der vorhin die Rede war. Es ist eine Überlegenheit nicht über das Verkehrte, sondern eine Überlegenheit oder ein sich Erheben über den Schein, als sei das komische das Gegenteil eines Verkehrten, ein sich Erheben über die Täuschung, der man einen Moment unterlag, also eine Art der Überlegenheit über uns selbst. Man erinnert sich, dass auch diese Überlegenheit schon bei *Hobbes* vorkam. *Groos* bezeichnet sie auch als "Erleuchtung" nach der "Verblüffung".

Mit dieser "Erleuchtung nach der Verblüffung" pfropft offenbar *Groos* auf seine erste Theorie der Komik eine zweite, die etwas völlig Neues giebt. Dies spricht gegen beide. Es scheint, wenn es wahr ist, dass wir bei aller Komik jenes oben bezeichnete Pharisäergefühl haben, dann bedürfen wir nicht mehr dieses beglückenden Gefühles, über unsere eigene Verblüffung Herr geworden oder daraus siegreich hervorgegangen zu sein. Und wenn wir überall dieses letztere Gefühl haben, dann ist jenes erstere überflüssig.

Aber bleiben wir bei der neuen Theorie. Soweit sie Theorie der "Verblüffung und Erleuchtung" ist, könnte aus ihr sachlich Richtiges herausgelesen werden. Aber der dominierende Begriff bleibt eben doch auch hier der Begriff der Überlegenheit. Insofern bessert diese neue Theorie nichts.

Es ist ja gewiss so: Eine Art des "Hereinfallens" gehört zu jeder Komik. Das Komische muss uns in Anspruch nehmen, als ob es mehr wäre, als nur dies komisch Nichtige. Es muss in unseren Augen den Anspruch erheben, mehr zu *sein*. Der Witz insbesondere muss etwas Glaubhaftes an sich tragen.

Und auch dies gehört zur Komik, dass dieser Anspruch zergeht. Aber was dies heisst, muss genauer gesagt werden. Und es muss in jedem Falle anders gesagt werden, als *Groos* es sagt. Die Einsicht, *dass* wir hereingefallen sind, diese "Erleuchtung" giebt an sich keinen Grund zum Gefühl der Komik.

Sie giebt nicht einmal ohne weiteres ein beglückendes Gefühl der Überlegenheit. Solche Erleuchtung kann beschämend sein. Sie kann uns auch gleichgültig sein. Ich frage: Wenn sie weder das eine noch das andere ist, sondern ein beglückendes Gefühl der Überlegenheit schafft, worin liegt dies?

Aber die Antwort auf diese Frage würde uns ja nichts nützen. Das Gefühl unserer Überlegenheit über das Verkehrte konnte nicht das Gefühl der Komik des Verkehrten sein. Ebensowenig, oder noch weniger kann das Gefühl der Überlegenheit über uns mit dem auf das Objekt bezogenen Gefühl der Komik eine und dieselbe Sache sein. *Groos* scheint schliesslich besonderes Gewicht zu legen auf das Momentane der Verblüffung und das Momentane der Erleuchtung, auf den *Zeising*'schen plötzlichen "Choc und Gegenchoc". Aber auch damit kommen wir dem Ziel nicht näher. Erzeugt die Erleuchtung momentane Beschämung, so erzeugt sie eben momentane Beschämung, erzeugt sie ein momentanes Gefühl der Überlegenheit, so erzeugt sie eben ein momentanes Gefühl der Überlegenheit. Kein Gefühl wird lediglich dadurch, dass es ein momentanes ist, zu einem Gefühle ganz anderer Art, und ausserdem auch noch zu einem Gefühl, das auf einen ganz anderen Gegenstand bezogen erscheint.

DAS WESEN DER "ÜBERLEGENHEIT".

Fragen wir schliesslich auch noch: Was ist doch eigentlich dies Gefühl der Überlegenheit, das *Groos* und anderen so sehr das klare Denken verwirrt. Es scheint fast, *Groos* hätte, der er doch einmal mit diesem Begriffe operiert, diese Frage sich vorlegen müssen.

Schon oben sagte ich, das Gefühl der Überlegenheit ergebe sich aus einem Messen. Dies bestimmen wir genauer. Ein Mensch begehe Verkehrtes. Darum ist er doch Mensch, wie ich. Mit dem Gedanken an das Menschsein verknüpft sich also der Gedanke des verkehrten Thuns. Verkehrt sich zu gebaren ist also menschlich. Es ist also mehr als menschlich, zum mindesten mehr als allgemein menschlich, wenn man so vernünftig ist, wie wir es sind oder zu sein uns einbilden. Wir sind "Übermenschen", mehr als unsere "Jüngsten", die sich als Übermenschen dünken, wenn sie nichts sind als besonders jämmerliche Menschen.

Oder anders gesagt: Ich stehe, wenn ich jenes verkehrte Thun erlebt habe, unter dem unmittelbaren Eindruck: Menschen können sich so unvernünftig gebärden. Also ist mein vernünftiges Gebaren keine so selbstverständliche Sache. Wäre sie etwas durchaus Selbstverständliches, so würde ich in meinen Gedanken darüber zur Tagesordnung übergehen, wie über alles Selbstverständliche. Jetzt ist diese Selbstverständlichkeit, ich kann auch sagen: es ist die "Gewohnheit", Menschen als vernünftig zu betrachten, wenn auch nur für einen Augenblick, durchbrochen. Es ist, wenn ich in Ausdrücken meiner "Grundthatsachen des Seelenlebens" sprechen darf, der freie "Vorstellungsabfluss" aufgehoben; also eine psychische "Stauung" eingetreten. Und diese hat die Wirkung, die jede psychische Stauung hat. Das heisst die psychische Bewegung haftet an der Stelle, wo die Stauung geschieht, die psychische Wellenhöhe dessen, was an dieser Stelle sich findet, wird gesteigert.

Oder wenn wir diese Ausdrücke wiederum fallen lassen: Das, was nur nicht mehr als ein Selbstverständliches oder Gewohntes erscheint, fällt mir in höherem Grade auf. Es wirkt wie ein Neues. Damit steigert sich auch die Gefühlswirkung. Meine Vernünftigkeit wird also durch den Vergleich mit der Unvernunft anderer für mich eindrucksvoller. Damit ist das gesteigerte Selbstgefühl, der Stolz auf meine Vernünftigkeit, das Gefühl der Überlegenheit gegeben.

Auch aus dieser Betrachtung der Entstehungsweise des Gefühles der Überlegenheit ergiebt sich, wie wenig dasselbe mit der Komik zu thun hat. Es ist einfach erhöhtes Gefühl des Wertes meiner selbst, höhere Selbstachtung, Stolz. Und darin liegt nichts komisch Erheiterndes. Das Gefühl der Komik steht dazu im Gegensatz. Es wird demnach auch vermöge eines entgegengesetzten Prozesses entstehen.

Groos zitiert beim Beginn seiner Erörterung der Komik das bekannte Wort *Jean Pauls*: Das Lächerliche wollte von jeher nicht in die Definition der Philosophen gehen, ausser unfreiwillig. Derselbe *Jean Paul* sagt auch, die Komik verwandle halbe und Viertelsähnlichkeiten in Gleichheiten. Auch in *Groos'* "Definition" fehlen solche halbe und Viertelsähnlichkeiten nicht. Er meint Richtiges. So meinen, wie im Grunde selbstverständlich, alle Theoretiker der Komik Richtiges. Aber sie meinen oder sagen es nicht immer richtig.

Worin das Richtige bei *Groos* besteht, wurde schon angedeutet. Es liegt in dem von ihm übernommenen *Zeising*'schen "Choc und Gegenchoc", oder der "Verblüffung und Erleuchtung". Schon *Hecker* hatte einen Kontrast statuiert. Dass dieser Kontrast hier genauer als Kontrast zwischen Verblüffung und Erleuchtung erscheint, bedeutet einen Fortschritt.

Und noch mehr kann zugestanden werden. Auch eine "Überlegenheit" findet bei der Komik statt, nur in völlig anderem als dem *Groos*'schen Sinne, nämlich eine Überlegenheit meiner Auffassungskraft über ein Aufzufassendes. Und daran schliesst sich ein entsprechendes Gefühl, wenn nicht der "Überlegenheit", so doch der gelösten Spannung.

ZIEGLERS THEORIE.

Ich schliesse an die Kritik der *Groos*'schen Theorie unmittelbar noch eine Bemerkung an über *Ziegler*, der in seiner Skizze des Gefühlslebens — "Das Gefühl" Stuttgart 1898 — *Groos'* Theorie teilweise übernimmt, und damit die *Hecker*'sche "Schadenfreude" verbindet. Auch bei *Ziegler* sehe ich nicht, wie weit er sich der Übereinstimmung mit seinen Vorgängern bewusst ist. Besteht keine Abhängigkeit, so ist doch die Identität der Gedanken nicht verwunderlich. Es liegt in jenen Begriffen, wenn man gewisse besonders in die Augen springende Fälle der Komik im *Ganzen* nimmt, etwas Plausibles. Das Gefühl der Komik schlägt in der That in gewissen Fällen leicht in das Gefühl der Überlegenheit oder der Schadenfreude um, oder es tritt zu ihm ein solches Gefühl, allerdings jedesmal die Komik als solche beeinträchtigend oder zerstörend, hinzu. Genauere Untersuchung ergiebt zwar unschwer die Eigenart der Komik. Aber auch *Ziegler* verzichtet auf solche genauere Untersuchung.

Ich sagte, *Ziegler* übernehme teilweise die *Groos*'sche "Überlegenheit". Dies thut er nicht von vornherein. *Ziegler* operiert zunächst mit dem von *Groos* in zweiter Linie herbeigezogenen Gegensatz der Düpierung und Erleuchtung. Dass *Ziegler* dies Moment zum Primären macht, darin scheint wiederum ein Fortschritt zu liegen.

Aber es fragt sich, wie diese Begriffe verwendet werden. Wir fallen, so erfahren wir auch hier, auf die Verkehrtheit, Zweckwidrigkeit, Unvernunft herein, bemerken sie nicht, werden also düpiert. Dann sehen wir sie ein. Wir lachen dann in gewisser Weise doppelt, über die Verkehrtheit, und über uns, die wir düpiert worden sind. — Man beachte, wie hier *Groos*' Gefühl der Überlegenheit über uns selbst, oder *Groos*' stolzes Bewusstsein des Sieges zu einem Verlachen unserer selbst wird, also in gewisser Weise sich in sein Gegenteil verkehrt.

Aber wenn bei Ziegler das beglückende Gefühl unserer Überlegenheit wegfällt, warum lachen wir dann, über das Objekt und über uns selbst? *Ziegler* meint selbst, das Verkehrte oder die Unvernunft könne als solche nur Unlust erregen, und indem die Unvernunft als solche sich herausstelle, werde die Unlust nur verdoppelt. Wie kommt es dann, dass das Verkehrte, in dem es als solches sich herausstellt, *belustigt*?

Ziegler antwortet: Dies liege daran, dass die Unvernunft oder Zweckwidrigkeit keine bedenkliche, der Schaden, der daraus erwachse, kein grosser sei. Die ganze Sache, so sagt er, ist ein "Nichtssagendes; statt Ernst ist alles, was daran resultiert, nur Scherz und Spiel"; es ist "ohne erheblichen Schaden, also nicht ernsthaft, sondern nur spasshaft zu nehmen".

Damit ist für *Ziegler* die Komik erklärt. Dass das, was nur spasshaft genommen werden kann, nur spasshaft, d. h. komisch genommen werden kann, ist ja selbstverständlich. Aber die Frage ist eben die, wie das Nichtssagende dazu *komme*, spasshaft, d. h. komisch genommen zu werden. Oder verwandelt sich Unlust über einen Schaden lediglich dadurch, dass der Schaden ein geringer ist, in "Spass", oder komische Lust? Mir scheint vielmehr, wenn ein Schaden Unlust erzeugt, so erzeugt ein geringer Schaden zunächst nichts anderes als verminderte Unlust. Ist der Schaden sehr gering, so wird die Unlust schliesslich gleich Null. Aber verminderte oder gar nicht mehr vorhandene Unlust ist doch nicht identisch mit heiterer Lust.

Es ist deutlich, *Ziegler* setzt in seiner Erklärung genau das voraus, was er erklären will. Seine Erklärung der Komik besteht darin, dass er andere Worte dafür einsetzt, nämlich die Worte "Scherz" und "Spass". Warum erscheint uns ein Objekt komisch? Weil es uns nicht ernsthaft sondern scherzhaft erscheint. Warum erscheinen wir selbst uns komisch? Weil die Spannung, in die wir durch das komische Objekt versetzt worden sind, nicht ernsthaft sondern spasshaft zu nehmen ist.

Erst wo es sich um das Zweckwidrige in oder an einer von uns verschiedenen Person handelt, begegnen wir auch bei *Ziegler* dem Begriff der Schadenfreude und der Überlegenheit. Nicht das *Wort* "Schadenfreude" kommt vor, aber die Sache: Es geschieht dem Verkehrten "Recht, dass seine verschuldete Unvernunft ihm den kleinen Schaden gebracht hat." Ich habe schon oben zugestanden, dass in der That in allerlei Fällen der Komik die Schadenfreude zu stande kommen und ein Gefühl der Überlegenheit sich einstellen kann. Nur dass dies mit dem Gefühl der Komik als solchem nichts zu thun hat. Gefühl der Komik ist Gefühl der Komik; und Gefühl der Schadenfreude oder der Überlegenheit ist Gefühl der Schadenfreude oder der Überlegenheit. — Im übrigen wiederhole ich nicht, was ich gegen die Theorie der Überlegenheit vorhin gesagt habe.

III. KAPITEL. KOMIK UND VORSTELLUNGS-KONTRAST.

KRÄPELINS "INTELLEKTUELLER KONTRAST".

Wie schon gesagt, geht *Kräpelin* von der Betrachtung der komischen Objekte und Vorgänge aus. Dies Verfahren schien uns von einem Bedenken frei, dem das *Hecker'*sche von vornherein unterlag. Aber Kräpelins Weise der Betrachtung ist einseitig; darum das schliessliche Ergebnis durchaus ungenügend. Dies schliessliche Ergebnis lautet: Komisch wirkt der "unerwartete intellektuelle Kontrast, der in uns einen Widerstreit ästhetischer, ethischer oder logischer Gefühle mit Vorwiegen der Lust erweckt".

Ich betone hier zunächst die Anerkennung der Notwendigkeit eines Kontrastes. Diesem Elemente begegnen wir schon in der Ästhetik von *Kant* und *Lessing*. Wir sehen dann die Ästhetiker bemüht, schärfer und schärfer die Besonderheit zu bestimmen, die den komischen Kontrast vor jedem beliebigen anderen Kontrast auszeichnet. Auch Kräpelin sucht eine solche nähere Bestimmung. Er glaubt sie gefunden zu haben, indem er den komischen Kontrast als intellektuellen bezeichnet.

Da an dem "intellektuellen" Kontrast für *Kräpelin* alles hängt, so sollte man eine scharfe und unzweideutige Abgrenzung dieses Begriffes erwarten. Dieser Erwartung wird nicht genügt. Der intellektuelle Kontrast entsteht nach *Kräpelin* aus dem notwendig misslingenden Versuch der begrifflichen Vereinigung disparater Vorstellungen. Dabei dürfen zunächst die "disparaten" Vorstellungen nicht allzu ernst genommen werden. Gemeint sind einfach Vorstellungen, welche die ihnen angesonnene begriffliche Vereinigung nicht zulassen, sie mögen im Übrigen von der Disparatheit beliebig weit entfernt sein.

Was aber will die begriffliche Vereinigung? Sie soll mehr sein als ein blosser Vergleich, demnach der intellektuelle Kontrast kein bloss sinnlicher. Aber ich sehe nicht, worin jenes Mehr bestehen soll. "Der Bauer lacht über den Neger, den er zum ersten Male sieht." Auch wir können uns bisweilen "eines leisen Gefühls der Komik nicht erwehren, wenn wir einen Freund mit veränderter Haarfrisur, abrasiertem Bart, oder zum ersten Male in der feierlichen Kopfbedeckung des Cylinders begegnen." Dies sind Fälle der von *Kräpelin* sogenannten "Anschauungskomik", der ersten Hauptgattung, die er aufstellt. Bei ihr kontrastieren jedesmal "sinnliche Anschauungen mit Bestandteilen unseres Vorstellungsschatzes unmittelbar und ohne intellektuelle Verarbeitung". Nun leugne ich das Vorhandensein und die Bedeutung dieses Kontrastes nicht, ich sehe nur nicht, was ihn von einem blossen Vergleichskontrast unterscheiden soll. Es scheint mir sogar, *Kräpelin* bezeichne ihn, indem er ihn "unmittelbar und ohne intellektuelle Verarbeitung" entstehen lasse, ausdrücklich als solchen. In der That können wir einen wahrgenommenen Gegenstand mit anderen, die wir früher wahrgenommen haben, nicht vergleichen, ohne des Kontrastes zwischen ihm und den früher wahrgenommenen, also jetzt zu Bestandteilen unseres Vorstellungsschatzes gewordenen, inne zu werden. Das Resultat der Vergleichung, die Unterscheidung, besteht eben in diesem Innewerden des Kontrastes.

Statt von begrifflicher Vereinigung spricht *Kräpelin* auch wohl von inniger Verbindung disparater Vorstellungen. Ähnlichkeiten der disparaten Vorstellungen werden benutzt, diese innige Verbindung herzustellen. Aber auch damit ist kein Gegensatz zwischen begrifflicher Vereinigung und blossem Vergleich bezeichnet. Was mich zum Vergleich veranlasst, sind immer Ähnlichkeiten, und der Vergleich selbst besteht jederzeit in dem Versuch der Verschmelzung oder der Identifikation von Vorstellungen, also der denkbar *innigsten* Verbindung derselben. Eben aus diesem Versuch der Identifikation ergiebt sich beim Vergleiche das Unterschieds- oder Kontrastbewusstsein. Heisst demnach intellektueller Kontrast derjenige, der aus dem Versuch inniger, auf vorhandene Ähnlichkeiten sich gründender Verbindung von Vorstellungen entsteht, so muss jeder Kontrast, der bei irgendwelcher Vergleichung sich ergiebt, diesen Namen tragen.

Oder besteht die begriffliche Vereinigung und damit die specifische Bedingung der Komik in den oben genannten Fällen darin, dass der Bauer den Neger, ebenso wie den Kaukasier, dem Begriff

"Mensch", oder dass wir das Bild des anders frisierten und mit ungewohnter Kopfbedeckung versehenen Freundes ebenso wie das gewohnte Bild dem Begriff "unser Freund" unterzuordnen versuchen, und dabei die Erfahrung machen, dass dies nicht ohne Widerspruch gelingt?

Dies scheint wirklich *Kräpelins* Meinung. Weil wir in reicherer Lebenserfahrung solche Begriffe gewonnen haben, die auch Neues und Ungewohntes widerspruchslos in sich aufnehmen, darum ist seiner Erklärung zufolge für uns nicht mehr, wie für den Ungebildeten, alles Neue und Ungewohnte komisch. Aber auch darin liegt nichts, was nicht bei beliebigen Vergleichen vorzukommen pflegte. Jeder Vergleich, so sagten wir oben, sei Versuch der Identifikation. Dieser Versuch der Identifikation aber ist ohne weiteres auch Versuch der Unterordnung unter denselben Begriff. So vergleiche ich eine Pflanze, der ich irgendwo begegne, mit den mir bekannten Arten, indem ich versuche, ihre Form mit den Typen der letzteren zu identificieren. Damit ist der Versuch, die Pflanze dem *Begriff* einer der fraglichen Arten unterzuordnen, sofort verbunden. Daher ich denn auch das Resultat des Vergleichs ohne weiteres in der Weise ausspreche, dass ich von der Pflanze die Zugehörigkeit oder Nichtzugehörigkeit zu einem bestimmten Artbegriff prädiziere: die Pflanze ist eine Orchidee oder sie ist es nicht.

Ebenso kann ich den veränderten Zustand, in dem sich eine Pflanze heute befindet, mit dem Zustand, in dem sich dieselbe Pflanze gestern befand—sie habe etwa über Nacht Blüten getrieben—nicht vergleichen, ohne beide Wahrnehmungsinhalte—die blühende und die blütenlose Pflanze—demselben Begriff dieser mir bekannten Pflanze einzuordnen. Wenigstens hat es hier ebensoviel bezw. ebensowenig Sinn, von einer Einordnung in einen gemeinsamen Begriff zu sprechen, wie beim komischen Kontrast zwischen dem neufrisierten Freunde einerseits und dem gewohnten Anblick desselben andererseits.

Darnach sind wir wohl berechtigt, in der "begrifflichen Vereinigung" oder "innigen Verbindung" und dem "intellektuellen Kontrast" das über den blossen Vergleich und Vergleichskontrast hinausgehende Moment zu vermissen. *Kräpelin* ist im Rechte, insofern er ein solches Moment überhaupt fordert. Er irrt nur, wenn er meint es damit aufgewiesen zu haben, dass er jene Namen einführt. Die Ausdrücke, "begrifflich" und "intellektuell" sind ja freilich so vieldeutig, dass sie alles besagen können. Aber eben darum besagen sie in einer wissenschaftlichen Theorie wenig oder gar nichts. Sie gehören zu den in der Psychologie so vielfach üblichen Worten, die wohl "um die Ohren krabbeln", aber statt das Verständnis zu fördern, vielmehr über die Notwendigkeit des Verständnisses hinwegtäuschen.

Mögen nun aber die begriffliche Vereinigung und der intellektuelle Kontrast sein was sie wollen. Auch für *Kräpelin* begründen sie ja die Komik nicht unter allen Umständen. *Kräpelin* bezeichnet als Gegenstände der Anschauungskomik auch die leichter zu ertragenden menschlichen Gebrechen. Der Kontrast mit der gewohnten menschlichen Bildung lässt sie komisch erscheinen. Warum, so fragen wir, müssen gerade Gebrechen die eine Seite des Kontrastes bilden? Warum entsteht der Eindruck der Komik nicht ebenso, wenn ein Mensch durch irgend welchen Vorzug zu dem, was wir zu sehen gewohnt sind, in Gegensatz tritt? Warum lachen wir über den ungewöhnlich Kräftigen und Wohlgebildeten nicht, wie über den ungewöhnlich Fetten oder Hageren? — Und warum verschwindet bei uns gebildeten Menschen sogar die Komik der Gebrechen, wenn sie schwer zu ertragende sind? Warum lachen wir über den Armen, der beide Beine verloren hat, nicht ebenso, wie über die rote Nase, da doch der Kontrast in jenem Falle viel deutlicher in die Augen springt? Auf alle diese Fragen bleibt *Kräpelin* die Antwort schuldig.

Doch nein. Wir irren. *Kräpelin* giebt auf diese Fragen sogar eine sehr bestimmte Antwort. Wir wissen schon, der intellektuelle Kontrast wirkt komisch nur, wenn er in uns einen Gefühlswiderstreit "mit *Vorwiegen der Lust*" erweckt. Nun erweckt die ausserordentlich wohlgebildete Gestalt in uns keine Unlust, also keinen Widerstreit der Gefühle, der Anblick des schwer zu ertragenden Gebrechens lässt nicht die Lust, sondern die Unlust überwiegen; es fehlt also in beiden Fällen ein wesentliches Element der Komik.

Aber ist dies wirklich eine Antwort auf jene Fragen? Die komische Wirkung *besteht* ja für *Kräpelin* in gar nichts Anderem, als dem Widerstreit der Lust und Unlust mit Überwiegen der Lust. Wenn er uns also sagt, nur der Kontrast wirke komisch, der diesen Wider-streit erwecke, so heisst dies, nur der Kontrast wirke komisch, der komisch wirke. Nun werden wir uns ja freilich dieser Einsicht nicht verschliessen können. Wir erfahren nur das nicht, was wir gerne wissen möchten, unter welchen Umständen nämlich ein Kontrast komisch wirke, *das heisst*—nach *Kräpelin*—den Widerstreit der Ge-fühle erzeuge, in dem die komische Wirkung angeblich besteht.

Jener allgemeinen Antwort auf die Frage, warum der "intellektu-elle" Kontrast vielfach gar nicht komisch wirke, entspricht die Art, wie *Kräpelin* sich in speciellen Fällen hilft. Kinder finden leicht alles komisch, weil bei ihnen der intellektuelle Kontrast leichter entsteht. Vorausgesetzt ist, dass dabei nicht die Furcht überwiegt. Die Fälle, in denen der intellektuelle Kontrast seine Pflicht versäumt, erschei-nen also als Ausnahmen, die die Regel bestätigen. Der Kontrast *würde* das Gefühl der Komik erzeugen, wenn nicht statt desselben ein anders geartetes oder entgegengesetztes Gefühl einträte. Aber dies hat ebensoviel Sinn, als wenn ich erst den allgemeinen Satz aufstellen wollte: alle Körper sinken im Wasser, um dann hinzuzu-fügen: wofern sie nicht oben bleiben. Oder will *Kräpelin* sagen, in jenen Fällen werde das Eintreten der Komik durch andersgeartete Gefühle aufgehoben? Auch damit ist nichts gebessert. Auch von Körpern, die sich nicht darauf einlassen im Wasser zu sinken, kann ich zur Not sagen, bei ihnen werde durch das Obenbleiben oder die Tendenz des Obenbleibens der Effekt des Sinkens aufgehoben. Eine Begründung des Sinkens dieser Körper und des Nichtsinkens jener wäre damit nicht gegeben.

Endlich ist es aber auch, wie wir schon wissen, gar nicht richtig, dass Widerstreit von Lust und Unlust mit Überwiegen der Lust das Gefühl der Komik ausmacht. Weder von einem solchen Widerstreit zu reden ist *Kräpelin* so ohne weiteres berechtigt, noch findet das Überwiegen der Lust jederzeit statt. Umgekehrt können, wie wir gleichfalls schon wissen, Lust und Unlust thatsächlich in dem be-zeichneten Verhältnis stehen und doch kein Gefühl der Komik er-geben.

Es können aber auch schliesslich die ganzen *Kräpelin*'schen Be-dingungen der Komik erfüllt, also der unerwartete intellektuelle Kontrast samt dem von *Kräpelin* geforderten Verhältnis von Lust und Unlust gegeben sein, ohne dass von Komik im entferntesten die Rede ist. Jedes zugleich prächtige und furchtbare Schauspiel, das ich nie gesehen, das also zu meinem "Vorstellungsschatz" in unerwarteten Gegensatz tritt, der unerwartete Anblick eines mächtigen Heeres, eines mächtig aufsteigenden Wetters und dergleichen erfüllt die Bedingungen, wenn zufällig der erhebende Eindruck der Pracht das Gefühl der Furcht überwiegt. Darum finden wir ein solches Schauspiel doch niemals komisch.

So bleibt schliesslich von der ganzen *Kräpelin*'schen Bestimmung der Komik nur der Vorstellungskontrast übrig. Wie der beschaffen sein müsse, davon erfahren wir nichts. Das heisst, wir erfahren nichts von der eigentlichen Hauptsache.

WUNDTS THEORIE.

Wir werden zu *Kräpelin* nachher noch einmal zurückkehren müssen. Vorerst schliessen wir an das über seine Theorie Gesagte eine Bemerkung über verwandte Anschauungen. Zunächst über die *Wundts*. Nur in wenigen Worten charakterisiert *Wundt* die Komik. Diese Worte finden sich im zweiten Bande der "Grundzüge der physiologischen Psychologie" 4. Aufl. In seiner Charakteristik vereinigt *Wundt* in gewisser Weise mit der *Kräpelin*'schen Theorie die *Hecker*'sche. *Wundt* meint: "Beim Komischen stehen die einzelnen Vorstellungen, welche ein Ganzes der Anschauung oder des Gedankens bilden, unter einander oder mit der Art ihrer Zusammenfassung teils im Widerspruch, teils stimmen sie zusammen. So entsteht ein Wechsel der Gefühle, bei welchem jedoch die positive Seite, das Gefallen, nicht nur vorherrscht, sondern auch in besonders kräftiger Weise zur Geltung kommt, weil es, wie alle Gefühle, durch den Kontrast gehoben wird."

Was ich dagegen zu sagen habe, ist der Hauptsache nach bereits gesagt:

Werden alle Gefühle durch Kontrast gehoben, so erfährt in dem Wechsel der Gefühle, wie die Lust durch die Unlust, so auch die Unlust durch die Lust eine Steigerung. Es bleibt also das Verhältnis dasselbe.

52

Zweitens: Das hier vorausgesetzte Kontrastgesetz existiert nicht. Das _Gefühls_kontrastgesetz insbesondere ist eine psychologische Unmöglichkeit.

Drittens: Es kann auch nicht gesagt werden, dass bei der Komik das Gefühl der Lust überwiegen müsse. Die Komik des Verächtlichen, die Komik, die aus dem Lachen der Verzweiflung spricht, zeigt ein Übergewicht der Unlust, Komik ist ihrem eigentlichen Wesen nach weder Lust noch Unlust, sondern im Vergleich mit beiden etwas Neues.

Viertens: Damit ist auch schon gesagt, dass zur Komik der Wechsel der Lust und Unlust nicht gehört. Mag beim Gefühl der Komik bald die Lust- bald die Unlustfärbung stärker heraustreten; das Gefühl der Komik ist an sich ein von diesem Gegensatze unabhängiges eigenartiges Gefühl.

Fünftens, abgesehen von allem dem: Setzen wir den Fall, zwei Thatsachen lassen sich unter einen Gesichtspunkt stellen, und fordern, dass wir dies thun, wenn wir sie von einer bestimmten Seite her betrachten. Sie widerstreiten dagegen dem Versuch, dies zu thun, wenn wir andere Momente an ihnen ins Auge fassen. Hier ist für *Wundt* die Grundbedingung der Komik gegeben. Es kann auch daraus unter Umständen ein Wechsel der Gefühle sich ergeben. Ich achte bald auf das Moment der Übereinstimmung, bald auf das Moment des Widerstreites. Dann schwankt auch mein Gefühl zwischen Lust und Unlust. Dabei wird freilich nicht das Gefühl der Lust, sondern das der Unlust durch den "Kontrast" gesteigert: Je mehr, was beide Thatsachen Übereinstimmendes haben, zur Zusammenfassung unter den einen wissenschaftlichen Gesichtspunkt einladet, um so unangenehmer berührt es uns, wenn wir dann doch wiederum von der Unmöglichkeit der Zusammenfassung uns überzeugen müssen. Dagegen wird das Moment der Übereinstimmung keineswegs dadurch für uns erfreulicher, dass das gegenteilige Moment uns die Freude daran immer wiederum verkümmert. Verkümmerte Freude ist nicht, wie es nach dem Gesetz des "Gefühlskontrastes" sein müsste, doppelte Freude.

Indessen nehmen wir an, das Kontrastgesetz bestände, und wirkte, so wie es nach *Wundt* wirken müsste; es würde also im obigen Falle die Lust "gehoben". Dann wären alle Bedingungen, die nach

Wundt für die Komik charakteristisch sind, gegeben. Es müsste also eine den obigen Angaben entsprechende Beziehung zwischen Thatsachen jederzeit komisch sein. Das heisst jede Theorie, jede Zusammenfassung von Thatsachen, die einerseits berechtigt, andererseits doch auch wiederum unzulässig erscheint, müsste komisch erscheinen. Nun haftet gewiss mancher wissenschaftlichen Theorie von der bezeichneten Art der Charakter der Komik an. Sie braucht nur etwa sehr selbstbewusst aufzutreten und zugleich dieses Selbstbewusstsein möglichst wenig zu rechtfertigen. Oder sie verblüfft uns momentan durch einen Schein der Wahrheit; dann aber sinkt *eben das*, was ihr den Schein der Wahrheit verlieh, in *nichts* zusammen. Aber das sind ja Voraussetzungen, die *Wundt* nicht macht. Es fehlt so bei *Wundt* die Pointe der Komik, also ihr eigentlicher Sinn.

Immerhin liegt auch in *Wundts* Charakteristik der Komik ein Hinweis auf Richtiges und Wichtiges. Ich denke wiederum vorzugsweise an die Anerkenntnis, dass ein Gegensatz oder ein Kontrast, und zwar, allgemein gesagt, ein Kontrast zwischen einem Positiven und einem Negativen für die Komik notwendig sei. Dass und wiefern diese Anschauung berechtigt ist, werden wir nachher genauer sehen.

Dass sie ein gewisses Recht haben müsse, können wir aber auch schon aus der Thatsache entnehmen, dass uns ähnliche Wendungen, sei es zur Charakterisierung des Witzes, sei es zur Kennzeichnung der Komik überhaupt früher und später immer wieder begegnen.

VERWANDTE THEORIEN.

Hier kommen für uns einstweilen nur diejenigen Definitionen der Komik in Betracht, die auf die Komik überhaupt sich beziehen. Erwähnung verdient vor allem *Schopenhauer*, der in "Die Welt als Wille und Vorstellung" II. Buch I § 13 sagt: "Das Lachen entsteht jedesmal aus nichts Anderem, als aus der plötzlich wahrgenommenen Inkongruenz zwischen einem Begriff und den realen Objekten, die durch ihn in irgend einer Beziehung gedacht worden waren; und es ist selbst eben nur der Ausdruck dieser Inkongruenz." "Je richtiger einerseits die Subsumtion ... unter den Begriff ist, und je grösser und greller andererseits ihre Unangemessenheit zu ihm, desto stärker ist die aus diesem Gegensatz entspringende Wirkung des Lächerlichen. Jedes Lachen also entsteht auf Anlass einer paradoxen und daher unerwarteten Subsumtion, gleichgültig ob diese durch Worte oder Thaten sich ausspricht. Dies ist in der Kürze die richtige Erklärung des Lächerlichen."

Hier begegnen uns in sehr ausgesprochener Form die oben als positiv wertvoll anerkannten Momente. Im übrigen wissen wir, warum diese Erklärung so unzulänglich ist, wie sie kurz ist und anspruchsvoll auftritt. *Schopenhauers* "Lächerliches" ist lächerlich, wenn es nicht ärgerlich, oder imponierend, sondern eben lächerlich ist.

Es ist *zunächst* lediglich *ärgerlich*, wenn wir plötzlich wahrnehmen, ein Objekt sei dem Begriff, unter den wir es subsumiert haben, inkongruent. Und zwar ist zu diesem Gefühl um so mehr Grund, je richtiger die Subsumtion schien, oder je mehr unser Urteil über das Objekt zwingend und einleuchtend war.

Es ist zweitens *imponierend*, wenn wir ein Objekt zunächst, etwa auf Grund einer bloss äusserlichen Betrachtung, einem Begriff subsumierten, dessen Anwendung eine geringe Bewertung des Objektes in sich schloss, und wenn dann plötzlich diese Subsumtion und mit ihr diese niedrige Bewertung als für das Objekt völlig unangemessen sich ausweist.

Es ist endlich *komisch* dann und nur dann, wenn dem Objekt vermöge der
Subsumtion, oder vermöge unserer Beurteilung desselben, irgend welche
Würde zukam, oder zuzukommen schien, und nun plötzlich *diese Würde*
verleihende Subsumtion als inkongruent oder unangemessen sich darstellt.
Man sieht, auch *Schopenhauer* setzt bei seiner Erklärung der Komik die
Komik voraus.

Daneben mag erwähnt werden *Lillys* "Theory of the Ludicrous", Fortnightly Review, Mai 1896, wonach das Lächerliche ist: an irrational negation which arouses in the mind a rational affirmation. Sehr nahe mit *Kräpelin* berührt sich dann *Mélinauds* Erklärung in einem Aufsatz der Revue des deux mondes 1895: Pourquoi rit-on? Etude sur la cause psychologique du rire. Die Antwort auf jene Frage lautet: Quand un objet d'un côté est absurde, et d'autre trouve une place toute marqueé dans une catégorie familière.

Soll auch dagegen noch eine besondere Bemerkung gemacht werden, so sei auf folgendes hingewiesen: Ein menschliches Verhalten, ein religiöser Gebrauch etwa, sei in sich möglichst "absurd". Diese Absurdität wird komisch erscheinen, wenn sie überraschend oder verblüffend ist; d. h. wenn wir die betreffenden Personen mit unserem Masse messen, sie also als vernünftige Menschen betrachten, wenn demgemäss die Unvernunft in unseren Augen den Anspruch erhebt, vernünftig, ja vielleicht erst recht vernünftig zu sein, zugleich aber völlig klar in ihrer Unvernunft einleuchtet.

Nehmen wir dagegen an, die absurde Handlung sei uns in aller ihrer Absurdität dennoch aus Erziehung, Gewohnheit, Unkenntnis, geistiger Stumpfheit der Personen völlig verständlich, so dass wir uns sagen, die Personen müssen unter diesen Umständen so absurd sich gebärden, wie sie es thun. Dann hört die Komik auf. Es tritt dann an die Stelle der Komik dies nüchterne Verständnis oder diese klar bestimmte Einordnung in eine "catégorie familière". Man erinnert sich des Wortes: Nicht weinen, nicht lachen, *sondern* verstehen. Hier ist also die "place toute marquée dans une catégorie familière" der Komik feindlich.

Andererseits ist doch freilich auch wiederum das Verständnis des absurden Gebarens Bedingung einer bestimmten Art der Komik, nämlich der *naiven* Komik. Nur muss hier die Verständlichkeit in besonderem Sinne genommen werden. Nicht im Sinne der einfachen verstandesgemässen Einsicht, sondern im Sinne der Anerkenntnis: Das absurde Gebaren erscheint als Gebaren dieser Person berechtigt, sinnvoll, "natürlich"; es giebt sich darin etwas Gutes, Gesundes, eine Einsicht, kurz eine gewisse Grösse der Person kund. Andererseits aber bleibt doch das Gebaren an sich betrachtet absurd. Angenommen *Mélinaud* hätte an diese Art der Komik gedacht, dann gehörte seine Theorie zu den zahlreichen, deren Schiefheit sich aus der äusserlichen und unzureichenden Betrachtung bestimmter Möglichkeiten der Komik erklärt.

Endlich erwähne ich die letzte Schrift, die mit der Frage der Komik sich eingehender beschäftigt, nämlich *Herkenraths* Problèmes d'éstétique et de morale, Paris 1898. *Herkenrath* knüpft an *Mélinauds* Definition unmittelbar an. Er will sie nur verallgemeinern. Zugleich bestimmt er sie genauer. Er meint, komisch sei die "réunion soudaine de deux aspects, qui paraissent incompatibles".

Hier ist das "soudaine" gegen *Mélinaud* eine Verbesserung. Aber auch die "plötzlichste" Vereinigung zweier unverträglicher "Aspekte" erzeugt nicht ohne weiteres die Komik. *Herkenrath* setzt den Fall: Wir hören aus einem Wandschrank ein Wimmern, und meinen, die Katze sei darin eingesperrt. Beim Öffnen finden wir darin unsere Tante oder unseren Schwiegervater. Dies wäre gewiss komisch. Und es trifft auch hier thatsächlich ein "Aspekt", nämlich die Erwartung, dass das Eingeschlossene eine Katze sei, mit einem anderen damit unverträglichen "Aspekt", nämlich der Wahrnehmung, dass es meine Tante oder mein Schwiegervater ist, plötzlich zusammen. Aber die Wahrnehmung, dass ein kleiner Hund in den Schrank eingesperrt worden sei, würde jener Erwartung ebenso widersprechen. Worauf es ankommt, das ist: die Tante oder der Schwiegervater, diese würdevollen oder auf Würde Anspruch machenden Personen; und weiter der Umstand, dass eine solche würdevolle Person in den Schrank eingeschlossen ist, und damit plötzlich in meinen Augen ihrer Würde verlustig geht, und in dem speziellen Falle sogar auf das Niveau einer kleinen wimmernden Katze herabsinkt. Die Komik entsteht hier nicht aus der plötzlichen Vereinigung zweier unverträglicher Aspekte, sondern aus diesem Zergehen der Würde der Tante oder des Schwiegervaters.

Herkenrath meint, hier ein Beispiel gegeben zu haben, in welchem die Komik entstehe, indem an die Stelle eines erwarteten Kleinen ein Grosses oder Würdevolles tritt. In Wahrheit findet hier wie in allen Fällen der Komik das Gegenteil statt: Ein Grosses schrumpft zu einem Kleinen zusammen. Wäre dies nicht der Fall, so würde die Komik unterbleiben. Die Wahrnehmung eines reissenden Stromes, wo nach vorangehenden Erfahrungen ein wasserarmer Bach erwartet wurde, wirkt nicht komisch, sondern imponierend. Und doch

haben wir auch hier die plötzliche Vereinigung zweier unverträglicher Aspekte.

* * * * *

II. ABSCHNITT. DIE GATTUNGEN DES KOMI-SCHEN.

IV. KAPITEL. DIE OBJEKTIVE KOMIK.

KONTRAST DES GROSSEN UND KLEINEN.

Mit den letzten Bemerkungen des vorigen Abschnittes habe ich dem Folgenden vorgegriffen. Das dort Angedeutete wird in diesem Abschnitt näher auszuführen sein.

Wir reden zunächst von der objektiven Komik. Die genauere Abgrenzung derselben von den beiden anderen Gattungen der Komik, der subjektiven und der naiven Komik, wird später, im Kapitel über die naive Komik, zu vollziehen sein. Hier genügt uns einstweilen diejenige Bestimmung des Begriffes der objektiven Komik, die sich aus dem hier Folgenden von selbst ergiebt.

Ich sagte oben, *Kräpelin* unterlasse es, uns zu sagen, welcher Kontrast komisch wirke. Die Antwort auf diese Frage ist teilweise seit lange gegeben. In gewisser Weise schon von der Ästhetik der *Wolff*schen Schule. Diese bezeichnet den komischen Kontrast als einen Kontrast zwischen Vollkommenheiten und "Unvollkommenheiten". Deutlicher redet Kant. Ihm zufolge entsteht die Komik aus der plötzlichen Auflösung einer Erwartung in "Nichts". Nach *Jean Paul* ist das Lächerliche das unendlich "Kleine", das zu einem Erhabenen in Gegensatz tritt. Und dieselbe Anschauung begegnet uns in der folgenden Geschichte der Ästhetik immer wieder, in den mannigfachsten Modifikationen, in geistvollster Weise durchgeführt von *Vischer*.

Ich erwähne speziell noch *Spencer*, für den die Komik beruht auf einer "descending incongruity"; einem unvermerkten Übergang "from *great* things to *small*". Ähnlich ist für *Bain* der Anlass der Komik "the *degradation* of some person or interest possessing dignity in circumstances, that excite no other strong emotion".

Die Antwort auf die Frage nach dem Grunde der Komik, die ich meine, liegt aber im Grunde auch schon in der gewöhnlichen und jedermann geläufigen Gegenüberstellung des *Erhabenen* und des Komischen oder Lächerlichen. Wie kann man es unterlassen, das Recht solcher Anschauungen und Wendungen wenigstens zu prüfen?

Ein Kleines, ein relatives Nichts, dies liegt in allen diesen Wendungen, bildet jederzeit die eine Seite des komischen Kontrastes; ein Kleines, ein Nichts, nicht überhaupt, sondern im Vergleich zu demjenigen, mit dem es kontrastiert. Die Komik entsteht eben, indem das Kleine an dem Andern, zu dem es in Beziehung gesetzt wird, sich misst und dabei in seiner Kleinheit zu Tage tritt.

Damit ist auch schon gesagt, dass das Kleine in der Vorstellungsbewegung, die dem Eindruck der Komik zu Grunde liegt, jederzeit *das zweite Glied* sein muss, d. h. dasjenige, zu dem wir in unserer Betrachtung übergehen, nicht der Ausgangspunkt, sondern der Zielpunkt der Bewegung. Wir mögen immerhin das Kleine schon vorher wahrgenommen oder ins Auge gefasst haben, klein erscheinen im Vergleich zur anderen Seite des Kontrastes kann es doch erst, nachdem wir den Massstab, den die andere Seite liefert, aus der Betrachtung derselben schon gewonnen haben.

Dass diese Anschauung im Rechte ist, zeigen beliebige Beispiele. Auch die von *Kräpelin* angeführten. Wir finden uns, um zunächst ein Beispiel zu erwähnen, das uns bei *Kräpelin* nicht begegnet, das aber von uns bereits oben angeführt wurde, komisch angemutet, wenn wir neben einem mächtigen Palast ein kleines Häuschen, wohl gar ein solches, das in seiner Form den Palast nachahmt, stehen sehen. Die komische Wirkung tritt noch sicherer ein, wenn das kleine Häuschen eine ganze Reihe mächtiger Bauten unterbricht. *Kräpelins* Fehler besteht darin, dass ihm dieser Kontrast zwischen Gross und Klein ein Kontrast ist wie jeder andere, und dass er die Stellung der Glieder des Kontrastes nicht beachtet. Denken wir uns eine Reihe von mächtigen Palästen durch einen Bau unterbrochen, dessen Bauart eine ganz andere ist, der ihnen aber an Mächtigkeit nichts nachgiebt, eine grosse Kirche, ein Theater oder dergleichen, dann unterbleibt der Eindruck der Komik. Und angenommen, wir gehen erst zwischen Reihen kleiner Häuser und erblicken plötzlich einen riesigen Palast, so schlägt er gar in den des Erstaunens um; obgleich natürlich der Kontrast zwischen Klein und Gross nicht kleiner ist, als der zwischen Gross und Klein. Man vergleiche hier auch die Beispiele, die am Ende des vorigen Abschnittes angeführt wurden.

In dem obigen Beispiele ist das "Kleine" ein Kleines der *Ausdehnung*. Ein solches ist es nicht in allen Fällen. Was ich mit dem Kleinen, dem relativen Nichts oben meinte, das ist überhaupt das für uns relativ Bedeutungslose, dasjenige, was für uns, sei es überhaupt, sei es eben jetzt, geringeres Gewicht besitzt, was geringeren Eindruck macht, uns in geringerem Masse in Anspruch nimmt, oder wie sonst wir uns ausdrücken mögen. Dergleichen Prädikate kann aber ein Objekt aus gar mancherlei Gründen verdienen.

Auf Eines muss ich besonders aufmerksam machen. Die Art, in der Objekte auf uns wirken oder uns in Anspruch nehmen, pflegt der Hauptsache nach nicht auf dem zu beruhen, was sie für unsere Wahrnehmung sind, sondern auf dem, was sie uns bedeuten, oder anzeigen, woran sie gemahnen oder erinnern. Die Wirkung der Worte liegt vor allen Dingen an dem, was sie sagen, nicht minder die der sichtbaren Formen, sei es einzig, sei es zum wesentlichen Teile, an den Gedanken, die sie in uns erwecken.

Schon für die Komik der "leicht zu ertragenden menschlichen Gebrechen" kommt dies in Betracht. Inwiefern, dies wird deutlich, wenn man bedenkt, dass von Haus aus, das heisst abgesehen von den Vorstellungen und Gedanken, die wir auf Grund mannigfacher Erfahrungen hinzufügen, die Bildung des menschlichen Körpers überhaupt kein Gegenstand besonderen Interesses ist. Der menschliche Körper wäre uns sogar, wenn wir alle diese "associativen Faktoren" einen Augenblick zum Schweigen bringen könnten, die gleichgültigste Sache von der Welt. Er gewinnt Bedeutung, indem mit ihm der Gedanke an ein darin waltendes körperliches und geistiges Leben aufs Innigste verwächst. Er wird dadurch zum sinnlichen Träger der Persönlichkeit. Nicht nur das Auge ist Spiegel des Innern, sondern der ganze Körper in allen seinen Teilen, wenn auch nicht überall in gleichem Grade. Dies heisst nicht, wir lesen aus jeder Form des menschlichen Körpers ein bestimmtes, *thatsächlich* darin verkörpertes Leben in zutreffender Weise heraus. Nur dies ist mit jener Behauptung gesagt, es werde durch jede Form auf Grund der Erfahrung die Vorstellung eines bestimmt gearteten Lebens in uns erweckt, gleichgültig ob die Vorstellung jedesmal der Wirklichkeit entspricht, oder nicht. Außerdem muss hinzugefügt werden, dass solche Vorstellungen uns nicht zum Bewußtsein zu kommen brauchen, wenn das Interesse an der Form entstehen, also die Form uns bedeutungsvoll werden soll.

Die *normalen* Formen des menschlichen Körpers sind es aber, mit denen vor allem der Gedanke an *positives*, in gewisser Fülle, Kraft, Ungestörtheit vorhandenes körperliches und geistiges Leben sich verknüpft. Sie heissen eben normal, weil in ihnen überall das Mass von "Leben" und Lebensfähigkeit sich darstellt oder darzustellen scheint, das wir allgemein fordern oder für wünschenswert halten. Sie sind eben damit für uns Gegenstand erheblichen *positiven* Interesses und darum bedeutungs- und eindrucksvoll. Mit diesem Interesse Hand in Hand geht dann das negative Interesse, das solche abnorme Formen für uns haben, die die Vorstellung eines erheblichen *Eingriffs* in jenes körperliche und geistige Leben oder einer erheblichen *Herabminderung* desselben erwecken. Auch dies negative Interesse involviert eine entsprechende Eindrucksfähigkeit.

Dagegen erscheinen Abweichungen von der normalen Form, die mit keiner derartigen Vorstellung verbunden sind, notwendig relativ "nichtssagend" und damit psychologisch mehr oder weniger gewichtlos. Sie erscheinen insbesondere dem Sinn und Inhalt der *normalen* Formen gegenüber entweder als ein Zuwenig oder als ein Zuviel oder als beides zugleich. Der übermäßig Hagere bleibt schon rein äußerlich betrachtet hinter der normalen Bildung zurück. Aber nicht dies äusserliche Zurückbleiben, sondern der damit sich verbindende Gedanke einer geringeren Kraft- und Lebensentfaltung lässt die Form relativ nichtig erscheinen. Dasselbe gilt von der zu kleinen Nase. Sie macht den Eindruck der Verkümmertheit, als habe der Organismus nicht Kraft genug gehabt, eine normale Nase zu bilden; indem sie an die Bildung der kindlichen Nase erinnert, erweckt sie zugleich die Vorstellung einer niedrigeren Stufe geistigen Lebens. Dagegen erscheint die zu grosse Nase, soweit sie über das normale Mass hinausgeht, als ein Überschüssiges, Zweckwidriges, zum Ganzen des Organismus und des ihn erfüllenden Lebens im Grunde nicht mehr Hinzugehöriges, und insofern Sinnloses und Nichtiges. Dort ist für unsere Vorstellung mit der Form zugleich der Inhalt vermindert; hier reicht der Inhalt nicht zu für die Form, so dass diese teilweise inhaltlos erscheint. Endlich vereinigen sich beide Arten relativer Bedeutungslosigkeit beim übermässig Fetten. Das Fett erscheint als kraftlose, also bedeutungslose Wucherung, zugleich hemmt es das gewohnte Mass freier Bewegung und Lebensbethätigung.

Unter denselben Gesichtspunkt stellt sich der Typus und die Hautfarbe des Negers, über welchen der Ungebildete, und das Neue, worüber das Kind lacht. Der Negertypus erweckt allgemein gesagt die Vorstellung einer niedrigeren Stufe der Entwicklung; die Hautfarbe ist wenigstens dem Ungebildeten als Farbe des menschlichen Körpers *unverständlich*. An sich besitzt ja auch die weisse Hautfarbe keine besondere Würde. Aber sie gehört für uns, wie die normalen Formen, zum Ganzen des Menschen, ist Mitträger des Gedankens an menschliches Leben geworden, auch auf sie hat sich damit etwas von der Würde der menschlichen Persönlichkeit übertragen. Diese Würde fehlt naturgemäß der schwarzen Hautfarbe, so lange wir nicht gelernt haben, auch sie als rechtmässige menschliche Hautfarbe zu betrachten. Sie ist also so lange ein relatives Nichts. Ebenso ist das Neue für das Kind ein relativ Bedeutungsloses, weil das Kind seine Bedeutung, die Zugehörigkeit zu Anderem, aus dem sich die Bedeutung ergiebt, die Brauchbarkeit zu diesem oder jenem Zweck u. s. w. noch nicht kennen gelernt hat. Als Unverstandenes, noch Sinnloses, und darum Nichtiges, nicht um der Neuheit willen, ist das Neue dem Kinde komisch, — soweit es dies ist.

Wie in den bisher besprochenen, so ist es in allen Fällen der Anschauungskomik wesentlich, dass das relativ Nichtige als ein solches erscheine, nicht irgendwo oder irgendwann, sondern in dem Gedanken- oder Vorstellungszusammenhang, in den es hineintritt; oder, wie wir auch sagen können, dass es nichtiger erscheine, als der Vorstellungs- oder Gedankenzusammenhang, in den es sich einfügt, *fordert* oder *erwarten lässt*. Wir erwarten, wenn wir an einer Reihe grosser Gebäude vorübergegangen sind, nun auch weiter grosse Gebäude anzutreffen. Wir fordern oder erwarten von allem dem, was nun einmal zum Menschen gehört, nicht bloss seinen Reden und Handlungen, sondern auch den Formen und Farben seines Körpers, dass sie uns den Eindruck einer gewissen Bedeutsamkeit machen, dass in ihnen für unser Gefühl oder Bewusstsein

ein gewisser—nicht überall identischer, auch nicht überall gleich erhabener—Sinn, ein gewisses Mass von Zweckmäßigkeit, körperlicher oder geistiger Lebenskraft und Leistungsfähigkeit sich ausspreche, oder auszusprechen scheine. Wir erwarten, wenn wir unserm Freunde begegnen, an ihm alle die Züge der äussern Erscheinung wieder wahrzunehmen, die wir gewohnt sind als zu ihm gehörig zu betrachten und die schon dadurch eine gewisse positive Bedeutung für uns gewonnen haben u. s. w. Die Komik entsteht, wenn *an Stelle* des erwarteten Bedeutungs- oder Eindrucksvollen und unter Voraussetzung eben des Vorstellungszusammenhanges, der es erwarten lässt, ein für uns, unser Gefühl, unsere Auffassung, unser gegenwärtiges Verständnis minder Eindrucksvolles sich einstellt.

NACHAHMUNG UND KARIKATUR.

Die Wichtigkeit dieser Bestimmung erhellt noch besonders deutlich, wenn wir jetzt mit *Kräpelin* innerhalb der Anschauungskomik die Fülle der Komik der Nachahmung und der Karikatur speziell ins Auge fassen. Wir sehen nach *Kräpelin* bei der Komik der Nachahmung "die eine von zwei uns als verschieden bekannten Individualitäten eine teilweise Übereinstimmung mit der andern gewinnen und werden dadurch gezwungen, jene beiden Vorstellungen miteinander in nahe Beziehung zu setzen, ohne sie doch natürlich zu einer vollständigen Deckung bringen zu können." Darauf beruht hier für *Kräpelin* die Komik. Nach dieser Theorie müsste das Gefühl der Komik immer entstehen, wenn zwei Personen sich in gewissen Punkten entschieden ähnlich, in andern entschieden unähnlich sind, wenn beispielsweise von zwei Brüdern der eine ganz die Züge des Vaters hat, während der andere teilweise dem Vater, teilweise der Mutter gleicht. Auch hier setzen wir ja Personen in nahe Beziehung, ohne sie zur Deckung bringen zu können.

Kräpelins Theorie vergisst eben auch hier wiederum die Hauptsache. Er übersieht in der Komik der Nachahmung die *Nachahmung*. Nachahmung ist *Herauslösung* von Zügen einer Person, Eigentümlichkeiten derselben, Arten zu sprechen, zu handeln, sich zu bewegen, aus dem Zusammenhang, dem sie angehören und in dem sie ihre Bedeutung haben.

Dabei können zwei Möglichkeiten unterschieden werden. Die nachgeahmten Eigentümlichkeiten seien zunächst Eigentümlichkeiten *irgend welcher* Art. Sofern wir sie an der Person wahrnehmen, der sie zugehören, sind sie Eigentümlichkeiten dieser Person; d. h. diese Person giebt ihr Wesen darin nach gewisser Richtung kund; sie sind nicht bloss diese Eigentümlichkeiten, sondern Eigentümlichkeiten, in denen diese Person *steckt*. Nun werden sie von mir nachgeahmt. Damit erscheinen sie von dieser Person losgelöst. Zugleich erscheinen sie doch für denjenigen, der weiss, dass ich nachahme, nicht etwa auf mich übertragen. Sie werden nicht als mir thatsächliche zukommende Eigentümlichkeiten aufgefasst. Sie sind also isoliert; schweben sozusagen in der Luft. Andererseits werden sie doch immer noch als Eigentümlichkeiten der anderen Person *erkannt*. Man weiss, ich ahme jene *Person* nach.

Damit ist der Grund zur Komik gegeben. Die Eigentümlichkeit, die als Eigentümlichkeit der Person ihren Sinn hat, büsst vermöge der Loslösung von der Person diesen Sinn ein. Sie ist, als zur Person gehörig betrachtet, Ausdruck des Wesens derselben; indem ich durch die Nachahmung gezwungen werde, sie *für sich* zu betrachten, geht sie dieses Anspruches verlustig. Sie hat, sofern sie der Person zugehört, diese zum Inhalt oder Substrat, jetzt kommt ihr dieser Inhalt oder dies Substrat abhanden. Sie wird mit einem Worte zur leeren Form. Immer wieder, wenn ich sie im Zusammenhang der Person betrachte, füllt sich die Form mit persönlichem Inhalte; und jedesmal wenn ich sie in ihrer Isolierung betrachte, schrumpft sie zur leeren Form zusammen. Ein Etwas wird zu einem Nichts. Dies aber ist der Grund aller Komik.

Aus dem Gesagten ergiebt sich, dass die komische Wirkung der Nachahmung umso grösser sein muss, einmal je mehr das ganze Wesen der Person in der nachgeahmten Eigentümlichkeit sich kund giebt, je *charakteristischer* also die Eigentümlichkeit für die Person ist, zum anderen, je weniger die Eigentümlichkeit zu mir passt, je weniger sie also als meine Eigentümlichkeit genommen werden kann.

Andererseits steigert sich die Wirkung notwendig, wenn wir die zweite der oben gemeinten Möglichkeiten ins Auge fassen, d. h. wenn wir annehmen die Eigentümlichkeit sei eine "*Eigenheit*", ich meine: ein solcher Zug der nachgeahmten Person, der im Vergleich zum normalen menschlichen Wesen, ebenso wie die leicht zu ertragenden Gebrechen, als ein Zuviel oder ein Zuwenig erscheint, also in jedem Falle einen Eindruck relativer Nichtigkeit zu machen geeignet ist. Ich sage mit Absicht: geeignet ist; denn dass solche "Eigenheiten" an der Person selbst als Kleinheiten oder Schwächen erscheinen müssten, soll hier nicht gesagt sein. Sie erscheinen dann um so sicherer als solche in der Nachahmung. Eine Art zu sprechen etwa verrät eine gewisse Weichheit, ein Sichgehenlassen des Gefühls. Die Gefühlsweichheit passt aber zur Person, ist mit anderen wertvollen Eigenschaften derselben notwendig verbunden; wir finden sie darum an der Person völlig in Ordnung. So finden wir ja an ganzen Gattungen von Menschen, an den verschiedenen Geschlechtern, Lebensaltern, Ständen, Besonderheiten in der Ordnung und fordern sie sogar, die ohne Rücksicht auf die besondere Natur der Träger als Kleinheiten erscheinen würden.

Oder, gehört die Eigentümlichkeit nicht zum Wesen der Person, in dem Sinne, dass wir gar nichts Anderes von ihr erwarten, dann haben wir uns doch vielleicht in die Person und die Eigentümlichkeit gefunden. Wir haben gelernt die Persönlichkeit als Ganzes zu fassen; und in ihrer Ganzheit, zu der auch die Schwäche gehört, ist sie uns vertraut.—Indem ich nun aber die Eigentümlichkeit nachahme, reisse ich sie aus jenem Zusammenhang heraus. Sie wird jetzt gewissermassen Gegenstand absoluter Beurteilung, d. h. sie tritt statt in ihrer Beziehung zu ihrem Träger, in ihrer Beziehung zum Menschen überhaupt ins Bewusstsein. Sie wird gemessen an dem, was man vom Menschen überhaupt erwartet. Und in diesem Zusammenhang stellt sie sich als Kleinheit dar und wirkt entsprechend. Sie wirkt komisch.

Völlig entgegengesetzte Eigenschaften können auf diese Weise durch Nachahmung komisch werden. Wie die Sprechweise, die ein Sichgehenlassen des Gefühls verrät, so auch die besonders energische, trotzig herausfordernde, kommandomässige. Der Kommandoton bleibt nicht hinter dem zurück, was wir im allgemeinen zu erwarten pflegen, sondern geht darüber hinaus; er lässt aber seinerseits einen entsprechenden Zweck und Inhalt der Rede erwarten. Auch wo der fehlt, ertragen wir am Ende den Ton, wenn die Person und Stellung dazu passen. Reissen wir ihn, nachahmend, aus diesem Zusammenhang, so erscheint er in seiner Zweck- und Inhaltlosigkeit und damit relativ nichtig.

Man sieht leicht, dass zwischen den beiden hier unterschiedenen Fällen hinsichtlich des Grundes der Komik derselbe Gegensatz besteht, wie zwischen der zu kleinen und der zu grossen Nase oder zwischen übermässiger Hagerkeit und übermässiger Körperfülle. Ein Objekt wird komisch das eine Mal, weil es selbst eine Erwartung unerfüllt lässt, das andere Mal, weil es eine Erwartung erregt, die unerfüllt bleibt. Dieser Gegensatz geht durch. Der Mann, der ein Kinderhäubchen aufsetzt, und der kleine Junge, der sich einen Cylinder aufs Haupt stülpt, beide sind gleich komisch. Zunächst ist dort das Häubchen komisch, weil man an seiner Stelle die würdige männliche Kopfbedeckung erwartet, hier das Kind, weil wir als Träger des würdigen Cylinders einen Mann erwarten. Dann aber heftet sich die Komik auch, in jenem Falle an den Mann, in diesem an den Cylinder, weil der Mann, indem er das Häubchen aufsetzt, seiner Würde als Mann, der Cylinder, indem er sich herablässt das Haupt des Kindes zu schmücken, seiner Würde als männliche Kopfbedeckung sich zu begeben scheint.

Mit der Komik der Nachahmung ist die der Karikatur verwandt. Auch bei der letzteren werden "Eigenheiten" herausgehoben, nicht durch Herauslösung aus dem gewohnten Zusammenhang, aber durch Steigerung. Ich zeichne einen Menschen im übrigen korrekt, vergrössere aber die etwas zu grosse, oder verkleinere die etwas zu kleine Nase, verstärke die Hagerkeit oder die Rundung der Person u. s. w. In jedem Falle handelt es sich um die Hervorhebung eines relativ Nichtigen. Dies macht zunächst die Karikatur selbst zum Gegenstand der Komik, dann auch das Original, mit dem wir nicht umhin können sie zu identifizieren.

Dass *Kräpelin* das Wesentliche dieses Vorgangs übersieht, verwundert uns nicht mehr. Die Komik beruht ihm hier wie bei der Nachahmung auf Ähnlichkeit und daneben bestehendem Kontrast: Die Karikatur lässt die Ähnlichkeit prägnant hervortreten, sorgt aber zugleich dafür, dass der Kontrast mit dem Original genügend gewahrt bleibt. Nach dieser Theorie müsste jedes in einigen Teilen getroffene, in andern vom Original entschieden abweichende Bildnis komisch wirken, selbst dann, wenn die Abweichung vielmehr in

einer *Vertuschung* oder *Weglassung* solcher Eigentümlichkeiten bestände, die im Original abnorm oder komisch sind.

SITUATIONSKOMIK.

Sollte aus dem Bisherigen das Recht der an *Kräpelin* geübten Kritik und der an Stelle der seinigen gesetzten Anschauung noch nicht
völlig deutlich geworden sein, dann wird die Betrachtung der zweiten *Kräpelin'schen* Hauptgattung der Komik hoffentlich zu diesem
Ziele führen. Kräpelin bezeichnet als solche die Situationskomik.
"Das gemeinsam wirkende Element der Situationskomik ist stets ein
Missverhältnis zwischen menschlichen Zwecken und deren Realisierung". Dass diese Angabe, auch wenn wir nur *Kräpelins* Beispiele
ins Auge fassen, zu enge ist, verschlägt uns hier um so weniger, als
Kräpelin selbst sie im darauf folgenden Satze wieder aufhebt und
den Begriff der Situation wesentlich erweitert: "Gerade das ist das
Charakteristische der Situation, dass sie keinen Ruhezustand zu-
lässt, sondern einen einzelnen Moment aus einer Reihe von Handlungen oder Begebenheiten herausgreift". Darnach wäre die Situationskomik die Komik des Nacheinander von Begebenheiten oder
Handlungen.

Dagegen ist mir der Umstand wesentlich, dass jene Bestimmung
zugleich zu weit ist. Auch bei der Situationskomik kann nicht ein
Missverhältnis als solches das Gefühl der Komik erzeugen. Auch
hier entsteht dies Gefühl nur, indem ein Element in dem Gedankenzusammenhang, in den es hineintritt, als ein relativ Kleines erscheint. Wiederum ist dabei notwendig das Kleine der Zielpunkt,
nicht der Ausgangspunkt der gedanklichen Bewegung. Es ist nicht
komisch, wenn Columbus, statt den Seeweg nach Ostindien zu
finden, Amerika entdeckt. Der Kontrast zwischen "Zweck" und
"Realisierung" ist hier gross genug, aber er ist nicht zugleich ein
Kontrast zwischen Gross und Klein. Dagegen wäre Columbus Gegenstand der Komik geworden, wenn er schliesslich auf irgendwelchem Umweg in längst bekannter Gegend gelandet wäre und diese
vermeintlich entdeckt hätte. Es ist nicht komisch, sondern furchtbar,
wenn ein Apotheker sich vergreift, und dem Kranken statt des
Heilmittels ein tötliches Gift giebt. Dagegen würde der Eindruck
der Komik nicht ausbleiben, wenn wir sähen, dass jemand seinem

Feinde, in der Meinung ihn zu vergiften, ein unschädliches Pulver eingegeben habe. *Kräpelin* freilich glaubt Fällen jener Art ihre Beweiskraft zu nehmen, indem er erklärt, es dürften, wo die Komik zu stande kommen solle, "keine Unlustgefühle" erregt werden; aber wie es komme, dass in gewissen Fällen statt des Gefühles der Komik ein Gefühl der Unlust erzeugt werde, das ist eben die Frage, um die es sich handelt, ganz abgesehen davon, dass ja auch nach *Kräpelins* eigner Meinung Unlustgefühle zur Komik hinzugehören.

Ob der anderen Bedingung, dass das Kleine *Zielpunkt* der Bewegung sei, in einem gegebenen Falle genügt sei, dies erfahren wir am einfachsten, wenn wir wiederum, wie schon oben, den Begriff der Erwartung oder Forderung verwenden. "Komisch wirkt die Erfolglosigkeit lebhafter Bemühungen." In der That ist es komisch, wenn wir den Schulmeister sich vergeblich mühen sehen, eine Schar ungezogener Rangen zur Ruhe zu bringen. Dagegen irrt *Kräpelin*, wenn er dieselbe Wirkung dem "unvermuteten Erfolg geringfügiger Bestrebungen" zuschreibt. So ist es nicht komisch, sondern imponierend, wenn eine Person durch ihr blosses Auftreten, einen Blick, ein Wort, eine geringfügige Bewegung, eine grosse Menge beherrscht und leitet. Der Unterschied beider Fälle besteht aber eben darin, dass der Erfolg dort hinter dem zurückbleibt, was wir nach gewöhnlicher Erfahrung erwarten oder fordern, während er hier darüber hinausgeht. Ebenso entsteht der Eindruck der Komik, wenn viel versprochen und wenig geleistet wird, wenn jemand stolz und selbstbewusst auftritt und über kleine Hindernisse stolpert, wenn der Erwachsene redet, handelt, denkt wie ein Kind u. s. w.; er entsteht nicht, wenn umgekehrt wenig versprochen und viel geleistet wird, wenn jemand bescheiden auftritt und leistet, was nach der Art seines Auftretens niemand von ihm erwartete, wenn das Kind, ohne doch unkindlich zu erscheinen, einen Grad des Verständnisses verrät, dem wir in seinem Alter sonst nicht zu begegnen gewohnt sind.

Nur unter einer Bedingung kann auch bei Fällen dieser letzteren Art das Gefühl der Komik sich einstellen; dann nämlich, wenn sich in unseren Gedanken der Zusammenhang der Facta in der Weise umkehrt, dass dasjenige, was dem natürlichen Gang der Dinge zufolge an die Stelle des Erwarteten tritt, zu dem wird, was die Erwartung erregt, und umgekehrt. Angenommen etwa, wir sehen nicht die geringe Bemühung und auf diese folgend das bedeutsame

Ergebnis, sondern hören zuerst von dem letzteren, und erwarten nun oder fordern an der Hand geläufiger Erfahrung, dass eine bedeutsame Anstrengung vorausgegangen sei, oder wir sehen wohl erst die geringe Bemühung, und dann den grossen Erfolg, wenden aber nachher unsern Blick von dem Erfolg wiederum zurück zur geringen Bemühung und finden diese geringfügiger als wir eigentlich glauben erwarten zu müssen, — in jedem der beiden Fälle kann die geringfügige Bemühung komisch erscheinen. Aber derartige Fälle widerlegen nicht, sondern bestätigen unsere Behauptung. Nicht der objektive Zusammenhang, sondern der Zusammenhang in unserem Denken und das Vorher und Nachher innerhalb dieses Zusammenhangs, ist ja für uns das Entscheidende.

DIE ERWARTUNG.

Mit der Anschauungs- und Situationskomik ist für *Kräpelin* der Umkreis der objektiven Komik abgeschlossen. Entsprechend könnten auch wir die Kritik der *Kräpelin*'schen Theorie abschliessen, wenn wir uns nicht bereits in einen neuen Streit mit ihrem Autor verwickelt hätten. Wir thaten dies durch die Art, wie wir den Begriff der Erwartung verwandten. Die Einführung dieses Begriffs geschah gelegentlich; und seine Verwendung schien in den speziell angeführten Fällen wohl gerechtfertigt. Es fehlt aber noch — nicht nur die prinzipielle Rechtfertigung, sondern sogar die genauere Bezeichnung desjenigen, was eigentlich mit diesem Begriff gesagt sein solle. Beides wollen wir im Folgenden nachzuholen versuchen. Dabei wird auch erst die volle Tragweite dieses Begriffs deutlich werden.

Wie schon erwähnt, erklärt *Kant* die Komik aus der plötzlichen Auflösung einer Erwartung in Nichts. Auch *Vischer* lässt die Erwartung als ein wesentliches Moment der Komik erscheinen, wenn er gelegentlich das "Erhabene", zu dem das Nichtige in komischen Gegensatz tritt, mit dem identifiziert, was irgend eine, wenn auch an sich unmerkliche Erwartung und Spannung erregt. (Ästhetik I, § 156).

Mit solchen Erklärungen scheint eben unsere Anschauung ausgesprochen.

Dagegen spricht *Kräpelin* der Erwartung jede prinzipielle Bedeutung ab,
obgleich er doch wiederum jener *Kant*'schen Bestimmung ein gewisses
Recht zugesteht.

Zunächst soll die Erwartung die Wirkung der Komik nur verstärken. Was die Wirkung eigentlich hervorbringt, ist der Vorstellungskontrast. Darnach sind Kontrast und in Nichts aufgelöste oder enttäuschte Erwartung für *Kräpelin* jederzeit nebeneinander stehende Momente. Von einem solchen Nebeneinander nun konnten wir in den oben besprochenen Fällen nichts bemerken. Vielmehr lag eben in der Enttäuschung der Erwartung, d. h. in dem Kontrast zwischen dem Erwarteten und dem relativen Nichts, das dafür eintrat, jederzeit der ganze Grund der Komik.

Es ist, um viele Fälle in einen Typus zusammenzufassen, komisch, wenn Berge kreissen und ein winziges Mäuschen wird geboren. Man lasse dabei die Erwartung weg, nehme an, das Kreissen der Berge gebe zu keiner Vermutung über die Beschaffenheit dessen, was daraus entstehen möge, Anlass, so dass der Gedanke, es werde etwas Grosses geboren werden, nicht näher liegt als der entgegengesetzte, und die Komik ist dahin. Sie beruht also freilich auf einem Kontrast, aber nicht auf dem Kontrast der Berge und des Mäuschens, sondern auf dem Kontrast des Erwarteten und des dafür Eintretenden.

Dies wird noch deutlicher in anderen Fällen. Vor mir liege ein chemischer Körper, der bei einem leichten Schlage mit lautem Knall explodieren soll. Indem ich den Schlag ausführe, bin ich auf den Knall gefasst. Ich höre aber thatsächlich nur das Geräusch, das der Schlag auch sonst hervorgebracht hätte: der Versuch ist missglückt. Hier ist dasjenige, was die Erwartung erregt, die Wahrnehmung des Schlages, an sich so geringfügig wie dasjenige, was folgt. Kein Kontrast irgendwelcher Art findet statt zwischen dem leichten Schlage und dem Geräusch. Der Kontrast besteht einzig zwischen dem Geräusch und der erwarteten Explosion. Hierin also ist der Grund der Komik zu suchen.

Diesen Fällen lassen sich leicht solche entgegenstellen, in denen lediglich darum *keine* komische Wirkung entsteht, weil die Erwartung und ihre Auflösung in Nichts *fehlt*. Im Vergleich zu einem hohen Berge erscheint jedes darauf stehende Haus klein. Das Haus ist darum doch nicht notwendig kleiner als man erwartet, Unter dieser Voraussetzung fehlt dann auch die Komik, trotz jenes Kontrastes zwischen Berg und Haus.

Darnach müssen wir jetzt sogar *Kräpelins* Kontrasttheorie in einem neuen wesentlichen Punkte korrigieren. Wir korrigieren damit zugleich uns selbst, sofern wir uns oben die *Kräpelin*'sche Ausdrucksweise einstweilen gefallen liessen. Der Kontrast zwischen menschlichen Zwecken und ihrer Realisierung, zwischen lebhaften Bemühungen und deren Erfolglosigkeit u. s. w., auf den *Kräpelin* die Situationskomik gründete, hat als solcher mit der Komik gar nichts zu thun. An seine Stelle tritt der Kontrast zwischen der erwarteten und der thatsächlichen Realisierung, zwischen dem Erfolg, den wir den Bemühungen, sie mögen "lebhaft" sein oder nicht, naturgemäss zuschreiben, und der wirklichen Erfolglosigkeit. Ebenso tritt bei der Anschauungskomik an die Stelle des Kontrastes zwischen "dem angeschauten Gegenstand und Bestandteilen unseres Vorstellungsschatzes" der Kontrast zwischen der Beschaffenheit des Angeschauten, die wir auf Grund unseres Vorstellungsschatzes naturgemäß voraussetzen, und derjenigen, die die Anschauung aufweist. Mit einem Worte, der Vorstellungskontrast löst sich auf in den Kontrast zwischen einem Erwarteten (Geforderten, Vorausgesetzten) und einem an die Stelle tretenden Thatsächlichen. Dies ist der eigentliche "intellektuelle" Kontrast, den *Kräpelin* sucht, aber nur mit diesem Namen zu bezeichnen weiss.

Zweitens versichert *Kräpelin*, die Erwartung sei "natürlich" nur beim successiven Kontrast von Bedeutung. Dagegen berufe ich mich zunächst auf den Sprachgebrauch, der nichts dawider hat, wenn ich sage, man erwarte bei Menschen eine gewisse normale Körperbildung, oder man erwarte, wenn man einen für Erwachsene bestimmten Tisch sehe, dass auch die um ihn herumstehenden Stühle Stühle für Erwachsene seien, nicht Kinderstühle u. dgl. Oder ist der Sprachgebrauch hier unwissenschaftlich?—Dann ziehe ich mich aus dem Streit, indem ich sage, was ich hier unter Erwartung verstehe. Diese Pflicht liegt ja ohnehin jedem ob, der die Erwartung zur Erklärung der Komik verwendet oder sie ausdrücklich davon ausschliesst.

Die Erwartung einer Wahrnehmung oder einer Thatsache ist jedenfalls ein Zustand des Bereit- oder Gerüstetseins zum Vollzug der Wahrnehmung, bezw. zur Erfassung der Thatsache. Ein solches Bereitsein kann in unendlich vielen Stufen stattfinden. Ich bin nicht bereit eine Wahrnehmung zu vollziehen, wenn Anderes, das mit der Wahrnehmung in keinem Zusammenhang steht, mich gänzlich in Anspruch nimmt, oder gar Vorstellungen sich mir aufdrängen, deren Inhalt dem Inhalt jener Wahrnehmung widerspricht. So bin ich nicht vorbereitet einen Glockenschlag zu hören, wenn Gedanken, die mit dem Glockenschlage in keiner Beziehung stehen, mich ganz und gar beschäftigen. Ich bin in noch minderem Grade vorbereitet, jemand eine bedeutende Leistung vollbringen zu sehen, wenn seine ganze Persönlichkeit vielmehr den Eindruck der Unfähigkeit zu jeder bedeutenden Leistung macht.

Dagegen kann ich mich schon in gewisser Weise auf den Schall vorbereitet nennen, wenn mich in dem Augenblicke, wo er eintritt, nichts besonders in Anspruch nimmt, wenn also die Schallwahrnehmung relativ ungehindert in mir zu stande kommen kann. Ich bin ebenso in gewisser Weise vorbereitet, die Leistung sich vollziehen zu sehen, wenn ich hinsichtlich der Leistungsfähigkeit der Person kein günstiges, aber auch kein ungünstiges Vorurteil hege.

Doch ist in diesen Fällen die Bereitschaft noch eine lediglich negative. Sie kann dann aber in den verschiedensten Graden zur positiven werden. Bleiben wir bei der Leistung. Angenommen die Person, über deren Leistungsfähigkeit ich nichts weiss, habe die glückliche Vollführung eines nicht über gewöhnliche menschliche Kräfte hinausgehenden, auch mit keinen übergrossen Schwierigkeiten verbundenen Unternehmens angekündigt. Daraus ergäbe sich schon ein erhebliches Mass positiver Bereitschaft. Ich verstehe die Ankündigung und bin gewohnt anzunehmen, dass derjenige, der eine solche Ankündigung ausspricht, nicht nur den guten Willen habe, sie zu erfüllen, sondern auch Mittel und Wege dazu finden werde. Dieser erfahrungsgemässe Zusammenhang zwischen Ankündigung und Vollführung des Unternehmens bereitet mich auf die Wahrnehmung des Unternehmens vor, leitet die seelische Bewegung darauf hin; oder wenn man lieber will, der Gedanke an die Ankündigung thut dies *vermöge* jenes Gedankenzusammenhanges oder auf dem dadurch bezeichneten *Wege*. Dass die Hinleitung wirklich stattfindet, erfahre ich, sobald ich die Leistung sich wirklich vollziehen sehe. Ich erlebe den Vollzug derselben nicht nur ohne Befremden und Überraschung, sondern wie etwas, das so sein muss. Ich finde mich in das Erlebnis nicht nur ohne Widerstreben, sondern ich würde mich umgekehrt nur mit einem gewissen Widerstreben in das Nichteintreten desselben finden. Dies Streben, bezw. Widerstreben kann nur in dem Vorhandensein eines auf die Wahrnehmung des Vollzugs der Leistung hinleitenden oder hindrängenden Faktors seinen Grund haben.

Damit ist indessen noch nicht der höchste Grad der Bereitschaft erreicht. Sie steigert sich, wenn ich von der Leistungsfähigkeit der Person die beste Meinung habe, wenn ich zugleich an ihrer Zuverlässigkeit nicht zweifle, wenn endlich solche Elemente, die dem, was kommen soll, unmittelbar angehören, in der Wahrnehmung oder Erfahrung bereits gegeben sind. Ich weiss etwa, der Moment, für den die Leistung angekündigt war, ist da; ich sehe auch die Person zum Vollzug derselben sich anschicken. Jetzt wird mein Vorstellen gleichzeitig durch alle diese Faktoren auf die Wahrnehmung des wirklichen Vollzugs der Leistung hingeleitet. Die Energie dieser Hinleitung nimmt zu; bis zu dem Momente, wo es sich entscheiden muss, ob die That geschieht oder nicht. Wiederum verrät sich die vorbereitende Kraft jener Faktoren in der unmittelbaren Erfahrung. Immer begieriger und leichter vollziehe ich die Wahrnehmung der Leistung, wenn sie wirklich geschieht, und immer befremdlicher finde ich mich angemutet, wenn sie schliesslich dennoch unterbleibt.

Vielleicht freilich giebt man nicht viel auf diese unmittelbare Erfahrung. Dann mag daran erinnert werden, dass die Wirksamkeit solcher Faktoren auch experimentell feststeht. Psychische Messungen ergeben, dass Wahrnehmungsinhalte um so schneller von uns erfasst werden oder zu unserem Bewusstsein gelangen, je mehr derartige Faktoren, je mehr also Vorstellungs- oder Wahrnehmungsinhalte, die mit der neuen Wahrnehmung in engem erfahrungsgemässem Zusammenhang stehen, bereits gegeben sind. So ist die Zeit, die zwischen der Auslösung eines Schalles und der Wahrnehmung desselben verfliesst, kürzer, wenn derjenige, der ihn hört, vorher weiss, es werde ein Schall von dieser bestimmten Beschaffenheit erfolgen, als wenn er ihn völlig unvorbereitet hört; sie ist noch kürzer, wenn dem Schall in bestimmter, dem Hörer genau bekannter Zeit irgendwelches Signal vorangeht. Diese successive Verkürzung der Zeit beweist so deutlich als möglich die den Vollzug der Wahrnehmung vorbereitende und erleichternde Kraft jener Faktoren.

Der zuletzt bezeichneten Art der Bereitschaft nun wird jedermann den Namen der Erwartung zugestehen. Wir "erwarten" das in Aussicht gestellte und angefangene Unternehmen sich vollenden zu sehen. Dagegen sagen wir nicht, wir erwarten einen Schall zu hören, wenn die Wahrnehmung desselben nur in dem Sinne vorbereitet ist, dass ihr kein besonderes Hindernis entgegensteht. Wir "erwarten" auch nicht den Vollzug der Leistung, wenn die Ankündigung derselben uns zwar bekannt, aber im Augenblicke nicht in uns wirksam ist, sei es dass der Gedanke überhaupt nicht in uns lebendig ist, sei es dass sonstige seelische Vorgänge ihn verhindern seine Wirksamkeit zu entfalten.

Darnach wissen wir, worin das Wesen der Erwartung besteht. Wir sprechen von einer solchen, und sind berechtigt davon zu sprechen, wenn die Bereitschaft zum Vollzug einer Wahrnehmung oder zur Erfassung einer Thatsache eine aktive ist, d. h. wenn in uns *lebendige* Wahrnehmungen oder Vorstellungen vermöge ihrer Beziehung zu der Wahrnehmung oder Thatsache auf diese hinweisen oder hindrängen; und wir haben ein um so grösseres Recht von Erwartung zu sprechen, je bestimmter und ungehinderter die Wahrnehmungen oder Vorstellungen eben auf diese Wahrnehmung oder Thatsache hindrängen.

Damit sehen wir in der Erwartung nicht eine besondere seelische Thätigkeit, oder ein über den associativen "Mechanismus" hinausgehendes seelisches Geschehen. Zwei seelische Vorgänge sind durch Association verknüpft, dies heisst gar nichts anderes, als, sie sind so aneinander gebunden, dass die Wiederkehr des einen auf die Wiederkehr des ändern hindrängt; und dies Hindrängen giebt sich überall darin zu erkennen, dass der zweite seelische Vorgang sich, sei es überhaupt vollzieht, sei es leichter vollzieht, weil der erstere sich vollzieht oder sich vollzogen hat; womit dann zugleich gesagt ist, dass ein jenem Vorgang gegensätzlicher in seinem Entstehen gehemmt werden wird. Oder kurz gesagt, wir sprechen von Association darum und nur darum, weil wir es erleben, dass seelische Vorgänge sich als wirksame Bedingungen anderer, damit natürlich zugleich als Hemmung entgegengesetzter erweisen. Die an sich unbekannte Beziehung zwischen Vorgängen, welche in dieser Wirksamkeit sich äussert, nennen wir Association. Auch die Erwartung ist nur ein besonderer Fall der Wirksamkeit der Associationen. An gewisse Bewusstseinsinhalte hat sich in den besprochenen Fällen eine Wahrnehmung oder der Gedanke an die Verwirklichung eines Geschehens erfahrungsgemäss geknüpft. Diese Verknüpfung bethätigt sich, indem die Wahrnehmung oder die Erfassung des Geschehens leichter sich vollzieht, und eben damit zugleich der Vollzug einer entgegengesetzten Wahrnehmung oder eines widersprechenden Gedankens eine Hemmung erleidet, sobald jene Bewusstseinsinhalte wiederum in uns lebendig werden.

Ein Punkt nur scheint noch übersehen: das Gefühl des Strebens oder der inneren Spannung, das die Erwartung begleitet. Aber dies Gefühl ist, wie dies schon oben gelegentlich von den Gefühlen überhaupt gesagt wurde, nicht mitwirksamer Faktor. Es ist ein Nebenprodukt, das überall sich einstellt, wo der Fluss des seelischen Geschehens auf ein Ziel gerichtet ist, dies Ziel aber nicht, oder einstweilen nicht erreichen kann; oder anders ausgedrückt, wo aktive, also in thatsächlich vorhandenen Empfindungen oder Vorstellungen bestehende Bedingungen für ein seelisches Geschehen gegeben sind, ohne dass doch dies Geschehen, sei es überhaupt, sei es einstweilen sich vollziehen kann. Wir werden in dem Gefühl des Strebens eben dieses Sachverhaltes, dieser Kausalität, die ihres zugehörigen Erfolges überhaupt oder einstweilen entbehren muss, inne; es bildet den Widerschein desselben in unserem Bewusstsein.

Von den vorhin besprochenen Beispielen der Erwartung gilt nun thatsächlich, was *Kräpelin* als zu aller Erwartung gehörig anzusehen scheint; es ist dabei das die Erwartung Erregende objektiv früher als das Erwartete. Besteht aber das Wesen der Erwartung in dem eben Angegebenen, dann ist nicht einzusehen, inwiefern jenes Verhältnis objektiver Succession dafür wesentlich sein sollte. Auch wenn eine Reihe grosser Paläste die Erwartung in mir erregt, es werden weiter grosse Bauwerke folgen, weist ein seelisches Geschehen, nämlich die Wahrnehmung der Paläste auf eine Wahrnehmung, nämlich die ähnlich grossartiger Bauwerke, hin und bereitet sie vor. Dass hier das Erwartete, bezw. das dafür Eintretende kein zeitlich Nachfolgendes ist, macht psychologisch keinen Unterschied. Die Wirkung ist dieselbe; auch das Gefühl der Spannung braucht nicht zu fehlen.

Nebenbei bemerke ich, dass in diesem Beispiel auch das Band, das die "Vorbereitung" vermittelt, ein anderes ist, als in den oben angeführten Fällen, — nicht erfahrungsgemässer Zusammenhang, sondern Ähnlichkeit. Auch dies aber ändert die Wirkung nicht. Wir kennen ja überhaupt zwei wirkungsfähige Arten des Zusammenhanges zwischen seelischen Vorgängen, oder zwei "Associationen", nämlich die Association, die durch Erfahrung, d. h. durch gleichzeitiges Erleben, *geworden* ist, und die ursprüngliche Association der *Ähnlichkeit.*

Immerhin besteht beim letzten Beispiele noch ein Verhältnis der *subjektiven* Succession. Das neue grosse Gebäude oder das an seine Stelle tretende kleine Häuschen folgt wenigstens in der Wahrnehmung oder Betrachtung auf die Reihe der Paläste. Und diese Succession scheint allerdings für die Erwartung wesentlich. Aber eine Art dieser lediglich subjektiven Succession ist, wie wir schon wissen, auch für die Komik, soweit sie bisher in Betracht kam, wesentlich.

Die Wahrnehmung der menschlichen Körperformen, die der Neger mit uns gemein hat, erzeugt die aktive Bereitschaft, mit dem Negerkörper ebendenselben Gedanken eines in und hinter den Formen waltenden körperlichen und seelischen Lebens zu verbinden, wie wir ihn mit unserem Körper zu verbinden nicht umhin können. Die Wahrnehmung des Negerkörpers weist oder drängt auf den Vollzug dieses Gedankens hin, wie die Ankündigung der Leistung auf die Wahrnehmung der Leistung, oder die Reihe der Paläste auf die Wahrnehmung eines gleich imposanten Baues. Das Band, das den Hinweis vermittelt, ist, im Unterschied von dem letzteren Falle, wiederum das der *Erfahrungsassociation.*

Diesem Gedanken, dass der Negerkörper, ebenso wie der unsrige, menschliches Leben in sich schliesse, tritt nun die Wahrnehmung der schwarzen Hautfarbe, die wir der Voraussetzung nach noch nicht als Träger eines solchen Lebens kennen und anerkennen, sofort negierend entgegen. Ich kann den Neger oder die Körperformen nicht sehen, ohne zugleich auch diese Farbe zu sehen. Immerhin muss ich doch auch hier erst auf die Formen, die der Neger mit uns gemein hat, geachtet haben und dadurch auf den Vollzug jenes Gedankens hingedrängt worden sein, ehe jene Negation als solche zur Geltung kommen, ehe also die schwarze Hautfarbe die Vorstellung des Mangels oder des relativen Nichts in mir wecken kann. Ich habe darnach zur Anwendung des Begriffes der Erwartung im Grunde hier ebensoviel Recht, wie bei dem kleinen Häuschen zwischen Palästen. Ich darf sagen, ich erwarte naturgemäss mit dem Bild des Negerkörpers jenen Gedanken verbinden zu können, diese Erwartung aber zergehe angesichts der mir fremden Farbe in nichts. Die "Erwartung" besteht thatsächlich, nur dass sie auf ihre Entscheidung nicht zu "warten" braucht, und darum auch ein merkliches Gefühl der Spannung, wie es sonst die in Erreichung ihres Zieles, der Erfüllung oder Enttäuschung, *gehemmte* Erwartung begleitet, nicht entstehen kann.

Es ist nun aber gar nicht meine Absicht, hier dem Begriff der Erwartung eine möglichst weite Anwendbarkeit zu sichern. Mag man die Erwartung da, wo man auf die Erfüllung oder Enttäuschung nicht zu "warten" braucht, und darum kein merkbares Spannungsgefühl eintritt, trotzdem als solche bezeichnen oder nicht, uns kommt es einzig an auf das in aller Erwartung Wesentliche und psychologisch Wirksame, die aktive Bereitschaft also zur Erfassung eines Inhaltes. Und diese findet sich bei aller bisher besprochenen Komik.

DIE KOMIK ALS GRÖSSE UND KLEINHEIT DESSELBEN.

Es bleibt uns jetzt noch die Frage, worin diese psychologische Wirksamkeit, dem an die Stelle des Erwarteten tretenden relativen Nichts gegenüber, bestehe. Diese Frage versuche ich hier wenigstens vorbereitungsweise und mit dem Vorbehalt späterer genauerer Bestimmung zu beantworten. Ein wichtiger Besuch ist mir angekündigt. In dem Augenblicke, in dem der Besuch kommen soll, höre ich draussen Schritte; die Thüre öffnet sich; es tritt jemand ein. Mit jedem dieser Momente steigert sich die Erwartung. Die Erwartung ist aber als solche zugleich eine der thatsächlichen Verwirklichung vorauseilende *Anticipation* des Erwarteten. Die Person, die eintritt, *ist* für mich, ehe ich sie sehe, die angekündigte; insbesondere die Wichtigkeit oder Bedeutung, welche die erwartete Person für mich hat, weise ich ihr im voraus zu, und ich thue dies um so sicherer, je bestimmter die Erwartung ist.

Nun tritt in Wirklichkeit ein Bettler ein. Dieser besitzt also im Momente seines Eintretens für mich jene Bedeutung; er *ist* die wichtige Person. Thatsächlich freilich kommt ihm die Bedeutung nicht zu. Aber diesen Gedanken muss ich erst vollziehen; ich muss den Bettler als solchen erkennen und anerkennen; ich muss ihm auf Grund dessen die Bedeutung wieder absprechen. Mit diesem letzteren ist eine psychologische *Leistung* bezeichnet, eine um so erheblichere, je sesshafter der Gedanke an die Bedeutung der eintretenden Person vorher in mir geworden ist. Ehe ich diese Leistung vollzogen habe, im ersten Momente also, bleibt die vorher vollzogene Vorstellungsverbindung in Kraft. Dann freilich löst sie sich unmittelbar. Der Bettler sinkt unvermittelt in sein Nichts zurück.

Völlig analog verhält es sich in zahllosen andern, und der Hauptsache nach gleichartig in allen Fällen der Komik überhaupt. Der Bettler, so können wir allgemeiner sagen, spielt die "Rolle" des wichtigen Besuches, nicht in Wirklichkeit, sondern für mein Vorstellen; er beansprucht die Bedeutung desselben, gebärdet sich so, für mein Bewusstsein nämlich. Dann stellt er sich unvermittelt dar als das, was er ist. Ebenso spielt das Kinderhäubchen auf dem Kopf des Erwachsenen die "Rolle" der männlichen Kopfbedeckung, der kleine Knabe unter dem männlichen Hute die Rolle des Mannes. Das kleine Häuschen in der Reibe von Palästen "gebärdet" sich wie einer der Paläste; die Hautfarbe des Negers "erhebt den Anspruch", ebenso als Träger und Verkündiger eines hinter ihr pulsirenden menschlichen Lebens zu gelten, wie die unsrige. Sie spielen die Rolle und erheben den Anspruch, um dann doch sofort wieder die Rolle fallen zu lassen und des Anspruchs beraubt zu erscheinen.

Ob das komische Objekt den Anspruch zu erheben objektiv berechtigt ist oder nicht, thut dabei nichts zur Sache. Hinter der Hautfarbe des Negers pulsirt thatsächlich dasselbe Leben, wie hinter der unsrigen; sie hat für ihn dieselbe Bedeutung wie für uns die unsrige. Nur darauf kommt es an, ob das Objekt erst für uns den Anspruch erhebt, dann ihn *für uns* wieder fallen lassen muss, oder anders gesagt, ob wir ihm auf Grund irgend welcher Vorstellungs-association die Bedeutung erst zugestehen, dann sie ihm auf Grund einer thatsächlich in uns bestehenden, wenn auch ungerechtfertigten Betrachtungsweise wiederum absprechen müssen. Immerhin hat es Wert, diese beiden Möglichkeiten ausdrücklich zu unterscheiden.

Zugleich dürfen wir auch das andere niemals vergessen, dass — wiederum für uns oder für unsere Betrachtung — der Ausspruch einer "Grösse" erst *entstehen*, dann *vergehen* muss. Ich erwähne hier noch einmal ein Beispiel der Komik, das *Herkenrath* anführt und das wir schon oben kennen gelernt haben. In diesem Beispiel meint *Herkenrath*, sei jener Sachverhalt umgekehrt. Es trete in ihm nicht ein Kleines an die Stelle eines Grossen, sondern ein Grosses an die Stelle eines erwarteten Kleinen. Ich meine das Beispiel der in den Schrank eingeschlossenen würdevollen Tante. *Herkenrath* legt Gewicht darauf, dass die Tante an der Stelle der Katze, die man vorzufinden erwartete, dem Blicke sich darbietet. Aber die Komik beruht darauf, dass man von der Tante eine würdevolle Situation erwartete, und eine würdelose findet.

Trotz dieses Einwandes meint *Herkenrath*, ich erkläre die objektive Komik assez ingénieusement. Nur hätte ich nachher Mühe, die anderen Arten der Komik in die einmal gewonnene Theorie einzufügen. Darauf antworte ich schon hier, dass ich solche Mühe unmöglich haben kann, da für mich alle Arten der Komik auf demselben, hier bezeichneten Prinzip beruhen.

V. KAPITEL. OBJEKTIVE KOMIK. ERGÄNZUN-
GEN.

DAS KOMISCHE "LEIHEN".

Unser bisheriges Ergebnis ist dies. Das Gefühl der Komik entsteht,
indem
ein—gleichgültig ob an sich oder nur für uns—Bedeutungsvolles
oder
Eindrucksvolles für uns oder in uns seiner Bedeutung oder
Eindrucksfähigkeit verlustig geht.

Das zur Feststellung dieses Satzes Vorgebrachte bedarf aber noch
der Ergänzung oder der näheren Bestimmung. Diese wollen wir in
der Weise gewinnen, dass wir zugleich solche andere Theorien, die
gleichfalls auf jener Grundanschauung beruhen, oder wenigstens
Elemente derselben in sich schliessen, mit in die Diskussion herein-
ziehen.

Schon *Lessing* war mit dem Kontrast—zwischen Vollkommenheiten
und
Unvollkommenheiten—wie ihn die *Wolff*'sche Schule der Komik zu
Grunde
gelegt hatte,—nicht zufrieden, sondern forderte, dass die
Kontrastglieder sich verschmelzen lassen müssen.

Dies wiederum genügt *Vischer* nicht. Der Kontrast, so erklärt er,
muss zum Widerspruch werden; der komische Widerspruch aber
ist erst vorhanden, wenn dasselbe Subjekt "in demselben Punkte
zugleich als weise oder stark und als thöricht oder schwach" erscheint. Dieser Widerspruch ist "in seiner ganzen Tiefe gesetzt"
"Widerspruch des Selbstbewusstseins mit sich". Das Subjekt muss
"erscheinen als um seine Verirrung wissend und sich in demselben
Momente dennoch verirrend, oder als bewusst und unbewusst zugleich".

Thatsächlich freilich weiss das komische Subjekt nicht um seine Verirrung oder braucht nicht darum zu wissen. Dann "leihen" wir ihm nach *Vischer* dies Wissen oder schieben es ihm unter. Diesen Begriff des Leihens entnimmt *Vischer* von *Jean Paul* und er findet darin eine bedeutende Entdeckung desselben. Der Sinn des fraglichen Begriffes wird am einfachsten deutlich aus dem *Jean Paul*'schen Beispiel, dass auch *Vischer* citiert: "Wenn Sancho eine Nacht hindurch sich über einem seichten Graben in der Schwebe erhielt, weil er voraussetzte, ein Abgrund klaffe unter ihm, so ist bei dieser Voraussetzung seine Anstrengung recht verständig und er wäre gerade erst toll, wenn er die Zerschmetterung wagte. Warum lachen wir gleichwohl? Hier kommt der Hauptpunkt: wir leihen seinem Bestreben unsere Einsicht und Ansicht und erzeugen durch einen solchen Widerspruch die unendliche Ungereimtheit."

Dieses Leihen bestreitet *Lotze*, und mit gutem Rechte. Schieben wir dem zweckwidrig Handelnden unsere ihm verborgene Kenntnis der Umstände unter, so wird seine Handlungsweise für uns "in ihrer Dummheit unbegreiflich". Da andrerseits *Jean Paul* recht hat, wenn er die Handlungsweise *Sancho*'s unter der Voraussetzung, der Abgrund klaffe wirklich unter ihm, recht verständig nennt, so folgt, dass wir das Verhältnis zwischen Wissen und Handeln überhaupt nicht für die Komik dieses Falles verantwortlich machen dürfen. In der That geht dies auch nach *Vischers* Theorie nicht an. *Vischer* fordert den Widerspruch, aber dass ich meiner Einsicht entgegen handle, ist kein Widerspruch. Ein solcher besteht nur zwischen Wissen und Nichtwissen, Handeln und Nichthandeln, überhaupt zwischen Sein und Nichtsein *Desselben*.

Wie nun dieser wirkliche Widerspruch zu stande kommen könne, darauf führt uns *Lotze*'s Erklärung: "Nicht die Kenntnis dieser bestimmten Lage der Umstände schreiben wir ihm" — nämlich dem komischen Subjekte — "zu, sondern das gravitätische Bewusstsein, ein Wesen zu sein, welches *überhaupt* Absichten zu fassen und diese unter beliebigen Umständen passend und angemessen zu verwirklichen die allgemeine, bleibende, immer gegenwärtige Befähigung habe". Ich betone hier mit *Lotze* das "überhaupt". *Sancho* ist ein Mensch; wir beurteilen ihn darum, zunächst wenigstens, wie wir Menschen überhaupt zu beurteilen pflegen. Menschliche Handlungen nun erheben als solche, *ganz allgemein* und *abgesehen* von besonderen störenden Bedingungen, den Anspruch auf eine gewisse Zweckmässigkeit; sie erheben ihn in unserer Vorstellung, wir, unser Vorstellen "leiht" ihnen den Anspruch. Wir leihen ihn insbesondere auch der Handlung *Sancho's*. Diesem Leihen aber widerspricht der Augenschein; die Handlung ist, objektiv betrachtet, also wiederum *abgesehen* von der Besonderheit der Person, unzweckmässig. Daraus entsteht in diesem Falle die Komik.

Fassen wir das Leihen mit *Lotze* in diesem allgemeinen Sinne, bestimmen wir zugleich den komischen Widerspruch in jenem Beispiel in Übereinstimmung mit unserer obigen Anschauung als Widerspruch zwischen dem geliehenen Anspruch auf Zweckmässigkeit und der thatsächlichen Unzweckmässigkeit, dann erscheint auch uns *Jean Paul's* "Entdeckung" in hohem Masse wertvoll. Es bleibt an *Vischer* und *Lotze* dann nur noch auszusetzen, dass sie das "Leihen" und damit die Komik auf die Persönlichkeit beschränken. Wie wir sahen, ist für *Vischer* der komische Widerspruch ein Widerspruch des Selbstbewusstseins mit sich; *Lotze* weist diesen lediglich intellektuellen Widerspruch zurück, stimmt aber der Definition St. *Schütze's* bei, das Lächerliche sei die Wahrnehmung eines Spieles, das die Natur mit dem Menschen treibe; durch dies Spiel komme seine vermeintliche Erhabenheit zu Fall. Der Kontrast zwischen dem Erhabenen und Kleinen der *Ausdehnung* wird von *Vischer* sogar ausdrücklich aus der Reihe der komischen Kontraste gestrichen.

Aber auch bei der Erhabenheit der Person kommt es nicht darauf an, dass sie Erhabenheit der *Person*, sondern nur darauf, dass sie erwartete, vorausgesetzte, beanspruchte, kurz geliehene *Erhabenheit* ist, die angesichts der Wahrnehmung oder in unserem Denken sofort wiederum in Nichts zergeht. Die Komik muss darum entstehen, *wo immer* wir ein Erhabenes, das heisst zur Erzeugung eines Eindruckes Befähigtes erwarten oder voraussetzen, und ein relativ Nichtiges an die Stelle tritt und seine Rolle spielt, die Erhabenheit oder Eindrucksfähigkeit mag bestehen, worin, oder sich gründen, worauf sie will. Sie muss überall entstehen genau aus demselben Grunde, aus dem sie bei der Persönlichkeit entsteht. Dieselben psychologischen Ursachen müssen überall denselben psychologischen Erfolg haben.

Freilich ist ja zuzugeben, dass es keine wirkliche oder geliehene Erhabenheit giebt, die höher steht als die der Person. Andrerseits ist sicher, dass wir überall der Neigung unterliegen, Ausserpersönliches und Aussermenschliches zu vermenschlichen; und es ist ein grosses Verdienst *Vischer's* und *Lotze's*, auf diese Vermenschlichung so eindringlich hingewiesen haben. Auch das kleine Häuschen in der Reihe der Paläste oder das unbedeutende Geräusch, das an die Stelle des erwarteten lauten Getöses tritt, wird unserer Phantasie nach Analogie eines menschlichen Wesens erscheinen, das zu sein glaubt, oder gerne sein möchte, was es nicht ist. Damit *erhöht* sich der Eindruck der erwarteten Erhabenheit, und der gegensätzliche Eindruck der Nichtigkeit; es verstärkt sich zugleich das Gefühl der Komik. Darum *entsteht* doch die Komik nicht erst aus der Vermenschlichung.

Damit ist die oben vorgetragene Anschauung gegen *Lotze* und *Vischer* gerechtfertigt. Wir haben sie aber noch weiterhin zu rechtfertigen.

Ich denke hierbei speziell an die Bemerkungen, die *Heymans* in der Zeitschrift für Psychologie etc. Bd. XII meiner Theorie der Komik hinzufügt. Diese Bemerkungen schliessen durchweg Berechtigtes in sich. Sie sind mir darum ein besonders erwünschter Anlass gewisse Momente der fraglichen Theorie genauer zu bestimmen.

"SELBSTGEFÜHL IN STATU NASCENDI". KOMIK UND LACHEN.

Zunächst begegnen wir hier noch einmal der Identifizierung des Gefühls der Komik mit dem gesteigerten Selbstgefühl. Doch ist dies "gesteigerte Selbstgefühl" *Heymans'* besonderer Art. Es ist genauer befreites Selbstgefühl. Von diesem Begriffe meinte ich schon oben, er könne in gewissem Sinne auf die Komik angewendet werden. Es fragt sich, ob *Heymans* ihn in zulässiger Weise verwendet.

Zunächst habe ich Folgendes gegen *Heymans* zu bemerken. Idioten, sagt *Heymans*, lachen aus befriedigter Eitelkeit. Nun ist die Erkenntnis dessen, was in Idioten innerlich vorgeht, nicht immer eine sehr einfache Sache. Aber *Heymans* mag mit seiner Behauptung recht haben. Dann ist doch zu bedenken, dass es uns hier nicht auf das Lachen, sondern auf die Komik ankommt. Die Komik ist ein eigenartiges Gefühl, oder eine eigenartige Beschaffenheit von psychischen Erlebnissen, die ein solches eigenartiges Gefühl zu stande kommen lassen. Dies Gefühl kann im Lachen sich kundgeben. Ich kann aber auch das Lachen unterdrücken. Andererseits kann das Lachen andere Gründe haben; bei "Idioten" vielleicht die befriedigte Eitelkeit. Solange aber damit kein Gefühl der Komik sich verbindet, gehört dies Lachen nicht hierher.

Nur im Vorbeigehen möchte ich hier die Zweckmässigkeit der Umfrage bezweifeln, die *Stanley Hall* und *Allin* zufolge einer Mitteilung des American Journal of Psychology vol. XI, 1 angestellt haben. In dieser Umfrage werden Beobachtungen über Bedingungen und Arten des Lachens gefordert. Dagegen ist nichts einzuwenden. Aber die Urheber der Umfrage scheinen davon unmittelbar einen Aufschluss über die Bedingungen der Komik zu erwarten. Vom Lachen, diesem äusseren Vorgang her, scheint die Komik verbindlich werden zu sollen.

Diese psychologische Methode nun kann zu einer vollkommenen Verkennung des Wesens der Komik führen. Das Wissen davon, bei welchen Gelegenheiten Menschen lachen, kann einen Aufschluss über die Bedingungen der Komik geben, erst wenn feststeht, wieweit dies Lachen einem Gefühl der Komik entspringt.

Die beiden Umfrager scheinen besonders von der Thatsache des kindlichen Lachens über die Komik Aufschluss zu erwarten. Dies verstehe ich nicht. Niemand kennt bis jetzt das Geheimnis, wie man, gleichzeitig mit dem Lachen, den begleitenden psychischen Vorgang im Kinde unmittelbar beobachtet. Was überhaupt an anderen unmittelbar beobachtet werden kann, sind Lebensäusserungen. Bei Erwachsenen bestehen die psychologisch wichtigsten Lebensäusserungen in der glaubhaften Mitteilung dessen, was sie in sich vorfinden. Dies gilt, wie überhaupt, so auch hier. Der Erwachsene, der das Gefühl der Komik kennt, und von anderen Gefühlen zu unterscheiden weiss, kann mir sagen, ob sein Lachen aus dem Gefühl der Komik entspringt. Beim Kinde dagegen hin ich auf Vermutungen angewiesen. Ich werde sein Lachen auf ein Gefühl der Komik deuten dürfen, wenn die Umstände, unter denen es geschieht, der Art sind, dass daraus, dem allgemeinen Gesetze der Komik zufolge, dies Gefühl sich ergeben kann, bezw. muss. Das heisst: Das Lachen des Kindes giebt mir genau insoweit Aufschluss über das Wesen der Komik, als ich dieses Aufschlusses nicht mehr bedarf. Dass auch das Lachen des Erwachsenen, wenn mir derselbe gleichzeitig *mitteilt*, dass er sich bei seinem Lachen komisch angemutet fühle, mein Wissen nicht bereichert, braucht nicht gesagt zu werden.

Das Lachen als solches ist also für das Verständnis der Komik völlig bedeutungslos. Wir haben hier einen typischen Fall von Überschätzung des Nutzens der objektiven Methode in der Psychologie. Diese tappt hier wie überall *nicht* im Finstern, genau so weit ihr Weg durch die Ergebnisse der subjektiven Methode erleuchtet ist. Sie ist im übrigen die subjektivste Methode von der Welt, d. h. sie ist eine Weise in die Objekte, etwa die Kinder oder Tiere, Beliebiges hineinzudichten, ein Mittel lieb gewordene Meinungen durch angebliche Thatsachen sich bestätigen zu lassen. *Stanley Hall* und *Allin* finden die bisher aufgestellten Theorien des Komischen lamentably metaphysical in their tendency. Von solchem metaphysischen Charakter sehe ich wenig. Oder soll damit gesagt sein, jene Theorien verführen konstruktiv? Dann ist jene "objektive" Methode, soweit sie nicht sichere Ergebnisse der subjektiven Methode, oder der psychologischen Analyse zur Basis hat, die eigentlich metaphysische. Sie ist eine Weise der Konstruktion, die mit dem Dache beginnt. Leider ist in dem citierten Aufsatze eine irgend eindringende psychologische Analyse nicht angestellt. Es gehen darum die wirklich oder angeblich aus jener Methode gewonnenen Resultate, soweit sie nicht vom Gebiete der feststellbaren psychologischen Thatsachen abschweifen und in physiologische Vermutungen sich verlieren, nicht hinaus über die unzureichenden und an der Oberfläche bleibenden Bestimmungen, die wir bereits kennen gelernt und abgewiesen haben. Dabei rede ich wiederum ausschliesslich von der Komik, nicht vom Lachen, auch nicht von beliebigen ausserkomischen Lustgefühlen.

Das hier Gesagte gilt nun nicht mit Bezug auf *Heymans*. *Heymans'* psychologische Methode ist die psychologische, also diejenige, die zum Ziele führt. *Heymans* redet, wie wir sahen, gleichfalls vom Lachen. Aber er redet doch der Hauptsache nach von Fällen des Lachens, in denen, im Lachen, zweifellos ein Gefühl der Komik sich kundgiebt. In gewissen dieser Fälle nun mag das Gefühl der Komik den Charakter eines gesteigerten oder befreiten Selbstgefühles haben. Dann ist doch auch hier das Selbstgefühl ein Gefühl der Komik, nicht sofern es Selbstgefühl ist, sondern sofern es das Eigenartige des Gefühls der Komik besitzt und bei ihm die Bedingungen verwirklicht sind, die überall das Gefühl der Komik begründen.

Kinder etwa lachen, wenn man sich von ihnen besiegen lässt. Der Wilde stimmt ein Hohngelächter an über seinen gefallenen Feind. *Heymans* meint, mehrere dieser Fälle lassen sich in keiner Weise aus "getäuschter Erwartung" erklären. Mir scheint, diese Erklärung liege jedesmal auf der Hand, wenn man beachtet, was in unserer Theorie den eigentlichen Sinn der getäuschten, nämlich komisch getäuschten "Erwartung" ausmacht.

Der Erwachsene erhebt für das Kind den Anspruch, oder das Kind "erwartet" von ihm, dass er sich überlegen zeige. Dieser Anspruch zergeht, wenn der Erwachsene sich besiegen lässt. Der Überlegene zeigt sich nicht überlegen. Dass der Erwachsene thatsächlich überlegen bleibt und das Kind davon weiss, thut nichts zur Sache. Worauf es ankommt, das ist einzig der Schein, die im Kinde momentan entstehende Vorstellung, dass die Überlegenheit in ihr Gegenteil umgeschlagen sei.

Gleichartiges findet statt in dem anderen der beiden von *Heymans* angeführten Fälle. Indem der Gegner des Wilden fällt, fällt zugleich sein Anspruch im Kampfe standzuhalten, sein Anspruch auf Stärke, Gewandtheit, Geschicklichkeit, vielleicht auf Tapferkeit, in nichts zusammen. Solchen Anspruch erhob der Gegner in den Augen des Siegers, indem er zum Kampf sich stellte oder sich wehrte, und in gewisser Weise schon einfach als Mann.

Heymans fasst schliesslich zusammen: Überall, wo das Selbstgefühl in das Gefühl der Komik übergeht, haben wir es zu thun mit einem Selbstgefühl in statu nascendi. *Heymans* meint: mit einem Selbstgefühl, dem ein herabgedrücktes Selbstgefühl voranging, also, wie ich oben sagte, mit einem "befreiten" Selbstgefühl. Dies wird zuzugeben sein, wenn wir voraussetzen, dass die Herabdrückung des Selbstgefühles bedingt war durch den Gedanken eines uns gegenüber Übermächtigen, und wenn andererseits das Selbstgefühl in der Wahrnehmung oder dem Schein des Zergehens dieses Übermächtigen seinen Grund hat.

Im übrigen aber kann das Selbstgefühl in statu nascendi auch ebensowohl der Komik völlig entbehren. Wenn ich, innerlich niedergedrückt durch eine scheinbar gewichtige Thatsache, auf einmal finde, dass diese Thatsache eigentlich belanglos ist, oder gar nicht existiert, wenn eine Furcht plötzlich als in sich selbst gegenstandslos sich erweist, so ist dies komisch. Wenn aber neben eine bedrückende Thatsache in meinem Bewußtsein mit einem Male eine andere tritt, die mich jene vergessen lässt und mich tröstet und wieder aufrichtet; oder wenn ich aus bedrückter Lage durch die energische Hilfeleistung eines Freundes unerwartet befreit werde, so werde ich gewiss befriedigt aufatmen. Aber dies Aufatmen kann von jedem Gefühl der Komik beliebig weit entfernt sein. Es wird in allen den Fällen gar nichts damit zu thun haben, in denen das, was mich bedrückt, in keiner Weise als *in sich selbst* bedeutungslos erscheint, sondern seine Bedeutung behält, aber durch ein Anderes verhindert wird, seine niederdrückende Wirkung weiter auszuüben.

Heymans meint, es liege in der plötzlichen Aufhebung eines auf dem Bewusstsein lastenden Druckes der springende Punkt, aus welchem die komische Wirkung hervorgehe. Dies ist dann, aber auch nur dann richtig, wenn wir unter der Aufhebung des Druckes die *besondere* und in ihrer Wirkung völlig *einzigartige* Aufhebung verstehen, wie sie, um hier den kürzesten Ausdruck zu wählen, mit der "Auflösung in nichts" gegeben ist. Dass diese Aufhebung wirklich eine besondere ist, kann ja keinem Zweifel unterliegen. Es ist nun einmal psychologisch etwas völlig Anderes, ein durchaus anderer psychischer Vorgang liegt vor, wenn ein mich Bedrückendes das eine Mal durch etwas Anderes aus meinem Bewusstsein verdrängt wird, das andere Mal gar nicht daraus verdrängt zu werden braucht, weil es in sich selbst zergeht. In beiden Fällen findet die Aufhebung des Druckes statt, und in beiden Fällen kann dieselbe eine plötzliche sein. Aber nur im letzteren Falle tritt die komische Wirkung ein.

KOMIK DES "NEUEN".

Wichtiger noch, als der hier erörterte, ist mir ein zweiter Punkt, den *Heymans* gegen mich vorbringt. Kinder, so sagte ich selbst oben, lachen über allerlei Neues, über das wir nicht mehr lachen, weil es uns nicht mehr neu ist. Hier meint *Heymans*: das Neue sei als solches Gegenstand der Aufmerksamkeit, und das Lachen des Kindes entstehe, wenn es in dem Neuen nichts finde, das die Aufmerksamkeit festhalten könne, wenn also die dem Neuen als solchem zugewendete Aufmerksamkeit zergehe, wenn in solcher Weise eine innere Spannung sich löse. Man versteht den Streitpunkt: An die Stelle des Gegensatzes zwischen dem *inhaltlich Bedeutungsvollen* oder scheinbar Bedeutungsvollen und dem Nichtigen setzt *Heymans* den Gegensatz des *Neuen* und durch *Neuheit* Spannenden und des inhaltlich Nichtigen.

Zunächst bitte ich auch hier wiederum zu berücksichtigen, dass unser
Problem nicht das Lachen ist, sondern die Komik. Im übrigen gilt dies:

Neuheit ist keine Eigenschaft des Neuen. Sondern "Neuheit" eines Dinges
besagt nur, dass das Ding noch kein gewohntes geworden ist. Die Gewohntheit stumpft die Eindrucksfähigkeit ab. Der "Reiz" der Neuheit ist
also nichts, als die noch nicht durch Gewohntheit verminderte Eindrucksfähigkeit eines Dinges. Er ist die Eindrucksfähigkeit, oder die
"Grösse", welche das Ding von Hause aus oder vermöge seiner Beschaffenheit besitzt. Ich verweise hier auf die einschlägigen Bemerkungen meiner "Grundthatsachen des Seelenlebens".

Verhält es sich aber so, dann ist es unmöglich, dass ein Objekt vermöge seiner Neuheit die Aufmerksamkeit auf sich zieht, und dann unmittelbar oder mit einem Male, vermöge der erkannten *Beschaffenheit* des Objektes, der Aufmerksamkeit wiederum verlustig geht. Es ist also auch unmöglich, dass die Neuheit als solche jemals die Komik bedingt. Sondern so muss es sich verhalten, wenn ein Gefühl der Komik entstehen soll: Das Neue muss zunächst, abgesehen von seiner Neuheit, als ein Bedeutungsvolles erscheinen, dann die Bedeutung in unseren Augen einbüssen.

Dabei ist zu bedenken, dass das Neue, das Kinder erleben, nicht isoliert, sondern in einem Zusammenhang aufzutreten pflegt. Dieser Zusammenhang rückt es in eine Beleuchtung. Damit wird der Gegensatz des Bedeutsamen und des Nichtigen möglich: Eines und dasselbe kann bedeutsam erscheinen in einem Zusammenhange, nichtig an sich. Ich begründete oben den Umstand, dass Kindern so leicht Neues komisch erscheine, damit, dass ich sagte, das Neue sei für sie ein noch nicht Verstandenes, also Leeres. Dies hindert doch nicht, dass es jedesmal an der Stelle, wo es auftritt, für das Kind eine Bedeutung beansprucht. Und eben weil oder sofern es dies thut, zugleich aber diesen Anspruch nicht scheint aufrecht erhalten zu können, wird es komisch.

Wie dies zu verstehen sei, zeigt wiederum am einfachsten das Beispiel der schwarzen Hautfarbe des Negers. Sie ist dem Kinde, und dem naiven Menschen überhaupt, neu, d. h. sie ist ihnen noch nicht als Farbe, die ebensowohl wie die unsrige das Recht hat, Menschenfarbe zu sein, verständlich und geläufig geworden. Darum erhebt sie doch auch in den Augen des Kindes und des naiven Menschen den Anspruch auf diese besondere Würde. Vielmehr sie hat diese Würde nach Aussage der Wahrnehmung thatsächlich, d. h. sie hat sie für den Wahrnehmenden in dem Augenblick, in dem er der Wahrnehmung hingegeben ist. Diese Würde zergeht dann aber, sobald der erste Eindruck vorüber ist, und damit die Gewohnheit, als menschliche Hautfarbe die weisse und nur die weisse Farbe zu betrachten, in Wirkung tritt. Jetzt erscheint die schwarze Hautfarbe nicht mehr als zu diesem Anspruch *berechtigt*. Sie erscheint wie ein äusserlicher Anstrich. Damit ist die Komik ins Dasein getreten. Die komische Wirkung unterbleibt bei uns, weil in unseren Augen jener Anspruch bestehen bleibt.

KOMISCHE UNTERBRECHUNG.

Noch in einem zweiten Sinne lässt *Heymans* das Neue als solches die Aufmerksamkeit spannen, und wiederum soll hier aus der Lösung dieser Spannung die Komik hervorgehen. Nicht um das an sich Neue, sondern um das in einem Zusammenhang Neue handelt es sich hier. Genauer gesagt: *Heymans* redet von Fällen, in denen die Unterbrechung eines Bedeutungsvollen durch ein davon völlig

Verschiedenes, aber momentan die Aufmerksamkeit auf sich ziehendes Unbedeutendes den Reiz zum Lachen erzeugt. Durch die Aufzeigung solcher Fälle scheint *Heymans* meiner Behauptung entgegenzutreten, dass *Dasselbe* bedeutungsvoll und dann bedeutungslos erscheinen müsse, wenn die Komik zu stande kommen solle.

In dieser Bemerkung *Heymans'* liegt wiederum Richtiges. Aber auch hier ist der Gegensatz zu mir nur ein scheinbarer.

In den Fällen, die *Heymans* anführt, ist das "völlig Verschiedene" in Wahrheit kein völlig Verschiedenes. In der That kann dasjenige, wodurch ein Bedeutungsvolles in *komischer* Weise unterbrochen wird, *niemals* ein davon völlig Verschiedenes sein. Es muss immer mit dem Bedeutungsvollen, das von ihm unterbrochen wird, einen Punkt gemein haben. Und dieser Punkt muss derart hervortreten, dass durch sein Hervortreten das Unbedeutende auf die Stufe des Bedeutungsvollen gerückt oder in die Beleuchtung eines solchen gestellt erscheint, dann aber in seiner Bedeutungslosigkeit erkannt wird. *Heymans* sagt: das Unbedeutende müsse momentan die Aufmerksamkeit auf sich ziehen. Damit deutet er selbst auf diesen Sachverhalt hin. Das Unbedeutende gewinnt die Fähigkeit, die Aufmerksamkeit auf sich zu ziehen, eben vermöge dieser Beziehung zu dem "wirklich Bedeutungsvollen".

Dies ergiebt sich am deutlichsten aus der Betrachtung der von *Heymans* angeführten Beispiele. Das Miauen einer Katze in einer feierlichen Rede ist eine Art der Rede, es ist die Weise, wie die Katze ihre Gefühle zum Ausdruck bringt. Die Katze scheint damit in ihrer Weise in das Pathos der Rede einzustimmen, oder ihren Eindruck davon kund zu geben. Sie wirkt darum komischer als das Knarren der Thür, obgleich auch dies für einen Moment als zur Rede gehörig, oder als Ausdruck der Übereinstimmung, vielleicht auch des Widerspruches, erscheinen kann. Und Gleichartiges gilt, wenn nach dem Schlusse eines schmetternden Finale die Stimme einer Marktfrau hörbar wird, die mit ihrer Nachbarin über den Preis der Butter verhandelt. Die Aufmerksamkeit des Publikums ist gerichtet und mit voller Intensität gerichtet auf Tönendes. Um dieses Tönende webt sich die feierliche musikalische Stimmung. Ein solches Tönende ist auch die Stimme der Marktfrau. Sie wird also, mit dem, was sie verkündigt, in die Höhe der musikalischen Stimmung mit emporgerissen. Ihre Worte erscheinen wie eine Art lautsprachlicher Interpretation dieser Stimmung. Dann sinken dieselben in die banale Wirklichkeit der Butterpreise herab.

Nehmen wir dagegen an, eine solche Beziehung zwischen dem Unbedeutenden und dem, was dadurch "unterbrochen" wird, oder auf welches das Unbedeutende folgt, bestehe nicht, so fehlt auch die Komik. Meine Augen können während der feierlichen Rede oder nach dem schmetternden Finale auf allerlei an sich Bedeutungsloses und Alltägliches treffen. Hier *besteht* die "völlige Verschiedenheit" zwischen dem Unbedeutenden und dem Bedeutungsvollen. *Heymans* wird erwidern, hier ziehe das Unbedeutende nicht die Aufmerksamkeit auf sich. In der That wird es so sein. Aber der Grund dafür liegt dann eben darin, dass das Unbedeutende hier dem, was die Aufmerksamkeit auf sich konzentriert, so völlig *fremd* ist.

Angenommen aber auch das Unbedeutende werde zufällig Gegenstand der Aufmerksamkeit. Eine architektonische Linie etwa in den Raume, in dem ich mich befinde, weckt mein Interesse, weil sie nicht eben gewöhnlich ist. Dann wiederum lasse ich die Linie fallen. Oder ein Lichtschein, die mit einem Male durch die Fenster hereinfallende Sonne, zieht während der feierlichen Rede momentan meine Aufmerksamkeit auf sich, nicht weil der Lichtschein oder die Sonnenhelle mir an sich besonders interessant wäre, sondern einfach wegen ihrer Neuheit oder wegen ihres plötzlichen Auftretens. Dann wende ich, eben weil die Sache an sich kein besonderes Interesse hat, meine Aufmerksamkeit ebenso rasch wiederum davon ab. Auch hier hat eine Unterbrechung stattgefunden. Der Faden der Rede ist mir zerrissen. Die Spannung, in welche die Rede mich versetzte, ist gelöst. Ich bin jetzt für eine Zeitlang, nämlich so lange bis ich den Faden der Rede wiedergefunden habe, in keiner Weise gespannt. Und die Lösung war eine plötzliche. Dennoch braucht darin gar nichts Komisches zu liegen. Es fehlt eben die Bedingung. Es zergeht nicht ein Bedeutungsvolles in sich selbst. Es offenbart sich nicht ein Bedeutungsvolles als ein solches, dem doch auch wiederum das Moment, durch das es bedeutungsvoll schien, nicht zukommt.

POSITIVE BEDEUTUNG DER NEUHEIT.

Trotz dem, was im Vorstehenden gegen die Bedeutung der Neuheit als solcher für die Komik gesagt wurde, ist doch *Heymans'* Betonung dieses Momentes in gewissem Sinne durchaus berechtigt. Nicht nur in den Fällen, an die im Vorstehenden gedacht war, sondern in allen Fällen der Komik ist in gewissem Sinne die Neuheit ein entscheidender Faktor. Und zwar durchaus im *Heymans'*schen Sinne. Das heisst, nicht sofern das Neue ein Inhaltleeres ist, sondern sofern das Neue die Aufmerksamkeit auf sich zieht.

Die Hautfarbe, sagte ich, habe als menschliche Hautfarbe eine besondere Würde. Aber diese Würde pflegt für gewöhnlich wirkungslos zu bleiben. Wir sehen tausendfach Menschen mit der uns *gewohnten* Hautfarbe, also derjenigen, der die Würde menschliche Hautfarbe zu sein in unseren Augen am sichersten zukommt, ohne dass wir doch davon einen besonderen Eindruck erfahren. Die Eindrucksfähigkeit, oder die "Grösse" im psychologischen Sinne, ist es aber, die allein für die Komik in Betracht kommt. Ihr Zergehen bedingt die Komik. Wenn nun der Umstand, dass eine Farbe menschliche Hautfarbe ist, so wenig Eindruck macht, wie kann dann gesagt werden, dieser Umstand verleihe der schwarzen Hautfarbe Eindrucksfähigkeit oder Grösse, und das Zergehen dieser Grösse bedinge die Komik?

Auf diesen Einwand, den ich mir hier selbst mache, habe ich andeutungsweise bereits früher geantwortet. Ich sagte: Nicht darauf komme es an, ob die Hautfarbe überhaupt, sondern darauf, ob sie in dem gegebenen Falle als ein Grosses erscheine oder als solches in uns wirke. Und dies thut die schwarze Hautfarbe, eben weil sie schwarze Hautfarbe, d. h. ungewohnte oder neue Hautfarbe ist. Ich könnte statt dessen auch sagen, weil sie komische Hautfarbe ist.

Damit erscheint meine Theorie des Komischen in einem fast komischen Lichte. Die schwarze Hautfarbe, so sagte ich vorhin, erscheine, wenigstens dem Kinde und dem Naiven, bedeutsam als Hautfarbe, nichtig als schwarze Hautfarbe. Jetzt sage ich, sie habe, abgesehen von ihrer Schwärze, keine Eindrucksfähigkeit, gewinne dagegen Grösse als schwarze Hautfarbe. Oder gar: Ich erklärte die Komik der schwarzen Hautfarbe daraus, dass sie als Hautfarbe eine psychische Eindrucksfähigkeit besitze. Jetzt sage ich, sie habe ihre

Eindrucksfähigkeit eben als komische Hautfarbe. Dort scheint ein Widerspruch, hier ein Zirkel vorzuliegen.

Um diesen übeln Schein von mir abzuwälzen, muss ich mich etwas tiefer in
psychologische Thatsachen einlassen. Schliesslich führen psychologische
Einzelprobleme immer ziemlich tief in die Psychologie hinein, sodass im
Grunde kein psychologisches Problem isoliert sich behandeln lässt.

Es bleibt dabei, die menschliche Hautfarbe, oder, sagen wir lieber, die menschliche Körperoberfläche, so wie, und soweit wir sie im allgemeinen wahrzunehmen pflegen, ist uns eine recht gleichgültige Sache geworden. Auf die Frage, wie dies zugehe, wird jeder antworten, das mache die Gewohntheit dieses Anblickes oder die Häufigkeit der Wahrnehmung.

Aber wie kann diese eine solche Wirkung thun? Darauf sind zwei Antworten möglich. Die eine ist ebenso üblich, wie psychologisch unmöglich: Unsere Aufmerksamkeit werde auf das Gewohnte weniger hingelenkt. Diese Behauptung muss in ihr Gegenteil verkehrt werden. Je gewohnter etwas ist, d. h. je häufiger wir uns ihm innerlich zugewendet haben, um so leichter müssen wir uns ihm innerlich zuwenden.

Aber diese Leichtigkeit der Zuwendung hat auch ihre Kehrseite. So oft sich, — ich gebrauche hier geflissentlich einen anderen Ausdruck, als soeben, — die psychische "Bewegung" einem Wahrnehmungsobjekte zugekehrt hat, so oft hat sie sich auch wiederum von ihm abgewendet. Und wie aus jener häufigen Zuwendung eine Leichtigkeit der Zuwendung, so ergiebt sich aus dieser häufigen Abwendung oder diesem häufigen Fortgang zu anderen psychischen Inhalten eine Leichtigkeit der Abwendung oder des Fortganges. Es entsteht das, was ich als psychische "Abflusstendenz" zu bezeichnen pflege. Je zahlreicher und tiefer die associativen Abflusskanäle werden, um so weniger kann die fragliche Wahrnehmung als ein Halt- oder gar Mittelpunkt der psychischen Bewegung sich darstellen, um so mehr sinkt sie zu einem blossen Durchgangspunkt für den Strom des psychischen Geschehens herab. Die Wahrnehmung gewinnt keine "psychische Höhe" mehr. Der Wellenberg, den sie, abgesehen von der Abflusstendenz, respräsentieren würde, hat sich geebbt. Oder ohne Bild gesprochen, die Wahrnehmung ist nicht mehr Gegenstand der "Aufmerksamkeit", d. h. es wird in ihr kein erhebliches Mass der allgemeinen psychischen Kraft mehr lebendig oder aktuell. Eben damit büsst die Wahrnehmung auch ihre psychische Wirkungsfähigkeit ein, vor allem auch ihre Gefühlswirkung. Mit einem Worte, sie ist relativ gleichgültig geworden. Für das Genauere verweise ich wiederum auf meine "Grundthatsachen des Seelenlebens." Ich bemerke noch, dass diese Theorie der Abflusstendenz, und die Erklärung der sogenannten abstumpfenden oder ermüdenden Wirkung der Gewohnheit auf Grund derselben, bisher wenig Aufnahme gefunden hat. Um so mehr Aufnahme wird sie finden müssen, wenn nicht mannigfache psychische Thatsachen unverständlich bleiben sollen.

Aber auch das Gesetz der Abflusstendenz hat wiederum seine Kehrseite. Es giebt ein Gesetz der "psychischen Stauung". Auch hierfür wiederum verweise ich auf das eben citierte Werk. Ich begnüge mich hier das fragliche Gesetz in folgender Weise zu formulieren: Ist ein Objekt ein gewohntes, d. h. in das Gewebe unserer Vorstellungen so hineinverwebt, dass die psychische Bewegung einerseits zwar zu ihm mit besonderer Leichtigkeit hinfliesst, andererseits aber zugleich auch wiederum ebenso leicht von ihm abfliesst, und wird nun dieser Fluss des Geschehens in seinem gewohnten Ablaufe dadurch gestört, dass das fragliche Objekt, sei es in seiner Beschaffenheit, sei es hinsichtlich seiner Beziehung zu anderen Objekten eine Änderung erfährt, so entsteht an dem Objekt eine psychische Stauung, d. h. die psychische Bewegung oder die aktuelle psychische Kraft konzentriert sich auf das Objekt. Die Folge ist, dass dies Objekt, das vorher nur Durchgangspunkt der psychischen Bewegung war, jetzt von dieser Bewegung emporgehoben wird, oder in grösserem oder geringerem Grade als Träger der ganzen aktuellen psychischen Kraft sich darstellt, die es zu gewinnen seiner Natur nach geeignet ist. Damit gewinnt es zugleich die entsprechende psychische Wirkungsfähigkeit, insbesondere seine natürliche Gefühlswirkung wieder. Es hat aufgehört, gleichgültig zu sein. Es ist hinsichtlich seiner psychischen Stellung und Bedeutung kein Gewohntes mehr, sondern ist zu einem Neuen geworden.

Übertragen wir dies auf unseren Fall. Dann ist damit dies gesagt: Die menschliche Körperoberfläche wird durch den Umstand, dass sie in neuer Farbe erscheint, selbst, ihrer psychischen Wirkung nach, eine neue. Dass heisst, sie übt wiederum die psychische Wirkung, die ihr an sich zukommt. Sie ist nicht nur objektiv ein "Grosses", sondern sie ist auch wiederum im psychologischen Sinne ein solches geworden. Damit wird zugleich die Farbe dieser Körperoberfläche als Farbe dieses Grossen oder Bedeutsamen zu etwas Grossem oder Bedeutsamen. Dass die "Grösse" der Körperoberfläche in dem Leben besteht, was in ihr und hinter ihr waltet, und dass die Farbe Grösse gewinnt, indem sie als Farbe der Körperoberfläche an dieser Grösse teilnimmt, betone ich nicht noch einmal.

Damit löst sich der oben bezeichnete scheinbare Widerspruch: Wir könnten freilich ihn zunächst noch in gewisser Weise verschärfen. Die Negerfarbe gewinnt ihre Bedeutung, d. h. ihre psychische Wirkung als ungewohnte oder neue. Und sie verliert ebenso diese Bedeutung als ungewohnte oder neue. Aber dies "als ungewohnte oder neue" hat in beiden Fällen einen verschiedenen Sinn. Nicht die neue oder ungewohnte *schwarze Farbe* gewinnt die Bedeutung, sondern die in dieser neuen "Beleuchtung" erscheinende *Körperoberfläche* gewinnt dieselbe; und daran nimmt die schwarze Farbe als Farbe dieser Körperoberfläche Teil. Dann aber verliert die schwarze Farbe diese Bedeutung wiederum, weil sie eine neue oder ungewohnte ist, d. h. weil wir noch nicht gewohnt sind, sie als Farbe des Körpers zu betrachten und zu bewerten. Oder kürzer gesagt, die schwarze Farbe erscheint bedeutsam als Farbe der *Körperoberfläche*, die ihrerseits durch diese *neue* Farbe ihre ursprüngliche Bedeutsamkeit wiedergewonnen hat. Sie erscheint dann bedeutungslos oder nichtig als *schwarze* Farbe, sofern diese als neue Farbe an der Bedeutung der Körperoberfläche Anteil zu nehmen kein Recht hat. Aus diesem Gegensatze entspringt die Komik.

Analoges nun gilt mehr oder minder in allen Fällen der Komik; bei aller Komik gilt in gewisser Weise unser Paradoxon: Alles Komische gewinnt und verliert zugleich seine psychische Wirkung dadurch, dass es ein Neues, Ungewohntes, Seltsames ist. Das heisst, bei allem Komischen gewinnt ein an sich Bedeutsames die Fähigkeit seiner Bedeutsamkeit entsprechend uns in Anspruch zu nehmen ganz oder teilweise dadurch, dass es in seltsamer Beleuchtung erscheint. Und bei allem Komischen zergeht diese Wirkung in uns, wenn wir auf dasjenige achten, was das Komische in diese seltsame Beleuchtung rückt. Verspricht jemand viel und leistet wenig, so wird eben durch die geringe Leistung unsere Aufmerksamkeit erst recht auf die grossen Versprechungen hingelenkt. Sie sind jetzt mehr als sonst eine anspruchsvolle, d. h. uns in Anspruch nehmende Sache. Eben damit ist auch die geringfügige Leistung als scheinbare Erfüllung dieser Versprechungen eine anspruchsvolle Sache geworden. Dieser Anspruch zergeht aber, wenn uns die Leistung als das, was sie an sich ist, zum Bewusstsein kommt. In diesem Sinne ist auch hier die Neuheit, d. h. die Seltsamkeit oder Abnormität das die "Aufmerksamkeit" Spannende und zugleich das sie Lösende.

"VERBLÜFFUNG" UND "VERSTÄNDNIS".

Hiermit gelange ich wiederum zu *Heymans* zurück. Was ich hier oben andeutete, ist auch *Heymans* aufgefallen. Er drückt es nur in etwas anderer Weise aus und kommt so zu einem neuen scheinbaren Einwand gegen meine Theorie der Komik. Nicht in allen, aber in gewissen Fallen der Komik, meint er, verhalte sich die Sache so, dass ein Rätselhaftes, Unbegreifliches ein Gefühl der Verwunderung oder des Staunens wecke, die Aufmerksamkeit fessle, während ein schnell aufleuchtendes, an sich kein weiteres Interesse bietendes "Verständnis" die Entspannung zu wege bringe. Hiermit tritt *Heymans* scheinbar in unmittelbaren Widerspruch zu meiner Theorie. Ich habe diese Theorie gelegentlich auch so formuliert, dass ich sagte, die Komik entstehe, indem ein Sinnvolles sich für uns in ein Sinnloses verwandelt. Das Sinnvolle nimmt uns in Anspruch oder spannt die Aufmerksamkeit, die Sinnlosigkeit bringt die Lösung. Diesen Sachverhalt scheint Heymans umzukehren. Das Unbegreifliche, also für uns Sinnlose spannt die Aufmerksamkeit, die Lösung ist da, indem die Sinnlosigkeit verschwindet und das Verständnis, also die Einsicht in den Sinn der Sache sich einstellt.

In Wahrheit ist, was Heymans sagt, lediglich die besondere Hervorhebung eines Momentes im Prozess der Komik, und zwar eines Momentes, das ich im Obigen ausdrücklich anerkannt habe. Ein Unterschied zwischen *Heymans* und mir besteht zunächst nur insofern, als ich, was *Heymans* für bestimmte Fälle der Komik vermeintlich gegen mich einwendet, verallgemeinere, d. h. als für alle Komik mehr oder weniger zutreffend anerkenne.

Dann freilich lässt sich *Heymans* durch einseitige Hervorhebung jenes Momentes zu Wendungen verleiten, die eine wirkliche Korrektur meiner Theorie in sich zu schliessen scheinen. Auch hier aber löst sich der scheinbare Gegensatz leicht, wenn wir *Heymans'* Aufstellungen genauer analysieren oder eine darin liegende Zweideutigkeit beseitigen.

Das Rätselhafte, sagt *Heymans*, spannt die Aufmerksamkeit oder, mit einem anderen, Andruck, es "verblüfft". Statt dessen sagte ich oben: Die Neuheit, Ungewohntheit, Abnormität, das Seltsame des Komischen lässt erst seine Bedeutsamkeit, sei es überhaupt, sei es vollständig, zur Wirkung kommen. Auch damit ist eine Spannung der Aufmerksamkeit bezeichnet. Aber diese Spannung der Aufmerksamkeit ist mit *Heymans'* "Verblüffung" nicht ohne weiteres identisch.

Dies wird verständlich, wenn wir in jener Verblüffung zwei Momente unterscheiden. Einmal die einfache Verblüffung, d. h. das erstaunte Haltmachen bei der Seltsamkeit, etwa das erstaunte Haltmachen bei der geringen Leistung des Grossprechers; die Frage: Was soll das heissen. Diese erste, völlig verständnislose Verblüffung ist nicht die Spannung der Aufmerksamkeit, von der ich sage, ihr Zergehen erzeuge die Komik.

Und sie kann es nicht sein. Damit komme ich bereits auf den Punkt, in dem ich *Heymans* entgegentreten muss. *Heymans* meint, er könne sich — gegen mich — "einfach auf das Zeugnis der Selbstwahrnehmung berufen", nach welchem in gewissen Fällen der Komik "sich deutlich die beiden Stadien des verblüfften Erstaunens und des aufleuchtenden Verständnisses, mit letzterem gleichzeitig aber die komische Gefühlserregung feststellen lässt." Diese beiden Stadien leugne ich, nach Obigem, nicht, sondern erkenne sie, und zwar für alle Fälle der Komik an. Aber ich leugne, dass jede Verblüffung, der ein aufleuchtendes Verständnis folgt, ein Gefühl der Komik ergiebt. Die Komik stellt in Wahrheit nur dann sich ein, wenn jene Verblüffung zugleich ein Moment in sich schliesst, das mehr ist als blosse Verblüffung, nämlich Sammlung, Spannung der Aufmerksamkeit durch ein Bedeutsames oder scheinbar Sinnvolles; und die Komik ergiebt sich nicht aus der Lösung der Verblüffung überhaupt, sondern aus der Lösung dieses zweiten Momentes der Verblüffung oder dieser besonders gearteten Spannung.

So wie die geringfügige Leistung des Grosssprechers mich verblüfft, so verblüfft mich auch der Satz, der durch Ausfall eines Wortes sinnlos geworden ist. Nehmen wir an, darauf folge sofort das aufleuchtende Verständnis: Ich sehe, welches Wort ausgefallen ist. Ich ergänze es also, und verstehe den Satz. Ich sage: Das also ist gemeint. Ein solches Erlebnis ist nicht komisch.

Dagegen würde der Ausfall des Wortes komisch, wenn sich daraus ein neuer Sinn ergäbe. Wir wollen annehmen, der neue Sinn leuchte unmittelbar ein, werde aber auch sofort als unmöglich gemeint, also als Unsinn erkannt. Hier ist auf das erste Stadium der Verblüffung ein zweites gefolgt, auf die Verblüffung über den Unsinn die Verblüffung über den scheinbaren Sinn, auf das einfache Stillestehen der psychischen Bewegung, ein sich Konzentrieren derselben auf einen bestimmten Vorstellungszusammenhang, nämlich denjenigen, dessen Vernichtung nachher die Komik ergiebt. So gewiss aus der unmittelbaren Lösung des ersten Stadiums, der in jedem Sinn verständnislosen Verblüffung, durch das aufleuchtende Verständnis die Komik sich *nicht* ergiebt, so gewiss folgt sie *hieraus*.

Ein solches zweites Stadium der Verblüffung, oder eine solche Sammlung oder Konzentration der Aufmerksamkeit findet nun in aller Komik statt. Wie gesagt: Die geringe Leistung nach grossen Versprechungen "verblüfft"; dann aber folgt die Spannung der Aufmerksamkeit durch die scheinbare Erfüllung der Versprechungen. Auf die verblüffte Frage: Was soll das heissen? folgt die verblüffte Antwort: Das also ist die Erfüllung der grossen Versprechungen. Und daran erst schliesst sich die Einsicht. Ich "verstehe", d. h. ich erkenne den Grosssprecher als leeren Grosssprecher. Bei einem solchen ist die geringe Leistung ganz in der Ordnung. Was ich erlebe ist gar nichts, d. h. nichts, das meiner Aufmerksamkeit wert wäre.

Ich habe hier in dem Stadium, das *Heymans* als Stadium der *Verblüffung* bezeichnet, zwei Stadien unterschieden. Man sieht aber, das zweite Stadium der Verblüffung kann ebensowohl als erstes Stadium des Verständnisses bezeichnet werden. Es ist das Stadium des verblüffenden Verständnisses, des verblüffenden Sinnes oder scheinbaren Sinnes, allgemeiner gesagt, der verblüffenden Grösse oder Scheingrösse eines Objektes, das dann doch seiner Grösse in unseren Augen wieder verlustig geht.

Damit ist der scheinbare Gegensatz zwischen Heymans und mir gelöst. Auch er hat mich erst verblüfft, dann sah ich die Scheingrösse, die sich aus der scheinbaren Identität der *Heymans*'schen "Verblüffung" mit meiner "Spannung der Aufmerksamkeit durch ein Scheingrosses" ergab, d. h. die Einsicht, dass Verblüffung und Verblüffung zweierlei sei, und demgemäß *Heymans*' Einwand mich nicht treffe.

Die Beispiele, die *Heymans* anführt, um seinem Einwand Kraft zu geben, sind der Hauptsache nach dem Gebiete des Witzes entnommen. Insoweit gehören sie nicht hierher. Schliesslich aber weist er auf einen Fall hin, der dem Gebiete der objektiven Komik angehört. Auch dieser widerspricht doch meiner Theorie keineswegs.

"Ein auf einer Zwischenstation ausgestiegener Reisender antwortet auf die dringende Aufforderung des Schaffners einzusteigen immer nur mit der flehentlichen Bitte ihm zu sagen, in welchem Jahre Amerika entdeckt worden sei. Indessen fährt der Zug ab. Endlich stellt sich heraus, dass das Kompartiment, in welchem der Reisende seine Sachen zurückgelassen hat, die Nummer 1492 führt, und dass ein Mitreisender ihm gesagt hat, er solle, um diese Nummer nicht zu vergessen, nur an die Jahreszahl der Entdeckung Amerikas denken". Hier meint *Heymans*, ist die Handlungsweise des Reisenden, dem man zu langen Erklärungen keine Zeit lässt, keineswegs objektiv unzweckmäßig, aber sie scheint es in höchstem Grade zu sein, und wird darum zuerst als unbegreiflich, dann nachdem die Sache sich aufgeklärt hat, als komisch empfunden. Mir scheint, dass in diesem komplizierten Falle verschiedene Momente der Komik unterschieden werden müssen. Der Reisende wird schon vor der Aufklärung der Sache komisch, weil er als ausgewachsener Mensch, von dem man ein zweckmässiges Verhalten "erwartet", den Zug mit seinem Gepäck wegfahren lässt, und sich statt um seine Reise, um die Entdeckung Amerikas Sorge macht. Dazu tritt dann ein zweites Moment, das allerdings erst nach der Aufklärung zur

Wirkung gelangt. Man sieht jetzt, dass der Reisende Grund hatte nach dem Jahre der Entdeckung Amerikas zu fragen. Oder vielmehr: es scheint für einen Augenblick die Frage darnach sinnvoll. Dann aber erscheint das ganze Verhalten des Menschen sinnlos. Sich eine Zahl nach der Jahreszahl eines historischen Ereignisses zu merken hat natürlich nur Sinn, wenn man diese Jahreszahl kennt.

Hiermit meine ich alle Punkte des Gegensatzes zwischen *Heymans* und mir aufgeklärt zu haben. Ich werde auf *Heymans* noch einmal, nämlich bei der Betrachtung des Witzes und der genaueren Darlegung der Art, wie bei ihm das Gefühl der Komik zu stande kommt, zurückkommen müssen. Einstweilen nehme ich von *Heymans'* wertvollen Winken Abschied.

VI. KAPITEL. DIE SUBJEKTIVE KOMIK ODER DER WITZ.

ABGRENZUNG DER SUBJEKTIVEN KOMIK.

Wir haben im Obigen die ausdrückliche Abgrenzung der objektiven Komik von den sonstigen Gattungen der Komik unterlassen. Beim Witze können wir diese Abgrenzung sofort zu vollziehen versuchen.

Dabei müssen wir zunächst unterscheiden zwischen dem Witz als Eigenschaft und dem Witz als Vorgang oder Leistung, dem Witz, den der Witzige *hat*, und demjenigen, den er *macht*. Wenn *Vischer* gelegentlich den Witz definiert als die Fertigkeit mit überraschender Schnelle mehrere Vorstellungen, die nach ihrem inneren Gehalt und dem Nexus, dem sie angehören, einander eigentlich fremd sind, zu einer zu verbinden, so können wir uns diese Definition nicht aneignen, weil sie sich auf den Witz bezieht, den der Witzige *hat*.

Aber auch der Begriff des Witzes, der gemacht wird, lässt sich verschieden fassen. Wenn jemand stolz auftritt und über eine Kleinigkeit stolpert, so wird er Objekt der Komik. Wenn ich ihm das Hindernis *in den Weg werfe*, so mache ich einen, wenn auch vielleicht recht schlechten "Witz". So heisst überhaupt Witz jedes bewusste und geschickte Hervorrufen der Komik, sei es der Komik der Anschauung oder der Situation. Natürlich können wir auch diesen Begriff des Witzes hier nicht brauchen. Eines und dasselbe wäre ein Fall der Anschauungs- oder Situations-Komik und ein Witz, je nachdem wir den komischen Thatbestand einfach für sich ins Auge fassten, oder zugleich auf seine Verursachung achteten. Wir wollen aber ja hier unter dem Namen des Witzes Fälle zusammenfassen, die *neben* den Fällen den Anschauungs- und Situations-Komik stehen.

Ein wesentliches Merkmal für den Begriff des Witzes, wie wir ihn brauchen, haben wir indessen damit doch schon gewonnen. Gegenstand der Anschauungskomik *wird* man, in die Situationskomik *gerät* man, den Witz *macht* man. Man macht ihn, d. h. die selbstbewusste Persönlichkeit macht ihn. Der Witz ist eine Art der Aktivität oder Betätigung dieser Persönlichkeit. Vereinigen wir damit, dass wir nach oben Gesagtem auch das, sei es noch so selbstbewusste Hervorrufen der Anschauungs- und Situationskomik, bei der doch die Komik nur eben an dem angeschauten Objekt oder der Situation haftet, nicht als Witz bezeichnen wollen, so kann sich eine wenigstens vorläufige Abgrenzung dieses Begriffes ergeben. Meine Vorstellungen und Vorstellungsverbindungen, meine Willensakte und Wertschätzungen, das sind die Arten meiner Persönlichkeit sich zu bethätigen. An ihnen also, oder vielmehr, da jene inneren Vorgänge für andere nicht Gegenstände der Wahrnehmung sind, an den Worten, Handlungen und Gebärden, in welchen sie zu Tage treten, wird die Komik des Witzes, den ich mache, haften müssen; und sie wird an den Worten, Handlungen und Gebärden haften müssen, *sofern* und lediglich sofern sie einer persönlichen Aktivität oder Leistung zum Ausdruck dienen. Aktivität oder "Leistung", so sage ich hier mit Bedacht. Auch in der ungeschickten und in ihrer Ungeschicktheit komischen Bemerkung, die ich mir zu Schulden kommen lasse, bin ich aktiv. Aber dies ist nicht die Aktivität, die ich hier meine. Ich mache die Bemerkung, aber ich "mache" nicht die ihr anhaftende Komik. Eben insofern die Bemerkung komisch ist, erscheint sie nicht als Ausfluss meines positiven Könnens, sondern meines Unvermögens, ich bringe damit nichts zuwege, sondern unterliege einer Schranke meines Wesens. Ich erscheine darum trotz aller Thätigkeit als Gegenstand der Anschauungs- oder Situationskomik, nicht als Urheber eine Witzes. Andererseits muss mit der Forderung Ernst gemacht werden, dass die Komik eben an der Aktivität *hafte*. Ich mache Anstrengungen, um über ein hochgespanntes Seil zu springen, im letzten Momente aber schlüpfe ich unten durch, nicht aus Unvermögen, sondern um die Zuschauer zu belustigen. Hier bin ich durchaus aktiv und überlegen, aber die Komik haftet nicht unmittelbar daran. Meinem Thun liegt thatsächlich kein Unvermögen zu Grunde, aber das Gefühl der Komik entsteht doch nur aus dem Schein des Unvermögens, den ich mit Absicht erzeuge. Ich werde nicht durch irgendwelche Naturnotwendigkeit, und kein anderer wird durch mich *Gegenstand* der Komik, aber ich mache mich selbst dazu. Ich werde es freiwillig, aber ich werde es für den Augenblick thatsächlich.

Daraus ergiebt sich die vorläufige Abgrenzung des Witzes, die wir suchen. Sie ist die Komik, die wir hervorbringen, die an unserm Thun als solchem haftet, zu der wir uns durchweg als darüberstehendes Subjekt, niemals als Objekt, auch nicht als freiwilliges Objekt verhalten. Oder kürzer gesagt: sie ist die durchaus subjektive Komik. Im Gegensatz dazu dürfen wir die im vorigen Abschnitt gemeinte und besprochene Komik, wie wir schon gethan haben, als objektive bezeichnen.

Jene Abgrenzung des Witzes trifft mit derjenigen zusammen, die in der wissenschaftlichen Ästhetik thatsächlich vorausgesetzt zu werden pflegt. Indem wir den Witz als "subjektive" von der "objektiven" Komik unterscheiden, stimmen wir wenigstens mit *Vischer* auch im Ausdruck überein. — Dagegen sind die vorhandenen Antworten auf die Frage nach dem Wesen des Witzes teilweise völlig ungenügend.

VERSCHIEDENE THEORIEN.

Ich erwähne wiederum in erster Linie denjenigen Psychologen der Komik, der sich von der Wahrheit am weitesten entfernt hält. Wie wir sahen, geht *Hecker*'s Bestimmung der Komik überhaupt aus von der Betrachtung des Gefühls der Komik, das er als beschleunigten Wettstreit der Gefühle der Lust und Unlust bezeichnet. Beim Witze nun entsteht für ihn "die Unlust wie die Lust aus zwei Vorstellungen, deren Unvereinbarkeit und doch wiederum mögliche Vereinbarkeit miteinander die Quelle der Gefühle bildet."

Diese Erklärung ist vor allem nicht allzu ernst gemeint. An Stelle der unvereinbaren Vorstellungen treten später solche, die nichts miteinander zu thun haben, d. h. thatsächlich in keinem Verhältnis unmittelbarer Zusammengehörigkeit stehen. Und zu diesen gesellen sich dann solche, die zugestandenermassen ziemlich viel miteinander zu thun haben. Überhaupt wandeln sich die *Hecker*'schen Bedingungen des Witzes von Fall zu Fall, bis schliesslich von der ursprünglichen Formel herzlich wenig mehr übrig bleibt. Natürlich verfolge ich diese Wandlungen nicht. Es genügt die Bemerkung, dass nach *Hecker* schließlich jede zweifelhafte Aussage, jede Annahme, die durch Thatsachen gestützt wird, während andere Thatsachen widersprechen, jede halbwahre Theorie, ja jede thörichte Rede, der wir den wahren Sachverhalt "substituiren", witzig heissen müsste. Als ganz besonders witzig müsste seine eigene Theorie des Witzes und der Komik überhaupt gelten, in der mit mancherlei Ansätzen und Elementen zu einer richtigen Anschauung so viel Unzutreffendes so eng verbunden ist.

Mit *Hecker*'s Erklärung ist die *Kräpelin*'s verwandt. Für ihn ist der Witz die "willkürliche Verbindung oder Verknüpfung[1] zweier miteinander in irgend einer Weise kontrastierender Vorstellungen, zumeist durch das Hilfsmittel der sprachlichen Association". Es muss, so sagt er nachher, irgend ein Band zwischen den Vorstellungen, es müssen associative Beziehungen zwischen ihnen existieren, welche diese Verknüpfung gestatten. Andererseits muss aber die Nichtzusammengehörigkeit derselben klar und scharf genug ins Auge springen, dass eine Kontrastwirkung zur Entwicklung gelangen kann.

[1] So, und nicht "Erzeugung" muss es ohne Zweifel an der betreffenden Stelle heissen.

Diese Erklärung leidet an mehreren Fehlern. Sie stimmt nicht mit den nachfolgenden näheren Bestimmungen; sie ist vieldeutig; man mag sie drehen wie man will, so schliesst sie Dinge ein, die mit dem Witze nichts zu thun haben; sie schliesst andererseits Gattungen von Vorgängen aus, die thatsächlich dem Witze zugehören. Sie steht endlich in direktem Widerspruch mit einzelnen ausdrücklich angeführten Fällen des Witzes.

Nur auf zwei Punkte mache ich hier gleich aufmerksam. Der Witz soll eine *willkürliche* Verbindung von Vorstellungen sein. Gleich nachher wird von Witzen gesprochen, die nicht der bewusst absichtsvollen Komik angehören, sondern unbewusst sind. Ich denke aber, wo das Bewusstsein aufhört, ist nach gemeinem Sprachgebrauch auch von Willkür nicht mehr die Rede.

Wichtiger ist mir der andere Punkt. "Irgendwie kontrastieren" müssen die Vorstellungen, deren Verbindung den Witz ausmacht. Mit diesem Kontrast geht es einigermassen, wie mit der "Unvereinbarkeit" bei *Hecker*. An seine Stelle tritt später die Nichtzusammen-

gehörigkeit. Bald darauf heissen die Vorstellungen einander widerstreitend, wiederum an anderer Stelle gänzlich verschiedenartig.
Als ob alle diese Ausdrücke dasselbe sagten. In der That können die
im Witze verbundenen Vorstellungen sich auf die verschiedenar-
tigste Weise zu einander verhalten. Das bekannte *Lichtenberg*'sche
"Messer ohne Klinge, woran der Stiel fehlt" enthält eine Verbindung
an sich unvereinbarer Vorstellungen. Das Messer einerseits, der
Mangel der Klinge und des Stieles andererseits, diese beiden Begriffe heben sich gegenseitig auf. — Wenn ein französischer Dichter auf
die Zumutung seines Königs, ein Gedicht zu machen, dessen sujet
er sei, antwortet: le roi n'est pas sujet, so vollzieht er eine Verbindung von Vorstellungen, — sujet = Unterthan und sujet = Gegenstand eines Gedichtes — die an sich recht wohl vereinbar sind, und
nur thatsächlich und erfahrungsgemäss nichts miteinander zu thun
haben. — "Die Abteien sind geworden zu Raubteien", sagt der *Schiller*'sche Kapuziner. Hier sind die in witziger Weise verbundenen
Vorstellungen weder unvereinbar noch unzusammengehörig. Die
Abteien waren in der That in der Zeit des dreissigjährigen Krieges
zu Raubteien geworden. Die Vorstellungen gehören also genau
soweit zusammen, als es der Witz behauptet. — Gedenken wir endlich gar der witzigen Definition von der Art der *Schleiermacher*'schen: Eifersucht ist eine Leidenschaft, die mit Eifer sucht, was
Leiden schafft, so ergiebt sich, dass die im Witze miteinander "kon-
trastierenden" Vorstellungen auch solche sein können, die nicht nur
in bestimmten Fällen und thatsächlich, sondern allgemein und begrifflich zusammengehören, deren Zusammengehörigkeit ausserdem jedermann denkbar geläufig ist. Dass die Eifersucht eine Leidenschaft ist, die darauf ausgeht Dinge hervorzusuchen und selbst
zu ersinnen, die nur dazu dienen können dem Eifersüchtigen und
dem Gegenstand der Eifersucht Qualen zu bereiten, dies liegt ja im
Begriff der Eifersucht und bezeichnet kein verstecktes, sondern ein
jedermann bekanntes und selbstverständliches Moment dieses Begriffes.

Die im Witze verbundenen Vorstellungen find unvereinbare und
unzusammengehörige, anderseits zusammengehörige und sogar
notwendig zu vereinigende Vorstellungen; sie sind Vorstellungen,
deren Vereinigung einen Unsinn, eine faktische Unwahrheit, andererseits eine thatsächliche Wahrheit oder sogar eine Selbstverständ-

lichkeit ergiebt. Sie sind mit einem Worte verschiedenartige Vorstellungen, die sich irgendwie zu einander verhalten. Verschiedene und irgendwie sich zu einander verhaltende Vorstellungen werden aber natürlich in jeder wahren oder falschen Behauptung miteinander verbunden. Sie können also nicht das Wesen des Witzes ausmachen.

Dann muss wohl die besondere Art der Verbindung den Witz erzeugen. Die Verbindung, so könnte man sagen, ist beim Witz jederzeit eine solche, welche die Unvereinbarkeit, oder auch die blosse Verschiedenheit der Vorstellungen besonders deutlich zu Tage treten lässt. In dieser deutlicher zu Tage tretenden Unvereinbarkeit oder Verschiedenheit bestände dann der "Kontrast", der zum Witze erforderlich ist. In der That kann *Kräpelin*'s Meinung im Grunde keine andere sein. Zur Komik überhaupt gehört ja für ihn nach der allgemeinen Erklärung, die wir im vorigen Abschnitt kennen gelernt haben, der Versuch der begrifflichen Vereinigung und ein erst *daraus sich ergebender* "intellektueller" Kontrast.

Damit stimmt es, dass *Kräpelin* für den Witz eine associative Beziehung der Vorstellungen fordert, welche die *Verbindung gestattet*. Freilich geht diese Forderung über das hinaus, was jener allgemeinen Erklärung zufolge für die Komik gefordert ist und demnach auch für die Komik des Witzes gefordert werden dürfte. Ich kann ja recht wohl in einer Aussage Vorstellungen verbinden und andere zum Versuch ihrer begrifflichen Vereinigung nötigen, ohne dass besondere associative Beziehungen vorliegen. Ich sage etwa: Napoleon starb in Sibirien. Napoleon hat mit Sibirien nichts zu thun. Aber ich verbinde in dem Satze die beiden Vorstellungen, und wer ihn hört, kann nicht umhin den Versuch begrifflicher Vereinigung anzustellen. Er gewinnt auch daraus ein Gefühl des Kontrastes. Es kommt ihm zum Bewusstsein, dass Napoleon's Tod in der That mit Sibirien *gar nichts* zu thun hat. Die Behauptung erfüllt also trotz der mangelnden Association die Bedingung, unter der nach *Kräpelin* das Gefühl der Komik allgemein entstehen müsste.

Andrerseits kann aber auch die Association hinzutreten und dennoch die Komik des Witzes, wie jede Komik überhaupt, unterbleiben. Ich brauchte nur Napoleon statt in Sibirien auf Elba sterben zu lassen. Napoleon starb auf einer Insel; Elba ist eine Insel; Napoleon war auf Elba. Wiederum wird zugleich demjenigen, der die Behauptung hört, eben durch die Behauptung die Nichtzusammengehörigkeit der verbundenen Vorstellungen zum deutlicheren Bewusstsein gebracht.

Oder: jemand zeiht meinen Freund, dessen Charakter ich erprobt habe, einer unredlichen Handlung. Die Gründe, die er anführt, gestatten die Vorstellungsverbindung und zwingen mich sogar immer wieder, sie versuchsweise zu vollziehen. Dabei muss mir der Gegensatz zwischen der behaupteten Unredlichkeit und dem erprobten Charakter in besonderem Masse fühlbar werden. Er wird mir vielleicht in dem Masse fühlbar, dass ich die Vorstellungsverbindung in tiefster Empörung abweise. Hier haben wir ein Kontrastbewusstsein der intensivsten Art; zugleich ein Kontrastbewusstsein, das sich völlig vorschriftsmässig aus versuchter begrifflicher Vereinigung nicht nur verschiedener, sondern faktisch unvereinbarer Vorstellungen ergiebt. Trotzdem wird niemand verlangen, dass ich die Verleumdung als Witz oder überhaupt als komisch empfinde.

Indessen so ist die Sache nicht gemeint. Die assoziativen Beziehungen gestatten die Verbindung, an Stelle dieses nichtssagenden Ausdrucks setzt *Kräpelin* später den andern, sie begründen eine bedingte oder teilweise Zusammengehörigkeit der Vorstellungen. Damit ist dann freilich wieder zu viel gesagt. Das Messer einerseits, der gleichzeitige Mangel des Stiels und der Klinge anderseits, diese beiden Dinge gehören auch nicht bedingt oder teilweise zusammen.

Trotzdem ist in dieser Bestimmung etwas Richtiges. Die associativen Beziehungen müssen jederzeit eine Zusammengehörigkeit begründen, wenn keine wirkliche, dann eine scheinbare. Indem sie dies thun, verleihen sie der witzigen Aussage eine wirkliche oder scheinbare Bedeutung und damit zugleich eine gewisse Kraft, Wichtigkeit, Eindrucksfähigkeit. Damit ist auch schon der Punkt bezeichnet, auf den es bei der Zusammengehörigkeit einzig und allein ankommt. Nicht die Zusammengehörigkeit, sondern die Bedeutung, welche den Worten als Trägern derselben erwächst, bedingt den Eindruck der Komik. Die Zusammengehörigkeit ist bei dem eben angeführten Falle eine lediglich scheinbare. Aber indem die Worte den Schein erwecken, leisten sie etwas. Wir hören die Wortverbindung "Messer ohne Klinge und Stiel" und lassen uns dadurch verführen, für einen Moment an die Möglichkeit der entsprechenden Vorstellungsverbindung zu glauben, also derselben einen Sinn zuzuschreiben. Der Begriff eines Messers ohne Klinge ist uns geläufig, der eines Messers ohne Stiel nicht minder. Hebt der Mangel der Klinge den Begriff des Messers nicht auf, und der Mangel des Stieles ebensowenig, so scheint auch der Mangel der Klinge und des Stieles ihn nicht aufzuheben. – Dann freilich kommt uns die Unvereinbarkeit der Vorstellungen zum Bewusstsein. Wir wissen, das wir uns haben täuschen lassen, dass wir nach einem geläufigen Ausdruck "hereingefallen" sind. Was wir einen Moment für sinnvoll nahmen, steht als völlig sinnlos vor uns. Darin besteht in diesem Falle der komische Prozess.

Analog verhält es sich mit jenem Witze des französischen Dichters. Die Antwort, die der Dichter giebt, ist keine Antwort, oder sie ist, als Antwort auf die Aufforderung des Königs betrachtet, sinnlos. Sie besitzt nicht bedingte oder teilweise, sondern gar keine "Geltung". Ebensowenig Geltung besitzt der Schluss, der sich darauf aufbaut: der König ist nicht sujet, man kann also auch nicht fordern, dass er sujet eines Gedichtes sei. Aber wir lassen uns die Geltung, welche die Antwort beansprucht, verführt durch die Gleichheit der Worte sujet und sujet mit einer Art psychologischer Notwendigkeit gefallen, wir vollziehen mit gleicher Notwendigkeit den darauf gebauten Schluss. Indem wir so thun, messen wir den Worten des Dichters eine doppelte Bedeutung bei, die ihnen nicht zukommt; sie werden für uns zur zutreffenden und zugleich zur abfertigenden Antwort. Sie werden es – für einen Augenblick nämlich. Dann fordert die Logik ihr Recht und zerstört das ganze Gebäude. Die sinnvolle und geschickt abfertigende Antwort wird wiederum, was sie immer war, eine sinnlose Aussage.

BEGRIFFSBESTIMMUNG UND VERSCHIEDENE FÄLLE.

Verallgemeinern wir jetzt, was sich in diesen beiden Fällen ergeben hat. Wir müssen dann sagen: witzig erscheint eine Aussage, wenn wir ihr eine Bedeutung mit psychologischer Notwendigkeit zuschreiben, und indem wir sie ihr zuschreiben, sofort auch wiederum absprechen. Dabei kann unter der "Bedeutung" Verschiedenes verstanden sein. Wir leihen einer Aussage einen *Sinn*, und wissen, dass er ihr logischerweise nicht zukommen kann. Wir finden in ihr eine *Wahrheit*, die wir dann doch wiederum den Gesetzen der Erfahrung oder allgemeinen Gewohnheiten unseres Denkens zufolge nicht darin finden können. Wir gestehen ihr eine über ihren wahren Inhalt hinausgehende logische oder praktische Folge zu, um eben diese Folge zu verneinen, sobald wir die Beschaffenheit der Aussage für sich ins Auge fassen. In jedem Falle besteht der psychologische Prozess, den die witzige Aussage in uns hervorruft, und auf dem das Gefühl der Komik beruht, in dem unvermittelten Übergang von jenem Leihen, Fürwahrhalten, Zugestehen zum Bewusstsein oder Eindruck relativer Nichtigkeit.

Damit haben wir den Begriff gewonnen, der den Witz und die Anschauungs- und Situationskomik zugleich umfasst. Hier wie dort gewinnt oder besitzt ein Bewusstseinsinhalt für uns einen Grad von Bedeutung oder psychologischem Gewicht, den er dann plötzlich verliert. Zugleich ist auch schon angedeutet, dass hier wie dort die beiden Fälle möglich sind: wir leihen die Bedeutung dem Bewusstseinsinhalt, während sie ihm von Rechts wegen oder objektiv betrachtet nicht zukommt, oder: sie kommt ihm objektiverweise zu, und wir erkennen sie auch zunächst an, können aber infolge subjektiver Gewohnheiten des Denkens nicht bei dieser Anerkenntnis bleiben.

Das letztere gilt schon von dem oben angeführten Beispiele aus *Schiller*. "Die Abteien sind geworden zu Raubteien." Diese Behauptung ist, wie schon gesagt, sinnvoll und wahr; und wir glauben an ihre Wahrheit. Man sehe aber, durch welches *Mittel* uns die Wahrheit *eindringlich* gemacht wird. "Raubtei" ist kein gültiges Wort der deutschen Sprache; es kommt ihm also nach strenger Forderung der Logik auch kein gültiger Sinn zu. In dem speciellen Falle aber hat es für uns einen Sinn, wir verstehen vollkommen, was damit gemeint ist. Der Anklang an Abtei einerseits, an Raub andrerseits verhilft uns dazu.

Dazu kommt ein zweites Moment. Die Nebeneinanderstellung der Worte Abtei und Raubtei, die Verwandlung des einen ins andere, ist an sich ein blosses Spiel mit Worten, die Klangähnlichkeit, worauf das Spiel beruht, hat an sich keine logische Kraft. Wiederum aber gewinnt sie eine solche, in diesem speciellen Falle. Die in der

Zusammenstellung der Worte liegende Wahrheit wird uns nicht nur verständlich, sondern, eben durch den Gleichklang, sogar eindringlicher, sozusagen selbstverständlich. So nahe die Worte Abtei und Raubtei lautlich zusammenhängen, so nahe scheinen die damit bezeichneten Dinge sachlich zusammenzuhängen. So leicht wir vermöge jenes Zusammenhanges aus dem Worte Abtei das Wort Raubtei machen, so leicht und natürlich scheint uns der Übergang von einem zum andern Begriff. Beide Momente bedingen die Eigenart des komischen Prozesses. Achten wir auf das, was die Worte in ihrem Zusammenhange sagen, so ergeben sie den Eindruck einer einleuchtenden Wahrheit, betrachten wir sie nach ihrer Form und beurteilen diese, wie wir nicht anders können, nach den gewöhnlichen Gesetzen unseres Denkens und Sprechens, so gewinnen wir den Eindruck des Spiels mit Worten. Das Wort Raubtei erscheint so sinnlos, wie es sonst sein würde, der Gleichklang so logisch kraftlos, wie er sonst zu sein pflegt.

Die beiden hier unterschiedlichen Momente können auch jedes für sich die Komik des Witzes begründen. Wenn *Heine* von jemand sagt, er sei von einem bekannten Börsenbaron recht "famillionär" aufgenommen worden, so beruht die Komik dieses Witzes lediglich auf dem ersten jener beiden Momente. Ein Wort wie "famillionär" giebt es nicht. Wir lassen uns aber den malitiösen Sinn, den es in dem speciellen Falle hat, gefallen; wir verstehen, dass *Heine* sagen will, die Aufnahme sei eine familiäre gewesen, nämlich von der bekannten Art, die durch den Beigeschmack des Millionärtums an Annehmlichkeit nicht zu gewinnen pflegt. Dann kommt uns doch wiederum die Nichtigkeit und Sinnlosigkeit des Wortes zum deutlichen Bewusstsein.

Dagegen beruht der Witz gänzlich auf dem Verhältnis der Worte zu einander bei der oben zuletzt angeführten *Schleiermacher*'schen Definition. Die Frage, was für eine Leidenschaft die Eifersucht sei, wird beantwortet, indem beide Worte Eifersucht und Leidenschaft auseinandergeschnitten und die Stücke durch Zwischenfügung weniger, an sich unerheblicher Worte zu einem Satze verbunden werden. Diese äusserlich betrachtet völlig mechanische Procedur ergiebt nichtsdestoweniger ein bedeutungsvolles und zutreffendes gedankliches Resultat. Solange wir auf dies Resultat achten, erscheint das Mittel, wodurch es erreicht wurde, gleichfalls bedeutungsvoll. Es sinkt dann doch wiederum unfehlbar in seine, obgleich nur scheinbare Nichtigkeit zurück.

Jetzt ist deutlich ersichtlich, wie wir uns zu *Kräpelin's* Theorie stellen. Der Kontrast bleibt bestehen, aber er ist nicht so oder so gefasster Kontrast der mit den Worten verbundenen Vorstellungen, sondern Kontrast, oder Widerspruch der Bedeutung und Bedeutungslosigkeit der Worte. Dies Ergebnis entspricht ganz dem bei der objektiven Komik gewonnenen. Wie dort so ist hier der qualitative Vorstellungskontrast nur insoweit von Belang, als er diesen quantitativen oder Bedeutungskontrast vermittelt; er hat im übrigen, wie mit der Komik überhaupt, so auch mit der Komik des Witzes nichts zu thun.

Das Recht dieser letzteren Behauptung habe ich schon oben dargelegt. Ich erinnere an die Verleumdung des erprobten Freundes. Diese Verleumdung war trotz des stärksten Kontrastes weder witzig noch überhaupt komisch. Umgekehrt entsteht die Komik des Witzes, wie die objektive, sobald ich den von uns geforderten Bedeutungskontrast hinzufüge. So kann die Verleumdung zunächst durch Hinzutritt des objektiven Bedeutungskontrastes *objektiv* komisch werden. Der Verleumder giebt sich alle Mühe, übersieht aber einen Umstand, der ihn sofort widerlegt. Von einem Witze ist hier noch keine Rede, weil die Bedingung des Witzes nicht erfüllt ist, die darin besteht, dass die Komik an der Aussage hafte, *sofern* sie der Vorstellungsverbindung *zum Ausdruck dient,* und damit zugleich als *That* desjenigen erscheine, der die Aussage macht. Die Worte des Verleumders sagen oder bedeuten nach ihrer Widerlegung dasselbe wie vorher. Sie kommen in bestimmter Art zu Fall, aber dies zu Fall kommen, das wesentlichste Moment der Komik, ist nicht durch die Worte selbst bedingt, sondern durch jenen dem Verleumder unbekannten oder von ihm verschwiegenen Umstand. Der Verleumder bringt es, indem er die Aussage macht, nicht eben dadurch *zuwege,* dass ich den Eindruck einer Wahrheit habe und dann auch wiederum nicht habe, sondern er will, dass ich den Eindruck habe und *erlebt* es, dass derselbe in nichts zerrinnt. Dagegen wird die Aussage witzig, sobald die Worte selbst, ohne ein von aussen hinzutretendes Schicksal, die Bedeutung, die sie haben oder zu haben scheinen, doch auch wiederum nicht haben oder nicht zu haben scheinen, sobald also der rein subjektive, von dem "Verleumder" aus eigenen

Mitteln hervorgerufene Bedeutungskontrast hinzukommt. Man sagt mir etwa, mein Freund habe einen Eingriff in die Kasse gemacht, um dann hinzuzufügen: nämlich in seine eigene; er habe endlich seine Schulden bezahlt.

Andererseits kann der Vorstellungskontrast fehlen und doch, weil der Bedeutungskontrast fühlbar zu Tage tritt, der Witz entstehen. Man kennt *Gellert*'s "der Bauer und sein Sohn". Der Sohn lügt, er habe einen Hund gesehen, so gross wie ein Pferd. Diese Lüge bringt ihm der Vater zum Bewusstsein durch die Erzählung von der Lügenbrücke. Die Erzählung an sich ist nichts weniger als witzig. Dass man auf eine Brücke kommen werde, auf der jeder, der an dem Tage gelogen habe, ein Bein breche, das ist abgesehen von dem, was vorher berichtet ist, eine harmlose Erdichtung. Sie wird erst witzig als Entgegnung auf die Behauptung des Sohnes. Hier also müsste der Vorstellungskontrast sich finden, aber hier gerade fehlt derselbe völlig. Achten wir nicht auf die beabsichtigte und erreichte Wirkung, so ist alles in schönster Ordnung. Der Vater fügt einfach zu einer Unwahrheit eine andere von gleichem Charakter. Es ist sogar eine wesentliche Bedingung dieses Witzes, dass der Kontrast zwischen der Lüge des Sohnes und der des Vaters möglichst gering sei. Dagegen besteht ein wesentlicher Kontrast zwischen der logischen und praktischen *Konsequenz* der Erzählung des Vaters und ihrer scheinbaren Nichtigkeit.

Freilich kann man, wenn man es darauf anlegt, dem "Vorstellungsgegensatz" einen möglichst unbestimmten Sinn zu geben, am Ende auch diese und ähnliche Gegensätze der Bedeutung oder Wirkung als Vorstellungsgegensätze bezeichnen. Man verwischt dann nur eben den Unterschied, auf den für die Begriffsbestimmung des Witzes alles ankommt. Schwarz und weiss, Unterthan eines Königs und Gegenstand eines Gedichtes, Abtei und Räuberhöhle, das sind wirkliche Vorstellungsgegensätze. Von diesen ist aber der Art nach verschieden der Gegensatz, der entsteht, indem dieselben Vorstellungen und Vorstellungsverbindungen jetzt sinnvoll, wahr, treffend, abfertigend, zurechtweisend, dann auch wiederum sinnlos, unwahr, nichtssagend, als blosses Spiel erscheinen. Oder allgemeiner, von den *qualitativen* Gegensätzen, die zwischen den durch Worte bezeichneten Vorstellungen stattfinden, sind durchaus verschieden die Gegensätze des logischen oder sachlichen *Wertes* oder *Ge-*

wichtes der Worte und Wortverbindungen, bzw. der dadurch bezeichneten Vorstellungsverbindungen.

Indessen auch damit brauchte man sich noch nicht zufrieden zu geben. Auch der logische oder sachliche Wert der Worte und Vorstellungsverbindungen, so könnte man sagen, ist Gegenstand unseres Vorstellens und insofern ihr Gegensatz ein Vorstellungsgegensatz. Aber dies wäre ein schlechter Einwand. In der That entsteht der Eindruck des Witzes eben nicht daraus, dass wir uns *vorstellen*, Vorstellungen und Vorstellungsverbindungen erscheinen irgend jemand sinnvoll, glaubwürdig u. s. w., während sie zugleich auch als das Gegenteil erscheinen; vielmehr müssen wir selbst sie für sinnvoll halten, daran glauben, kurz ihren Wert oder ihr Gewicht *erleben*, und dann zur gegenteiligen Vorstellungsweise übergehen. Der Gegensatz, um den es sich handelt, und schliesslich einzig und allein handelt, ist ein Gegensatz der thatsächlichen *Wirkung in uns*, des Eindrucks, den *wir erfahren*, allgemein gesagt der Art, wie Vorstellungen, sie mögen sich inhaltlich zu einander verhalten wie sie wollen, *in uns auftreten* oder *uns in Anspruch nehmen*. Dies ist auch bei dem obigen Beispiel deutlich genug. Der Eindruck jenes Witzes wäre völlig dahin, wenn wir zwar wüssten, dass der Sohn das Gewicht der väterlichen Worte empfände, er selbst aber nicht mitempfänden und dann doch wiederum von dem Gewicht befreit würden.

Vielleicht hätte der *Gellert*'sche Bauer, dessen witzige Überführung seines Sohnes uns hier beschäftigte, seinen Zweck — witzig oder witzlos — auch auf kürzerem Wege erreichen können. Darum bleibt doch der Satz *Jean Paul*'s, Kürze sei die Seele des Witzes, ja dieser selbst, zu Recht bestehen. Der Witz sagt, was er sagt, nicht immer in wenig, aber immer in zu wenig Worten, d. h. in Worten, die nach strenger Logik oder gemeiner Denk- und Redeweise dazu nicht genügen. Er kann es schliesslich geradezu sagen, indem er es verschweigt.. So ein bekannter Witz *Heine*'s. Der Börsenbaron, der so oft das Opfer seines Witzes geworden ist, wundert sich, dass die Seine oberhalb Paris so rein, unterhalb so schmutzig sei. *Heine* erwidert: O, Ihr Vater ist ja auch ein ganz ehrlicher Mann gewesen. Hier findet sich kein Vorstellungsgegensatz, der, sei es auch indirekt, den Witz begründen könnte; weder in dem, was *Heine* sagt, noch zwischen dem, was er sagt, und dem, was er meint. Man braucht, um sich davon zu überzeugen, nur, was er meint, zu ergänzen: dass die Seine oberhalb Paris rein, unterhalb schmutzig ist, ist so wenig zu verwundern als dass Ihr Vater ein ehrlicher Mann war und Sie es nicht mehr sind. Ein Kontrast entsteht erst dadurch, dass *Heine*, was er nicht sagt, doch deutlich zu verstehen giebt, dass also wir seinen Worten eine Bedeutung zugestehen, die wir ihnen dann doch wieder nicht zugestehen können.

WITZIGE HANDLUNGEN.

Nur von der witzigen Aussage war im bisherigen die Rede, während die möglichen anderen Arten des Witzes, die witzigen Handlungen und Gebärden ausser Betracht blieben. Ich liess sie ausser Betracht, weil *Kräpelin* sie vernachlässigt. Dennoch giebt es dergleichen. *Kräpelin* selbst rührt daran, wo er den bekannten Witz des *Diogenes* anführt, der am hellen Tage mit einer Laterne Menschen sucht. Dabei entgeht ihm nur eben der Witz der Handlung. Er sucht den Witz lediglich in der Aussage des *Diogenes*, er suche Menschen, speciell in der Doppelbedeutung des Wortes Mensch. *Diogenes* meine vernünftige Menschen, während nach der gemeinen Bedeutung des Wortes jedes Exemplar der menschlichen Gattung darunter verstanden werde. Aber der Witz bleibt auch, wenn wir diesen Doppelsinn streichen und *Diogenes* sagen lassen, er suche vernünftige Menschen. Die Aussage selbst ist dann nicht mehr witzig; der Witz muss also an der Handlung haften, die durch die Aussage nur interpretiert wird. Er haftet daran, insofern die Handlung eine eindringliche Wahrheit verkündet, während sie doch an sich unsinnig und darum nach gemeiner Anschauung zum Träger einer Wahrheit durchaus ungeeignet scheint.

Völlig analog verhält es sich mit der witzigen Handlung, die *Hecker* anführt und als solche anerkennt. Ein italienischer Maler hat für ein Kloster ein Abendmahl zu malen. Während der Arbeit erfährt er allerlei Chikanen von Seiten des Priors. Dafür rächt er sich, indem er dem Judas die Züge des Priors leiht. Für *Hecker* beruht die Komik dieses Witzes darauf, dass die Unvereinbarkeit der beiden Vorstellungen—Judas und der Prior—beleidigt, während zugleich die Erkenntnis der zwischen beiden bestehenden Ähnlichkeit eine gewisse Befriedigung gewährt. Wäre diese Erklärung richtig, so müsste es auch witzig erscheinen, wenn der Maler seinem Christus einzelne Züge von einem besonders frommen Klosterbruder geliehen hätte, oder wenn *A. Dürer* thatsächlich seine Christusgestalten sich ähnlich bildet. Auch *Dürer* und Christus sind ja unvereinbare Vorstellungsinhalte und auch bei Betrachtung der *Dürer*'schen Christusgestalten gewährt die Erkenntnis der Ähnlichkeit eine gewisse Befriedigung. In der That beruht der Witz des italienischen Malers darauf, dass der Maler dem Prior seine Meinung sagt durch ein Mittel, das an sich völlig harmlos erscheint. Was kann ich dafür, so hätte er dem Prior gegenüber sich verantworten können, wenn mir deine Züge gerade für meinen Judas passen. Er konnte die Übereinstimmung sogar für ein blosses Spiel des Zufalls erklären. Solche Spiele des Zufalls giebt es ja. In jedem Falle beweist es nichts gegen den Charakter eines Menschen, wenn er mit dem Bilde eines Verräters äusserliche Ähnlichkeit hat. Aber hier freilich beweist es alles, nicht nach strenger Logik, aber für den unmittelbaren Eindruck. Eben diesen zerstört dann die Logik wiederum.

Verallgemeinern wir das Ergebnis, so erscheint die Komik der witzigen
Handlung an dieselbe Bedingung gebunden, wie die der witzigen Aussage.
Beide sagen etwas und sagen es auch nicht. Die Worte sind "Zeichen"
dessen, was sie sagen. Auch die Handlungen — und ebenso natürlich die
Gebärden — kommen für den Witz nur in Betracht, insoweit sie Zeichen sind.

VERWANDTE THEORIEN.

Schließlich werfe ich auch hier, wie bei der objektiven Komik, noch einen Blick auf solche frühere Theorien, die mit uns in der Hauptsache auf gleichem Boden zu stehen scheinen. Schon von *Jean Paul* könnten die Autoren, deren ungenügende Anschauungen mir Gelegenheit gaben die meinigen zu entwickeln, einiges lernen. Wenn freilich *Jean Paul* den Witz allgemein definiert als ein Vergleichen und Auffinden von Gleichheiten bei grösserer Ungleichheit, so bemerkt dagegen *Vischer* mit Recht, dass es Witze gebe, bei denen von Vergleichung, also auch von Auffindung von Ähnlichkeiten keine Rede sei; so z. B. wenn *Talleyrand* sage, die Sprache sei erfunden, um die Gedanken zu verbergen. Wir brauchen aber nur *Jean Paul*'s weiteren Ausführungen zu folgen, um zu sehen, wie nahe er dem wahren Sachverhalt kommt. Der Witz entdecke Gleichheiten, so sagt er erst; nachher erfahren wir, im Witz mache die taschen- und wortspielerische Geschwindigkeit der Sprache halbe, Drittels-, Viertelsähnlichkeiten zu Gleichheiten; es werden durch sie Gattungen für Unterarten, Ganze für Teile, Ursachen für Wirkungen, oder alles dieses umgekehrt, verkauft. Dadurch wird, so fährt er fort, der ästhetische Lichtschein eines neuen Verhältnisses geworfen, indessen unser Wahrheitsgefühl das alte fortbehauptet. Hiermit wird, wenn wir das "Verhältnis", das nichts zur Sache thut, zur Seite lassen, wenigstens eine Gattung des Witzes zutreffend bezeichnet. Der "Lichtschein", der dem Wahrheitsgefühl entgegentritt, kann nur bestehen in irgend welcher "Geltung", welche die witzige Aussage, beansprucht und in unseren Augen thatsächlich gewinnt. Diese zerrinnt in Nichts, wenn wir unser "Wahrheitsgefühl" zu Rat ziehen.

Gegen jene allgemeine Begriffsbestimmung *Jean Paul*'s wendet sich *Vischer*, nicht ohne sie zugleich zu korrigieren. Zwischen ungleichen Vorstellungen werden Gleichheiten entdeckt, statt dessen muss es ihm zufolge heissen, einander fremde Vorstellungen werden zu scheinbarer Einheit zusammengefasst. Dass damit viel gebessert sei, können wir nicht zugeben, da unserer obigen Darlegung zufolge weder die Vorstellungen einander fremd zu sein brauchen, noch die Zusammenfassung zur Einheit die Leistung des Witzes genügend bestimmt bezeichnet, noch endlich diese Leistung immer eine bloss scheinbare heissen darf. Dagegen trifft es die Sache, wenn *Vischer* nachher "Sinn im Unsinn, Unsinn im Sinn" als Inhalt des Witzes bezeichnet.

Endlich wüsste ich im Grunde nichts einzuwenden gegen Kuno Fischer's allgemeine Definition des Witzes als eines spielenden Urteils. Urteil ist ihm nicht jede Aussage, sondern diejenige, die etwas sagt. Sofern auch die witzige Handlung etwas sagt, kann auch sie Urteil heissen. Andererseits ist das Mittel, wodurch der Witz sagt, was er sagen will, immer im Widerspruch mit der gewöhnlichen Denk- und Ausdrucksweise, oder wie *Fischer* treffend sagt, mit der

Hausordnung und den Hausgesetzen des Geistes, und muss insofern jederzeit als Spiel bezeichnet werden.

Diese unsere Zustimmung scheinen wir freilich zurücknehmen zu müssen gegenüber *Fischer's* näherer Ausführung. Auch *Fischer*, ebenso wie *Vischer*, lässt die Vereinigung einander fremder und widerstreitender Vorstellungen als dem Witze wesentlich erscheinen: "Was noch nie vereinigt war, ist mit einem Male verbunden, und in demselben Augenblick, wo uns dieser Widerspruch noch frappiert, überrascht uns schon die sinnvolle Erleuchtung." Es ist ein Punkt, worin jene einander fremden und widerstreitenden Vorstellungen unmittelbar zusammentreffen. Hier hat der Witz seine "Kraft und Wirkung" etc. *Fischer* widerlegt aber diese Anschauung gleich nachher selbst, indem er Bemerkungen, die eine Allerweltsweisheit enthalten, also sicher keine Vorstellungen vereinigen, die einander fremd sind, widerstreiten, noch nie vereinigt waren, lediglich dadurch zu Witzen werden lässt, dass sie den Charakter des Spieles gewinnen.

Dieser Widerspruch nun löst sich nur, wenn wir jene "einander fremden Vorstellungen" so interpretieren, dass wir darunter jedesmal einerseits das, was die Worte meinen, andererseits die Worte selbst verstehen. Denn die Worte allerdings sind beim Witze jederzeit dem, was sie meinen, in gewissem Sinne fremd, in dem eben bezeichneten Sinne nämlich, dass sie nach gemeiner Denk- und Ausdrucksweise das Gemeinte eigentlich nicht scheinen bezeichnen zu können. Dies gilt auch von der von *Fischer* selbst angeführten witzigen Allerweltsweisheit, das Leben zerfalle in zwei Hälften, in der ersten wünsche man die zweite herbei, in der zweiten die erste zurück. Dieser Witz erscheint als ein Spiel mit Worten, und als solches jeder ernsten Wahrheit, auch derjenigen, die es thatsächlich verkündigt, fremd.

"VERBLÜFFUNG UND ERLEUCHTUNG" BEIM WITZ.

Die "Erleuchtung", von der hier *Fischer* spricht, begegnet uns auch sonst in mannigfachen Wendungen. Ich bleibe dabei noch einen Moment.

Gewiss hat diese Erleuchtung ihr Recht. Es fragt sich nur, was wir unter der Erleuchtung verstehen, bzw. was darunter verstanden wird, und in welcher Weise diese Erleuchtung für die Komik verantwortlich gemacht wird.

Auch für *Groos* ist, wie wir schon sahen, die Erleuchtung oder die Erkenntnis der Verkehrtheit, nachdem sie uns verblüfft hat, für die Komik überhaupt, also auch für die Komik des Witzes wesentlich. Diese Erkenntnis soll aber wirken, indem sie uns das Gefühl der Überlegenheit schafft. Zu dieser "Überlegenheit" kehren wir nicht noch einmal zurück. Sie ist, wie wir gesehen haben, nichts anderes, als der eigentliche Todfeind aller Komik. Ich erinnere noch einmal daran: Das vollste Gefühl der Überlegenheit über den Widersinn der witzigen Wendung hat der Pedant. Und diesem fehlt eben deswegen der Sinn für den Witz.

Dagegen interessiert uns der Gegensatz der Verblüffung und Erleuchtung bei *Heymans*. Was ich dazu zu bemerken habe, ist in gewisser Weise schon gesagt. Aber es liegt mir daran, dies schon Gesagte speciell auf den Witz anzuwenden.

Heymans wählt, um seine Meinung zu illustrieren, unter anderen das Beispiel des *Heine*'schen "famillionär". Er meint, dasselbe erscheine zunächst einfach als eine fehlerhafte Wortbildung, als etwas Unverständliches, Unbegreifliches, Rätselhaftes. Dadurch verblüffe es. Die Komik ergebe sich aus der Lösung der Verblüffung. Diese bestehe im Verständnis. Der Prozess der Komik stelle sich also hier nicht, wie es meiner Theorie zufolge sein müsste, dar als ein Übergang vom Verstehen zum Nichtmehrverstehen, oder zum Eindruck der Sinnlosigkeit, sondern vollziehe sich auf dem umgekehrten Weg.

Hier leuchtet in besonderer Weise die Wichtigkeit der auf S. 75[*] geforderten Unterscheidung ein, nämlich der Unterscheidung zwischen Verblüffung und Verblüffung oder zwischen Verständnis und Verständnis. Auch hier wiederum hat *Heymans* recht mit dem, was er sagt. Aber wichtiger ist, was er nicht sagt.

[* Im Unterkapitel "VERBLÜFFUNG" UND "VERSTÄNDNIS". Transkriptor.]

Das in einen sinnvollen Zusammenhang hineintretende sprach-widrige Wort verblüfft als solches. Zugestanden. Aber das Wort "famillionär" verblüfft ausserdem als dies scheinbar oder in dem Zusammenhang, in dem es auftritt, wirklich sinnvolle, sogar aus-serordentlich sinnvolle Wort. Dies zweite Stadium der Verblüffung hebt *Heymans* nicht heraus. Statt dessen können wir ebensowohl sagen, *Heymans* hebe das *erste* Stadium des *Verständnisses* oder Er-leuchtung nicht heraus. Ich vereinige beides, indem ich sage, bei *Heymans* bleibe das mittlere Stadium des ganzen Prozesses, das verblüffende Verständnis oder die Verblüffung auf Grund eines Verständnisses unbeachtet oder werde nicht in seiner Bedeutung gewürdigt.

Dies ist aber eben der für die Komik entscheidende Punkt. Das Wort "famillionär" bezeichnet, und zwar *vermöge* seiner Fehlerhaf-tigkeit in besonders eindrucksvoller Weise, die Familiärität des "famillionären" Börsenbarons als die eines aufgeblasenen Millio-närs. Niemand kann zweifeln, dass *Heine*'s Witz witzig ist, nur da-rum, weil wir einsehen, oder "verstehen", das Wort solle diese Be-deutung haben, oder genauer, weil es diese Bedeutung in unseren Augen für einen Moment thatsächlich hat. Und ebenso gewiss ist *Heine*'s Witz nur witzig, weil dies Verständnis verblüffend ist, d. h. weil das fehlerhafte Wort, vermöge dieser seiner einschneidenden Bedeutung, die Aufmerksamkeit zu spannen vermag.

Dann erst folgt die Lösung. Auch sie besteht in einem Verständ-nis. Aber, in einem Verständnis zweiter Stufe. Es ist ein Verständ-nis, das über dieses verblüffende Verständnis kommt, oder ein Ver-ständnis, mit dem wir *hinter* dieses verblüffende Verständnis kom-men; d. h. das Verständnis, wie dies Verständnis *zu stande* gekom-men ist. Das erste Verständnis ist ein Verständnis eines Rätsels, nämlich ein Verständnis, worin das Rätsel, d. h. der *Gegenstand* des ersten Staunens *besteht*. Es ist die Lösung eines rätselhaften Stau-nens, nämlich des ursprünglichen Staunens ohne jedes Verständnis, worum es sich handle, oder ohne Wahrnehmung der Pointe. Ebenso ist dies zweite Verständnis das Verständnis eines Rätsels, nämlich das Verständnis der *Mittel*, wodurch das rätselhafte Verständnis oder der rätselhafte oder seltsame, aber von uns verstandene Sinn *entsteht*. Es ist die Lösung eines rätselhaften Staunens, nämlich des Staunens über diesen *Sinn* oder des Staunens infolge dieses ersten

Verständnisses. Wir fragen nicht mehr: was *will* das? Wir antworten auch nicht mehr: Das ist *gemeint,* sondern wir wissen: So ist es *gemacht;* dies sinnlose Wort hat uns verblüfft und dann den seltsamen Sinn ergeben. Diese *völlige* Erleuchtung, d. h. diese Erleuchtung, wie es *gemacht* ist, die Einsicht, dass ein nach gemeinem Sprachgebrauch sinnloses Wort das Ganze verschuldet hat, diese *völlige* Lösung, d. h. die *Auflösung* in *nichts,* erzeugt die Komik.

Diese drei Stadien können, wie bei aller Komik überhaupt, so insbesondere bei jeder witzigen Komik unterschieden werden. Ich habe sie früher auch schon als die Stadien der völlig verständnislosen Verblüffung, der "Sammlung" und der Lösung bezeichnet. Die Sammlung ist nichts Geringeres als das Finden der "Pointe". Man kann im ersten Stadium stecken bleiben. Man *hört* den Witz, aber man *merkt* ihn nicht; d. h. man hört etwas, das man nicht versteht, und — staunt. Man kann dann weiterhin auch wohl bis zur Pointe gelangen, also den Witz merken und doch die Komik nicht verspüren: Dieser Fall wird immer eintreten, wenn man das Mittel, wodurch die Pointe, oder das erste Verständnis bewirkt wird, nicht als nichtig, d. h. als an sich bedeutungslos *anerkennen* kann. Es ist etwa verletzend, taktlos, geschmacklos. Hier bleibt die Spannung, die das Verständnis der Pointe erzeugte, bestehen, nicht als Spannung durch dies Verständnis, aber als Spannung durch den Eindruck des Verletzenden, Taktlosen, Geschmacklosen. Nur wenn zur Auflösung des unverstandenen Rätsels durch das Verständnis der Pointe diese völlige Lösung tritt, entsteht die Komik oder wirkt der Witz witzig.

Ich erinnere auch noch an andere Beispiele, die *Heymans* anführt, etwa das Menschensuchen des *Diogenes* oder den Druckfehlerteufel, der mir vorspiegelt, ein Autor wolle statt der Richtigkeit die Nichtigkeit seiner Behauptung beweisen. Auch *Diogenes'* Verhalten ist zunächst einfach verblüffend, es ist aber dann vor allein durch seinen *Sinn* "verblüffend", oder wir sind durch das "Verständnis" desselben, "verblüfft". Endlich "verstehen" wir, dass eine logisch widersinnige Handlung diese Verblüffung oder diesen von uns wohl "verstandenen" Sinn hervorgebracht hat. Ebenso sind wir dem Druckfehler gegenüber zunächst einfach verblüfft, dann sehen wir, welche merkwürdige Absicht der Autor den schwarz auf weiss vor uns stehenden Worten zufolge hat, schliesslich wissen wir, dass ein einfacher Druckfehler, also die bedeutungsloseste Sache von der Welt, uns diese verblüffende Absicht vorspiegelt.

Speciell von einem Witze *Saphirs* meint *Heyman* schliesslich, es werde bei ihm keineswegs eine witzige Äusserung oder Handlung nachher als nichtig erkannt. Damit hat *Heymans* wiederum in gewisser Weise recht. Aber *Heymans* übersieht, das ich deutlich die beiden Fälle unterschieden habe: Dass die witzige Äusserung oder Handlung bedeutungsvoll *scheine* und als nichtig *erkannt* werde, und dass sie als bedeutungsvoll *erkannt* werde und nichtig *scheine*. Auch im letzteren Falle ist sie für uns, d. h. für unseren Eindruck oder hinsichtlich ihrer psychologischen Wirkung nichtig. Und auf diese psychologische Nichtigkeit kommt es ja einzig an.

"Wenn *Saphir*," so sagt *Heymans*, "einem reichen Gläubiger, dem er einen Besuch abstattet, auf die Frage: Sie kommen wohl um die 300 Gulden, antwortet: Nein, *Sie* kommen um die 300 Gulden, so ist eben dasjenige, was er meint, in einer sprachlich vollkommen korrekten und auch keineswegs ungewöhnlichen Form ausgedrückt." In der That ist es so: Die Antwort *Saphirs* ist *an sich betrachtet* in schönster Ordnung. Wir verstehen auch, was er sagen will, nämlich dass er seine Schuld nicht zu bezahlen beabsichtige. Aber *Saphir* gebraucht dieselben Worte, die vorher von seinem Gläubiger gebraucht wurden. Wir können also nicht umhin sie auch in dem *Sinne* zu nehmen, in welchem sie von jenem gebraucht wurden. Und dann hat *Saphirs* Antwort gar keinen Sinn mehr. Der Gläubiger "kommt" ja überhaupt nicht. Er kann also auch nicht um die 300 Gulden kommen, d. h. er kann nicht kommen, um 300 Gulden zu bringen. Zudem hat er als Gläubiger nicht zu bringen sondern zu fordern. Indem die Worte *Saphirs* in solcher Weise zugleich als Sinn und als Unsinn erkannt worden, entsteht die Komik.

Ich meine hiermit, auch was den Witz betrifft, die Gegnerschaft *Heymans'* zu mir beseitigt zu haben.

VII. KAPITEL. DAS NAIV-KOMISCHE.

DIE THEORIEN.

Objektive und subjektive Komik haben wir bisher unterschieden. Zwischen beiden steht das Naive als eine Gattung der Komik, die objektiv und subjektiv zugleich und eben darum von beiden verschieden ist.

Über das Wesen des Naiven ist viel Zutreffendes aber auch mancherlei Unzutreffendes gesagt worden. Ich erwähne diesmal zunächst *Kräpelin*. Nach *Kräpelin* entsteht die Komik des Naiven aus dem Kontrast "zwischen den natürlichen Regungen und Neigungen einerseits und der Schablone andrerseits in welche jene durch Erziehung und sociale Reibung gepresst werden". Das unverkümmerte Hervortreten jener natürlichen Regungen und Neigungen erzeugt Lust, und diese Lust zusammen mit der Unlust, die aus der Verletzung der Schablone erwächst, ergiebt die Komik.

Wäre diese Bestimmung genügend, so müsste gar mancherlei naiv-komisch erscheinen, was es keineswegs ist. So die wohlverdiente und von jedermann als wohlverdient anerkannte Zurechtweisung, die ich in einer Gesellschaft in berechtigtem Zorn, zugleich mit bewusster Verletzung der gesellschaftlichen Form, einem der Anwesenden angedeihen liesse.—Es fehlt eben bei jener Bestimmung wiederum das eigentlich Wesentliche. Wie bei der objektiven und subjektiven, so thut auch bei der naiven Komik der Kontrast nichts zur Sache, es sei denn, dass er sich als Kontrast der Bedeutsamkeit und Nichtigkeit eines und desselben Vorstellungsinhaltes darstellt; und wie dort, so ist auch hier das Gefühl der Komik nicht das Resultat des Zusammentreffens von Lust und Unlust, sondern ein eigenartiges Gefühl, das eben in diesem Bedeutungskontrast seinen Grund hat.

Näher als *Kräpelin* kommt, was das Wesen des Naiven angeht, *Hecker* dem wahren Sachverhalt. Er unterscheidet das Pseudonaive und das Naive. Bei jenem werden "unsere praktischen Ideen von

Klugheit und die logischen Normen beleidigt"; andrerseits ist doch "in der pseudonaiven Äusserung oder Handlung etwas relativ Wahres, Kluges, Verständiges enthalten, namentlich, wenn wir uns auf den Standpunkt der beim Redenden naturgemäss vorhandenen, und daher verzeihlich scheinenden Unkenntnis stellen". Bei dem Naiven dagegen geht das unangenehme Gefühl "aus der Verletzung irgend einer praktischen, logischen, oder ideellen Norm" hervor oder es leitet sich her "aus einem Verstoss gegen unsere Ideen von konventionellem gesellschaftlichem Anstand". "Immer aber ist es nötig, dass uns in der naiven Äusserung eine sittliche Unschuld und Reinheit entgegentritt, von der wir wissen, dass sie die künstlichen Schranken, welche die Etikette um uns gezogen, nicht kennt, und daher auch nicht zu respektieren braucht, indem sie einer freieren und höheren Sittlichkeit folgt."

Von diesen beiden Bestimmungen kommt die erstere der Wahrheit sehr nahe, wenn wir das "*namentlich*" streichen. Nicht nur das "Pseudonaive", sondern alle echte naive Komik schliesst dies in sich, dass eine Äusserung oder Handlung wahr, klug, vernünftig, kurz irgendwie positiv bedeutsam erscheine vom Standpunkte des naiven Subjektes aus, und dann doch wiederum nicht so erscheine von unserem Standpunkte aus. Die naiv-komische Handlung oder Äusserung ist also für uns klug und unklug, oder allgemein gesagt, bedeutungsvoll und nichtig zugleich je nach dem Standpunkte unserer Betrachtung. Und daraus kann das Gefühl der Komik sich ergeben. Dagegen müsste es nach dem Wortlaut der *Hecker*'schen Bestimmung auch naiv-komisch erscheinen, wenn ein Kind ein Rechenexempel teilweise richtig rechnete, dann aber aus verzeihlicher Unkenntnis einer Rechenregel einen Fehler beginge.

Ebenso sind in der *Hecker*'schen Erklärung des "*Naiven*" gewisse naive Momente richtig bezeichnet, wenn wir annehmen, dass die "Unschuld und Reinheit", die uns in der naiven Äusserung entgegentritt, zugleich die unlogische, unzweckmäßige, unschickliche Äusserung für den Standpunkt der naiven Persönlichkeit *rechtfertigt*, d. h. von diesem Standpunkte aus als eine logische, zweckmäßige, schickliche erscheinen lässt. — Aber freilich diese Annahme bezeichnet, ebenso wie die obige Korrektur der Bestimmung des Pseudonaiven das eigentlich Wesentliche der Sache. — Dass ausserdem die *Hecker*'sche, wie die *Kröpelin*'sche Bestimmung nicht alle Arten des Naiven umfasst, lasse ich hier noch ausser Betracht.

Dagegen ist mir schon hier der Umstand von Wichtigkeit, dass keiner der beiden die naive Komik der objektiven und subjektiven Komik als eine neue Art entgegenstellt. Dies darf aber, wie ich schon angedeutet habe, nicht unterlassen werden.

Unserer Anschauung zufolge schliesst die naive Komik den Ring der verschiedenen Möglichkeiten des Komischen. Es fragt sich, welche Möglichkeit es noch geben könne. Da wir von vornherein wissen, dass naiv nur menschliche Äusserungen oder Handlungen genannt zu werden pflegen, so können wir die Frage auch gleich bestimmter stellen und sagen: Wie können Äusserungen oder Handlungen dazu kommen, Träger einer Komik zu werden, die nicht objektive Komik noch auch Komik des Witzes ist. Die Beantwortung dieser Frage wollen wir hier zunächst versuchen. Dabei müssen wir zuerst das Wesen und den Gegensatz des objektiv Komischen und des Witzes noch in anderer Weise bezeichnen, als dies schon geschehen ist. Das Folgende wird also zugleich die früheren Erörterungen über objektive Komik und Witz noch einen Schritt weiter führen.

DIE DREI ARTEN DER KOMIK.

Das Gefühl der Komik, so können wir das allgemeinste Ergebnis der bisherigen Untersuchung kurz formulieren, entsteht überall, indem der Inhalt einer Wahrnehmung, einer Vorstellung, eines Gedankens den Anspruch auf eine gewisse Erhabenheit macht oder zu machen scheint, und doch zugleich eben diesen Anspruch nicht machen kann, oder nicht scheint machen zu können. Die objektiv komische Aussage oder Handlung erhebt aber den Anspruch der Erhabenheit vermöge des objektiven Zusammenhangs, in dem sie steht. Sie erhebt ihn, indem sie als Aussage oder Handlung eines *Menschen*, also eines normalerweise vernünftigen und gesitteten Wesens, oder indem sie als Erfüllung eines Versprechens, als Resultat grosser Vorbereitungen erscheint u. s. w. Dagegen erscheint die witzige Aussage oder Handlung bedeutungsvoll oder erhaben auf Grund eines *subjektiven* Zusammenhanges, in den sie eintritt. Der

Zusammenhang von Wort und Sinn, Zeichen und Bezeichnetem, der Zusammenhang, wie ihn die Ähnlichkeit von Worten begründet, der scheinbare logische Zusammenhang von Sätzen, dies alles sind Zusammenhänge solcher Art. Keiner dieser Zusammenhänge kommt in der Welt der Wirklichkeit ausser uns vor, keiner betrifft die objektive Natur der Dinge. Sie alle bestehen nur in dem denkenden Subjekt. Ähnlichkeit von Worten ist nicht Ähnlichkeit von Dingen; wir nur leihen den Worten, die selbst nicht Dinge ausser uns sind, ihren Sinn; in *uns* nur wirkt der Zwang wirklicher oder scheinbarer Logik.

Der Art, wie, bei der objektiven und subjektiven Komik der Anspruch oder Schein der Erhabenheit entsteht, entspricht dann auch die Art, wie in beiden Fällen dieser Anspruch oder Schein zergeht. Die Erhabenheit, die das objektiv Komische auf Grund des objektiven Vorstellungszusammenhanges sich anmasst, zergeht auch wieder angesichts eines objektiven Thatbestandes, oder unserer aus objektiver Erfahrung gewonnenen Regeln der Beurteilung objektiver Thatbestände. Die Erhabenheit, welche das subjektiv Komische auf Grund eines nur im denkenden Subjekt bestehenden Zusammenhanges gewinnt, verschwindet auch wieder angesichts subjektiver Regeln, d. h. angesichts der Regeln, welche—nicht die Dinge und ihren Zusammenhang, sondern die Formen unseres Denkens und Urteilens betreffen, der Regeln des Sprachgebrauchs, des Zusammenhangs zwischen Zeichen und Bezeichnetem, des Schliessens etc.

Natürlich ist damit nicht ausgeschlossen, dass gelegentlich das durch subjektive Regeln zu Fall gebrachte Erhabene auch angesichts der objektiven Wirklichkeit als nichtig erscheine. Mit dem bekannten witzigen Schlusse: Wer einen guten Trunk thut, schläft gut; wer gut schläft, sündigt nicht; wer nicht sündigt, kommt in den Himmel; also: wer einen guten Trunk thut, kommt in den Himmel—mit diesem Schlusse ist es nichts, einmal sofern er der Logik widerstreitet, zum andern, sofern es sich schwerlich so verhalten wird wie er glauben machen will. Aber der letztere Umstand hat mit dem Witze nichts zu thun. Das Spiel mit Worten, durch das der Schluss zu stande kommt, würde darum, weil es blosses, unlogisches Spiel ist, trotzdem aber einen Augenblick unser Denken zu verführen vermag, auch dann als witzig erscheinen, wenn ein guter Trank zufällig wirklich die Kraft hätte, die ihm der Schluss zuschreibt. Umgekehrt müsste, wenn die inhaltliche Unrichtigkeit des Schlusses den Witz machte, jeder formal richtige Schluss, von dem sich herausstellte, dass er mit der Wirklichkeit in Widerspruch stehe, witzig sein.

Am deutlichsten wird der ganze, hier behauptete Gegensatz zwischen objektiver und subjektiver Komik in den Fällen, wo *Dasselbe* als Gegenstand der objektiven Komik und als Witz erscheint, je nachdem es in einen objektiven Zusammenhang hineingestellt und an unseren Anschauungen über objektive Wirklichkeit gemessen, oder nur nach der Bedeutung, die ihm im denkenden Subjekt zukommt, aufgefasst und beurteilt wird. So wird eine Verwechslung von Fremdwörtern im Munde eines gebildeten Mannes objektiv komisch, wenn wir sie im Zusammenhang mit dieser Person betrachten. Wir erwarten von ihr, auf Grund unserer in der objektiven Wirklichkeit gemachten Erfahrungen, Sicherheit im Gebrauch von Fremdwörtern und finden thatsächlich Unsicherheit. Dagegen erscheint dieselbe Verwechslung als — freiwilliger oder unfreiwilliger — Witz, wenn wir dem aus der Verwechslung entspringenden Unsinn einen gemeinten oder nicht gemeinten Sinn zuschreiben und auch wiederum absprechen. Dort ist der ganze Gegensatz, auf dem die Komik beruht, der objektive des Könnens und Nichtkönnens, hier der lediglich subjektive von Sinn und Unsinn.

So kann jede sinnlose, sprachwidrige, unlogische Äusserung beurteilt werden einmal als Leistung einer Person, also als ein dem objektiven Zusammenhang der Dinge angehöriges Faktum, das andre Mal als Träger eines Sinnes, also mit Rücksicht auf das, was sie lediglich fürs denkende Subjekt bedeutet. Und immer liegt jene Betrachtungsweise zu Grunde, wenn die Äusserung objektiv komisch, diese, wenn sie als Witz erscheint.

Damit erst hat unsere Bezeichnung der beiden Arten der Komik als "objektiver" und "subjektiver" ihre volle Rechtfertigung gefunden. Zugleich können wir daraus erschliessen, wie die Komik des Naiven entstehen muss, wenn sie von beiden Arten unterschieden sein soll. Der Gegensatz, auf dem sie beruht, darf weder ein rein objektiver noch ein ausschließlich subjektiver — im oben ausgeführten Sinne — sein. Dies kann er aber nur sein, wenn er *zugleich* ein objektiver und ein subjektiver ist. Dieser Art ist der Gegensatz der *Standpunkte*, den ich schon vorhin bei Besprechung der *Hecker'*schen Aufstellungen als für die Komik des Naiven wesentlich bezeichnete.

Ich stelle jetzt in einem Beispiele alle drei Möglichkeiten der Komik einander gegenüber. Münchhausen erzähle die bekannte Geschichte, wie er sich selbst am Schopfe aus dem Sumpf gezogen habe. Ein Erwachsener glaube die Geschichte. Ein Kind frage, ob die Geschichte denn wahr sei. Hier ist die Gläubigkeit des Erwachsenen objektiv komisch. Als Erwachsener erhebt er den Anspruch genügend urteilsfähig zu sein, um die Lüge zu durchschauen. An die Stelle der vorausgesetzten Urteilsfähigkeit tritt die thatsächliche Unfähigkeit. Dagegen ist die Erzählung selbst ein Witz. Sie besitzt für uns im ersten Momente einen Schein der Wahrheit oder Wahrscheinlichkeit. Man kann zur Not einen Menschen am Schopf aus dem Sumpfe ziehen: da man selbst auch ein Mensch ist, warum sollte man die Prozedur nicht auch bei sich selbst anwenden können. Dieser Fehlschluss bezeichnet den subjektiven Gedankenzusammenhang, der den Schein der Wahrheit oder Wahrscheinlichkeit erzeugt. Endlich ist die harmlose Frage des Kindes naiv-komisch.

Was heisst dies? Wir erwarten von dem Kinde nicht, dass es die Lüge durchschaue. Vielmehr finden wir bei ihm den Mangel an Einsicht völlig in der Ordnung und unserer gewöhnlichen Erfahrung entsprechend. Dies ist eine, aber auch nur eine Seite der Sache. Beruhte auf dem Umstand, dass wir vom Kinde nichts anderes erwarten, für sich allein der Eindruck des naiv Komischen, so müsste der gleiche Eindruck entstehen, wenn ein Kind über ein leichtes Hindernis stolpert und fällt. Auch dies Stolpern und Fallen widerspricht ja beim Kinde nicht wie beim Erwachsenen unserer erfahrungsgemässen Erwartung. In der That entsteht in unserem Falle der Eindruck der Komik erst, wenn wir zugleich uns auf den Standpunkt des Kindes stellen, und von seinen Voraussetzungen aus selbst urteilen. Es erscheint dann auch uns die Äusserung des Kindes logisch berechtigt; sie erscheint ungleich als Zeichen echt kindlichen Sinnes sittlich wertvoll.

Damit nun, dass wir die Äusserung als Äusserung des Kindes fassen, stellen wir sie zunächst in einen *objektiven* Zusammenhang, nämlich den Zusammenhang mit dem kindlichen Wesen und Auffassungsvermögen. Es handelt sich zunächst einfach um die objektive Herkunft der Äusserung. Andererseits stellen wir, indem wir selbst von den Voraussetzungen des Kindes aus urteilen, die Äusserung zugleich in einen logischen, also *subjektiven* Zusammenhang, nämlich den Zusammenhang mit den kindlichen Voraussetzungen, die wir uns angeeignet haben. Die Frage lautet nicht mehr, woher diese Äusserung stamme, sondern wie sie aus jenen Voraussetzungen logisch sich rechtfertige. Wir geben die Antwort, indem wir sie als logisch berechtigt anerkennen. Mit dieser logischen Berechtigung gewinnt dann die Äusserung zugleich einen — wiederum objektiven Wert, genauer einen Persönlichkeitswert. Die Äusserung ist als logisch berechtigte zugleich Anzeichen kindlicher Klugheit, also eine relativ bedeutsame intellektuelle Leistung. Sie ist nicht minder, indem sich darin der ehrliche Sinn des Kindes verrät, der nichts davon weiss, dass man mit ernstem Gesichte so ungeheuer lügen kann, sittlich wertvoll.

Es wird also im vorliegenden Falle zunächst der Eindruck der Bedeutsamkeit *erzeugt*, indem wir die Äusserung in einen sowohl objektiven als subjektiven Zusammenhang hineinstellen. Wir gehen aus von der objektiven Betrachtungsweise, wenden uns zur subjektiven und kehren zur objektiven wieder zurück. Diese Betrachtungsweisen verhalten sich aber genauer so zu einander, dass die erste Hineinstellung in den objektiven Zusammenhang die Bedingung und nur die Bedingung ist für die folgende Betrachtung im subjektiven und objektiven Zusammenhang. Nur indem wir die Äusserung als Äusserung des Kindes fassen, kommen wir dazu, sie vom Standpunkte des Kindes aus zu beurteilen, also in den logischen Zusammenhang mit den kindlichen Prämissen, und den objektiven mit der darin zum Ausdruck kommenden kindlichen Klugheit und ehrlichen Harmlosigkeit zu stellen. Insoweit für den Anspruch der Bedeutsamkeit oder Erhabenheit, den die naive Äusserung erhebt, die objektive Betrachtungsweise wesentlich ist, stimmt das Naive mit dem objektiv Komischen überein; soweit der Anspruch nur auf Grund der subjektiven Betrachtungsweise zu stande kommt, trifft das Naive mit dem Witze zusammen. Die Vereinigung beider Momente und die Art ihrer Vereinigung unterscheidet zugleich das Naive von jenen beiden Arten der Komik wesentlich.

In ähnlicher Weise umfasst dann die naive Komik objektive Komik und Witz hinsichtlich der Art, wie bei ihr die Erhabenheit zergeht. Von den kindlichen Prämissen aus war die Äusserung logisch berechtigt. Es giebt aber andere Prämissen, mit denen die Äusserung ebenfalls in logischen Zusammenhang gebracht werden muss. Thun wir dies, so ist die Äusserung nicht mehr logisch berechtigt. Indem wir diese Prämissen in Betracht ziehen, zeigen wir uns als kluge Leute. Ohne sie urteilen ist thöricht. Das Kind hat also mit der Äusserung oder dem Urteil, das die Äusserung in sich schliesst, eine Thorheit begangen, keine bedeutsame, sondern eine völlig nichtige intellektuelle Leistung vollbracht.

Zu diesem doppelten Resultat gelangen wir, indem wir vom Standpunkt des Kindes zu unserem Standpunkte zurückkehren. Die Rückkehr schliesst eben dies beides in sich, die *logische* Beurteilung der Äusserung innerhalb des Zusammenhanges *unserer Gedanken* und die *objektive* Beurteilung nach dem Massstabe, den wir an *unsere Leistungen* zu legen gewohnt sind. Fassen wir alles zusammen, so ist überhaupt der Gegensatz der Standpunkte, aus dem die naive Komik entspringt, ein Gegensatz der zugleich objektiven und subjektiven Betrachtung. Wir haben alles Recht, die naive Komik als die zugleich objektive und subjektive zu bezeichnen.

MÖGLICHKEITEN DES NAIV-KOMISCHEN.

Der Anspruch der naiven Äusserung, eine bedeutsame *intellektuelle* Leistung zu sein, verschwand in unserem Beispiele, wenn wir sie von unserem Standpunkt aus betrachteten. Dagegen blieb die sittliche Erhabenheit der Äusserung beruhen. Mag das Kind thöricht geredet haben, um den kindlichen Sinn und den kindlichen Glauben an Wahrhaftigkeit ist es eine schöne und erhabene Sache. Damit verliert die Komik der naiven Äusserung, aber die Naivität gewinnt. Es geht eben die Naivität, wie wir später deutlicher sehen werden, je mehr inneren Wert sie hat, um so weniger völlig in der naiven Komik auf.

Es kann aber in anderen Fällen des naiv Komischen recht wohl auch der Anspruch sittlicher Erhabenheit zergehen. Wiederum in anderen Fällen *besteht* gar kein solcher Anspruch. Das naiv Komische ist ja keineswegs an die Sphäre des intellektuellen oder des Sittlichen gebunden. Um so mehr werden wir doch ein Recht haben, Arten des naiv Komischen zu unterscheiden, je nachdem dasselbe ganz oder vorzugsweise dieser oder jener Sphäre angehört.

Wenn Fallstaff in seiner berühmten Rede über die Ehre diese herunterzieht und bei gar mancher Gelegenheit nicht eben moralisch gross handelt, so können wir doch nicht umhin ihm in gewisser Weise recht zu geben. Er redet und handelt von seinen Voraussetzungen aus—die die Voraussetzungen eines nicht eben mit hohen Ideen erfüllten, doch in seiner Art gesunden Menschenverstandes sind,—im Grunde recht logisch, viel logischer als gar mancher, der diese Voraussetzungen mit ihm teilt. Er verrät in seinen Reden und Handlungen zugleich einen Grad an und für sich betrachtet wertvoller *moralischer* Gesundheit. Trotz aller schlechten Streiche ist er im Grunde gutmütig, durch alle Liederlichkeit leuchtet eine gewisse Unverdorbenheit, durch alle Verlogenheit eine gewisse Ehrlichkeit. Er trifft denn auch mit seiner Rede gewisse, vom Boden der gesunden Menschenvernunft sich lossagende, hohle, schwärmerische oder doktrinäre Ehrbegriffe mit Fug und Recht. Und was er sonst sagt und thut, hat mehr moralisches Recht als manches, was im Namen hoher sittlicher Ideen gepredigt und gethan worden ist. Aber wie jene logische, so zergeht diese moralische Berechtigung, wenn wir von unserem landläufigen Standpunkt aus urteilen. Fallstaffs Rede und sein Handeln ist unlogisch, weil es auch sittlich bedeutsame Voraussetzungen giebt, die den in seiner Rede ausgeprochenen und in seinem Handeln bethätigten Anschauungen logisch zuwiderlaufen. Beides erscheint, nicht mit Rücksicht auf den zu Grunde liegenden Gedankenzusammenhaug, sondern als objektive Thatsache betrachtet, sittlich niedrig stehend im Vergleich mit wirklicher Ehre und Sittlichkeit.

In dem hier angeführten Beispiele ist das Zergehen der sittlichen Erhabenheit beim Eindruck der naiven Komik wesentlich beteiligt. Dagegen fehlt der Anspruch sittlicher Erhabenheit bei einem Falle, den ich gelegentlich selbst erlebte. Die Katze hat aus der Küche ein Stück Braten gestohlen. Schwere Anklage wird gegen sie erhoben. Da kommt das jüngste Töchterchen des Hauses, das die Katze nachher hat in den Keller gehen sehen, hinzu und meint: Ja, Mama, und dann ist die Katz' in den Keller gegangen und hat Wein gefres-

sen! Wiederum hat das Kind von seinem Standpunkt aus gut ge-
schlossen und zugleich durch die dem Schluss zu Grunde liegende
Gedankenkombination ziemliche Klugheit an den Tag gelegt. Es hat
gesehen, dass Menschen ihr Mahl durch einen Trunk würzten; warum soll die Katze nicht dasselbe Bedürfnis haben und warum soll
sich nicht der Umstand, dass sie nachher in den Keller gegangen ist,
daraus erklären. Jener Sinn der kindlichen Aussage und dieser Anspruch der Klugheit zergeht wiederum von unseren Voraussetzungen aus, und im Vergleich zu dem, was wir sonst Klugheit nennen.
Dagegen ist die Aussage sittlich weder berechtigt noch unberechtigt.

Wiederum in anderen Fällen gehört die gleichzeitig erhabene und
nichtige Leistung, die in der naiv komischen Äusserung oder Handlung liegt, weder der rein intellektuellen noch der sittlichen oder,
allgemeiner gesagt, praktischen Sphäre an, sondern ist ästhetischer
Natur. Es ist naiv komisch, wenn ein Kind an glänzenden Gegenständen Wohlgefallen verrät, die wir aus tiefer liegenden Gründen
geschmacklos finden. Es kennt eben diese tiefer liegenden Gründe
nicht und kann sie noch nicht kennen. Sein Schönheitsurteil ist in
sich, als dies subjektive dem Zusammenhang seiner Vorstellungen
angehörige Faktum berechtigt von seinem, unberechtigt von unserem Standpunkte. Es ist zugleich, als Ergebnis eines beschränkten,
aber an und für sich gesunden und natürlichen Gefühles eine von
seinem Standpunkte aus wertvolle, für unseren Standpunkt nichtige
ästhetische Leistung.

Ich sprach oben von Fällen des naiv Komischen, die der sittlichen
"oder allgemeiner gesagt praktischen" Sphäre angehören. Mit diesem
Ausdrücke wollte ich zugleich die verschiedenartigen Fälle des naiv
Komischen zu ihrem Rechte kommen lassen, die nicht dem Gebiete
der Sittlichkeit im engeren Sinne, sondern dem der Sitte und des
gesellschaftlichen Anstandes zugehören. Gelegentlich hat man Miene gemacht, auf dies Gebiet das naiv Komische überhaupt einzu-
schränken. Dieser Anschauung müssen wir widersprechen, solange
wir dabei bleiben unter dem naiv Komischen eine besondere, durch
einen besonders gearteten Vorstellungsprozess für uns zu stande
kommende Art der Komik zu verstehen. Wir haben diese besondere
Geartetheit bezeichnet, indem wir die naive Komik als die Komik
des Gegensatzes der Standpunkte charakterisierten. Einen Stand-

punkt nun giebt es nur für die vernünftig sich bethätigende oder kurz die urteilende Persönlichkeit; es giebt ihn aber für die ganze urteilende Persönlichkeit. Wir urteilen theoretisch, praktisch und ästhetisch, d. h. wir haben, ein Bewusstsein, dass etwas ist, sein oder geschehen soll, dass etwas gefällt oder missfällt. Bei allen diesen Urteilen kann es vorkommen, dass sie in sich richtig sind vom Standpunkte einer naiven Persönlichkeit, unrichtig von unserem, dass sie zugleich eine entsprechende intellektuelle, Charaktereigenschaft, Eigenschaft des Geschmacks bekunden, um deren willen sie objektiv bedeutsam erscheinen innerhalb der naiven Persönlichkeit, und nichtig im Zusammenhang dessen, was wir sonst von Menschen erwarten. Alle jene Urteile können also naiv-komisch erscheinen, oder die Äusserungen und Handlungen, in denen sie zu Tage treten, naiv-komisch erscheinen lassen. Zugleich ist mit diesen drei Gebieten der Umkreis der Gebiete des naiv Komischen abgeschlossen.

KOMBINATION DER DREI ARTEN DER KOMIK.

Die Bezeichnung des Wesens des naiv Komischen war im Bisherigen immer zugleich ausdrückliche Entgegensetzung gegen die objektive und subjektive Komik. Diese Entgegensetzung können wir noch nach anderer Richtung vollziehen. Der Anspruch auf Erhabenheit, den das objektiv Komische sich anmasst, ist eben nur ein angemasster. Die Erhabenheit verschwindet, sobald das Objekt dem Bewusstsein sich darstellt, oder unsere objektive Regel in ihr Recht tritt. Was sein sollte oder sein müsste, das ist nicht. Dagegen ist der Witz für unser Bewußtsein — darauf allein kommt es ja an — einen Augenblick ein Erhabenes, Träger eines Sinnes oder einer Bedeutung. Bei ihm ist, was doch nicht sein sollte. Das naiv Komische nun nähert sich dem Witz, insofern auch ihm eine Erhabenheit wirklich eignet. Zugleich eignet sie ihm doch auch nicht. Beim naiv Komischen ist, was ungleich nicht ist.

Diesem Gegensatz kann ein entsprechender Gegensatz im Verhalten der Persönlichkeit zur Seite gestellt werden. Die Persönlichkeit wird, wie ich früher betonte, objektiv komisch; sie macht den Witz. Sie bethätigt endlich im Naiven ihr, nur individuelles Wesen. Der Träger der objektiven Komik, so sagte ich weiter, unterliege einer

Schranke seines Wesens oder Könnens und sei insofern leidend; dagegen vollbringe der Urheber des Witzes eine positive Leistung und erweise sich in diesem Sinne aktiv. Entsprechend werden wir von der naiven Persönlichkeit sagen müssen, sie sei aktiv und passiv zugleich, indem sie etwas von ihrem Standpunkte aus Bedeutungsvolles leiste, zugleich aber eben dieser Standpunkt nur ein beschränkter sei.

Indem wir nun so das naiv Komische von der objektiven Komik und vom Witze abgrenzen, dürfen wir doch auch nicht übersehen, wie sie sich miteinander verbinden und ineinander übergehen. Wir sahen schon, dass dieselbe Äusserung das eine Mal als Witz, das andere Mal als Fall der objektiven Komik erscheinen kann. Es bietet aber jeder Witz eine Seite, nach der er unter den Gesichtspunkt der objektiven Komik gestellt werden kann. Der Witz ist an sich unpersönlich; dies hindert doch nicht, dass die Person, die ihn macht, mit in Betracht gezogen werde. Die Person erscheint, vermöge der Leistung, die sie vollbringt, relativ erhaben. Zugleich bleibt sie doch, sofern sie mit Worten oder mit der Logik spielt, hinter dem zurück, was wir im allgemeinen vom gesetzten und ernsthaften Menschen erwarten. Achten wir darauf, stellen wir diese eine Seite des Witzes unter den objektiven, dem Witze selbst fremden Gesichtspunkt der menschlichen *Leistung*, dann sind die Bedingungen für die objektive Komik gegeben. Der Eindruck derselben mag zunächst zurücktreten. Er braucht sich aber nur zu häufen und das Interesse am Witz zu erlahmen, und das Gefühl der objektiven Komik tritt deutlich hervor. Er ist nichts leichter als durch fortgesetztes Witzemachen komisch, lächerlich, ja verächtlich zu werden.

Ebenso bietet auch die naive Komik der objektiven eine Seite dar. Ich citiere ein weiteres Beispiel naiver Komik nach Lazarus.[2] "Der Korporal Trim, der Diener des Onkel Toby — in 'Tristram Shandy' — soll scherzeshalber, weil ihm wenig Bildung zugetraut wird, examiniert werden. Ein Doktor der Theologie fragt ihn, wie das vierte Gebot lautet; er kann es aber nicht anders hersagen, als indem er, wie Kinder und gemeine Leute immer, beim ersten anfängt. Er hat das schwere Stück glücklich vollbracht, und nun fragt sein Herr: Trim, was heisst das, du sollst Vater und Mutter ehren. Das heisst, sagt er mit einer Verbeugung, wenn der Korporal Trim jede Woche 14 Groschen Lohn erhält, so soll er seinem alten Vater 7 davon geben."—Die Antwort auf die Frage des Onkel Toby ist es, die uns hier vorzugsweise angeht. Sie ist als Antwort auf die allgemeine katechismusmässige Frage völlig inkorrekt und Zeichen eines niedrigen Bildungsstandpunktes. Aber schon ehe wir uns dessen bewusst werden, imponiert uns die konkret persönliche Wendung, die Trim der Sache giebt, und die bei ihm, der nicht gewöhnt ist, Dinge abstrakt und allgemein zu fassen, so berechtigt ist, in der sich zugleich so viel Sicherheit des moralischen Bewusstseins verrät. In der That kommt bei jenem Gebote alles darauf an, dass jeder wisse und davon durchdrungen sei, was es von ihm fordere. Wir können aber nachträglich die Sache auch noch von einem anderen Gesichtspunkt aus betrachten. Wir erwarten von Trim, so wie er nun einmal ist, nicht, dass er die Katechismusantwort aufsagen könne. Aber wir können auch von seiner individuellen Eigenart absehen und ihn als Menschen betrachten, der wie andere in die Schule gegangen ist, und dort seinen Katechismus gründlich gelernt hat. Dann erhebt er, wie andere, in unserem Bewusstsein den Anspruch, was er so gründlich gelernt hat, auch zu wissen; und sein Nichtwissen lässt ihn objektiv komisch erscheinen.

[2] Leben der Seele. 2. Aufl. I, 308.

Dieser Hinzutritt des Momentes objektiver Komik zum Naiven hat öfter verführt, das Naive einfach dem objektiv Komischen zuzuordnen. Schon *Jean Paul* verfällt in diesen Irrtum. Ich denke aber, das obige Beispiel zeigt deutlich die Verschiedenheit, ja Gegensätzlichkeit der Bedingungen, durch die beide Arten der Komik zu stande kommen. Naiv ist die Komik, solange die beiden Standpunkte, der naive und der unsrige, einander gegenübertreten, objektiv, sobald wir unsern Standpunkt zum alleinherrschenden machen. Darum tritt von den beiden Arten der Komik, der objektiven und der naiven, immer die eine zurück, indem die andere hervortritt. Trims Äusserung ist naiv komisch, solange wir sie von beiden Standpunkten aus beurteilen, also beide anerkennen, objektiv komisch, wenn wir von dem Rechte des naiven Standpunktes, statt ihn anzuerkennen, vielmehr geflissentlich absehen, und von vornherein unseren Massstab an die Äusserung legen. Würdigung des individuell Guten in der Welt, ist die Devise der naiven, Leugnung desselben und Alleinherrschaft der Regel oder Schablone die Devise der objektiven Komik. Dort ist das Individuelle etwas, wenn auch freilich nicht nach der Regel; hier ist es nichts, weil es der Regel nicht genügt.

Ich erwähnte schon *Jean Pauls* Beispiel: Wenn Sancho Pansa eine Nacht hindurch sich über einem vermeintlichen Abgrund in der Schwebe hält, so ist—nach *Jean Paul*—"bei dieser Voraussetzung seine Anstrengung recht verständig, und er wäre gerade erst toll, wenn er die Zerschmetterung wagte. Warum lachen wir gleichwohl? Hier kommt der Hauptpunkt: wir *leihen* seinem Bestreben unsere Einsicht und Ansicht, und erzeugen durch einen solchen Widerspruch die unendliche Ungereimtheit." In dieser Erklärung bezeichnet *Jean Paul* in seiner Weise den Grund der objektiven Komik, als deren Gegenstand Sancho Pansa uns erscheinen kann. Sie beruht auf dem "Leihen". Wir betrachten Sancho Pansa als mit unserer Einsicht begabt und erwarten von ihm, dass er einsichtig handle. Aber schon ehe wir Sancho Pansa "unsere Einsicht liehen", war sein Handeln naiv-komisch. Es war dies genau so lange, als wir ihm *seine* Einsicht *liessen* und wussten, dass er die unsrige *nicht* habe und nicht haben könne, während wir doch *im Gegensatz* zu ihm die Einsicht *hatten*, und *für uns* die Handlung darnach beurteilten. Der Eindruck der objektiven Komik kann entstehen, und den der naiven Komik zerstören, erst wenn wir das Recht und die Erhabenheit der *Sancho Pansa*'schen Individualität aus dein Auge lassen. Nur für den, der dafür kein Verständnis hat, mag *Sancho Pansa*'s Gebaren von vornherein und ausschliesslich objektiv komisch sein. So ist überhaupt die Empfänglichkeit für das naiv Komische bedingt durch den Sinn für persönliche Eigenart. Es wandelt sich alles Naive in objektive Komik für den, dem dieser Sinn abgeht. Zugleich bieten freilich die verschiedenen Fälle der naiven Komik bald mehr bald weniger Veranlassung zu dieser Verwandlung. Bei *Sancho Pansa* und mehr noch bei *Falstaff* ist jenes, bei *Trim* dieses der Fall.

Endlich kann sich die naive Komik auch, ohne ihr eigenes Wesen aufzugeben, mit dem Witze verbinden. *Hecker* erzählt folgendes Beispiel eines naiven Witzes: In einer Schule trug der Lehrer die Geschichte des Tobias ganz mit den Worten der heiligen Schrift vor. Bei den Worten: Hannah aber, sein Weib, arbeitete fleissig mit ihrer Hand und ernährte ihn mit Spinnen, machte ein Mädchen mit Gesicht und Hand die Gebärde des Abscheus und Ekels. Agnes, was hast du, ruft der Lehrer. Antwort: Ach, Herr Lehrer, ist das denn wirklich wahr? – Lehrer: Warum zweifelst du daran? – Kind: O, weil die Spinnen doch gar zu schlecht schmecken müssen. – Hier beruht der (unbewusste) Witz darauf, dass wir uns durch den Gleichklang zweier Worte verführen lassen, dem *Urteil* des Kindes einen Sinn und eine logische Berechtigung zuzuschreiben, die es nicht besitzt; der Eindruck der naiven Komik darauf, dass wir dem *Kinde* und dem kindlichen Urteils_vermögen_ das Recht zugestehen, sich durch die Verwechselung verführen zu lassen, und dass wir dementsprechend in dem kindlichen Verhalten sogar einen Grad von Klugheit finden, während wir sonst jenes Recht nicht zugeben und abgesehen von dieser Betrachtungsweise das Verhalten thöricht finden müssen. Auch hier gilt, was ich oben betonte, dass der Witz als solcher gänzlich unpersönlich ist. Er hat nichts zu thun mit der Individualität dessen, der ihn macht. Dagegen ist für die naive Komik die Individualität alles. Darum bliebe der Witz auch, wenn ein Erwachsener bei Anhörung der Erzählung an der betreffenden Stelle die Bemerkung einwürfe: das muss aber schlecht schmecken. Es bliebe andererseits die naive Komik bestehen, wenn der Witz ganz wegfiele, und nur eine *beliebige* thörichte aber kindlich berechtigte Verwechselung stattfände.

In anderen Fällen erscheint das nämliche Vorhalten witzig und naiv komisch je nach der Art der Deutung. Es widerspricht unseren gewöhnlichen Anschauungen von Klugheit und Würde, wenn *Sokrates* bei Aufführung der Wolken sich dem Gelächter der Zuschauer geflissentlich preisgiebt. Aber was bedeutet einem *Sokrates* das Lachen der unverständigen Menge. Seine Erhabenheit über dergleichen rechtfertigt sein Verhalten. Es verrät sich darin zugleich eben diese Erhabenheit. Für diese Betrachtungsweise fällt *Sokrates* unter den Begriff des naiv Komischen. Angenommen aber *Sokrates* wollte durch sein Verhalten zu *verstehen* geben, wie wenig ihm die Meinung der Menge bedeute, und er wollte dies nicht bloss, sondern es gelang ihm auch durch die besondere Weise seines Verhaltens in überzeugender Weise diesen Gedanken hervorzurufen. Dann war sein Verhalten witzig – für diejenigen nämlich, die ihn wirklich verstanden und zugleich den Widerspruch empfanden zwischen dieser Art, seine Meinung zu sagen, und gemeiner Logik.

"VERBLÜFFUNG" UND "ERLEUCHTUNG" BEIM NAIV-KOMISCHEN.

Zum Schlusse dieses Kapitels sei noch eine Bemerkung gestattet, die auf eine öfters erwähnte Bestimmung des Komischen überhaupt zurückgreift. Bei der Betrachtung sowohl der objektiven als der subjektiven Komik haben wir uns mit den Begriffen der Verblüffung und Erleuchtung auseinandergesetzt. Auch die naive Komik kann unter diese Begriffe gestellt werden. Auch hier aber ist erforderlich, dass wir die beiden Stadien der Verblüffung oder der Erleuchtung unterscheiden. Die Naivität verblüfft als etwas in dem Zusammenhang, in dem sie auftritt, Unverständliches. Sie "verblüfft" dann, als in einem bestimmten Zusammenhange, nämlich im Zusammenhange der naiven Persönlichkeit, Sinnvolles oder Bedeutsames, sie verblüfft vermöge dieses unseres Verständnisses. Darin liegt eine Lösung jener ersten Verblüffung. Endlich "verstehen" wir auch dieses unser Verständnis wieder; d. h. wir sehen, dass das von unserem Standpunkte aus Sinnlose nur durch Betrachtung vom Standpunkte der naiven Persönlichkeit aus sinnvoll erschien, abgesehen davon aber für uns sinnlos bleibt. Die Naivität war unverständlich; dann wurde sie bedeutsam-verständlich; endlich wird sie als an sich nichtig verstanden.

Ich sagte oben, die naive Komik sei objektiv und subjektiv zugleich. Sofern sie objektive Komik ist, steht sie doch zugleich zur reinen objektiven Komik in einem bemerkenswerten Gegensatz. Der Anspruch des objektiv Komischen zergeht. Auch der Anspruch des naiv Komischen zergeht, wenn wir es von unserem objektiven oder vermeintlich objektiven Standpunkt aus betrachten. Aber die naive Persönlichkeit, als deren Äusserung das naiv Komische berechtigt, sinnvoll, klug, sittlich erscheint, ist doch auch eine wirkliche Persönlichkeit. Blicken wir, nachdem wir uns auf unseren Standpunkt gestellt haben, zurück, so finden wir diese Persönlichkeit wieder. Damit taucht diese Berechtigung, dieser Sinn, diese Klugheit, dies Sittliche wieder vor uns auf und besitzt wiederum für uns seine relative Erhabenheit. Und vielleicht geschieht es jetzt, dass unser objektiver Standpunkt im Vergleich mit dem naiven Standpunkte nicht allzu hoch erscheint. Der naive Standpunkt kann sogar als der höhere erscheinen. Dann wird der Eindruck seiner relativen Erhabenheit zum herrschenden. Vermöge dieser Besonderheit der naiven Komik steht die naive Komik auf dem Übergang zwischen dem Komischen und dem Humor, dessen Wesen Erhabenheit ist nämlich Erhabenheit in der Komik und durch dieselbe.

* * * * *

III. ABSCHNITT. PSYCHOLOGIE DER KOMIK.

VIII. KAPITEL. DAS GEFÜHL DER KOMIK UND SEINE VORAUSSETZUNGEN.

KOMIK ALS "WECHSELNDES" ODER "GEMISCHTES" GEFÜHL.

Wir haben gesehen, dass das Gefühl der Komik nicht an ein bestimmtes quantitatives Verhältnis von Lust und Unlust gebunden ist. Dagegen leugneten wir nicht, dass Lust und Unlust in die Komik eingehen. Es fragt sich jetzt, wie sie in dieselbe eingehen, oder was dies "Eingehen" besagen wolle.

Ist die Komik, wie man behauptet hat, ein Wechsel von Lust und Unlust? Diese Frage haben wir verneint. Und wir müssen bei dieser Verneinung bleiben. Wechsel von Lust und Unlust ist — Wechsel von Lust und Unlust, und weiter nichts. Das Gefühl der Komik aber ist ein eigenartiges Gefühl. Es ist nicht jetzt reine Lust, jetzt reine Unlust, sondern immer dies Besondere, das wir eben um seiner Besonderheit willen mit dem besonderen Namen "Gefühl der Komik" bezeichnen. Dasselbe mag bald mehr Lustcharakter, bald mehr Unlustcharakter annehmen, oder bald mehr ein belustigendes bald mehr ein unlustgefärbtes sein. Dann besteht doch, solange das Gefühl der Komik wirklich Gefühl der Komik ist, jedesmal das Gemeinsame, das bald mehr diese, bald mehr jene Färbung *annimmt*. Und dies Gemeinsame ist dann das Specifische der Komik im Unterschiede von Lust und Unlust.

Man könnte dies bestreiten und folgende Meinung verfechten: Es sei zuzugeben, dass sich uns das Gefühl der Komik wie ein besonderes Gefühl darstelle. Darum könne es doch ein Wechsel von Lust und Unlust sein. Es müsse nur dieser Wechsel als ein sehr rascher gedacht werden. Diese Raschheit verhindere, dass wir uns in getrennten Momenten jetzt eines Gefühles reiner Lust, jetzt eines Gefühles reiner Unlust bewusst seien. Wir gewinnen von den rasch wechselnden Gefühlen wegen dieser Raschheit nur ein zusammenfassendes Bewusstsein, ein Gesamtbild, einen Totaleindruck, ohne die Möglichkeit der Unterscheidung der Elemente. Und dies Gesamtbild, diesen Totaleindruck nennen wir Gefühl der Komik.

Es ist aber leicht einzusehen, welche Verwechselung in solcher Anschauung läge. Gewiss können wir von den schnell sich folgenden Ereignissen des Tages am Abend ein Totalbild, oder einen Totaleindruck haben, in welchem die einzelnen Ereignisse nicht als diese bestimmten thatsächlich erlebten und in der bestimmten Weise sich folgenden Ereignisse nebeneinander enthalten sind.

Aber hierbei besteht ein Gegensatz zwischen wirklichen Erlebnissen und unserem Bewusstsein von denselben. Wo ein solcher Gegensatz vorliegt, aber auch nur wo dies der Fall ist, hat es einen Sinn zu sagen, wir könnten von etwas, das an sich verschieden ist und in der Zeit wechselt, ein Gesamtbild haben, in welchem diese Verschiedenheit aufgehoben, dieser Wechsel ausgelöscht erscheine.

Von einem solchen Gegensatz ist ja aber in unserem Falle keine Rede. Gefühle, die ich jetzt habe, sind von dem Bewusstsein, das ich von diesen Gefühlen habe, nicht verschieden. Lust und Unlust "fühlen" heisst eben von Lust und Unlust ein Bewusstsein haben. Lust und Unlust, von denen ich kein Bewusstsein habe, sind leere Worte. Ist aber das Bewusstsein von einem gegenwärtigen Gefühl nichts als dies Gefühl selbst, so ist auch die Beschaffenheit, in der sich Gefühle, die ich jetzt habe, meinem Bewusstsein darstellen, oder in der sie mir "erscheinen", nichts anderes als die thatsächliche Beschaffenheit der Gefühle. Erscheinen mir demnach gegenwärtige Gefühle nicht als wechselnde oder zeitlich sich folgende Lust- und Unlustgefühle, sondern als ein dieser Unterschiede bares Einheitliches, so sind sie eben damit dies unterschiedslose Einheitliche.

Ebenso wurde früher schon gelegentlich zurückgewiesen ein zweiter Gedanke, nämlich derjenige, der in dem Ausdruck "gemischtes Gefühl" enthalten zu sein scheint. Gemischte Gefühle können, wenn man es mit diesem Ausdruck genau nimmt, nur solche sein, in denen Verschiedenes *nebeneinander* gefühlt wird. Ich habe ein aus Lust und Unlust gemischtes Gefühl, dies kann nur heissen, ich fühle mich lustgestimmt, und ich fühle mich daneben zugleich unlustgestimmt. Dies wäre mir möglich, wenn ich mich doppelt, das heisst verdoppelt fühlen könnte, wenn das Ich des unmittelbaren Selbstgefühls in zwei auseinandergehen könnte. Dem aber widerspricht die thatsächliche Einheit meines Selbstgefühles. Ich fühle mich nicht als zwei, kann also auch keine zwei nebeneinander bestehenden Gefühle haben. Gefühl ist, wie ehemals gesagt, Selbstgefühl.

Aber auch in der Weise, dass Lust und Unlust zwei verschiedene Seiten eines und desselben Gefühles wären, die Lust also eine nähere Bestimmung oder eine Färbung der Unlust, die Unlust eine nähere Bestimmung oder eine Färbung der Lust, können nicht diese beiden Gefühle miteinander verbunden oder "gemischt" sein. Dieser Vorstellungsweise widerspräche der Charakter dieser Gefühle. Ein Klang von bestimmter Höhe kann unbeschadet dieser Höhe Trompetenklangfarbe haben. Es kann aber nicht die Trompetenklangfarbe Flötenklangfarbe haben. Diese beiden Klangfarben können an einem und demselben Klang nur sich aufheben oder in eine dritte von beiden verschiedene Klangfarbe sich verwandeln. So kann auch ein Gefühl, das im übrigen etwa als Gefühl des Strebens charakterisiert ist, unbeschadet dieses Strebungscharakters lustgefärbt sein, aber es kann nicht die Lustfärbung unlustgefärbt sein. Die unlustgefärbte Lust ist entweder eine mindere Lust, oder sie ist ein Drittes neben Lust und Unlust, in keinem Falle Lust und Unlust zugleich.

Dagegen könnte man einwenden: Wir vermögen doch, wenn wir einem Gefühl der Komik unterliegen, einerseits das Lustmoment, andererseits das Unlustmoment "herauszufühlen". So tritt etwa aus der Komik, die das Miauen der Katze während der feierlichen Predigt in uns weckt, das Lustmoment heraus, wenn wir darauf achten, wie die Katze in die Predigt einzustimmen scheint, das Unlustmoment, wenn wir die Störung des Gottesdienstes bedenken. Können wir aber aus dem Gefühl der Komik die Lust und die Unlust herausfühlen, so müssen doch beide in diesem Gefühl nebeneinander enthalten sein.

Solche Trugschlüsse ergeben sich leicht aus unklaren Begriffen. Im vorliegenden Falle liegt die Unklarheit in dem "Herausfühlen". Dies Herausfühlen ist analog dem "Heraushören" der Teiltöne eines Klanges aus dem Ganzen eines Klanges. Dies letztere ist in Wahrheit ein Auflösen des Klanges, das heisst eine Verwandlung der einfachen Klangempfindung in eine Mehrheit von Tonempfindungen.

So ist auch das Herausfühlen der Lust und Unlust aus der Komik ein Verwandeln eines einfachen Gefühles in verschiedene Gefühle. Indem ich auf die eine Seite jenes komischen Vorganges achte, fühle ich stärkere Lust, das heisst das Gefühl der Komik wird, nachdem es vorher ein mittleres war, jetzt ein anderes, nämlich ein wesentlich lustgefärbtes. Indem ich dann auf die andere Seite des Vorganges achte, verändert sich das Gefühl nach der anderen Seite hin: Es wird ein zu höherem Grade unlustgefärbtes. Diese Veränderung des Gefühls muss sich vollziehen, weil ich die Bedingungen desselben geändert habe. Das Achten jetzt auf die eine, dann auf die andere Seite des Gesamtvorganges ist ja eine solche Änderung der Bedingungen des Gefühls.

Aus entgegengesetzten Elementen "gemischte" Gefühle sind in Wahrheit einfache Gefühle. Nur die Bedingungen derselben sind nicht einfach. Und daraus ergiebt sich die Möglichkeit, dass die "gemischten" Gefühle in entgegengesetzte sich verwandeln. Man sollte den Begriff der gemischten Gefühle aus der Psychologie endgültig streichen.

DIE GRUNDFARBE DES GEFÜHLS DER KOMIK.

Nach allem dem müssen wir bei der Erklärung bleiben, die ich schon abgab: Das Gefühl der Komik ist nicht irgendwie aus anderen Gefühlen zusammengesetzt, sondern es ist, ein eigenartig neues Gefühl. Es ist das eigenartig neue Gefühl, das man niemand beschreiben kann, der es nicht kennt, und das man dem nicht zu beschreiben braucht, der es kennt. Oder vielmehr "das" Gefühl der Komik ist ein zusammenfassender Name für viele eigenartige Gefühle, die aber ein Gemeinsames haben, um dessen willen wir sie als Gefühle der Komik bezeichnen.

So ist schliesslich jedes Gefühl ein eigenartiges, und die Menge der in uns möglichen Gefühle, nicht nur der Intensität, sondern auch der *Qualität* nach unendlich gross. Kein Gefühl oder keine Weise, wie wir uns in einem Moment fühlen, wird jemals in unserem Leben völlig gleichartig wiederkehren.

Aber diese Gefühle bilden ein Kontinuum, und in diesem Kontinuum sind

Grundgefühle unterscheidbar, wie im Kontinuum der Farben
Grundfarben:
Rot, Blau, Weiss etc. Eine dieser Grundfarben des Gefühls ist die
Lust,
eine andere die Unlust, eine andere die Komik.

Man kann nun fragen, wie die Grundfarbe der Gefühle, die wir
Gefühle der Komik nennen, noch anders sich bezeichnen lasse.
Dann erinnere ich daran, dass ich schon einmal meinte, mindestens
drei Dimensionen unserer Gefühle seien unterscheidbar. Gefühle
seien einmal Gefühle der Lust und Unlust, zum anderen Gefühle
des Ernstes und der Heiterkeit, endlich Gefühle des Strebens. Dabei
ist, wie sich von selbst versteht, unter Heiterkeit ebenso wie unter
Ernst etwas von Lust Verschiedenes verstanden; nicht, wie wohl
üblich, heitere Lust oder lustige Heiterkeit, sondern die Färbung der
Lust, durch welche diese zur heiteren, also zum Gegenteil der ernsten Lust wird. Fassen wir die Heiterkeit in diesem gegen Lust und
Unlust neutralen Sinne, dann dürfen wir solche Heiterkeit als das
gemeinsame Moment aller Gefühle der Komik bezeichnen. Es giebt
dann, wie eine heitere Lust, so auch eine heitere Unlust, ja einen
heiteren Schmerz. Es giebt dergleichen, so gewiss es komisch unlustvolle Erlebnisse und komisch anmutende Schmerzen giebt.

Damit setzen wir uns freilich mit dem Sprachgebrauch in Gegensatz. Wer diesen Gegensatz nicht mitmachen will, muss entweder
dabei bleiben zu sagen, die Grundfärbung des Komischen sei — die
Komik, oder er muss sich mit Namen helfen, die ursprünglich nicht
Gefühle, sondern mögliche Objekte von solchen bezeichnen. Das
Gefühl des Ernstes ist ein Gefühl der Grösse oder des Grossen; es ist
ein Gefühl des Starken, des Schwerwiegenden, oder Gewichtigen,
des Breiten, des Tiefen. Das Gefühl der Heiterkeit in dem soeben
vorausgesetzten neutralen Sinne ist ein Gefühl der Kleinheit oder
des Kleinen; es ist ein Gefühl des an der Oberfläche Bleibenden, des
Leichten, des Spielenden.

Welchen dieser Namen aber wir wählen mögen, immer sind damit Gefühlsfärbungen bezeichnet, deren sowohl Lust als Unlust
fähig sind. Oder was dasselbe sagt, immer sind damit Gefühle bezeichnet, die sowohl mit Lust- als mit Unlustfärbung auftreten kön-

nen. Auch dies ist denkbar, dass sich in ihnen, sei es auch nur für einen unmessbaren Moment, Lust und Unlust zur Indifferenz aufheben. Dann hätten wir das reine Gefühl der "Grösse", andererseits das reine Gefühl der Komik.

"PSYCHISCHE KRAFT" UND IHRE BEGRENZTHEIT.

Und wie nun entsteht dies eigenartige Gefühl, oder besser diese eigenartige Gefühlsmodalität? Zur Beantwortung dieser Frage müssen wir etwas weiter ausholen.

Zu den uns geläufigsten Thatsachen des seelischen Lebens gehört die Thatsache der sogenannten Enge des Bewusstseins. Wenn ich in irgend welche Gedanken vertieft in meinem Zimmer sitze, so überhöre ich den Lärm der Strasse; und umgekehrt, verfolge ich die Töne und Geräusche, aus denen dieser besteht, so ist es mir unmöglich, zugleich einem, jenem Wahrnehmungsinhalt fremden Gedankengange mich hinzugeben. Wir drücken solche Thatsachen wohl so aus, dass wir sagen, der Gedanke, in den wir uns vertiefen, oder die Wahrnehmung, die wir machen, erfülle uns dergestalt, dass für anderes kein Platz mehr in unserem Bewusstsein sei. Dies ist natürlich bildlich gesprochen. Aber was das Bild meint, trifft zu. Unsere Fähigkeit, Empfindungen, Vorstellungen, Gedanken zu vollziehen, ist jederzeit in gewisse Grenzen eingeschlossen. Jede Empfindung, jede Vorstellung, jeder Gedanke absorbiert einen Teil dieser Fähigkeit. Je mehr er davon absorbiert, um so weniger Fähigkeit, andere Empfindungen, Vorstellungen, Gedanken gleichzeitig zu vollziehen, bleibt übrig.

Genau genommen ist aber der soeben gebrauchte Ausdruck "Enge des Bewusstseins" nicht der zutreffende Terminus für diese Thatsachen. Nicht nur die Empfindungen und Vorstellungen, die zum Bewusstsein kommen, sondern auch diejenigen, denen dies nicht gelingt, absorbieren ihren Teil der Fähigkeit, Empfindungen und Vorstellungen zu vollziehen.

Auch darin liegt noch eine Unklarheit. Was heisst dies: Empfindungen und Vorstellungen gelangen zum Bewusstsein, andere nicht? Unmöglich kann damit gemeint sein, dass ein und derselbe psychische Inhalt oder Vorgang bald unbewusst, bald mit der Eigenschaft der Bewusstheit bekleidet in uns vorkommen könnte. Sondern unter den bewussten und den unbewussten Empfindungen und Vorstellungen muss Verschiedenes verstanden sein.

In der That sind die Worte Empfindung und Vorstellung doppelsinnig. Wir bezeichnen mit ihnen bald das Empfundene, bezw. Vorgestellte, ich meine die *Bewusstseinsinhalte*, oder das, was je nachdem die besonderen Namen Empfindungs- oder Vorstellunginhalte trägt, bald die *Vorgänge des Empfindens oder Vorstellens*, d. h. die Vorgänge, durch welche es geschieht, dass ein Empfindungs-, bezw. Vorstellungsinhalt da ist, oder die dem Dasein dieser Inhalte zu Grunde liegen. Jene Bewusstseinsinhalte sind selbstverständlich im Bewusstsein. Diese Vorgänge dagegen sind es niemals. Ihre Existenz ist nur erschlossen.

Hieraus ergiebt sich, was jene Ausdrücke sagen wollen. Sprechen wir von bewussten Empfindungen, so sagt dies, dass ein Empfindungsvorgang, d. h. ein psychischer Vorgang von der Art, wie er immer vorausgesetzt ist, wenn Empfindungsinhalte für uns da sein sollen, nicht nur besteht und auf das Dasein eines Empfindungsinhaltes abzielt, sondern dass er auch dies Ziel erreicht oder erreicht hat. Dagegen nennen wir eine Empfindung eine unbewusste, wenn dies nicht der Fall ist, wenn also nur das Unbewusste an der Empfindung, d. h. nur der Empfindungs_vorgang_ gegeben ist, sein natürliches Ziel, das Dasein des zugehörigen Empfindungsinhaltes aber von ihm nicht erreicht wird. Das Gleiche gilt mit Rücksicht auf die bewussten und unbewussten *Vorstellungen*.

Natürlich müssen für die Annahme der an sich unbewussten Vorgänge, von denen ich sage, dass sie dem Dasein der Empfindungs- und Vorstellungsinhalte jederzeit zu Grunde liegen, zwingende Gründe aufgezeigt werden können. Es muss andererseits dargethan werden können, dass und wiefern ein Recht besteht, diese Vorgänge als psychische Vorgänge zu bezeichnen. Hierfür nun verweise ich der Hauptsache nach auf meine "Grundthatsachen des Seelenlebens" (Bonn 1883) und den auf dem dritten internationalen Kongress für Psychologie gehaltenen Vortrag "Der Begriff des Unbewussten in der Psychologie".

Doch brauche ich mich hier mit diesem Hinweis nicht zu begnügen. Ich werde vielmehr im folgenden eine Thatsache zu bezeichnen haben, deren Anerkenntnis die Anerkenntnis jener psychischen Vorgänge und ihrer psychologischen Bedeutung ohne weiteres in sich schliesst.

Ich kehre zu der "Fähigkeit, Empfindungen und Vorstellungen zu vollziehen" zurück. Diese Fähigkeit ist zunächst nichts als die Möglichkeit, dass in uns Vorgänge, die auf das Dasein von Empfindungs- und Vorstellungsinhalten abzielen, zu stande kommen. Sie ist erst in zweiter Linie die Möglichkeit, dass auf Grund dieser Vorgänge Empfindungs- und Vorstellungs_inhalte_ oder kurz Bewusstseinsinhalte da sind. Es ist also auch, wenn wir die Fähigkeit, Empfindungen und Vorstellungen zu vollziehen, als begrenzt bezeichnen, damit zunächst die Begrenztheit jener Möglichkeit des Zustandekommens von *Vorgängen*, die auf das Dasein von Empfindungen oder Vorstellungsinhalten *abzielen*, gemeint. Daraus ergiebt sich erst sekundär die Begrenztheit der Fähigkeit, Empfindungs- und Vorstellungsinhalte zu haben. Diese ist die "Enge des Bewusstseins". Die Enge des Bewusstseins hat also die Begrenztheit der Möglichkeit, dass in einem Momente nebeneinander verschiedene, an sich unbewusste Vorgänge des Empfindens oder Vorstellens sich vollziehen, zur Voraussetzung.

Diese letztere Begrenztheit pflege ich nun kurz als "Begrenztheit der psychischen Kraft" zu bezeichnen. Die Enge des Bewusstseins besteht dann auf der Basis der Begrenztheit der psychischen Kraft.

GENAUERES ÜBER DIE "PSYCHISCHE KRAFT".

Den Begriff der psychischen Kraft und ihrer Begrenztheit müssen wir aber noch genauer bestimmen. Damit wird auch das Verhältnis dieser Begrenztheit der psychischen Kraft zur Enge des Bewusstseins deutlicher werden.

Folgendes ist hier zunächst zu bedenken: Psychische Vorgänge können von ihrem Ziel, das im Zustandekommen der Bewusstseinsinhalte besteht, weiter oder weniger weit entfernt bleiben. Bezeichnen wir den Moment im Verlauf psychischer Vorgänge, wo es ihnen gelingt das Dasein eines Bewusstseinsinhaltes zu bewirken, als "Schwelle des Bewusstseins", so dürfen wir statt dessen auch sagen: Ein psychischer Vorgang kann von der Schwelle des Bewusstseins mehr oder weniger weit entfernt bleiben. Und stellen wir uns diese Entfernung vor wie eine räumliche, und die Bewusstseinsschwelle wie einen räumlichen Höhepunkt des Vorganges, so können wir auch sagen: Psychische Vorgänge gewinnen eine grössere oder geringere psychische Höhe. Oder wenn wir endlich psychische Vorgänge mit Wellen vergleichen: Sie gewinnen eine grössere oder geringere Wellenhöhe.

Dies Bild bedarf aber der Ergänzung. Ein psychischer Vorgang hat "die Bewusstseinsschwelle überschritten", wenn der zugehörige Bewußtseinsinhalt da ist. Dieser Bewusstseinsinhalt bleibt aber nicht endlos da, sondern verschwindet wieder. Er verschwindet, wenn der psychische Vorgang, der die Bewusstseinsschwelle überschritten hatte, wiederum "unter die Bewusstseinsschwelle herabsinkt". Dies "Herabsinken unter die Bewusstseinsschwelle" besagt nichts anderes als dies, dass der Vorgang nicht mehr auf dem Punkte steht oder in dem Stadium sich befindet, wo er der genügende Grund für das Dasein des begleitenden Bewusstseinsinhaltes ist.

Ehe nun der Vorgang unter die Schwelle des Bewusstseins herabsank, konnte er mehr oder weniger weit von diesem Punkte entfernt sein. Er kann überhaupt mehr oder weniger weit über diesen Punkt, also über die Schwelle des Bewusstseins sich *erhoben* haben. Es giebt mit anderen Worten verschiedene mögliche Höhen der psychischen Wellen nicht nur unter, sondern auch *über* der Bewusstseinsschwelle.

Zu je grösserer Höhe nun eine *physische* Welle sich erhebt, ein um so grösseres Mass *physischer* Bewegung, oder ein um so grösseres Quantum *mechanischen* Geschehens schliesst sie in sich. Analoges gilt auch von der psychischen Welle, d. h. von jedem psychischen Vorgang. Auch ein *psychischer* Vorgang schliesst je nach seiner Wellenhöhe ein größeres oder geringeres Mass der *psychischen* Bewegung oder ein grösseres oder geringeres Quantum des psychischen Geschehens in sich. Damit wird jedesmal ein entsprechendes Quantum der Fähigkeit oder Möglichkeit, dass überhaupt psychisch etwas geschehe oder psychische Vorgänge sich vollziehen, verwirklicht oder in Anspruch genommen.

Dies können wir noch anders ausdrücken: Die materielle Welle, sagte ich, schliesse je nach ihrer Höhe ein grösseres oder geringeres

Quantum mechanischer Bewegung in sich. Was ich hier Quantum der mechanischen Bewegung nenne, ist dasselbe, was man auch als Quantum "lebendiger Kraft" bezeichnet. So kann ich auch von der höheren psychischen Welle oder dem psychischen Vorgang, der der Schwelle des Bewusstseins näher ist, bezw. sich in höherem Grade über dieselbe erhebt, sagen, er schliesse in sich ein grösseres Quantum lebendiger psychischer Kraft, oder es werde in ihm ein grösseres Quantum der vorhandenen psychischen Kraft lebendig oder aktuell. Man erinnert sich, dass ich diesen Ausdruck schon einmal gelegentlich gebraucht habe.

Damit hat die Thatsache der Begrenztheit der psychischen Kraft die gesuchte nähere Bestimmung gewonnen. Die begrenzte psychische Kraft, das ist die Kraft, die in den einzelnen psychischen Vorgängen, je nach ihrer psychischen Wellenhöhe, aktuell wird. Die Begrenztheit der psychischen Kraft ist die Begrenztheit der Möglichkeit, dass—nicht überhaupt Vorgänge des Empfindens oder Vorstellungen in uns sich vollziehen, sondern dass solche Vorgänge sich vollziehen und eine bestimmte psychische *Wellenhöhe* erreichen oder ein bestimmtes Mass lebendiger psychischer *Kraft* gewinnen. Oder, wenn wir die Wellenhöhe der einzelnen psychischen Vorgänge addiert denken und das Ergebnis als Gesamtwellenhöhe bezeichnen: Die Begrenztheit der psychischen Kraft ist die Thatsache, dass die mögliche Gesamtwellenhöhe der psychischen Vorgänge in jedem Momente in bestimmte Grenzen eingeschlossen ist.

"AUFMERKSAMKEIT". "PSYCHISCHE ENERGIE".

Mit allem dem habe ich nun schliesslich doch nur, was jedermann geläufig ist, in etwas bestimmtere Begriffe gefasst, als dies sonst wohl zu geschehen pflegt. Jedermann vertraut sind Wendungen wie die, dass Empfindungen oder Vorstellungen bald mehr bald minder beachtet, bemerkt, in den Blickpunkt des Bewusstseins gerückt, appercipiert seien etc. Der üblichste der Begriffe, die hier Verwendung finden, ist der Begriff der *Aufmerksamkeit*: Empfindungen und Vorstellungen können bald mehr bald minder Gegenstand der Aufmerksamkeit sein.

Was will man mit allen diesen Ausdrücken? Vielleicht allerlei. In jedem Falle dies Eine: Was in höherem Grade beachtet oder Gegenstand der Aufmerksamkeit ist etc., spielt im Zusammenhange des psychischen Lebens eine grössere Rolle, hat auf den Verlauf desselben in jeder Hinsicht mehr Einfluss, übt stärkere psychische Wirkungen. Statt dessen kann ich auch sagen: Das in höherem Grade Beachtete oder meiner Aufmerksamkeit Teilhafte repräsentiert ein grösseres Quantum lebendiger psychischer Kraft. Denn lebendige Kraft ist überall nur ein anderer Ausdruck für die von einem Vorgang ausgehende Wirkung; ihr Mass ist die Grösse dieser Wirkung.

Und auch dies weiss jedermann, dass das Quantum der "Aufmerksamkeit", die ich jetzt oder in irgend einem anderen Momente zur Verfügung habe, oder meinen Empfindungen oder Vorstellungen zur Verfügung stellen kann, ein begrenztes ist. Es ist also auch das Quantum der "psychischen Kraft", die in meinen Empfindungen oder Vorstellungen "lebendig" werden kann, ein begrenztes. In dem Masse als die "Aufmerksamkeit" oder die psychische Kraft von irgend welchen Empfindungen und Vorstellungen "in Anspruch genommen" ist, kann sie nicht von anderen in Anspruch genommen werden.

Und nun endlich die Frage: Wenn Empfindungen oder Vorstellungen bald grössere bald geringere Kraft haben, was eigentlich hat diese grössere oder geringere Kraft? Oder mit Verwendung eines jener anderen Ausdrücke: Wenn eine Empfindung mehr, die andere weniger "beachtet" ist, wenn also zwei Empfindungen als mehr oder minder beachtete sich von einander *unterscheiden*, was eigentlich ist dann in solcher Weise unterschieden? Wer ist der Träger jener Prädikate?

Sind es die Empfindungs_inhalte_, allgemeiner gesagt die *Bewusstseinsinhalte*? Dies kann niemand meinen.

Oder meint man es doch? Ist dann das "Beachtetsein" eine Farbe oder ein Ton, bezw. die Eigenschaft eines Tones, eine räumliche Grösse oder dergl.? Ist etwa die grössere Kraft, die eine Tonempfindung jetzt im Zusammenhang meines Empfindens und Vorstellens ausübt, eine grössere Kraft, d. h. eine grössere Lautheit des jetzt von mir empfundenen *Tones*?

Dies meint man nicht. Man weiss, ein sehr leiser oder schwacher Ton kann im höchsten Masse beachtet sein, also im Zusammenhang des psychischen Lebens die grösste Kraft haben, ohne dass er doch aufhörte eben dieser schwache Ton zu sein. So kann überhaupt eine und dieselbe Empfindung, d. h. ein und derselbe Inhalt meines Bewusstseins mehr und minder beachtet sein, oder mehr und minder Kraft in mir entfalten.

Damit ist dann zugleich unweigerlich die einzig mögliche Antwort auf jene Frage gegeben. Kann ein und derselbe Bewusstseinsinhalt jetzt eine grössere Kraft haben, als er sie sonst hat, dann ist diese grössere Kraft nicht eine Eigenschaft der Bewusstseinsinhaltes. Eines und dasselbe kann nicht jetzt grössere, jetzt geringere Kraft haben. Also ist der Träger der grösseren Kraft etwas, das jenseits des Bewusstseinsinhaltes liegt.

Man wird vielleicht sagen: In Wahrheit "trete" nur der gleiche Bewusstseinsinhalt jetzt mit grösserer Kraft "auf". Vortrefflich. Nur ist dann doch "notwendig" dies "Auftreten" etwas Wirkliches und von dem Bewusstseinsinhalte Verschiedenes. Nur Wirkliches kann wirklich Kraft entfalten. Das "Auftreten" des Bewusstseinsinhaltes muss also ein wirklicher, obzwar dem Bewusstsein sich entziehender Vorgang sein. Und dies "Auftreten" kann kein anderer Vorgang sein als derjenige, dem der Bewusstseinsinhalt sein Dasein verdankt, der Vorgang also, den wir als Vorgang des Empfindens, oder allgemeiner, als an sich unbewussten psychischen Vorgang bezeichnen. Dabei betone ich das "an sich unbewusst". Unmöglich kann ja jemand meinen, dass dies "Auftreten" eines Empfindungsinhaltes, diese Weise, wie es "gemacht wird", dass Empfindungsinhalte da sind, in seinem Bewusstsein sich abspiele.

Und von da können wir noch einen Schritt weiter gehen. Die "Kraft" des "Auftretens" der Bewusstseinsinhalte ist nichts anderes als die psychische Wirkungsfähigkeit. Ist also diese "Kraft" die Kraft der den Bewusstseinshalten zu Grunde liegenden, an sich *unbewussten Vorgänge*, so sind diese *Vorgänge* das eigentlich phychisch Wirkungsfähige. Es gilt also der allgemeine Satz: *Die Faktoren des psychischen Lebens sind nicht die Bewusstseinsinhalte, sondern die an sich unbewussten psychischen Vorgänge.* Die Aufgabe der Psychologie, falls sie nicht bloss Bewusstseinsinhalte beschreiben will, muss dann darin bestehen, aus der Beschaffenheit der Bewusstseinsinhalte und ihres zeitlichen Zusammenhanges die Natur dieser unbewussten Vorgänge zu erschliessen. Die Psychologie muss sein eine Theorie dieser Vorgänge. Eine solche Psychologie wird aber sehr bald finden, dass es gar *mancherlei* Eigenschaften dieser Vorgänge giebt, die in den entsprechenden Bewusstseinsinhalten *nicht repräsentiert* sind.

Noch zwei Bemerkungen habe ich dem hier Gesagten hinzuzufügen. Die Aufmerksamkeit ist die psychische Kraft. Nun pflegt man zunächst oder einzig von einer Aufmerksamkeit zu reden, die den bewussten Empfindungen und Vorstellungen zu teil werde. Dies hat seine guten Gründe. Von Gegenständen der Aufmerksamkeit, die sich dem Bewusstsein entziehen, haben wir kein unmittelbares Bewusstsein. Und das die Aufmerksamkeit oder die Inanspruchnahme psychischer Kraft begleitende Aufmerksamkeitsgefühl oder Gefühl der inneren Thätigkeit kann in unserem Bewusstsein nicht auf Unbewusstes, also nicht auf die Vorgänge, denen kein Bewusstseinsinhalt entspricht, bezogen erscheinen. Sondern es erscheint notwendig jederzeit bezogen auf Bewusstseinsinhalte. Soweit also die Aufmerksamkeit im Bewusstsein sich "spiegelt", ist sie allerdings immer nur Aufmerksamkeit auf Bewusstseinsinhalte. Dies hindert doch nicht, dass auch die Vorgänge, die keinen Bewusstseinsinhalt ins Dasein zu rufen vermögen, jederzeit gleichfalls Gegenstand grösserer oder geringerer Aufmerksamkeit sind. Natürlich verstehe ich dabei unter der Aufmerksamkeit nicht jene "Spiegelung" der Aufmerksamkeit, oder jenes Bewusstseinssymptom derselben, sondern die Aufmerksamkeit selbst. Diese wird nicht nur von bewussten, das heisst Bewusstseinhalte erzeugenden, sondern ebensowohl von unbewussten psychischen Vorgängen absorbiert. Sie wird immer *nur* absorbiert von den an sich unbewussten Vorgängen.

Die zweite Bemerkung ist diese: Nehmen wir an, ein Empfindungs- oder Vorstellungsvorgang, sei es ein "bewusster", sei es ein solcher, der ohne seinen zugehörigen Bewusstseinsinhalt bleibt, absorbiere vor einem anderen, oder auf Kosten eines anderen, psychische Kraft, so muss er dazu die Fähigkeit besitzen. Psychische Vorgänge besitzen diese Fähigkeit bald in grösserem, bald in geringeren Grade.

Hierfür nun pflege ich wiederum einen kurzen Ausdruck zu gebrauchen: Psychische Vorgänge besitzen grössere oder geringere "psychische Energie". Ein Donnerschlag zwingt die Aufmerksamkeit unter im übrigen gleichen Umständen in höherem Grade auf sich oder eignet sich die psychische Kraft "energischer" an, als ein leichtes Geräusch. Nichts anderes als dies meine ich, wenn ich sage, der Donnerschlag besitze grössere psychische Energie als das leise Geräusch.

Oder: Ein Gedanke, der mir wichtig ist, braucht nur von fern in mir angeregt zu werden, es genügt, dass eine Bemerkung fällt, die mit seinem Inhalte in loser Beziehung stellt, und ich vollziehe ihn mit Bewusstsein, und erscheine einen Moment von ihm erfüllt und beherrscht, so dass ich sonst für nichts Sinn und Auge habe; während ein ebenso naheliegender, aber gleichgültiger Gedanke, bei gleicher Art der Anregung, mir nicht zum Bewusstsein gekommen wäre. Nichts anderes als diese Thatsache meine ich, wenn ich sage, jener Gedanke besitze, vermöge seines wichtigen Inhaltes, größere "seelische Energie".

Hiermit sind die allgemeinsten Voraussetzungen für das Verständnis der
Komik bezeichnet. Es fehlt nach ihre Specialisierung.

DIE BESONDEREN BEDINGUNGEN DER KOMIK.

Wenden wir uns zurück zu dem, was wir als das Wesen der Komik bisher erkannt haben. Überall in der Komik fanden wir einen Gegensatz des Bedeutungsvollen oder Bedeutsamen und des Bedeutungslosen, oder, wie wir später öfter sagten, des Erhabenen und des Kleinen oder Nichtigen. Ein Erhabenes oder erhaben sich Gebärdendes schrumpfte für uns zu einem Nichtigen zusammen. Dabei war die Erhabenheit verschiedener Art. Immer aber war mit dem Erhabenen ein solches gemeint, in dessen Natur es liegt, uns oder die seelische Kraft in gewissem Grade in Anspruch zu nehmen, zu absorbieren, festzuhalten.

Auch daran erinnere ich noch einmal, dass dies "Bedeutsame" nicht unter allen Umständen uns als ein solches zu erscheinen braucht. Worauf es ankommt, ist, dass es als ein solches sich darstellt in dem *Zusammenhang*, in dem es *auftritt*.

Wenn wir nun von jemand eine ausserordentliche Leistung erwarten und er leistet nur Geringfügiges, so ist zunächst die erwartete Leistung ein Bedeutsames. Die thatsächliche geringfügige Leistung spielt aber, wie wir sagten, die Rolle der bedeutsamen, oder erhebt — in unserem Bewusstsein nämlich — den Anspruch eine bedeutsame zu sein, bauscht sich zu einer solchen auf u. s. w. Von dem Bettler, der an Stelle des erwarteten vornehmen Besuches zur Thüre hereintritt, meinte ich, wir hielten oder nähmen ihn im Momente seines Eintretens für den vornehmen Besuch. Es fragt sich jetzt, was mit der Vorstellung des Bedeutungslosen jedesmal in uns geschieht, wenn sie die Rolle des Bedeutsamen spielt, sich aufbauscht u. s. w.

Dieser Vorgang kann nach dem Obigen nur darin bestehen, dass das Bedeutungslose trotz seiner Bedeutungslosigkeit ein Mass seelischer Kraft gewinnt, wie sie sonst nur dem Bedeutungsvollen zuzuströmen pflegt. Es kann sie aber nicht, wie das Bedeutungsvolle, gewinnen vermöge seiner eigenen Energie oder Anziehungskraft; es kann sie also nur gewinnen durch die Gunst der Umstände.

Dass das Bedeutungslose, das den Eindruck der Komik macht, thatsächlich ein relativ hohes Mass psychischer Kraft gewinnt, zeigt die Erfahrung leicht. Die geringfügige Leistung wäre vielleicht ganz und gar unbeachtet geblieben, wir wären jedenfalls leicht darüber hinweggegangen, wenn wir in ihr nicht die klägliche Erfüllung hochgespannter Erwartungen sähen; und ebenso in den anderen Fällen. Alles Kleine, das komisch erscheint, nimmt unsere Aufmerksamkeit in Anspruch und fesselt sie in grösserem oder geringerem Grade. Dagegen würde es uns geringer oder gar keiner Aufmerksamkeit wert scheinen ausserhalb des komischen Zusammenhanges.

Wir wissen aber auch schon, worin jene "Gunst der Umstände" besteht, oder wie dieser komische Zusammenhang die bezeichnete Wirkung zu üben vermag. Wir "erwarten" die ausserordentliche Leistung. Diese Erwartung ist, wie wir schon im ersten Abschnitt sahen, eine Bereitschaft zur Wahrnehmung oder Erfassung der Leistung. Diese Bereitschaft bekundet sich darin, dass wir die Leistung, wenn sie wirklich wird, mit größerer *Leichtigkeit* erfassen. Nun ist der thatsächliche Vollzug einer Wahrnehmung "Absorbierung" seelischer Kraft: Die Wahrnehnumg eignet die zu ihrem Vollzug erforderliche seelische Kraft an und entzieht sie damit zugleich anderen seelischen Inhalten. Die Bereitschaft, von der wir hier reden, besteht also, was sie auch sonst sein mag, jedenfalls in einem Grad der Verfügbarkeit seelischer Kraft. Weil diese verfügbar ist, und in dem Masse, als sie es ist, vermag die vorbereitete Wahrnehmung sich dieselbe leichter anzueignen, als sie es sonst vermöchte. Damit sagen wir nichts, als was jeder, der die Bereitschaft zugiebt, selbstverständlich finden wird. Ich kann nicht bereit sein, eine Wahrnehmung oder einen Gedanken zu vollziehen, wenn ich nicht bereit bin mit meiner Fähigkeit Wahrnehmungen und Gedanken zu vollziehen, mich von dem, was mich sonst beschäftigt, hinweg und der Wahrnehmung oder dem Gedanken zuzuwenden oder ihm entgegenzukommen. Ich kleide nur diesen Thatbestand in einen möglichst bequemen und handlichen Ausdruck.

Diese zur Verfügung stehende Kraft kommt nun, wenn an die Stelle der erwarteten bedeutsamen Leistung die geringfügige tritt, dieser zu gute und wird von ihr leichter angeeignet, als dies ohne diese besondere Verfügbarkeit möglich wäre. Dies muss so sein, in dem Masse, als die thatsächliche Leistung mit der erwarteten übereinstimmt, also qualitativ betrachtet eben diese Leistung *ist*.

Die Natur der Bereitschaft und die Art ihrer Wirksamkeit lässt sich noch deutlicher machen, wenn wir auf die verschiedenen Arten von Fällen achten. Ich erinnere noch einmal an den öfter citierten, weil besonders einfachen Fall, das kleine Häuschen zwischen den grossen Palästen. Wenn wir die grossen Paläste gesehen haben, so bleibt das Bild derselben—als Erinnerungsbild—noch eine Zeitlang in uns lebendig und drängt, je lebendiger es ist, um so mehr nach Wiederherstellung seines Inhaltes in der Wahrnehmung. Dies geschieht nach einem allgemeinen psychologischen Gesetz, das nichts ist als das genügend vollständig aufgefasste Gesetz der Association und Reproduktion auf Grund der Ähnlichkeit. Von Haus aus drängt jede (reproduktive) Vorstellung auf solche Wiederherstellung in der Wahrnehmung hin. Dies Drängen ist nur unter besonderen Umständen besonders energisch, beispielsweise eben dann, wenn das Wahrnehmungsbild unmittelbar vorher einmal oder gar mehrere Male gegeben war. Dies Drängen wird zu einem "Entgegenkommen", wenn das Wahrnehmungsbild wirklich von neuem auftritt. Es bethätigt sich einstweilen als Zurückdrängen dessen, was sonst sich herandrängt. Kommt an Stelle des Wahrnehmungsbildes ein ähnliches, so gilt diesem das Entgegenkommen nach Massgabe der Ähnlichkeit.

Der Vollständigkeit halber muss hinzugefügt werden, dass die grossen Paläste auf uns wirken nicht nur vermöge ihrer Grösse, sondern zugleich vermöge dessen, was sie uns "sagen", das heisst vermöge des hinzukommenden Gedankens an die materiellen Kräfte, die in ihnen lebendig sind, an die Menschen, die darin auf besondere Art sich fühlen und bethätigen können und dergleichen. Auch dieser Gedanke wirkt in uns nach, er erhält, indem er nachwirkt, das mit ihm verbundene Erinnerungsbild der Paläste in uns lebendiger, und steigert damit zugleich die Tendenz desselben, in das entsprechende Wahrnehmungsbild überzugeben. Dies geschieht in Übereinstimmung mit der jedermann geläufigen Erfahrung, dass jeder Nebengedanke, der einem vorgestellten Gegenstand Interesse verleiht, die Begierde erhöht den Gegenstand zu sehen, überhaupt wahrzunehmen. Wiederum zeigt dieser Gedanke, ehe die erwartete Wahrnehmung sich einstellt, seine Wirksamkeit darin, dass er fremde Vorstellungsinhalte zurückdrängt.

Indem dann die Wahrnehmung des *kleinen Häuschens* sich verwirklicht, schwindet das Erinnerungsbild des grossen Palastes samt dem damit verknüpften Gedanken. Aber ihre vorbereitende Wirkung ist dann schon geschehen. Die seelische Kraft ist einmal für die Wahrnehmung verfügbar gemacht, und anderes, was sonst sich herzugedrängt hätte, ist zurückgedrängt und in seiner Fähigkeit, den Vollzug der Wahrnehmung zu hemmen, vermindert. Zudem verschwindet auch jenes Erinnerungsbild und der hinzukommende Gedanke nicht momentan. Dasjenige, was das Häuschen mit den Palästen gemein hat, dass es nämlich doch auch menschliche Wohnung ist, und in *einer Reihe* mit den Palästen auftritt, *hält* jene vorbereitenden Momente, und *erhält* damit ihre unterstützende Wirkung. Dies Gemeinsame muss aber ebendarum, weil es das *eigentlich* Vorbereitete ist, zunächst "ins Auge fallen" und psychologisch wirksam werden. Im ersten Augenblicke des Entstehens der Wahrnehmung des Häuschens also wird das Erinnerungsbild noch unterstützend wirken und jener Gedanke noch an die Wahrnehmung geheftet sein und auf ihren Vollzug hindrängen, dagegen Andersgeartetes verdrängen. — Darin verwirklicht sich der genauere Sinn der oben wiederholten Behauptung, wir nähmen oder hielten im ersten Augenblick das an die Stelle des erwarteten Bedeutsamen tretende Nichtige für das Bedeutsame, oder hefteten ihm die Bedeutung desselben an.

Erst wenn das kleine Häuschen in seiner Bedeutungslosigkeit von uns aufgefasst und erkannt ist, hat die Erwartung des Palastes und der Gedanke an das, was er "sagt", gar keinen Platz mehr. Das Wahrnehmungsbild erfreut sich dann in *seiner Nichtigkeit* des Masses der seelischen Kraft oder Aufmerksamkeit, oder bildlich gesagt, des Raumes in meiner Seele, der durch die Wirkung des Erinnerungsbildes und der daran sich heftenden Gedanken für dasselbe bereit gehalten wurde und jetzt, nachdem jene verschwunden sind, frei von ihm in Anspruch genommen werden kann.

Die Wahrnehmung großer Paläste ist in diesem Falle dasjenige, was die Tendenz zum weiteren Vollzug derselben Wahrnehmung in mir entstehen lässt. Wir haben es dabei, wie schon gesagt, zu thun mit einer Wirkung des in seinem vollen Umfange gefassten Gesetzes der Association der *Ähnlichkeit*. Dagegen beruht es auf dem zweiten Associationsgesetze, dem Gesetze der Erfahrungsassociation, wenn die Ankündigung einer grossen Leistung hindrängt oder die Bereitschaft erzeugt zum Vollzug der Wahrnehmung einer grossen Leistung beziehungsweise zum Vollzug des Urteils, dass eine grosse Leistung thatsächlich vollbracht werde. Wir haben in unserer Erfahrung auf Ankündigung grosser Thaten grosse Thaten folgen sehen, oder wenigstens uns überzeugt, dass sie geschahen. Daraus ist ein Zusammenhang der seelischen Erlebnisse entstanden, demzufolge die Wiederkehr des ersten Erlebnisses, nämlich der Ankündigung, immer wieder die Tendenz zur Wiederkehr des zweiten, der Wahrnehmung der That oder der Gewissheit ihrer Ausführung, in sich schliesst. Die Art, wie diese Tendenz oder Bereitschaft der thatsächlich wahrgenommenen oder konstatierten *geringfügigen* Leistung zu Gute kommt, stimmt dabei mit der Art des Hergangs im vorigen Falle überein.

Dies Letztere gilt nicht durchaus in andern Fällen; nämlich in allen denjenigen, bei denen ein nach *gewöhnlicher Anschauung* Nichtiges in dem Zusammenhang, in dem es auftritt, *wirklich* als ein Bedeutungsvolles erscheint, um dann die Bedeutung, eben angesichts der gewöhnlichen Betrachtungsweise, wieder zu verlieren. Der Unterschied besteht darin, dass in diesen Fällen das für die Bereithaltung und Freimachung seelischer Kraft vorhin erst in zweiter Linie in Betracht gezogene Moment das eigentlich Bedingende wird. Die schwarze Hautfarbe des Negers erscheint, weil sie doch auch, so gut wie die weisse des Kaukasiers, Farbe menschlicher Körperformen ist, mit diesen Formen *zugleich*, als Träger menschlichen Lebens. Achten wir dann auf die Farbe als solche, so gewinnt die Erfahrung Macht, derzufolge nur die weisse Hautfarbe Träger dieses Lebens sein kann. Die Farbe erscheint jetzt als nur thatsächlich vorhandene, also nichtsbedeutende Farbe. Sie ist aber nun einmal durch die Wirksamkeit jenes Gedankens, dass sie Träger menschlichen Lebens sei, in uns "emporgehoben" und in die "Mitte des Bewusstseins" gestellt, oder sachlicher gesprochen, sie hat nun einmal durch Hilfe jenes Gedankens ihr volles Mass von seelischer Kraft aneignen können; und sie vermag dasselbe jetzt, wo jener Gedanke verschwunden ist und damit auch die von ihm bisher in Anspruch genommene und fremden Vorstellungsinhalten abgenötigte Kraft freigelassen hat, — trotz ihrer Nichtigkeit und natürlichen Anspruchslosigkeit — frei zu behaupten und weiter in Anspruch zu nehmen. Sie vermag dies nicht für immer, wohl aber solange, bis wir uns "gesammelt" haben, das heisst bis die zurückgedrängten fremden Vorstellungen wieder mit erneuter Energie sich herzudrängen und ihr natürliches Anrecht auf die seelische Kraft geltend machen.

Ganz derselbe Hergang findet auch statt bei aller *subjektiven* und *naiven* Komik. Dort bildet der Sinn, den eine Äusserung oder Handlung gewinnt, den Inhalt des Gedankens, der die Äusserung oder Handlung "emporhebt"; hier bildet die Bedeutung, die einer Äusserung oder Handlung vom Standpunkt der naiven Persönlichkeit aus erwächst, den Inhalt dieses Gedankens. Immer schafft dieser Gedanke, indem er mit der Äusserung oder Handlung sich verbindet, dieser die Möglichkeit leichterer Aneignung seelischer Kraft, und immer überlässt er, indem er verschwindet, die Kraft, die er in Verbindung mit der Äusserung oder Handlung angeeignet hat, der nunmehr nichtig gewordenen Äusserung oder Handlung zu weiterer freier Inanspruchnahme. Es ist bildlich gesprochen, aber es trifft die Sache, wenn wir mit Rücksicht auf alle Komik den Hergang so beschreiben, dass wir sagen, ein Nichtiges, das heisst zur Aneignung seelischer Kraft aus eigener Energie relativ Unfähiges, gewinne erst in Verbindung und durch Verbindung mit einem Bedeutsamen, das heisst zu dieser Aneignung seiner Natur nach Fähigen, Raum oder Luft in dem Gedränge der seelischen Vorgänge, und erfreue sich dann für eine Zeitlang der Möglichkeit freier Entfaltung und Selbstbehauptung in dem Raume, der nach Verschwinden des Bedeutsamen ihm allein zur Verfügung bleibt.

IX. KAPITEL. DAS GEFÜHL DER KOMIK.

GESETZ DES LUSTGEFÜHLS.

Aus dem Vorstehenden ergiebt sich das Gefühl der Komik nach allgemeinen psychologischen Gesetzen. Wie wir sehen werden, ist dies Gefühl zunächst Gefühl der komischen Lust, es hat zunächst Lustfärbung oder, was dasselbe sagt, es ist zunächst eine Färbung des Lustgefühls. Wir fragen demnach zweckmässigerweise zuerst: Welches sind die allgemeinen Bedingungen des Lustgefühls?

Darauf lautet die Antwort: Lust entsteht, wenn ein psychisches Geschehen in uns günstige, also unterstützende, fördernde, erleichternde Bedingungen seines Vollzuges vorfindet.

Dieser Satz bedarf einer Erläuterung. Jedes Geschehen, also auch jedes psychische Geschehen vollzieht sich, wenn und soweit die Bedingungen seines *Eintrittes* gegeben sind. Jedes Geschehen, also auch jedes psychische Geschehen unterliegt den natürlichen Bedingungen seines Daseins.

Indessen, wenn ich hier von Bedingungen des *Vollzuges* eines psychischen Geschehens rede, so meine ich nicht die Bedingungen seines "Eintrittes", sondern eben die Bedingungen seines "Vollzuges". Der "Eintritt" eines psychischen Geschehens ist die Auslösung desselben. Diese Auslösung geschieht bei Empfindungen—oder Komplexen von solchen—durch den physiologischen Reiz; bei Vorstellungen durch den psychischen oder reproduktiven Reiz. Will man, so kann man diesen Eintritt eines psychischen Geschehens oder diese Auslösung eines Empfindungs- oder Vorstellungsvorganges auch als Akt der "Perception" bezeichnen.

Mit dieser "Perception" ist nun aber, wie wir wissen, über das Schicksal des psychischen Geschehens noch nicht entschieden. Sondern es fragt sich noch, wie weit dies psychische Geschehen, im Zusammenhang des psychischen Geschehens überhaupt, zur "Geltung" kommt, sich entfaltet, welche psychische Höhe es erreicht, oder welches Mass von psychischer Kraft es sich anzueignen oder zu gewinnen vermag. Darin besteht, oder darnach bestimmt sich der "Vollzug" des psychischen Geschehens. Es ist nichts dagegen einzuwenden, wenn man diesen Vollzug des psychischen Geschehens mit dem oben schon einmal gebrauchten Namen "Apperception" belegen will.

Dann sind die Bedingungen des psychischen Geschehens, von denen ich rede,
Bedingungen der Apperception. Sie sind mit dem *von uns* meistgebrauchten
Ausdruck Bedingungen der psychischen Kraftaneignung.

Aber nicht alle Bedingungen der Apperception oder Kraftaneignung kommen hier in Frage; sondern nur diejenigen, welche das psychische Geschehen "vorfindet". Den von dem psychischen Geschehen *vorgefundenen* Bedingungen der Apperception stehen die in ihm selbst enthaltenen, oder mit seiner Auslösung oder dem Akte der Perception bereits gegebenen entgegen. Diese also sind hier ausgeschlossen.

Was ich hiermit meine, verdeutliche ich, indem ich wiederum den Begriff der psychischen Energie herbeiziehe.

Jedes psychische Geschehen hat, wenn es einmal "ausgelöst" ist, seine bestimmte Energie, d. h. seinen bestimmten Grad von Fähigkeit, die psychische Kraft zu *beanspruchen*. Es hat diese Fähigkeit, weil es eben dieses bestimmte Geschehen ist. Um Zweideutigkeiten vorzubeugen, will ich diese Energie, oder diesen Grad der Inanspruchnahme psychischer Kraft, der einem psychischen Geschehen an sich zukommt,—also unabhängig von dem psychischen Zusammenhang, in welches das psychische Geschehen eintritt—als *eigene Energie* des psychischen Geschehens bezeichnen. Als Beispiel diene die eigene Energie, welche dem Donnerschlag vermöge seiner Lautheit zukommt.

Das Mass von psychischer Kraft, das ein psychisches Geschehen thatsächlich gewinnt, oder der Grad seiner Apperception, ist nun, wie bereits betont, zunächst abhängig von dieser eigenen Energie. Er ist aber andererseits abhängig von den sonst in der Psyche gegebenen Bedingungen, etwa von der in der "Erwartung" liegenden "Bereitschaft". Die Bedingungen der letzteren Art können wir allgemein bezeichnen, und haben wir soeben bereits bezeichnet als solche, die dem "*Zusammenhang*" angehören, in welchen der einzelne psychische Vorgang sich einfügt. Sie sind, kurz gesagt, Bedingungen des psychischen Zusammenhanges.

Wir müssen also sagen: Lust entsteht in dem Masse, als für ein psychisches Geschehen solche günstige Bedingungen seiner Kraftaneignung bestehen, die nicht in dem einzelnen psychischen Vorgange als solchem, sondern irgendwie im Zusammenhang der Momente oder Faktoren des psychischen Lebens begründet liegen. Je mehr solche Bedingungen bestehen, desto mehr wird ein psychisches Geschehen von uns, d. h. vom Zusammenhang des psychischen Lebens frei "angeeignet". Wir können also auch diese freie Aneignung als Grund der Lust bezeichnen. Je mehr von uns psychisch angeeignet wird, oder je mehr psychisch geschieht, und je günstiger zugleich die im Zusammenhang des Ganzen gegebenen Bedingungen für die Aneignung oder für den Vollzug des psychischen Geschehens sind, oder mit einem anderen Ausdruck, je reicher und intensiver die psychische "Thätigkeit" ist, und je mehr in ihr zugleich alle Faktoren *frei zusammenwirken*, desto grösser ist die Lust.

"QUALITATIVE ÜBEREINSTIMMUNG" ALS GRUND DER LUST.

Jetzt fragt es sich aber: Wann sind Bedingungen dem Vollzug eines psychischen Geschehens günstig. Darauf lautet die Antwort zunächst: Sie sind es, wenn oder soweit zwischen ihnen und diesem Geschehen *qualitative Übereinstimmung* besteht. Diese qualitative Übereinstimmung ist verschiedener Art. Hier muss ich mich begnügen, sie durch einige Beispiele zu verdeutlichen:

Es entsteht Lust aus der Folge zweier zu einander harmonischer Töne, weil jeder den Vollzug des anderen vorbereitet oder unterstützt. Diese Vorbereitung oder Unterstützung beruht auf der Verwandtschaft—nicht zwischen den Tönen, diesen *Bewusstseinsinhalten*, sondern auf der Verwandtschaft oder eigenartigen Ähnlichkeit, die zwischen den, diesen Tönen zu Grunde liegenden psychischen *Vorgängen* besteht.

Es entsteht ebenso Lust aus der Wahrnehmung einer regelmässigen geometrischen Figur, weil die übereinstimmenden Teile derselben aufeinander hinweisen. Hier ist im Gegensatz zum vorigen Falle die Übereinstimmung oder "Ähnlichkeit" eine solche, die zugleich in den Bewusstseinsinhalten repräsentiert ist.

Es entsteht, um noch ein drittes Beispiel anzuführen, Lust aus der Wahrnehmung eines edlen Entschlusses, weil in meiner eigenen sittlichen Natur, wenn auch vielleicht in meinem sonstigen Leben praktisch unwirksam, Triebfedern zu gleich edlen Entschlüssen liegen, die durch jene Wahrnehmung wachgerufen, dem wahrgenommenen Entschlusse "entgegenkommen". Dies Vorbereiten, Unterstützen, Hinweisen, Entgegenkommen sagt jedesmal dasselbe: Erleichterung der Aneignung psychischer Kraft, Mitteilung derselben, Wirken als günstige Bedingung für die Entfaltung oder das Zur-Geltung-Kommen eines psychischen Geschehens. Jedesmal beruht die Erleichterung der Aneignung psychischer Kraft auf einer qualitativen Übereinstimmung zwischen einem psychischen Vorgang und von ihm vorgefundenen Bedingungen seiner Kraftaneignung.

"QUANTITATIVE VERHÄLTNISSE". GEFÜHL DER "GRÖSSE".

Diese qualitative Übereinstimmung ist, allgemein gesagt, eine Art des qualitativen *Verhältnisses*. Diesem qualitativen Verhältnis steht entgegen das quantitative Verhältnis, nämlich das quantitative Verhältnis zwischen einem psychischen Geschehen und den von ihm vorgefundenen oder den im psychischen Zusammenhang gegebenen Bedingungen seiner Kraftaneignung. Auch dies quantitative Verhältnis hat für das Lustgefühl Bedeutung. Zugleich führt uns die Betrachtung desselben weiter: In diesem quantitativen Verhältnis liegt der Grund der Gefühlsfärbungen, die wir mit den Namen: Gefühl des Grossen, des Gewichtigen etc., andererseits mit den Namen: Gefühl des Kleinen oder des Heiteren etc. bezeichnet haben.

Jeder psychische Vorgang, so sagte ich oben, hat, nachdem er einmal ausgelöst ist, eine bestimmte mit seiner Beschaffenheit gegebene "eigene Energie". Er beansprucht oder fordert, als dieser bestimmte Vorgang, die psychische Kraft energischer oder weniger energisch, oder er beansprucht mehr oder weniger psychische Kraft.

Sei nun irgend ein Vorgang von bestimmter Energie gegeben, so fragt es sich — nicht nur, ob der gesamte psychische Zusammenhang oder irgend ein anderweitiger Vorgang sich qualitativ so zu ihm verhält, dass er fähig ist, jenem Vorgang die psychische Kraft zu überlassen oder zuzuweisen, sondern es fragt sich auch, wie viel Kraft in jenem Zusammenhang überhaupt vorhanden, oder in einem solchen anderweitigen Vorgang repräsentiert ist, und demgemäss jenem Vorgang auf dem eben bezeichneten Wege zugewiesen werden kann, bezw. wie leicht diese Kraft *verfügbar* gemacht, d. h. dem, was dieselbe sonst beansprucht, entzogen werden kann.

Dabei nun bestehen drei Möglichkeiten. Entweder dies Mass der verfügbaren Kraft oder dies Mass der Verfügbarkeit der Kraft steht mit jenem Anspruch oder jener Energie der Inanspruchnahme in einem bestimmten nicht näher definierbaren Verhältnis des Gleichgewichtes. Oder es überwiegt jene Energie. Oder endlich es überwiegt diese Verfügbarkeit.

Achten wir zunächst auf die erste der beiden letzten Möglichkeiten. Um nicht allzu allgemein zu reden, fassen wir gleich spezieller geartete Fälle ins Auge. Ein Objekt schliesse eine Vielheit in sich. Der psychische Vollzug der einzelnen Elemente dieser Vielheit finde in mir Bedingungen vor, mit denen er in qualitativer Übereinstimmung steht. Zugleich bilden die Elemente eine qualitative Einheit. D. h. sie unterstützen sich vermöge zwischen ihnen bestehender qualitativer Übereinstimmung wechselseitig in der Aneignung der psychischen Kraft. Daraus ergiebt sich eine starke Lust. Zugleich aber besitzt der Gesamtvorgang eine erhebliche Energie der Inanspruchnahme psychischer Kraft: Das Objekt als Ganzes drängt sich mit grosser Energie auf.

Diese Energie nun kann *beliebig* gross gedacht werden. Dagegen ist die Möglichkeit, dass dem Objekt psychische Kraft von mir zugewandt werde, beschränkt. Meine gesamte psychische Kraft ist ja in bestimmte Grenzen eingeschlossen. Hier kann demnach ein Übergewicht jener Energie über diese Verfügbarkeit stattfinden. In dem Masse als dies geschieht, gewinnt die Lust an dem Objekte den

Charakter der Grösse, des Gewichtigen, des Mächtigen, des Tiefen, des Ernstes.

Dieser Charakter wechselt und verdient bald mehr den einen bald mehr den anderen der soeben gebrauchten Namen, je nach dem Grade jenes Übergewichtes, andererseits je nach der Kraft, welche die Bedingungen des Lustgefühles besitzen. Steigt jenes Übergewicht, so wird das Gefühl mehr und mehr zu einem Gefühl des Strengen, Übermächtigen, Überwältigenden.

Beispiele für jenes Gefühl der Grösse sind die Gefühle, die wir haben angesichts des Meeres, eines gewaltigen Gebirges, einer von einem Willen bewegten und auf ein Ziel gerichteten Menge, auch gegenüber der einzelnen Persönlichkeit, die alle ihre Kraft in einem grossen Gedanken zusammenfasst. In diesen Fällen bezeichnen wir das Gefühl auch als Gefühl der Erhabenheit. Für den besonderen Sinn der Erhabenheit verweise ich auf S. 19[*] und auf den Anfang des vierten Abschnittes.

[* Im Unterkapitel ALLERLEI ÄSTHETISCHE THEORIEN. Transkriptor.]

"GRÖSSE" UND UNLUST.

Jenes Gefühl des Strengen, Überwältigenden, Übermächtigen ist unserer Voraussetzung nach noch Gefühl der Lust, nur mit diesem besonderen Charakter. Es kann aber in ihm die Lustfärbung mehr und mehr sich mindern und schliesslich in eine Unlustfärbung sich verwandeln. Dies muss geschehen, wenn wir uns die Wirkung der qualitativen Übereinstimmung mehr und mehr hinter der Wirkung des Übergewichtes der Inanspruchnahme der psychischen Kraft über die Verfügbarkeit derselben zurücktretend denken.

Hiermit ist schon gesagt, dass dies Übergewicht an sich Grund der Unlust ist. So muss es sein gemäss dem allgemeinen Gesetz der Unlust. Dies gewinnen wir aus dem allgemeinen Gesetz der Lust, wenn wir an die Stelle der Übereinstimmung den Gegensatz oder Widerstreit treten lassen: Unlust entsteht, wenn ein psychischer Vorgang Bedingungen vorfindet, die seinen Vollzug oder seine Aneignung psychischer Kraft hemmen.

Auch dieser Widerstreit ist zunächst ein qualitativer. Ein einfaches Beispiel eines solchen qualitativen Widerstreits bieten etwa die disharmonischen Töne. Nicht die Töne, d. h. die Inhalte unserer Tonempfindung, wohl aber die dem Dasein derselben zu Grunde liegenden psychischen Vorgänge, müssen als zu einander qualitativ gegensätzlich, und demgemäss ihren Vollzug wechselseitig hemmend oder störend gedacht werden.

Diesem qualitativen Gegensatz sieht aber gegenüber der quantitative. Dieser fällt mit dem Übergewicht der Inanspruchnahme psychischer Kraft über die Verfügbarkeit derselben zusammen. In dem Masse als dies Übergewicht besteht, vollzieht sich die Aneignung der Kraft zwangsweise, unter Hemmungen. Der Vollzug des Vorgangs ist eine uns gestellte Zumutung, und wird schliesslich zur unlustvollen Vergewaltigung.

Darnach kann von dem Gefühl der lustvollen Grösse, oder des lustvoll Gewaltigen, des Erhabenen etc. in gewissem Sinn gesagt werden, dass in dasselbe Lust und Unlust als Faktoren eingehen. Nicht in dem Sinne, dass in diesem Gefühl die *Gefühle* der Lust und Unlust sich verbinden, wohl aber in dem Sinne, dass *Bedingungen* der Lust und Bedingungen der Unlust zur Erzeugung eines neuen Gefühles, nämlich eben des eigenartigen Gefühles der lustvollen Grösse *zusammenwirken*.

So können überhaupt in mannigfacher Weise Bedingungen der Lust und der Unlust zur Erzeugung eines neuen Gefühles sich vereinigen. Insbesondere haben Bedingungen der Unlust, die mit Bedingungen der Lust sich vereinigen, nicht etwa ohne weiteres die Bedeutung einer Verringerung der Lust. Vielmehr besteht ihre Bedeutung unter bestimmten Voraussetzungen immer darin, der Lust einen anderen Charakter, vor allem mehr Eindringlichkeit, grössere Tiefe, mehr Gehalt zu verleihen.

Diese Voraussetzungen können hier nicht allgemein untersucht werden. Die
Psychologie hat natürlich die Aufgabe, sie zu untersuchen. Diese Aufgabe
gehört aber leider zu den vielen wichtigsten Aufgaben, die die Psychologie jetzt zu ihrem Schaden vernachlässigt.

Nur dies ist uns in dem gegenwärtigen Zusammenhange wichtig, dass die Bedingungen der Unlust, soweit sie in jenem quantitativen Gegensatz oder jenem Übergewicht der Inanspruchnahme psychischer Kraft über die Verfügbarkeit derselben bestehen, zusammen mit den in der qualitativen Übereinstimmung gegebenen Bedingungen der Lust jenes Gefühl der bald mehr lustvollen, bald mehr unlustvollen *Grösse* bedingen.

Und wenn nun zum qualitativen *Gegensatz* dieser quantitative Gegensatz tritt? Dann steigert sich nach dem allgemeinen Gesetz der Unlust die Unlust. Zugleich gewinnt auch diese Unlust eine Art der Grösse, nur eben der unlustvollen Grösse; auch die Unlust gewinnt Schwere, Eindringlichkeit, Tiefe. Es ist etwas *qualitativ* Anderes um das Gefühl der Unlust, wenn ich von allerlei Kleinigkeiten geärgert, von fortgesetzten "Nadelstichen" gepeinigt, von einer aus dem Wechsel einander entgegengesetzter Antriebe fliessenden inneren Unruhe gefoltert bin, als wenn ein grosses Unglück, ein einziges bitteres Leid, ein tiefer Schmerz mich in Anspruch nimmt.

Dabei ist freilich zu bedenken, dass nichts mich innerlich ganz in Anspruch nehmen kann, ohne mein Wesen in Eines zusammenzufassen, und dass solche innere Vereinheitlichung an sich betrachtet wiederum ein lusterzeugendes Moment ist. Steigert sich dies, so nähert sich das fragliche Gefühl dem lustgefärbten Gefühl der Grösse. Es geht, wenn weitere lusterzeugende Momente hinzutreten, stetig in dies Gefühl über, ebenso wie wir vorhin dies Gefühl in jenes stetig übergehen sahen. Doch kann auch hierauf in diesem Zusammenhang nicht im Einzelnen eingegangen werden. Es wäre dazu eine vollkommen sichere Analyse der einzelnen Fälle erforderlich.

GEFÜHL DES "HEITEREN".

Setzen wir jetzt den umgekehrten Fall, d. h. nehmen wir an, es überwiege das Mass der verfügbaren psychischen Kraft, oder es überwiege das Mass ihrer Verfügbarkeit, über die Energie, mit der Objekte diese Kraft in Anspruch nehmen. Dann gewinnen wir das entgegengesetzte Bild.

Was uns in einem Augenblick beschäftigt, sei an sich, weil es mit den Bedingungen seines psychischen Vollzuges in qualitativer Übereinstimmung steht, Gegenstand der Lust, aber es vermöge seiner Natur nach uns nur wenig in Anspruch zu nehmen. Zugleich seien wir innerlich frei genug, um uns ihm mit unserer ganzen Kraft zuzuwenden. Dann geschieht jener psychische Vollzug spielend. Daraus ergiebt sich ein Zuwachs von Lust. Auch dieser Überschuss von verfügbarer Kraft ist ja eine günstige Bedingung für den psychischen Vollzug oder die Kraftaneignung der Objekte. Auch damit ist eine Art der Übereinstimmung psychischer Vorgänge mit den Bedingungen ihrer Kraftaneignung gegeben; nicht eine qualitative, sondern eine quantitative Übereinstimmung. Zugleich aber gewinnt das Gefühl der Lust einen neuen Charakter, nämlich den Charakter des Leichten, des Heiteren, des "Spielenden". Das Spiel der Kinder ist eine solche Art der psychischen Bethätigung.

Wiederum gewinnt auch das an sich Unlustvolle einen *gleichartigen* Charakter, wenn die gleichen Bedingungen gegeben sind. Auch mit kleinen Widerwärtigkeiten können wir innerlich spielen. Voraussetzung ist, dass sie—nicht nur an sich, sondern für uns *kleine* Widerwärtigkeiten sind, d. h. als solche sich uns darstellen und auf uns wirken, dass sie also nicht heftig sich aufdrängen; andererseits dass wir in der Verfassung sind, sie frei aufzufassen und in ihrer Kleinheit hell zu beleuchten, dass wir ihnen gegenüber möglichst wenig passiv und in möglichst hohem Grade aktiv, möglichst wenig von ihnen affiziert und in möglichst hohem Grade ihnen gegenüber überlegen oder souverän sind, oder mit einem Worte, dass wir ihnen mit "Humor" gegenüberstehen. Mit allen diesen Ausdrücken ist immer dasselbe bezeichnet, nämlich das Übergewicht der verfügbaren psychischen Kraft oder der Verfügbarkeit dieser Kraft über die Energie, mit der das Objekt von sich aus diese Kraft beansprucht. Die "Souveränität", von der ich hier rede, oder die "geistige Freiheit", von der ich vorhin sprach, das ist eben diese relativ hohe Verfügbarkeit der psychischen Kraft. Je grösser sie ist, desto anspruchsvoller oder aufdringlicher kann die Widerwärtigkeit ihrer Natur nach sein, und trotzdem die Betrachtung der Unannehmlichkeit für uns zum Spiel werden, oder was dasselbe sagt, Gegenstand einer Unlust sein, die einen Charakter des "Heiteren" an sich trägt.

Was diesem Charakter des Heiteren oder diesem unserem "Leichtnehmen" zu Grunde liegt, ist nach vorhin Gesagtem an sich Grund der Lust. So wirken also auch hier wiederum, wie beim Gefühl der lustvollen Grösse, nur in umgekehrter Weise, Bedingungen der Lust und der Unlust zusammen. Und wiederum ergiebt sich daraus ein Neues, nämlich eben dies Gefühl, das wir soeben als Gefühl des Heiteren oder des Leichtnehmens bezeichnet haben.— Auch Schmerzen können in solcher leichten Weise uns anmuten, wenn wir die nötige "geistige Freiheit" haben.

DAS ÜBERRASCHEND GROSSE.

Lassen wir in Gedanken diese geistige Freiheit sich steigern und die Energie, mit der die Unannehmlichkeit uns affiziert, sich mindern, so geht dies Gefühl der heiteren oder leichtgenommenen Unlust in ein lustbetontes Gefühl der Heiterkeit über: Die kleine Widerwärtigkeit oder der geringe Schmerz "belustigt" uns oder wird Gegenstand eines Gefühles der "Heiterkeit" in dem gewöhnlichen Sinne des Wortes.

Eine besondere Steigerung jener geistigen Freiheit nun, andererseits ebensowohl eine Minderung derselben, also eine Mehrung des Übergewichtes der Energie der Inanspruchnahme psychischer Kraft über die Verfügbarkeit derselben, ergiebt sich uns, wenn wir wiederum den Begriff der Erwartung, oder das, was in diesem Begriff für uns eingeschlossen war, hinzunehmen.

Ich machte vorhin, als vom Gefühl der Grösse die Rede war, und ebenso jetzt eben, beim Gefühl des Heiteren oder des Spieles, nicht die Voraussetzung, dass das "Grosse" oder das heiter Anmutende einer Erwartung widerspreche. Ich redete von dem Grossen, das ein Gefühl der Grösse erweckt, auch wenn eben dies Grosse erwartet wird. Man erinnere sich wiederum an das Meer, oder an das gewaltige Gebirge. Ebenso war mit dem minder Aufdringlichen oder mit minderer psychischer Energie Begabten, das leicht oder heiter genommen wird, ein solches gemeint, das diesen Charakter besitzt, auch wenn nichts Anderes, vor allem nichts Grosses an seiner Stelle erwartet wird.

Nehmen wir jetzt die Erwartung hinzu, so haben wir eine neue und wesentliche Bedingung für jede der beiden Gefühlswirkungen.

Der Einfachheit halber fassen wir hier die Erwartung im positiven Sinne, also als Erwartung eines Bedeutungs- oder Eindrucksvollen. Dann mindert die Erwartung das Gefühl der Grösse. Umgekehrt lässt der Mangel einer solchen Erwartung auch dem minder Grossen gegenüber einen gesteigerten Eindruck der Grösse entstehen: Wir sind überrascht, wir erstaunen; es wird dasjenige zum Überwältigenden, was dann, wenn es erwartet worden wäre, vielleicht zwar auch noch als gross erschienen wäre, aber keine überwältigende Wirkung geübt hätte. Erwartung ist eben, wie wir schon sahen, eine besondere Weise psychische Kraft für das Erwartete zur *Verfügung* zu stellen. Damit wird das Übergewicht der Energie des Erwarteten über die Verfügbarkeit der psychischen Kraft vermindert. Und darauf beruht ja, wie wir wissen, das Gefühl der Grösse.

Je grösser aber, abgesehen von der Erwartung, jenes Übergewicht ist, d. h. je mehr das Erwartete ein Grosses ist, desto stärker muss die in der Erwartung liegende Vorbereitung sein, wenn dem Gefühl der Lust, bezw. der Unlust sein Charakter des Großen, Überwältigenden, Erstaunlichen genommen werden soll. Das Große sei etwa wiederum ein mächtig vor mir aufsteigendes Gebirge. Dann bedarf es eines entschiedeneren Vorbereitetseins, wenn das Gefühl des Staunens unterbleiben soll, als wenn es sich um einen Gegenstand von minderer Mächtigkeit handelte. Gleiches gilt von dem *unerfreulichen*, aber mächtig auf mich eindringenden Getöse. Bin ich auf dies durch entsprechende Erwartung entschieden vorbereitet, so bleibt es zwar für mich unlustvoll. Aber es verliert sein Gepräge des momentan Überwältigenden.

Wir erfreuen uns aber des Grades der Bereitschaft, wie er zur Aufhebung dieses Gefühlscharakters erforderlich ist, um so sicherer, je mehr wir gleichartige Objekte von eben solcher oder größerer Aufdringlichkeit oder Energie der Inanspruchnahme psychischer Kraft erwarten. Die Bereitschaft zur Auffassung oder zum psychischen "Vollzug" eines Bedeutungsvollen oder Grossen ist zugleich eine Bereitschaft in entsprechendem *Grade*. Dies muß so sein nach dem, was wir als das Wesen der Erwartung kennen gelernt haben. Diese besteht in der seelische Kraft aneignenden und für das Erwartete verfügbar machenden Wirksamkeit der Vorstellung des Erwarteten, einschliesslich der Gedanken, die mit dem Erwarteten sich verknüpfen, und ihm für uns Bedeutung und Interesse verleihen. Je bedeutungsvoller aber das Erwartete an sich ist, und je bedeutungsvolleren Inhalt diese Gedanken haben, um so stärker muss nach unserem Begriff des "Bedeutungsvollen" jene Kraft aneignende und Kraft zur Verfügung stellende Wirksamkeit sich erweisen.

Wir können also, was uns die Betrachtung der Gefühlswirkung des erwarteten und des nicht erwarteten gewaltigen Gebirges, bezw. überwältigenden Getöses lehrt, auch so ausdrücken, dass wir sagen: Je Grösseres erwartet wird, um so mehr mindert sich das Gefühl der Grösse, das wir angesichts des durch die Erwartung vorbereiteten Objektes haben.

DAS ÜBERRASCHEND KLEINE. DIE KOMIK.

Nehmen wir jetzt an, das durch die Erwartung vorbereitete Objekt sei ein Kleines oder relativ Nichtiges, dann muß dies Kleine, in dem Masse als es durch die Erwartung eines Grossen vorbereitet ist, nicht nur ein minderes Gefühl der Grösse, sondern ein stärkeres Gefühl der Kleinheit erzeugen. Oder: Ist ein grösseres Objekt um so mehr Gegenstand des Gefühls der Grösse, je weniger wir auf die Erfassung eines Grossen vorbereitet sind, so muss das Kleine um so mehr Gegenstand des Gefühles des Heiteren sein, je mehr eine solche Vorbereitung stattgefunden hat. Die Erwartung eines Grossen schliesst hier ein um so grösseres *Übergewicht* der verfügbaren psychischen *Kraft* über die Energie der *Inanspruchnahme* derselben in sich, je grösser das Grosse, zugleich je kleiner oder nichtiger das Kleine ist. Auf diesem Übergewicht aber beruhte uns das Gefühl des Heiteren. Das *besondere* Übergewicht aber, das unter der hier bezeichneten Voraussetzung stattfindet, lässt das Gefühl des Heiteren, das wir vorhin auch schon dann eintreten sahen, wenn diese besondere Voraussetzung nicht gegeben war, zu dem ausgesprochenen Gefühl des Heiteren werden, das wir als Gefühl der Komik bezeichnen.

Das Gleiche, was durch die Erwartung des Grossen bedingt wird, wird auch zuwege gebracht, wenn *Dasselbe* erst bedeutungsvoll, dann nichtig erscheint. Es besitzt, als Bedeutungsvolles, sein erhebliches Mass psychischer Kraft; und diese verbleibt ihm, wenn es ein Nichtiges geworden ist. Wir sahen freilich, dass diese beiden Fälle nicht grundsätzlich verschieden sind. Auch in jenem Falle kann gesagt werden, es erscheine Dasselbe erst bedeutungsvoll dann nichtig. Und auch in diesem Falle kann von einer "Erwartung" eines Bedeutungsvollen gesprochen werden.

Hiermit ist das Gefühl der Komik verständlich geworden. Nicht jedes beliebige Gefühl der Komik, sondern das Gefühl der Komik im allgemeinen. Zugleich leuchtet ein, warum dasselbe zunächst als Gefühl komischer Lust sich darstellen muss. Wir sahen ja: Das Übergewicht der Verfügbarkeit der psychischen Kraft über die Inanspruchnahme derselben ist Grund der Lust und lässt *zugleich* dies Gefühl den Charakter des Heiteren, Leichten, Spielenden gewinnen.

Ist es erlaubt, für den Grund der Entstehung dieses Gefühles schliesslich noch ein verdeutlichendes Bild zu gebrauchen, so denke man sich, jemand erwarte und sei gerüstet auf den Besuch einer aus mehreren Köpfen bestehenden Familie, habe also den Raum, und was sonst erforderlich ist, verfügbar gemacht. Kommt nun statt der erwarteten eine grössere Anzahl von Gästen, so werden diese die Insassen des Hauses beengen und sich selbst beengt fühlen. Kommt dagegen nur ein einziger, so wird dieser freier sich entfalten und bequemer sich ausbreiten können, als wenn auf ihn allein gerechnet worden wäre. Oder nehmen wir an, es sei überhaupt niemand angekündigt, die ans mehreren Köpfen bestehende Familie sei aber gekommen und habe den Hausherrn genötigt, wohl oder übel, den für sie erforderlichen Platz zu schaffen; dann seien alle bis auf einen wieder abgereist; so wird wiederum der Zurückbleibende, so lange bis die alte Ordnung wieder hergestellt ist, sich freier ausbreiten können, als wenn er von vornherein der einzige Gast gewesen wäre.

Ähnlich nun, wie jenem, an Stelle der angekündigten Familie eingetroffenen Gaste, ergeht es in uns der Wahrnehmung des kleinen Häuschens, das an Stelle des Palastes tritt. Der Wahrnehmungsvorgang breitet sich in der Seele leicht und ungehemmt aus, und ist darum Gegenstand einer, zugleich lustbetonten Komik. Und ähnlich, wie diesem allein übrig gebliebenen Gaste, ergeht es der schwarzen Hautfarbe des Negers, dem Spiel mit Worten, der naiven

Äusserung oder Handlung, nachdem der Gedanke an ihre Bedeutung zurückgetreten ist. Auch diese Inhalte vermögen leicht und mühelos, "spielend", sich in uns zur Geltung zu bringen.

Diese spielende Entfaltung des relativen Nichts unterbricht und löst die Spannung, welche die Erwartung oder der Schein des Bedeutungsvollen erzeugte. Insofern hat *Kant* Recht, wenn er die Komik als die "Auflösung einer Spannung" in Nichts bezeichnet. Das relative Nichts erlangt, indem es sich entfaltet, in unserem Bewusstsein momentan die Herrschaft. In diesem Sinne kann das "vive la bagatelle" *Jean Paul*'s zur Devise, nicht nur des Humors, sondern aller Komik gemacht werden.

X. KAPITEL. DAS GANZE DES KOMISCHEN AF-FEKTES.

UMFANG UND ERNEUERUNG DER KOMISCHEN VOR-STELLUNGSBEWEGUNG.

Ich habe im Vorstehenden das Gefühl der Komik bezeichnet, und den
Prozess, durch welchen dasselbe entsteht, dargelegt. Damit ist doch noch
kein vollständiges Bild gegeben vom psychologischen Thatbestande der
Komik.

Zunächst ist die komische Vorstellungsbewegung umfassender, als bisher ausdrücklich gesagt wurde. Wir nannten komisch die geringfügige Leistung nach grossen Versprechungen. Aber nicht nur die geringfügige Leistung schrumpft in nichts zusammen, wenn sie als das, was sie ist, betrachtet wird. Auch die Versprechungen, nicht minder die Person dessen, der sie gab, wird in diese Vernichtung hineingezogen. Die Leistung erhob den Anspruch grosse Versprechungen zu erfüllen. Jetzt ist sie dieses Anspruches verlustig. Gleicherweise erhoben die Versprechungen den Anspruch Ankündigung oder Bürgschaft grosser Leistungen zu sein, die Person erhob den Anspruch der Zuverlässigkeit und der Fähigkeit zur Verwirklichung der versprochenen Leistungen. Jetzt sind die Versprechungen leer, der Versprechende ist ein eitler Grosssprecher. Schliesslich werden auch solche komisch, die auf die Versprechungen etwas gaben, darunter wir selbst.

Indessen wichtiger ist mir hier ein zweiter Punkt. Zunächst dieser: Je höher die Erwartung gespannt ist, oder je mehr das Nichtige zuerst als ein Bedeutungsvolles erschien, um so mehr war im Anfang der komischen Vorstellungsbewegung unsere Aufmerksamkeit von der Erwartung oder der scheinbaren Grösse des Nichtigen in

Anspruch genommen, um so stärker ist dann die Entladung. Ich achtete nur auf das zu Erwartende oder auf das scheinbar Grosse; jetzt hat in mir neben dem Nichtigen wiederum allerlei Platz, das vorher verdrängt war. Die komische Enttäuschung bringt mich "zu mir"; meine Aufmerksamkeit geht wiederum über den Vorstellungszusammenhang, dem das komische Erlebnis angehört, hinaus zu solchem, das zu ihm keine Beziehung hat.

Doch das eigentlich Wichtige, das ich hier meine, besteht nicht sowohl darin, dass dies geschieht, als vielmehr darin, dass solches Hinausgehen über den komischen Vorstellungszusammenhang nicht in dem Masse und nicht so unmittelbar stattfindet, wie man erwarten könnte.

Dem komischen Objekt ist mehr psychische Kraft zu teil geworden, als es beansprucht, also auch mehr als es festzuhalten vermag. Die Energie der Festhaltung ist ja dieselbe wie die Energie der Beanspruchung. Es scheint also die psychische Kraft leicht von dem komischen Objekt sich wieder lösen zu müssen. Beliebiges Andere scheint dieselbe leicht aneignen zu müssen. Die Komik scheint nur ein momentanes Dasein haben zu können.

Dies ist in der That nicht der Fall. Wir bleiben eine Zeitlang in der komischen Vorstellungsbewegung. Wir bleiben darin, um sie zu wiederholen.

Dies verstehen wir, wenn wir uns wiederum der psychischen Stauung erinnern, die bedingt ist durch den Charakter des Unerwarteten, Neuen, Seltsamen, Rätselhaften, das dem Komischen anhaftet. Dadurch ist die Brücke zwischen dem Komischen, und dem, was jenseits desselben liegt, abgebrochen. Der "Abfluss" der Vorstellungsbewegung ist gehemmt, der komische Vorstellungszusammenhang ist psychisch relativ isoliert.

Darum hat doch der Umstand, dass das komisch gewordene Nichtige geringe eigene Energie der Aneignung psychischer Kraft, also auch geringe Fähigkeit der Festhaltung derselben besitzt, seine Wirkung. Nur bleibt diese Wirkung zunächst innerhalb des komischen Vorstellungszusammenhanges. Die psychische Kraft "fliesst" in der That von dem Nichtigen "ab"—wenn es erlaubt ist auch hier diesen bildlichen Ausdruck zu gebrauchen, dessen erfahrungsgemässer Sinn zur Genüge deutlich gemacht worden ist—, aber sie fliesst ab auf das Grosse und zur Aneignung psychischer Kraft Fähige, das unmittelbar mit dem Nichtigen zusammenhängt, das heisst, sie fliesst zurück zu dem Erwarteten, an dessen Stelle das Nichtige getreten ist, beziehungsweise zu dem, was das Nichtige zuerst als ein Grosses erscheinen liess.

RÜCKLÄUFIGE WIRKUNG DER PSYCHISCHEN "STAUUNG".

Damit sind wir einer psychischen Thatsache begegnet, die bei jeder psychischen "Stauung" in grösserem oder geringerem Masse stattfindet, und eine ebenso grosse und umfassende psychologische Bedeutung besitzt, wie die Stauung selbst. Es ist die Thatsache, auf der all unser zweckmässiges Thun beruht, das heisst im letzten Grunde, all unser Thun im Gegensatz zum blossen Geschehen in uns, jedes Nachdenken, jede praktische oder theoretische Überlegung, jede Wahl von Mitteln zu einem Zweck u. s. w. Wir können auch sagen: Es ist die Thatsache, in welcher alles solche Thun *besteht*.

Alles "Sich nicht Erinnern", jeder Zweifel, jede Ungewissheit, alles Nichthaben dessen, worauf wir innerlich gerichtet sind, oder worauf eine psychische Bewegung ihrer Natur nach abzielt, ist eine Unterbrechung eines naturgemässen Ablaufs oder Verlaufs eines psychischen Geschehens. Eines naturgemässen, das heisst eines solchen, wie er sich ergäbe, wenn die in dem Geschehen wirksamen Bedingungen frei sich verwirklichen könnten. Jeder der bezeichneten Thatbestände schliesst also die Bedingungen einer "Stauung" in sich. Wir könnten statt dessen mit dem oben gebrauchten Ausdruck auch sagen: Jeder solche psychische Thatbestand involviert eine "Verblüffung". Alles sich Besinnen, alles Fragen "Wie" oder "Was ist dies", alles Überlegen, alles nicht, oder nicht sofort sich verwirklichende Wollen ist zunächst ein Stehenbleiben der psychischen Bewegung an der Stelle, wo diese Bewegung nicht in ihrer natürlichen Bahn weiter kann. Es ist dann weiterhin ein sich Ausbreiten und sich Rückwärtswenden der psychischen Bewegung oder des "Stromes" des psychischen Geschehens.

Wir besinnen uns auf einen Namen, das heisst: wir bleiben innerlich vor dem Namen stehen, wir wenden uns dann zurück zu der

Person, die den Namen trägt, zur Gelegenheit, wo wir den Namen hörten u. s. w. Alle diese Momente gewinnen erneute Kraft, und damit erneute und gesteigerte Fähigkeit der Reproduktion. Sie gewinnen diese Kraft, einfach darum, weil die Kraft vorhanden und vermöge der Stauung an diesen bestimmten Punkt, die Vorstellung "Name dieser bestimmten Person", gebannt ist, und weil ihnen, an sich und vermöge ihres unmittelbaren Zusammenhanges mit dieser Vorstellung, die Fähigkeit eignet, sich diese zwangsweise zur Verfügung gestellte Kraft anzueignen, beziehungsweise sie festzuhalten. Vielleicht gelingt auf Grund dieser Kraftaneignung und der damit gewonnenen erhöhten Fähigkeit des Reproduzierens die Reproduktion des Namens. Dann ist, durch die Stauung und ihre natürlichen Folgen, das Hindernis hinweggeräumt, und die psychische Bewegung geht über den Namen oder durch denselben hindurch, weiter.

Oder: Wir erleben es, dass auf ein A, dem in früherer Erfahrung ein B folgte, jetzt ein, das B ausschliessendes B1[*] folgt, und "suchen" die "Erklärung". Wäre auf das A niemals das B, sondern auch sonst jedesmal das B1, gefolgt, so gingen wir von A über B1 beruhigt weiter. Diesen Fortgang hindert das B, oder der Widerspruch zwischen ihm und dem B1. Darum bleiben wir vor dem B1. Wir unterliegen einer Stauung; wir erleben eine "Verblüffung", oder erleben die "Verwunderung", die der Anfang aller Weisheit ist.

[* Ordnungszahl hier und ff. im Original tiefgestellt. Transkriptor.]

Dann gehen wir von B1 zurück zu A. Das A, von dem wir ausgegangen waren, tritt in den Blickpunkt des Bewusstseins. Ohne die Stauung wäre es Durchgangspunkt der psychischen Bewegung. Jetzt ist es Haltpunkt derselben. Es wird von der gestauten psychischen Bewegung emporgehoben. Das A ist merkwürdig, interessant, nicht an sich, sondern sofern es jetzt, gegen frühere Erfahrung, nicht ein B, sondern ein B1 nach sich zieht.

Dies ist der Ausgangspunkt des "Suchens" nach der Erklärung. Aber dies emporgehobene A hat nun — ebenso wie vorhin die Vorstellung des Trägers des gesuchten Namens und die Vorstellung der Gelegenheit, bei welcher der Name gehört wurde —, eine seiner "psychischen Höhe" entsprechende Fähigkeit des Reproduzierens.

Es hat in gleichem Grade die Fähigkeit, die "Aufmerksamkeit" auf solche Momente zu lenken, die dem A, so wie es in der Wahrnehmung sich darstellt, anhaften, vorher aber übersehen wurden.

In der Wirksamkeit jener oder dieser Fähigkeit nun *besteht* jenes Suchen. Vielleicht tritt vermöge derselben an dem A jetzt ein Moment hervor, das es zu einem A1 macht. Dann ist der Widerspruch gelöst. Nicht das A1, sondern das A war es ja, das mir auf Grund vorangegangener Erfahrungen das B aufnötigte. An die Stelle des A ist jetzt A1 getreten. Von diesem kann ich also, ohne durch vergangene Erfahrungen daran gehindert zu sein, zu B1, und durch B1 hindurch zu irgend welchen sonstigen Gedankeninhalten weitergehen. Die Verbindung A1 B1 ist keine verwunderliche Thatsache mehr, sondern einfach eine Thatsache, wie tausend andere. Wir haben die "Erklärung".

Zugleich geben wir — nebenbei bemerkt — dem Erklärenden oder den
Widerspruch Lösenden einen besonderen Namen. Wir bezeichnen A1, oder den
Umstand, dass A1 nicht A, sondern A1 ist, als Ursache des B1 oder als
Ursache des Umstandes, dass B, nicht B, sondern B1 ist.

Oder weiter: Wir wollen, dass ein B sei, das heisst: es liegen in der Natur unseres Vorstellungsverlaufes die Bedingungen für das Zustandekommen des Urteils, dass B sei oder sein werde. Aber wir sehen, B ist nicht. Wiederum bleiben wir vor dieser Thatsache stehen; wir bleiben stehen vor dem vorgestellten aber nicht wirklichen B. Und wiederum ergiebt sich daraus die Rückwärtswendung der psychischen Bewegung. Und diese kann auch hier die Hemmung beseitigen. Die rückwärts gewendete Bewegung gelangt zu einem A, das erfahrungsgemässe Bedingung der Wirklichkeit des B ist. Sie erfasst die Vorstellung des A, und rückt sie in den Mittelpunkt des Bewusstseins. Das heisst: die Vorstellung des "Zweckes" zwingt mich zurück zur Vorstellung des "Mittels"; das Streben nach dem Zweck wird zum Streben nach dem Mittel. Vielleicht führt dies zur Verwirklichung des Mittels. Dann verwirklicht sich auch der

Zweck, und die gehemmte Vorstellungsbewegung geht ihren Weg weiter.

Wir könnten dies alles in ein Gesetz zusammenfassen, das in einem Gesetz der "teleologischen Mechanik" des körperlichen Lebens sein Gegenstück hätte: Hemmungen des psychischen Lebensablaufes ergeben aus sich eine psychische Bewegung, in deren Natur es liegt, auf die Beseitigung der Hemmung hinzuwirken. Wir könnten dies Gesetz bezeichnen als das Gesetz der Selbstkorrektur psychischer Hemmungen. In der Verwirklichung desselben besteht unsere Zweckthätigkeit.

Ich rede hiervon in diesem Zusammenhang nicht genauer, sondern verweise für eine etwas nähere—obgleich keineswegs genügende—Ausführung auf mein mehrfach citiertes psychologisches Werk. Es ist zu bedauern, dass auch das hier angedeutete Problem von der heutigen Psychologie übersehen zu werden pflegt. Freilich, vor Bäumen den Wald nicht zu sehen, dies ist vielfach die eigentliche Signatur der Psychologie unserer Tage.

HIN- UND HERGEHEN DER KOMISCHEN VORSTELLUNGS-BEWEGUNG.

Hier liegt uns nur an der komischen Vorstellungsbewegung. Bei dieser aber gilt dasselbe Gesetz. Auch das komische Erlebnis schliesst eine psychische Hemmung, also eine Stauung in sich. Auch hier ergiebt sich daraus eine Rückwärtsbeweguug. Wie schon gesagt, ist das nächste Ziel derselben das "Grosse", oder das, was das Nichtige als gross erscheinen liess. Jemehr es im Vergleich mit dem Nichtigen ein Grosses, also zur Aneignung der psychischen Kraft Befähigtes, und je enger der Zusammenhang zwischen ihm und dem Nichtigen ist oder jemehr zwischen beiden Identität besteht, umso sicherer muss die Rückwärtsbewegung erfolgen. Das heisst, sie muss umso sicherer erfolgen, je ausgesprochener die Komik ist.

So führt uns die nichtige Leistung, die auf die grossen Versprechungen gefolgt ist, wiederum zurück zu den grossen Versprechungen. Der gewichtige Sinn der Worte, der hohe Anspruch der darin liegt, tritt uns jetzt erst recht deutlich vor Augen. Dann fordern wir auch von neuem die grosse Leistung. Es besteht ja noch immer der erfahrungsgemässe Weg, der vom Versprechen zur Leistung führt. Die vorgestellte Leistung zergeht wiederum in nichts. Kurz, es wiederholt sich die ganze Vorstellungsbewegung. Und sie kann sich aus dem gleichen Grunde mehrmals wiederholen, wenn auch in beständig abnehmendem Grade.

Das Ergebnis ist ein Hin- und Hergehen und sich Erneuern der Vorstellungsbewegung, das dauert, bis die Bewegung in sich selbst ihr natürliches Ende findet, oder durch neu eintretende ernstere Wahrnehmungs- oder Gedankeninhalte gewaltsam aufgehoben wird. Der ganze Vorgang ist naturgemäss begleitet von einem entsprechenden, jetzt nachlassenden, jetzt sich wieder erneuernden Gefühl der komischen Lust.

Wie weit dies Bild der Wirklichkeit entspricht, hängt nun freilich, abgesehen von störenden *fremden* Vorstellungsinhalten, von mancherlei Umständen ab. Vor allem von der Intensität, die der ganzen Bewegung von vornherein eignet, von der Menge dessen, was vom Schicksal, in nichts zu zerrinnen, erreicht werden kann, von der Ungestörtheit durch ernstere Gedankeninhalte, die in dem komischen Vorstellungszusammenhange selbst sich ergeben mögen.

Doch wird man das Bild in der Erfahrung leicht wiedererkennen. Ich sitze im Theater, und sehe auf der Bühne gewaltige Leidenschaften in gewaltigen Worten und Thaten sich Luft machen. Plötzlich fällt eine Kulisse den Schauspielern über den Kopf. Die Kulisse stellte einen Palast vor, jetzt ist sie in ihr kulissenhaftes Nichts zurückgesunken. Zugleich ist alle sonstige Illusion zerstört. Die Worte, die Personen sind oder bedeuten nicht mehr, was sie waren oder bedeuteten. Ich lebe nicht mehr in der idealen Welt des Dargestellten, sondern bin in die wirkliche Welt zurückgeschleudert. Ich "komme zu mir", sehe meine Umgebung, sehe und fühle mich wiederum auf meinem Platze sitzen u. s. w. Und alles dies ist getaucht in die Stimmung der komischen Lust. Ein leichter und ungehemmter Wellenschlag seelischer Bewegung, bald dies bald jenes leicht emporhebend und ins helle Licht des Bewusstseins setzend, so stellt sich mir mein inneres Geschehen dar, während vorher ernste Gedanken, gravitätisch einherschreitend und sich drängend, mein Inneres erfüllt hatten.

Jene Leichtigkeit und Ungehemmtheit verrät sich im Gefühl komischer Lust oder lustbetonter Komik, wie das Drängen der ernsten Gedanken in dem Gefühl des Ernstes und der Spannung sich kundgegeben hatte.

Doch auch hier ist, übereinstimmend mit dem oben Gesagten, dies Zurückgeschleudertwerden in die wirkliche Welt nicht das Charakteristische des Vorgangs der Komik. Ich bin nicht sofort oder ich bin nur halb in der wirklichen Welt. Zunächst bin ich in der Welt des komischen Geschehens festgehalten. Der "Wellenschlag" erneuert sich. Das den Ernst so jäh vernichtende Missgeschick weist mich auf den Ernst zurück. Es ersteht wiederum vor mir das Pathos der Situation. Dies zergeht von neuem etc.; bis endlich das Interesse am komischen Vorgang in sich selbst erlahmt, oder der Fortgang des Stückes mich wiederum in ernste Gedanken hineinzieht.

Dies Beispiel gehört, ebenso wie das vorige, der objektiven Komik an. In anderen Fällen, vor allem solchen der witzigen oder naiven Komik kann das Bild der komischen Vorstellungsbewegung ein weniger umfassendes sein. Es ist darum doch prinzipiell dasselbe. Beim einfachen, niemand abfertigenden Wortspiel, das ich nur lese, das mir also in voller Unpersönlichkeit entgegentritt, ist der Vorstellungszusammenhang ein engerer und abgeschlossenerer. Umso sicherer geht mein Blick nach rückwärts: Er kehrt zurück zu den Momenten, die den Worten ihre logische Kraft verliehen. Diese Momente kommen also wiederum zur Wirkung, und der komische Prozess beginnt hier, ebenso wie bei der objektiven Komik, von neuem.

Auch beim Witz gewinnt der psychische Vorgang einen *umfassenderen* Boden, wenn die Person, die den Witz macht, in den Kreis der Betrachtung tritt. Sie schien erst eine gewichtige Wahrheit zu verkünden, dann erscheint sie als lediglich mit Worten spielend. Sie wird also in gewisser Weise Gegenstand einer, allerdings *objektiven* Komik. Sie steigt durch den Witz jederzeit etwas von ihrer Höhe herab, rückt mit dem Witzwort zugleich in eine Art komischer Beleuchtung.

Der Prozess der Komik erweitert sich nach anderer Richtung, wenn der Witz abfertigt, und andere zum Gegenstand objektiver Komik macht. Alle diese Momente der Komik nehmen, wie an der komischen Bewegung überhaupt, so auch an ihrer Wiedererneuerung teil.

DAS ENDE DER KOMISCHEN VORSTELLUNGSBEWEGUNG.

Es fragt sich aber jetzt noch: Was heisst dies, die komische Vorstellungsbewegung erlahme in sich selbst, oder finde in sich selbst ihr natürliches Ende.

Ein Doppeltes ist damit gesagt. Einmal dies: Wir sagten, der komische Vorstellungszusammenhang sei psychisch isoliert. Dies ist er doch nur relativ. Ich lebe doch, während der komische Vorgang sich in mir abspielt, in einer Welt, die noch allerlei anderes in sich schliesst. Und wir sahen auch schon, wie die komische Vorstellungsbewegung, indem sie das Nichtige loslässt oder zurücktreten lässt, über die Grenzen des komischen Zusammenhanges hinausgehen kann. Daraus ergeben sich über diesen Zusammenhang hinausführende Associationen. In keinem Falle kann dieser Zusammenhang umhin, mit dem, was sonst für mich besteht, durch solche Associationen sich zu verweben.

Und diese Associationen knüpfen sich enger und enger. Sie begründen also eine stärkere und stärkere Tendenz des Abflusses oder des Ausgleichs der psychischen Bewegung. Nichts kann in uns dauernd isoliert bleiben. Alles, also auch der komische Vorstellungszusammenhang wird schliesslich für uns zu einem "Gewohnten", das heisst eben: der Tendenz des Abflusses oder Ausgleiches Verfallenen.

Und dazu kommt ein anderer, in der Natur dieses Zusammenhanges selbst begründeter Umstand. Eine erste Bedingung der Komik besteht, unserer Darstellung zufolge, in der Sicherheit der Erwartung, beziehungsweise in der Sicherheit, mit der wir dem Nichtigen einen bedeutsamen Sinn oder Inhalt zuerkennen, andererseits ihm denselben absprechen.

Jene und diese Sicherheit nun muss sich mindern. Ist die Erwartung einmal enttäuscht, so hat sie, wenn mein Blick zurückkehrt, an Sicherheit eingebüsst. Die Worte, die mir grosse Leistungen ankündigten, wecken die Vorstellung derselben in minderem Grade, wenn sie einmal als leere Worte sich ausgewiesen haben. Daraus ergiebt sich eine Herabsetzung der komischen Vorstellungsbewegung.

Ebenso mindert sich die Sicherheit, mit der ich dem scheinbar logischen Spiel mit Worten einen bedeutsamen Sinn zuschreibe, nachdem ich es einmal in seiner logischen Nichtigkeit erkannt habe. Oder im umgekehrten Falle: Habe ich einmal die, der gewohnten, logisch korrekten Ausdrucksweise widersprechende, und insofern für die gewöhnliche Betrachtungsweise nichtige Aussage, trotzdem als berechtigten Träger ihres Sinnes anerkennen müssen, so hat nunmehr diese gewöhnliche Betrachtungsweise einen Teil ihrer Macht verloren. In jenem ersteren Falle ist mir die Anerkenntnis der scheinbar sinnvollen Worte als sinnloser, in diesem letzteren die Anerkenntnis der scheinbar sinnlosen Worte als sinnvoller in gewissem Grade natürlich geworden. Es hat sich sozusagen, wenn auch nur für einen Augenblick, eine neue "Regel" der logischen Beurteilung von Worten herausgebildet. Damit muss, im einen wie im anderen Falle, die Komik des Witzes eine Abschwächung erfahren.

Endlich kann auch die naive Rede oder Handlung, nachdem ich sie einmal als "erhaben" und nichtig zugleich erkannt habe, sich mir nicht mehr mit gleicher Sicherheit *zuerst* als erhaben, *dann* als nichtig darstellen. Beide Betrachtungsweisen, die vom Standpunkte des Individuums, und die "objektive", das heisst die Betrachtung von *unserem* Standpunkte aus, haben sich einmal zur Beurteilung der Rede oder Handlung miteinander verbunden, und verhindern sich nun wechselseitig, in ihrer Reinheit, die eine *nach* der anderen, zur Geltung zu kommen. Darauf beruht ja aber die naive Komik.

Will man in allen diesen Fällen den Grund der Erlahmung der komischen Vorstellungsbewegung so ausdrücken, dass man sagt, das einmalige oder mehrmalige Zergehen eines Bedeutsamen in nichts "gewöhne" uns an dies Zergehen, und darum wirke dasselbe in geringerem Grade, so mag man dies thun. Die Gewohnheit ist in psychologischen Fragen so oft, und bei so verschiedenartigen Gelegenheiten das Wort, das zur rechten Zeit sich einstellt, dass es auch hier ohne Schaden sich einstellen mag.

EINZIGARTIGKEIT DES KOMISCHEN PROZESSES.

Die komische Vorstellungsbewegung, wie sie im Vorstehenden genauer und vollständiger beschrieben wurde, ist einzigartig. Dennoch hat sie mit anderen Arten der Vorstellungsbewegung Hauptzüge bald mehr bald minder gemein. Es dient dem oben Gesagten, vor allem unserer Begründung des Gefühls der Komik zur wertvollen Bestätigung, wenn wir sehen, wie in dem Masse, als in einem ausserkomischen Vorgang die Faktoren der komischen Vorstellungsbewegung wiederkehren, auch das begleitende Gefühl sich dem der Komik nähert.

Man erinnert sich, dass wir bereits das Spiel der Kinder mit der Komik in Beziehung brachten. Verwandt ist das Spiel, speciell das Spiel mit Gedanken, oder das Spiel geselliger Unterhaltung, dem wir uns nach abgeschlossener Arbeit überlassen. Die Arbeit, die auf ernste Zwecke abzielt, mit der wir Pflichten genügen, die beherrscht ist von mehr oder weniger tiefgreifenden Interessen, wird uns, je mehr sie ihren Namen verdient, um so mehr mit gewisser Strenge in Anspruch nehmen und erfüllen. Und diese Strenge wird sich jederzeit auch in der Art der Befriedigung spiegeln, die uns die Arbeit gewährt, die Befriedigung mag im übrigen eine noch so hohe sein. Dagegen ist es dem Spiele eigen, von dem Gewicht der Zwecke, der Pflichten, der tiefgreifenden Interessen nicht beschwert zu sein. Was wir im Spiele thun und erleben, hat also an sich nicht die gleiche Macht, uns in Anspruch zu nehmen, wie die ernste Arbeit. Nichtsdestoweniger kommen wir ihm, wenn die Ermüdung uns nicht auch zum Spiele unfähig macht, mit demselben Masse von seelischer Kraft entgegen, das wir der Arbeit entgegenbringen. Daraus ergiebt sich auch hier ein relativ leichter und ungehemmter Wellenschlag seelischen Lebens, ähnlich dem, in welchem der Vorgang der Komik psychologisch betrachtet besteht. Und daraus wiederum ergiebt sich ein gleichartiger, "heiterer" Grundzug des Gefühls.

Doch dürfen wir über allem dem den wesentlichen Unterschied nicht vergessen. Der Komik ist der Kontrast des Bedeutsamen und Nichtigen und die plötzliche Lösung der Spannung eigen. Diese Momente gehören nicht zu jenem Spiel. Es fehlt darum bei ihm sowohl die eigenartige Lebhaftigkeit der Vorstellungsbewegung, ihre Weise, plötzlich und an einem Punkte auszubrechen, ihre explosive Art, als auch jene eigenartige Ausbreitung und Erneuerung. Und es fehlt zugleich dem *Gefühl* der "Heiterkeit" das Losgelassene, schliesslich "Unbändige", wodurch das Gefühl der Komik umsomehr charakterisiert ist, je mehr jene besonderen Momente in ihm zur Wirkung kommen.

Wir haben auch die Komik gelegentlich als Spiel bezeichnet. Wir nennen gewisse Witze Wortspiele. Aber dies Spiel bleibt doch immer ein Spiel von ganz besonderer Art.

XI. KAPITEL. LUST- UND UNLUSTFÄRBUNGEN DER KOMIK.

PRIMÄRE MOMENTE DER LUST UND UNLUST.

Indem ich den komischen Vorstellungsprozess als ein Hin- und Hergehen und sich Erneuern der seelischen Bewegung bezeichnete, habe ich mich im Ausdruck der *Hecker*'schen Erklärung des Gefühls der Komik, die im ersten Kapitel abgewiesen wurde, wiederum in gewisser Weise genähert. Doch nur im Ausdruck. Denn nicht um ein Hin- und Hergehen zwischen Lust und Unlust, sondern um ein Hin- und Hergehen der Vorstellungsbewegung und damit zugleich um ein Hin- und Hergehen zwischen Spannung und Lösung und demgemäss zwischen Ernst und Komik handelt es sich uns. Die Komik ist hierbei nicht die hin- und hergehende *Bewegung*, sondern sie ist eines der Elemente, *zwischen* denen die Hin- und Herbewegung stattfindet.

Dies Hin- und Hergehen mag dann freilich auch im einzelnen Falle mehr oder minder als ein Hin- und Hergehen zwischen relativer Lustfärbung und relativer Unlustfärbung der Komik sich darstellen. Inwiefern dies möglich ist, dies ergiebt sich, wenn wir jetzt auch die Betrachtung des Gefühls der Komik vervollständigen.

Komik, so wiederholen wir zunächst, ist an sich nicht Lust noch Unlust, sondern ein eigenartiges Gefühl. Wir sahen aber, dass und warum die Komik zur Lustfärbung hinneigt, oder zunächst Lustfärbung besitzt. Der Prozess, dem das Spezifische des Gefühls der Komik sein Dasein verdankt, ist, so sahen wir, in sich selbst zugleich Grund der Lust.

Doch ist er zugleich auch in sich selbst in höherem oder geringerem Grade ein Grund der Unlust. Die Erwartung ist ein Hindrängen auf das Erwartete. Diesem Hindrängen tritt das Nichtige, sofern es anders beschaffen ist, als das Erwartete, feindlich entgegen. Die Erwartung wird enttäuscht. Enttäuschung bringt ein Gefühl der Unbefriedigung. Bezeichnen wir den Unterschied zwischen dem

Erwarteten und dem dafür Eintretenden als "qualitativen Kontrast", so ist dieser *qualitative Kontrast* der Grund der Unbefriedigung.

Man sieht, wie hier der Grund der komischen Lust und der Grund der Unlust dicht bei einander stehen. Das nicht Erwartete, sofern es doch auch wiederum das Erwartete, zugleich aber ein Nichtiges ist, wird spielend aufgefasst; sofern es nicht das Erwartete ist, unterliegt es einer Hemmung. Wir fallen auf das Komische herein, oder fallen darüber her. Dies Fallen ist so anstrengungslos, wie das Fallen zu sein pflegt. Aber es ist durch ein vorangehendes Stolpern bedingt.

Das Gleiche findet statt, da wo das Wort "Erwartung" weniger am Platze ist. Meine Gewohnheit, menschliche Formen mit der weissen Hautfarbe verbunden zu sehen, wird durchbrochen durch die Hautfarbe des Negers. Ebenso die Gewohnheit logischer Rede durch das Spiel mit Worten, die Gewohnheit einer bestimmten Art des Handelns unter bestimmten Voraussetzungen durch die naive Handlungsweise. Auch diese Durchbrechung unserer Vorstellungsgewohnheit durch die andere Beschaffenheit des Gegenstandes der Komik können wir als qualitativen Kontrakt bezeichnen. Der qualitative Kontrast ist dann überall der Grund der komischen Unlust.

Man wird freilich finden, dass eine solche Enttäuschung oder Durchbrechung unserer Vorstellungsgewohnheit nicht immer von einem merkbaren Unlustgefühl begleitet sei. Dies beweist dann nur, dass das daraus fliessende Unlustgefühl schwach sein und durch ein stärkeres Lustgefühl leicht ausgeglichen oder überboten werden kann. In der That werden wir bei der Komik jenes Unlustgefühl unter gewöhnlichen Umständen so schwach zu denken haben, dass es gegenüber der komischen Lust nicht aufkommen kann. Wir bezeichnen jenes Gefühl allgemein als Gefühl der Überraschung oder des Befremdens. Aber die Überraschung oder Befremdung, die nur darauf beruht, dass etwas anders ist, als wir erwarteten oder gewohnt sind, gleichgültig, welchen Wert das Erwartete oder Gewohnte, und ebenso, welchen Wert das an die Stelle tretende Unerwartete oder Ungewohnte für uns hat, — und dies neutrale Gefühl der Überraschung oder des Befremdens meinen wir hier — hat wenig Kraft. Nichtsdestoweniger müssen wir dies Gefühl von Haus aus als — in seinen *Bedingungen* — vorhanden annehmen. Und es kann auch unter Umständen, vor allem bei solchen, die Sklaven ihrer Vorstellungsgewohnheiten geworden sind, empfindlich zu Tage treten.

QUALITATIVE ÜBEREINSTIMMUNG UND QUANTITATIVER KONTRAST.

Dagegen ist jede Erfüllung der Erwartung, jede Übereinstimmung mit unseren Vorstellungsgewonheiten Grund der Lust. Es wächst darum auch die komische Lust mit dieser "qualitativen Übereinstimmung".

Die Lust wächst aber mit der qualitativen Übereinstimmung auch noch aus dem weiteren Grunde, weil mit derselben die Vorstellungsbewegung, aus der wir eben die komische Lust hervorgehen sahen, eine Steigerung erfährt. Das Nichtige, das an die Stelle des erwarteten Bedeutungsvollen tritt, vermag sich ja, wie wir sahen, die diesem verfügbar gemachte seelische Kraft anzueignen *in dem Masse*, als es damit *übereinstimmt*. Und eben auf dieser Aneignung beruht ja der Lust erzeugende komische Prozess.

So muss das kleine Häuschen neben den grossen Palästen uns in höherem Grade belustigen, wenn es nicht nur auch als menschliche Wohnung, sondern als Miniaturpalast mit denselben Formen, die die Paläste auszeichnen, sich darstellt. Wir werden hier nicht nur durch die Übereinstimmung befriedigt, wie durch jede Übereinstimmung, sondern das Häuschen erhebt auch für unsere Vorstellung in höherem Masse den Anspruch, selbst einer der grossen Paläste zu sein. Es muss also in höherem Masse die spezifisch komische Lust erwecken.

Ebenso erscheint das Spiel mit Worten um so leichter als Träger eines bedeutungsvollen Sinnes, je mehr es, bei aller logischen Nichtigkeit, äusserlich der logischen Form sich nähert, oder mit der gewöhnlichen Hausordnung unseres Denkens und Redens übereinstimmt.

Und schliesslich ist nicht minder die naive Handlungsweise in um so höherem Grade geeignet, den Eindruck des vom naiven Standpunkte aus Wohlberechtigten zu machen, je mehr die Handlungsweise trotz aller Naivetät der gewöhnlichen Handlungsweise sich nähert. So werden wir herzlicher lachen, wenn ein Kind in seiner kindlichen Unschuld Höflichkeitsformen, die es bei Erwachsenen beobachtet hat, am falschen Platze anwendet, als wenn es, in voller Unkenntnis derselben, einfach, obgleich echt kindlich, gegen alle Höflichkeit verstösst.

Nach dem Gesagten sind wir im stande allgemein die Bedingungen anzugeben, denen das Verhältnis der Lust und Unlust im Gefühl der Komik unterliegt. Der Gegensatz der Bedeutsamkeit und Bedeutungslosigkeit, der Erhabenheit und Nichtigkeit, oder, wie wir in Anlehnung an den "qualitativen Kontrast" kürzer sagen wollen, der "quantitative Kontrast" bedingt in erster Linie die komische Lust. Die Lust wächst mit der Grösse dieses quantitativen Kontrastes. Sie wächst zugleich in doppelter Weise mit der qualitativen Übereinstimmung. Dagegen wächst die Unlust mit der Grösse des qualitativen Kontrastes.

Dazu tritt dann noch ein Moment, das die Komik nach ihrer Lust- wie nach ihrer Unlustseite steigert. Die Reihe von Palästen ergiebt, wie schon oben gesagt, eine *bestimmtere* Erwartung, dass wieder ein Palast folgen werde, als der einzelne Palast. Je bestimmter nun die Erwartung, um so fühlbarer wird das Störende der Enttäuschung. Zugleich aber *wirkt* die bestimmtere Erwartung, auch soweit sie dem Nichtigen seelische Kraft verfügbar macht, energischer. Das ganze Gefühl der Komik also wird durch die grössere Bestimmtheit der Erwartung lebhafter. Nehmen wir an, die Erwartung hätte dadurch, dass schon vorher zwischen die Paläste kleine Häuschen traten, an Bestimmtheit verloren, so würde das Gefühl der Komik wesentlich herabgedrückt erscheinen.

Das ganze Gefühl der Komik, sage ich, wird lebhafter. Dies hindert doch nicht, dass für gewöhnlich aus der bestimmteren Erwartung die komische Lust *grösseren* Vorteil ziehen wird, als die von Hause aus geringfügige komische Unlust. Nur für den Pedanten und Eigensinnigen, der, was er einmal erwartet, so gleichgültigen Inhaltes es anch sein mag, in Gedanken nicht mehr los werden kann, mag es sich umgekehrt verhalten.

In der Erwartung besteht in dem besprochenen Falle die bei der Komik wirksame Vorstellungsbeziehung. Bei der witzigen Rede tritt an ihre Stelle die Beziehung zwischen Wort und Sinn, logischer

Form und logischem Inhalt. Auch die Festigkeit und Sicherheit dieser Beziehung erhöht die Lust wie die Unlust. Je fester und sicherer in mir logische Form und logischer Inhalt verbunden sind, je bestimmter immer eines auf das andere hinweist, um so mehr kann mich die unlogische Form, in der ein Inhalt vorgebracht wird, stören. Um so mehr wird aber zugleich das wirklich oder scheinbar Logische an der unlogischen Form mich auf den bedeutungsvollen Inhalt, als dessen Träger sie, eben vermöge ihres logischen oder pseudologischen Charakters erscheint, hinweisen, also den Eindruck eines bedeutungsvollen Sinnes erzeugen. Gebildete, logisch geschulte Menschen zeichnen sich durch Sicherheit jener Beziehung aus. Sie werden darum die Durchbrechung der logischen Gewohnheit leichter störend empfinden und zugleich den Witz leichter herausfinden. Hat sie die logische Schulung zu logischen Pedanten, Fanatikern der logischen Form gemacht, so mag jenes Gefühl der Störung sogar überwiegen. Besitzen sie "Humor", so wird sie die Freude am Witz über die Störung leicht hinwegheben.

Endlich erhöht ebenso die Festigkeit derjenigen Vorstellungsbeziehung, die aller *naiven* Komik zu Grunde liegt, die Komik in beiderlei Hinsicht. Je sicherer ich bin in der Beurteilung der Zweckmässigkeit oder Wohlanständigkeit einer Handlung, um so leichter erkenne ich die unzweckmässige oder gegen den Anstand verstossende Handlung als solche und empfinde die darin liegende Störung meiner Vorstellungsgewohnheit, um so leichter erkenne ich andererseits die relative Zweckmässigkeit oder sittliche Berechtigung, die der Handlung vom naiven Standpunkte aus zugeschrieben werden muss. Wiederum sind aus diesem Grunde gebildete Leute dem naiv Komischen gegenüber sowohl "empfindlicher" als empfänglicher. Und wiederum sind sie mehr das Eine oder mehr das Andere, je nachdem sie Pedanten, Fanatiker der gewohnten Weise zu handeln oder zu reden geworden sind, oder die geistige Freiheit des Humors besitzen.

AUSSERKOMISCHE GEFÜHLSMOMENTE.

Damit sind, soviel ich sehe, die Bedingungen der komischen Lust und Unlust, soweit sie in dem komischen Vorstellungszusammenhange selbst enthalten sind, erschöpft. Es treten aber dazu schliesslich noch Bedingungen der Lust und Unlust, die schon, abgesehen von diesem Vorstellungszusammenhang, bestehen und wirken. Obgleich darnach die Lust und Unlust, die aus ihnen sich ergiebt, mit dem Gefühl der Komik eigentlich nichts zu thun hat, kann doch dies Gefühl durch ihr Hinzukommen wesentlich beeinflusst werden.

Ich erwarte ein furchtbares Ereignis mit ängstlicher Spannung. Dabei haftet die Furcht oder Angst an dem Ereignis, gleichgültig was nachträglich aus der Erwartung wird. Das peinliche Furcht- oder Angstgefühl weicht, und ich fühle mich angenehm berührt, wenn die Erwartung schwindet. Wiederum habe ich die angenehme Empfindung ebensowohl, wenn genauere Überlegung des Sachverhaltes sie zum Verschwinden bringt, als wenn sie in komischer Weise in nichts zergeht. Immerhin kommt im letzteren Falle die angenehme Empfindung zur komischen Lust verstärkend, zugleich ihren Charakter ändernd hinzu. Vielleicht ist das Nichts, trotz seiner Nichtigkeit, an und für sich angenehm. Dann verstärkt sich die Lust von neuem. Im gegenteiligen Falle erleidet sie eine Einbusse.

Oder ich erwarte auf Grund irgendwelcher Ankündigung ein Ereignis, das für mich positiven Wert hätte, also Gegenstand meiner Freude wäre. Dann bedaure ich die komische, ebenso wie jede andere Art der Enttäuschung. Vielleicht tröstet mich bei der komischen Enttäuschung das Nichtige, das an die Stelle tritt, in gewissem Grade. Auch dasjenige, was nicht dazu angethan ist, mich mit grosser Gewalt in Anspruch zu nehmen, kann ja einen Grad der Befriedigung gewähren. Dann vermindert sich jenes Bedauern. Dagegen kommt ein neues Unlustmoment hinzu, wenn das Nichtsbedeutende an sich ein Missfälliges ist. In jedem Falle sind auch hier die positiven und negativen Werte, die den Elementen des komischen Vorstellungszusammenhanges an sich eignen, wesentliche Faktoren im schliesslichen Gesamteffekt des komischen Vorgangs.

Ebensolche Faktoren spielen auch bei allen anderen Fällen der Komik starker oder schwächer mit. Die schwarze Hautfarbe ist nicht nur komisch, sondern auch hässlich, weil der Gedanke, den sie mir auf Grund gewöhnlicher Erfahrung zu vollziehen verbietet, obgleich ihn zugleich die *Formen* des Negerkörpers gebieterisch fordern – der Gedanke nämlich eines dahinter waltenden menschlichen Lebens—ein an sich wertvoller ist. Das Urteil, das der Witz spielend füllt, beleidigt an sich, wenn es eine Bosheit ist, oder in allzu niedriger Sphäre sich bewegt; es erfreut, wenn es eine berechtigte Abfertigung in sich schliesst, oder die Wahrheit, die es verkündigt, eine an sich erfreuliche ist. Die witzige Form, das Spiel selbst, kann beleidigen, wenn es Spiel mit Worten ist, die man nicht "vergeblich führen" soll; es kann erfreuen, wenn es an sich anmutiges, kunstvolles Spiel ist u. s. w.

Am engsten sind schliesslich solche ausserkomische Lust- und Unlustmomente verbunden mit dem *naiv Komischen*. Sie haften ihm nicht nur gelegentlich an, sondern gehören zu seiner eigensten Natur. Ebendamit ragt das naiv Komische, wie ich schon früher sagte, über die Komik hinaus. Die objektive Komik umfasst alle Gebiete der Wirklichkeit. Das sittlich Wertvollste wird in ihr zu Schanden; zugleich findet sie auf dem Gebiete des blinden, geist- und herzlosen Zufalls ein reiches Feld ihrer Verwirklichung. Der Witz, an und für sich aller objektiven Wirklichkeit völlig entrückt und allein der kühlen Sphäre der Logik angehörig, ein Spiel des Denkens mit sich selbst, ist mehr oder weniger geistreich, aber herzlos. Nur das Naive hat jederzeit Herz. Entsprechend seinem persönlichen Charakter beleidigt und befriedigt es Forderungen, die wir an die Persönlichkeit stellen, die den Takt, die Klugheit, den Geschmack, die sittliche Tüchtigkeit, kurz den Wert der Person betreffen. Dieser Wert ist aber nicht nur der höchste, sondern der einzig absolute. Was sonst wertvoll ist, ist es doch nur in seiner Beziehung und Wirkung auf die Person. Die Person allein ist der letzte und endgültige Träger aller Werte.

Indem diese ausserkomischen Lust- und Unlustmomente zum eigentlichen Gefühl der Komik hinzutreten, modifizieren sie natürlich den Gesamteffekt der Komik in grösserem oder geringerem Grade. Dies müssten sie thun, auch wenn ihre Bedingungen mit den Bedingungen der eigentlich komischen Lust und Unlust in keiner Beziehung stünden. Thatsächlich aber besteht ein Verhältnis der Abhängigkeit dieser Bedingungen von jenen, und zwar ein solches, das enge genug ist, um unter Umständen das ganze Gefühl der Komik zu erdrücken.

Ein Nichts, das an die Stelle eines erwarteten Bedeutungsvollen tritt, wird, wie wir sahen, komisch, indem es die seelische Kraft aneignet, die der Gedanke an das Erwartete bereithält oder verfügbar macht. Je wertvoller aber das Erwartete ist, oder je mehr uns jetzt gerade aus allgemeinen oder persönlichen Gründen an ihm gelegen ist, um so energischer halten wir den Gedanken des Erwarteten, und speciell das, was seinen Wert ausmacht, fest, um so stärker drängt die seelische Bewegung auf die Verwirklichung seines Inhaltes, soweit er ein wertvoller ist, hin. Dass es so ist, dass der Gedanke im Zusammenhang des psychischen Lebens eine Stellung einnimmt, oder zu diesem Zusammenhang in einer Beziehung steht, aus der dies Festhalten desselben und dies Hindrängen auf Verwirklichung seines Inhaltes notwendig sich ergiebt, das ist es eben, was den Gedanken zu einem für mich wertvollen macht, oder worin, psychologisch betrachtet, sein "Wert" für mich besteht.

Kommt nun das Nichtige, das dieses Wertes entbehrt, und setzt sich der Gewalt jenes Hindrängens und Festhaltens zum Trotz, also gewaltsam an die Stelle des erwarteten Wertvollen, so entsteht zunächst, eben wegen dieser Gewaltsamkeit, das schon in Rechnung gezogene ausserkomische Gefühl der Unlust. Und dies verstärkt zunächst das, wie wir annahmen, in der Regel geringfügige Unlustmoment, das aus der Enttäuschung der Erwartung in jedem Falle, abgesehen von dem Werte des Erwarteten entspringt. Zugleich aber ist die Leichtigkeit, mit der das Nichtige die für die Erfassung des erwarteten Wertvollen bestimmte seelische Kraft sich aneignen kann, vermindert. Diese Leichtigkeit ist ja das Gegenteil jener "Gewaltsamkeit". Drängt der Gedanke an das erwartete Wertvolle auf die Erfassung eben dieses Wertvollen, so hemmt er notwendig die Erfassung des Nichtigen, in welchem, und soweit in ihm jener wertvolle Inhalt *negiert* erscheint. Macht er die seelische Kraft für das erwartete Wertvolle als *solches* verfügbar, so verweigert er sie ebendamit dem an die Stelle tretenden Nichtigen, das mir *verbietet* den Gedanken an jenen wertvollen Inhalt zu vollziehen. Daraus ergiebt sich eine Herabdrückung der leichten Vorstellungsbewegung, aus der wir die komische Lust haben hervorgehen sehen, eine Herabdrückung, die bis zur vollständigen Lähmung sich steigern kann.

Eine ebensolche Herabdrückung oder Lähmung kann, aus analogen Gründen, bei der subjektiven Komik stattfinden. Am heiligen Orte, bei der ernsten religiösen Feier, erwarten wir nicht nur, sondern wir fordern aus sittlichen Gründen die Aussprache ernster Gedanken, wie sie uns da von selbst sich aufdrängen. Ein Witz an solcher Stelle, ein Witz, vollends, der mit Worten spielt, die selbst solche ernste Gedanken in uns wecken, geht seiner Komik verlustig. Die ernsten Gedanken bleiben dabei, sich uns aufzudrängen; sie hängen sich wie Gewichte an das nichtige Spiel, so dass der leichte seelische Wellenschlag, der das Wesen der Komik macht, unterbleiben muss. Was übrig bleibt, ist das Gefühl der Unlust, das aus der Nichterfüllung und Verneinung unserer Forderung in jedem Falle sich ergeben muss.

Die *sittlichen* Forderungen sind es, die wir, von persönlichen Interessen abgesehen, am strengsten festhalten und am wenigsten leicht für einen Augenblick dahingestellt lassen. Wo solche Forderungen verneint werden, schwindet darum am leichtesten das Gefühl der Komik. Das Komische wird lächerlich, verächtlich, schliesslich empörend. Vielleicht entsteht das Gefühl der Komik im ersten Moment. Die Grösse des quantitativen Kontrastes und der qualitativen Übereinstimmung, insbesondere die Sicherheit, mit der wir gerade in dem Augenblick, wo das Nichtige sich einstellt, das Bedeutungsvolle erwarten, bezw.—beim Witze—die Sicherheit, mit der die scheinbare Logik des nichtigen Wortspiels auf den bedeutungsvollen Inhalt hinweist,—dies zusammen thut vielleicht im ersten Momente trotz der Strenge der sittlichen Forderung seine komische Wirkung. Die seelische Kraft wird durch die bezeichneten Kanäle zum Nichtigen herübergeleitet und jene Forderung muss wohl oder übel zurücktreten. In diesem Falle wird aber doch die komische Wirkung nicht nur von vornherein eine weniger freie sein, sondern sie wird auch schneller sich verzehren müssen, als sie es sonst thäte. Die komische Wirkung, so sahen wir oben, erhält und erneuert sich, indem wir zu dem, was die Erwartung eines Bedeutsamen erregte, oder zu dem scheinbar Logischen, das uns den bedeutungsvollen Gedanken aufnötigte, unseren Blick zurückwenden. Die Wirkung ist aber bei jeder neuen Rückwärtswendung den Blickes eine geringere, weil die Erwartung, nachdem sie ein oder mehrere Male ihre Enttäuschung erfahren hat, immer weniger sicher geworden ist, weil ebenso die Bestimmtheit, mit der die scheinbare Logik des nichtigen Wortspiels auf den bedeutungsvollen Inhalt hinweist, durch die ein- oder mehrmalige Bewusstwerdung seiner thatsächlichen Bedeutungs- und Inhaltslosigkeit eine immer grössere Einbusse erlitten hat.

Ebendamit nun gewinnt zugleich die sittliche Forderung, die an ihrer Strenge *nichts* eingebüsst hat, grössere hemmende Gewalt. Indem das Nichtige weniger leicht seelische Kraft gewinnt, vermag der Gedanke an das geforderte Wertvolle, der erst zurückgetreten war, entsprechend stärker hervorzutreten, und nun auch mit entsprechender Energie auf die weitere Verminderung der Komik hinzuarbeiten. Jene Verminderung der Fähigkeit des Nichtigen, seelische Kraft zu gewinnen, und dieses Hervortreten der sittlichen Forderung, diese beiden Momente steigern sich in ihren Wirkungen wechselseitig. So geschieht es, dass der Eindruck der Komik grösserem und grösserem Widerstreben begegnet, bis schliesslich nichts mehr übrig bleibt, als das Gefühl des Widerstrebens oder der Empörung.

Es kann aber nicht nur durch unerfüllte, sondern auch durch erfüllte Forderungen, nicht nur durch negierte, sondern auch durch realisierte Werte der Komik der Boden entzogen werden. Wir sehen den Übermütigen zu Fall kommen, sich in seinen eigenen Schlingen fangen, seine gerechte Strafe finden. Wir sehen ihn beschämt. Diese Beschämung hat positiven Wert. Hier tritt wiederum zur Komik ein ihr gegensätzliches Element hinzu. Das Nichts, in das der Anspruch des Übermutes zergeht, kann nur als nichtig sich darstellen und in seiner Nichtigkeit spielend aufgefasst werden, wie dies zur Komik erforderlich ist, so lange es als dies Nichtige erscheint. Scheint es nicht mehr nichtig, sondern mit dem Gedanken der Bestrafung oder Beschämung beschwert, so mindert sich das Gefühl der Komik. Freilich bleibt auch hier das Nächste das Zergehen des Anspruchs. Dann aber tritt jener ernste Gedanke, die Freiheit und Leichtigkeit der psychischen Bewegung aufhebend hinzu. Je näher und in die Augen springender der Fall des Übermütigen ist, desto sicherer kann im ersten Momente die Komik sich einstellen. Dann aber schämen wir uns vielleicht unseres Gefühls der Komik.

BESONDERHEIT DER NAIVEN KOMIK.

So sehen wir die Komik in doppelter Weise in ihr Gegenteil umschlagen, das eine Mal in ernste Unlust, das andere Mal in ernste
Befriedigung. Dieser Umschlag kann bei der objektiven und nicht
minder bei der subjektiven Komik geschehen. Doch immer nur
unter bestimmten Umständen. An sich liegt dazu in diesen beiden
Gattungen des Komischen kein Anlass.

Dagegen besteht ein solcher Anlass jederzeit in gewissem Grade
in der naiven Komik. Hier werden, wie oben gesagt, jederzeit Forderungen von unbedingtem Wert verneint und erfüllt. Daraus kann
sich von vornherein eine wesentliche Herabstimmung der Komik
ergeben. Das Gefühl kann von vornherein an der Grenze stehen, wo
die Komik in ernste Lust oder Unlust übergeht. Oder es kann erst
ausgesprochenes Gefühl der Komik sein, dann ein Gefühl des Ernstes an die Stelle treten.

Wer von dem Wert der Ehre, wie wir sie gemeinhin zu fassen
pflegen, auch derjenigen, von der wir meinten, dass sie *Falstaff* mit
Recht herunterziehe, in hohem Masse durchdrungen ist, wird für
die Komik der *Falstaff*'schen Rede über die Ehre wenig Verständnis
haben. Andererseits könnte uns die Bewunderung, die wir der Sicherheit des sittlichen Bewusstseins beim Korporal Trim entgegenbringen, derart gefangen nehmen, dass wir seine Antwort auf die
Frage des Doktors der Theologie nicht komisch, sondern von vornherein nur erhaben fänden. Angenommen aber, wir haben Sinn für
die Komik der *Trim*'schen Rede; dann wird doch das Ende der Komik hier nicht die Komik, sondern der Ernst sein, nämlich eine Art
ernster Befriedigung.

Hier zeigt sich deutlich die besondere Eigenart der naiven Komik.
Sie liegt im Unterscheidenden dieser Gattung, wie wir es kennen
gelernt haben, notwendig begründet. Die angemasste Erhabenheit
des Nichtigen zergeht in der objektiven Komik thatsächlich. Ebenso
die scheinbare Wahrheit des nichtigen Spieles mit Worten in der
subjektiven Komik. Dagegen zergeht die Erhabenheit der naiv komischen Äusserung oder Handlung, die ihren Grund hat in der
Klugheit, Gesundheit, dem natürlichen sittlichen Gefühl, kurz dem
Wertvollen der Persönlichkeit, das darin sich zu erkennen giebt,
immer nur für die allgemeine und ebendarum einseitige Betrach-

tungsweise, sie bleibt bestehen für die persönliche Beurteilung, also für die tiefere, weil dem Individuum gerecht werdende Einsicht. Indem der Blick zurückkehrt, findet er das wertvolle Erhabene in seinem Wert und seiner Erhabenheit wieder; nicht als Inhalt einer unerfüllten und darum peinlichen Forderung, sondern als erkannte Thatsache. Oder vielmehr, dies Wertvolle kommt jetzt erst recht in seinem Werte zum Bewusstsein und wirkt als das Erhabene, das es ist. Es thut dies immer ausschliesslicher, indem die Komik in sich und im Kampfe mit ihm erlahmt. Der Gedanke an das Wertvolle wird zum herrschenden, und die erhebende Freude an seinem Inhalte zum herrschenden Gefühl.

Andererseits wird die unerfüllte Forderung, welche die allgemeine und einseitige Betrachtungsweise stellt, in ihrer Einseitigkeit erkannt. Die Strenge dieser Forderung schwindet oder mildert sich gegenüber dem naiven Individuum, auf das sie nicht oder nicht in ihrer Strenge anwendbar erscheint. So kann sich auch ihr gegenüber das Bewusstsein des Wertvollen im Individuum behaupten. Ja es kann dies Letztere schliesslich so erhaben erscheinen, dass nun im Vergleich mit ihm das Erhabene der gemeinen Betrachtungsweise in nichts zergeht und so seinerseits komisch wird. Damit ist die naive Komik in ihr vollkommenes Gegenteil umgeschlagen.

* * * * *

Blicken wir jetzt zurück, so erscheint die Komik arm und reich, leer und inhaltsvoll zugleich. An sich ist sie nichts als inhaltlich gleichgültiges, leichtes und leicht verklingendes Spiel der Vorstellungen, das als solches begleitet erscheint von einem Gefühl heiterer, durch die notwendig stattfindende Enttäuschung der Erwartung oder Durchbrechung des gewohnten Vorstellungszusammenhanges kaum getrübter, aber vergänglicher Lust. Die Komik erhält höhere Bedeutung erst, wenn Werte, die auch ausserhalb der Komik bestehen, in sie eingehen. Solche Werte können in den komischen Vorstellungszusammenhang eintreten und von dem Strudel der komischen Vorstellungsbewegung hinabgezogen werden, dann aber auftauchen und sieghaft sich behaupten. Indem sie dies thun, erscheinen sie erst recht in ihrem Werte, und wirken auf das Gemüt, wie sie es nicht vermocht hätten in dem gewöhnlichen Vorstellungszusammenhang, wo sie in Gefahr waren, zu Momenten in dem gleichmässig fortgehenden Strome des seelischen Geschehens herabgesetzt und keiner besonderen Beachtung gewürdigt zu werden.

Damit hebt dann freilich die Komik sich selbst in ihr Gegenteil auf. Will man von einer höheren Aufgabe der Komik reden, — und sie hat eine solche im Leben und in der Kunst, — so besteht sie eben in diesem Dienste, den sie dem Wertvollen in der Welt leistet, indem sie selbst, als reine Komik, zu bestehen aufhört.

Die Komik, so dürfen wir dies steigern, ist dazu da, Wertvolles und zuletzt sittlich Wertvolles in seiner Erhabenheit darzustellen. Mit einem Worte: Sie ist dazu da, zum Humor sich aufzuheben. Darin besteht ihre sittliche und zugleich ästhetische Bedeutung. Der Humor tritt neben die Tragik, der eine gleichartige Aufgabe zufällt. Nur dass dort das Nichtige, hier das Leiden den Durchgangspunkt bildet und die Vermittlung vollzieht. Humor und Tragik, das sind die beiden Weisen, im Leben und in der Kunst durch Dissonanzen der Konsonanz, d. h. dem Guten erst die rechte Kraft zu geben.

* * * * *

IV. ABSCHNITT. DIE UNTERARTEN DES KOMI-SCHEN.

XII. KAPITEL. DIE UNTERARTEN DER OBJEKTIVEN UND NAIVEN KOMIK.

STUFEN DER OBJEKTIVEN KOMIK.

Doch ehe wir dazu übergehen, betrachten wir die Unterarten der im Bisherigen unterschiedenen Alten der Komik. Zunächst die der objektiven
Komik. Unsere Betrachtungsweise ist, wie bisher immer, zunächst die
allgemein psychologische, die aber weiterhin in die ästhetische Betrachtungsweise münden soll.

Hinsichtlich der objektiven Komik besteht in erster Linie diejenige psychologische Einteilung zu Recht, die schon früher von uns vorausgesetzt wurde. Ähnlichkeit oder erfahrungsgemässer Zusammenhang zwischen einem Gegebenen und einem erwarteten oder vorausgesetzten Erhabenen bildet den Grund für unsere Erwartung oder Voraussetzung dieses Erhabenen, die dann in nichts zergeht. Es giebt eine objektive Komik auf Grund dieser beiden, das ganze seelische Leben beherrschenden Arten der Association. Das kleine Häuschen zwischen mächtigen Palästen mag noch einmal als Beispiel der einen, die nichtige Leistung des Grosssprechers noch einmal als Beispiel der andern Art erwähnt werden.

Neben dieser formalen ist eine doppelte inhaltliche Einteilung möglich, mit der wir uns schon der ästhetischen Betrachtungsweise nähern. Die in nichts zergehende Erhabenheit ist zunächst *sinnliche* Erhabenheit, d. h. Erhabenheit, die lediglich in der Energie und Dauer der Wirkung besteht, die ein wahrgenommener Gegenstand, nur als wahrgenommener, auf uns übt.

Diese Wirkung bleibt aber nie für sich. Welches Objekt auch auf uns wirken mag, immer verbindet sich mit seiner Wahrnehmung die Vorstellung eines so oder so gearteten, in ihm waltenden oder sich verkörpenden Lebens. Der Baumriese hat nicht nur eine gewisse Grösse und Form, sondern er scheint sie zu haben, indem er sich reckt, dehnt, Widerstand leistet, kurz frei oder im Kampfe gegen Hindernisse seine Kraft entfaltet. Und der Gedanke daran lässt ihn erst eigentlich als erhaben erscheinen. Von solcher "Kraft" *sehen* wir nichts. Wir kennen überhaupt, was den eigentlichen und ursprünglichen Sinn dieses Wortes ausmacht, nicht anders, denn als Inhalt unseres Kraftgefühls, des Gefühls freierer oder gehemmterer Anstrengung. Aber eben diesen Gefühlsinhalt projizieren wir durch einen Akt der allergeläufigsten Vermenschlichung überall in die Objekte hinein. Man erinnere sich hier wiederum des auf S. 19 f.[*] Gesagten. Ausserdem bitte ich hierüber meine "Raumästhetik und geometrisch-optische Täuschungen" (Leipzig 1898) zu vergleichen.

[* Im Unterkapitel ALLERLEI ÄSTHETISCHE THEORIEN. Transkriptor.]

Diese dynamische, wir könnten auch sagen animalische Erhabenheit bestimmt sich dann in dieser oder jener Weise näher. Sie bekommt einen konkreteren und konkreteren Inhalt. Das "Leben", das von vornherein ein Analogon menschlichen Lebens ist, nähert sich dem Leben, wie wir es im Einzelnen in uns erleben oder erleben können. Es gewinnt bewussten *geistigen* Inhalt. Seine Erhabenheit stellt sich dar als *geistige* Erhabenheit. Schon der Baumriese hat nicht nur Kraft, sondern seine Kraft ist auf Bestimmtes gerichtet. Er will etwas, er hat Ziele oder Zwecke. Er "*sucht*" Luft und Licht. Er "erfreut" sich ihrer, wenn er davon umspielt wird. Er flüstert schliesslich und träumt, wie eine Art selbstbewussten Individuums.

Sowenig darnach Objekte als sinnlich, dynamisch, geistig erhaben einander gegenübergestellt werden können, so wertvoll ist die Unterscheidung dieser Arten und Stufen der Erhabenheit für den ästhetischen Gesichtspunkt. Je höherer Stufe die Erhabenheit angehört, um so schärfer wird ihr Zergehen in nichts empfunden. Der Mensch, der das höchste Erhabene ist, ist ebendarum das einzige ursprüngliche Objekt der Lächerlichkeit. Alles andere kann lächerlich erscheinen nur in dem Masse, als es von uns vermenschlicht wird.

Wiederum ist jene höchste, geistige Erhabenheit intellektuelle Erhabenheit; oder Erhabenheit des auf Zwecke, vor allem sittliche Zwecke,
gerichteten Wollens; oder endlich Erhabenheit, die in der Kraft, dem Reichtum, der Feinheit des Gefühls besteht. Auch darnach lassen sich
Stufen der objektiven Komik unterscheiden.

SITUATIONS- UND CHARAKTERKOMIK.

Neben solchen Einteilungen steht eine andere mögliche Einteilung der objektiven Komik, für welche gleichfalls der Inhalt der Komik den Einteilungsgrund bildet.

Wir scheiden das Übel oder das Nichtseinsollende, das uns widerfährt, von dem Bösen, dem Mangel, dem Fehler, der an uns ist und in unserem Thun oder Gebaren zu Tage tritt. Das Nichtseinsollende ist Begegnis oder Eigenschaft, Schicksal oder Charakter.

So ist auch jede Komik für die Person, oder auch die Sache, die darin verflochten ist, Schicksal oder Charakter. Wir unterscheiden also Schicksals- oder Charakterkomik. Statt Schicksalskomik können wir auch sagen: Situationskomik.

Dies erinnert uns an unser drittes Kapitel. Dort stellten wir einstweilen — mit *Kräpelin* — der Situationskomik nicht die Charakterkomik, sondern die Anschauungskomik gegenüber. Aber die hier gewählte Bezeichnung des Gegensatzes ist klarer. Wir bleiben darum bei ihr. Missfällt der Ausdruck Charakterkomik, dann sage man: Komik des Wesens, oder: an der Beschaffenheit des komischen Objektes haftende Komik.

Auch dies ist klar, dass beide Arten der Komik Hand in Hand gehen können, dass eine Komik beides zugleich sein kann, Situations- und Charakterkomik. Doch davon später, wenn es sich um die ästhetische Bedeutung dieses Gegensatzes handeln wird. Dass derselbe eine solche ästhetische Bedeutung haben muss, braucht ja nicht gesagt zu werden.

NATÜRLICHE UND GEWOLLTE KOMIK.

Hiermit verbinde ich weiterhin solche Unterschiede der objektiven Komik, die sich aus der Betrachtung der Arten oder der Gründe des Auftretens der Komik ergeben.

Objektive Komik kann einmal durch den natürlichen Zusammenhang der Dinge gegeben sein, oder im natürlichen Verlauf des Geschehens sich einstellen. Sie ist ein andermal künstlich oder geflissentlich hervorgerufen.

Für Letzteres bestehen wiederum verschiedene Möglichkeiten. Ich hänge jemanden etwas an, das ihn komisch macht, oder bringe ihn in eine komische Situation, spiele ihm einen "Possen", mache mit ihm einen "Witz".

Von solcher Hervorrufung der Komik, bei welcher das Komische oder der eigentliche Gegenstand der Komik erst von mir ins Dasein gerufen wird, unterscheide ich die komische Darstellung, die nicht das Komische, wohl aber die Komik erst erzeugt.

Auch diese "komische Darstellung" kann wiederum einen verschiedenen Sinn haben. Sie besteht einmal lediglich darin, dass ich dasjenige an einer Person oder Sache, das an sich komisch zu wirken geeignet ist, beschreibe, zur Kenntnis bringe, ans Licht setze. Indem ich dies thue, mache ich erst die Komik möglich. Dabei ist es gleichgültig, ob das dargestellte Komische ein wirkliches oder ein fingiertes ist. Ich rechne also hierher auch die Darstellung erfundener oder durch künstlerische Phantasie gefundener komischer Gestalten und Situationen.

Hiervon deutlich unterschieden ist die Darstellung, die erst durch die Weise der Darstellung die Komik hervorruft. Ein Objekt trägt an sich nichts, das mir bei gewöhnlicher Betrachtung komisch erschiene. Nun manipuliere ich aber in der Darstellung mit dem Objekte so, dass ein komisches Licht darauf fällt. Ich beleuchte es komisch.

Diese komische Beleuchtung wird immer zugleich im eigentlichen Sinne des Wortes "witzig" sein, d. h. einen Fall der subjektiven Komik darstellen. Die Manipulation, von der ich rede, erzeugt ja der Voraussetzung nach eine Komik, die nicht im Objekte liegt. Sie ist also ein Spiel, das etwas sagt, das ein Urteil über ein Objekt entstehen lässt, angesichts des Objektes aber doch wiederum als nichtssagendes Spiel erscheint. Es ist die sachlich unberechtigte Einfügung in einen Vorstellungszusammenhang, die das Objekt hinsichtlich seines Eindruckes auf uns in ein anderes verwandelt, und doch das Objekt selbst lässt wie es ist.

Hierhin gehört die Komik der Nachahmung, von der oben die Rede war. Die komische Nachahmung löst, wie wir sagten, das Nachgeahmte aus dem Zusammenhang der Person, in der es in der Ordnung, also nicht komisch erscheint, und stellt es isoliert hin. Damit nimmt sie dem Nachgeahmten seinen Sinn oder seine individuelle Berechtigung.

Neben diese komische Nachahmung tritt die durch die Mittel der Sprache
bewirkte komische Gruppierung von Zügen eines wirklichen oder fingierten
Menschen oder Dinges, die Zusammenstellung des relativ Erhabenen und des
Nichtigen, der Art, dass daraus eine komische Beleuchtung sich ergiebt.

Die komische Darstellung geht von hier noch einen Schritt weiter, wenn sie zur karikierenden, übertreibenden, verzerrenden Darstellung wird. Sofern solche Darstellung glaublich erscheint, das Dargestellte als damit "getroffen" anerkannt wird, und andererseits doch wiederum die Karikatur, Übertreibung, Verzerrung als solche, d. h. als von der Wirklichkeit abweichendes, willkürliches und demnach nichtsbedeutendes Spiel erscheint, ist sie zugleich eine besondere Art des Witzes. Als solche gehört sie nicht hierhin.

Hierzu füge ich als weitere und eigenartige Weisen der "komischen Darstellung", in unserem Sinne, die Travestie und die Parodie. Auch sie sind Arten der komischen Gruppierung oder der unmittelbaren Aneinanderrückung des Erhabenen und des Nichtigen. Aber nicht Züge des Objektes sind es, die hier unmittelbar aneinandergerückt und zur Einheit verbunden scheinen, sondern: In der Travestie wird das Erhabene in Worten und Wendungen, die einer niedrigeren Sphäre angehören, dargestellt, in der Parodie umgekehrt das Niedrige oder Triviale durch Einkleidung in eine dem Erhabenen zugehörige sprachliche Form zu einem Scheinerhabenen gestempelt. Dort zergeht die Erhabenheit des Inhaltes durch die Form, und zugleich die Form, die vermöge des Inhaltes Erhabenheit sich anmasste, in sich selbst. Hier zergeht die erhabene Form durch den Inhalt, und zugleich der durch die Form zum Scheinerhabenen aufgebauschte Inhalt in sich selbst.

POSSENHAFTE, BURLESKE, GROTESKE KOMIK.

Die hier gemachten Unterscheidungen bringen wir endlich wiederum in
Zusammenhang mit gewissen herkömmlichen Begriffen, in denen Arten des
Komischen bezeichnet scheinen.

Nennen wir ein Komisches "*possenhaft*", so wollen wir es wohl zunächst als ein Derbkomisches charakterisieren. Possenhafte Komik ist eine Komik, bei der wir nicht lächeln, sondern über etwas, vor allem über Personen herzlich lachen, sie, wenn auch gutmütig, belachen, verlachen, auslachen. Aber wir nennen andererseits mit diesem Namen nicht dasjenige Derbkomische, das jemandem natürlicherweise anhaftet oder geschieht. Sondern, wie jeder fühlt: Das Possenhafte ist jederzeit ein beabsichtigtes, gemachtes. Es ist eine gewollte Weise, jemanden komisch erscheinen zu lassen.

Eine solche Weise liegt nun zunächst vor, wenn ich jemandem "einen Possen spiele". Dabei spekuliere ich auf seine Dummheit, sein Ungeschick, seine Feigheit, sein körperliches Unvermögen u. dgl. Die possenhafte Komik ist die Komik der "Streiche", die dem Dummen, Ungeschickten, Feigen, vielleicht aber sehr klug, geschickt, tapfer sich Dünkenden oder Gebärdenden, auch dem mit einem Gebrechen Behafteten, gespielt werden und diese Eigenschaften hervortreten lassen und dem Lachen preisgeben.

Es ist aber zum Possenhaften nicht erforderlich, dass der "Possenreisser" anderen einen Possen spiele. Es ist auch possenhaft, wenn jemand sich selbst in komischer Weise als Narren, Ungeschickten, Feigen oder dergleichen darstellt, sein körperliches Gebrechen dem Lachen preisgiebt, oder ein solches fingiert; wenn er den Narren,

Tölpel, Feigling, den mit einem Gebrechen Behafteten "spielt", um damit zu belustigen.

Bisher verstand ich unter der possenhaften Komik eine Komik des Verhaltens, Thuns, Gebarens. Possenhafte Komik ist aber weiter auch die Komik der Darstellung in Wort und Bild, die Verlachenswertes zum Inhalte hat, sei es, dass sie lediglich ein der Wirklichkeit Angehöriges oder fingiertes Verlachenswertes beschreibt, es erzählt, davon berichtet, sei es, dass sie dasselbe erst durch die Weise der Darstellung als ein Verlachenswertes erscheinen lässt oder dazu macht. Auch hier wird die Dummheit, das Ungeschick, die Feigheit, das Gebrechen und dergleichen den Inhalt der Komik ausmachen.

Indem ich das Possenhafte in diesem Sinne nehme, weiss ich mich einigermassen in Übereinstimmung mit *Schneegans*, der in seiner "Geschichte der grotesken Satire" das Possenhafte als die Komik, die aus der angeschauten Dummheit sich ergiebt, bezeichnet. Diese Bestimmung ist freilich zunächst enger als die unsrige, und zweifellos zu eng. Andererseits unterlässt es *Schneegans*, ausdrücklich zu betonen, dass nicht komische Dummheit, der wir irgendwo im Leben begegnen, possenhaft ist, sondern nur die geflissentlich hervorgelockte oder komisch beleuchtete; nicht die "angeschaute", sondern die zur Anschauung gebrachte. Oder bestimmter und zugleich allgemeiner gesagt, dass "Possenhaft" nicht ein Prädikat der *Komik*, oder des Komischen als solchen ist, sondern vielmehr ein Prädikat, durch welches wir das auf Hervorbringung des komischen Effektes abzielende und zur Erreichung dieses Zieles bestimmte Mittel anwendende, bewusste menschliche *Thun* bezeichnen. Possenhaft ist nicht das Opfer eines Streiches, sondern der Streich; nicht die Dummheit, die der Clown fingiert, sondern dies sein Spiel; nicht das in Wort oder Bild dargestellte Verlachenswerte, sondern diese Darstellung; zugleich doch wiederum diese Darstellung nicht als solche, sondern sofern sie diesen bestimmten Inhalt hat, oder mit diesem Mittel diesen bestimmten komischen Effekt hervorbringt.

Dieser possenhaften Komik tritt dann zur Seite die *"burleske"*. Auch "Burlesk" ist nicht eine Bezeichnung für eine bestimmte Art des Komischen, sondern für eine Weise etwas komisch erscheinen zu lassen oder eine Weise der Darstellung mit komischem Inhalt oder Effekt. Und zwar erscheint es historisch und durch den Sprachgebrauch genügend gerechtfertigt, wenn wir mit *Schneegans* als burlesk die parodierende und travestierende komische Darstellung bezeichnen.

Endlich werden wir berechtigt sein, wiederum im Einklang mit *Schneegans*, als "grotesk" die komische Darstellung zu bezeichnen, für welche die Karikatur, die Übertreibung, die Verzerrung, das Unglaubliche, das Ungeheuerliche, das Phantastische das Mittel zur Erzeugung der komischen Wirkung ist.

Hiermit haben nicht alle Arten der geflissentlich ins Dasein gerufenen objektiven Komik ihre besonderen Namen bekommen. Es bleiben daneben viele Möglichkeiten der Hervorrufung oder Darstellung einer Komik, die vom Possenhaften, Burlesken, Grotesken mehr oder weniger weit entfernt sind. Es bleiben insbesondere vielerlei Arten, durch den Witz eine Person oder einen Vorgang in komische Beleuchtung zu rücken. Soweit dabei eine besondere Eigenart des Witzes vorausgesetzt ist, werden diese Möglichkeiten nachher zu unterscheiden sein. Im übrigen hätte es nicht viel Wert, wenn wir hier weitere Einteilungen und Unterscheidungen versuchen wollten.

Alle die bezeichneten Möglichkeiten der objektiven Komik bleiben ästhetisch wertlos, solange sie nichts sind als Möglichkeiten der Komik. Es ist aber teilweise im Obigen schon angedeutet, wie sie ästhetischen Wert gewinnen können. Die possenhafte Komik braucht als solche nicht, aber sie kann gutmütig sein. Noch mehr, sie kann herzerfreuend sein. Dies ist nur möglich, wenn etwas Gesundes, ursprünglich Menschliches, Wahres, Ehrliches, Gutes in ihr ist, vielleicht gar eine besondere Stärke und menschliche Grösse. Dergleichen kann in der possenhaften Komik nicht nur nebenbei enthalten sein, sondern es kann eben durch dieselbe erst recht zum Bewusstsein gebracht werden. Dann wird die possenhafte Komik zum Humor; es entsteht das Kunstwerk der Posse, etwa der Volksposse, ein Kunstwerk, das trotz der "niedrigeren" Sphäre und der drastischen Mittel ästhetisch höher stehen, also im höherem Grade ein "Kunstwerk" sein kann, als Dutzende von "feineren" Lustspielen, die vielleicht nur darum feiner heissen, weil ihnen alle Kraft und Tiefe fehlt, weil sie unterhalten, "interessieren", eine "Belustigung des Verstandes und Witzes" hervorbringen, aber alles innerlich Erhebenden und Erwärmenden baar sind, ebenso geistreich wie herzlos.

Noch weniger kann mir daran gelegen sein, in eingehenderer Weise, als ich es oben schon that, Arten der naiven Komik zu unterscheiden.

Dagegen verlohnt es die Mühe, die unendliche Menge der Möglichkeiten einer subjektiven Komik nach Gesichtspunkten, die in der Natur der Sache liegen, zu ordnen. Dies soll im Folgenden versucht werden.

XIII. KAPITEL. DIE UNTERARTEN DER SUBJEK-
TIVEN KOMIK.

ALLGEMEINES.

Auch die subjektive Komik oder der Witz kommt durch Wirkung jener beiden Arten der Vorstellungsassociation, der Association des Ähnlichen und der Association auf Grund der Erfahrung, zu stande. Wir verbinden aber diesen Gesichtspunkt hier von vornherein mit dem aus der spezifischen Eigenart des Witzes sich ergebenden logischen Gesichtspunkt. Der in Zeichen, vor allem in sprachlichen Zeichen formulierte Gedanke, das ist, wie wir wissen, das besondere Gebiet des Witzes. Entsprechend muss bei der Einteilung der Witzarten der logische Gesichtspunkt, ich meine den Gesichtspunkt derjenigen "Logik", die eben mit dem *formulierten* Gedanken zu thun hat, der eigentlich sachgemässe sein.

Die Logik redet von Begriffen, das heisst Worten, die etwas bezeichnen, von Beziehungen zwischen Begriffen, von Urteilen, von Beziehungen zwischen Urteilen, endlich von Schlüssen. Darnach werden wir unterscheiden den Begriffs- oder Wortwitz, die witzige Begriffsbeziehung, das witzige Urteil, die witzige Beziehung zwischen Urteilen, endlich den witzigen Schluss. Die Untereinteilung ergiebt sich dann einerseits aus dem Gegensatz jener beiden Arten des Vorstellungszusammenhanges, andererseits aus dem Unterschied solcher Arten des Witzes, bei denen der Witz auf lediglich äusseren, sprachlichen Momenten beruht, und solcher, bei denen er irgendwie sachlich begründet ist. Wir gewinnen auf diesem Wege eine Unterscheidung von vier Arten von Begriffswitzen, witzigen Begriffsbeziehungen, witzigen Urteilen etc., nämlich (A. 1) solchen, die zu stande kommen durch Ähnlichkeit, beziehungsweise Gleichheit von Worten oder Sätzen, (A. 2) solchen, deren Möglichkeit darauf beruht, dass wir irgendwelchen Sprachformen die Bedeutung, die sie in unserer Erfahrung gewonnen haben, auf Grund davon, also gewohnheitsmässig, auch da zugestehen, wo sie ihnen nicht zukommt, oder nicht zuzukommen scheint, (B. 1) solchen, bei denen eine sachliche Übereinstimmung, und endlich (B. 2) solchen, bei denen ein erfahrungsgemässer sachlicher Zusammenhang die logische oder pseudologische Grundlage bildet.

DER WORT- ODER BEGRIFFSWITZ.

I. Der *"Wort- oder Begriffswitz"* erzeugt illegitime Begriffe, die wir uns dennoch, wenigstens für den Augenblick, gefallen lassen; er macht und gebraucht Worte, die etwas bezeichnen oder zu bezeichnen scheinen und doch wiederum nichts bezeichnen oder nichts scheinen bezeichnen zu können.

A. Gleich bei dieser ersten und niedrigsten Witzart ist jene Untereinteilung am Platze. Die Witzart beruht zunächst auf lediglich *äusseren* Momenten, Momenten der reinen *sprachlichen Form*, und zwar

1. auf *Wortähnlichkeit*. Man kennt die jugendliche Mode, Worte so zu verändern, oder umzudrehen, dass sie aufgehört haben, sinnvolle Sprachzeichen zu sein, und doch wegen der Ähnlichkeit mit dem Original noch verstanden werden. Der Witz dieser *"witzigen Wortverdrehung"* beruht, wie überhaupt der Wortwitz, nur eben auf diesem Gegensatz von Sinnlosigkeit und verständlichem Sinne. — Als eine besondere Art der witzigen Wortverdrehung kann die Verdrehung von Fremdwörtern — ohne Anklang an andere, wovon später — bezeichnet werden, wie sie "Unkel Bräsig" so oft wider Willen begegnet.

2. Auf der gewohnheitsmässigen Festhaltung der erfahrungsgemässen Geltung sprachlicher Formen können Wortwitze in doppelter Weise beruhen. Auf der Gewohnheit mit Worten überhaupt einen Sinn zu verbinden, beruht die Möglichkeit der *"witzigen Scheinbegriffe"*. Ich antworte etwa auf die Frage, was dies oder jenes sei, mit einem Worte, das es nirgends gibt, und das für niemand einen Sinn hat; lediglich vertrauend auf den Glauben des Hörers, es müsse sich, wenn er nur Worte hört, dabei doch etwas denken lassen. Der Witz besteht für den, der sich verblüffen lässt und einen Augenblick darauf "hereinfällt", dann aber sofort weiss, dass er düpiert ist.

Höher steht die *"witzige Wortbildung"* nach äusserer Analogie, das heisst nach einer erfahrungsgemäss feststehenden, im gegebenen Falle aber unanwendbaren Regel der Wortbildung. Alle Wortbildungsmittel, mögen sie Endsilben, Vorsilben oder sonstwie heissen, beliebige grammatikalische Formen, die ungeheuerlichsten Wortzusammensetzungen, können in den Dienst dieser Witzart treten. Vorausgesetzt ist nur, dass sie aus der sonstigen sprachlichen Erfahrung verständlich sind, und darum in ihrer Sinnlosigkeit doch sinnvoll erscheinen. Ihr Wert erhöht sich, wenn sie nicht blosse Spielerei sind, sondern eine Sache kurz und schlagend bezeichnen.

B. Dem äusseren Zusammenhange haben wir den *inhaltlichen* oder *sachlichen* entgegengestellt. Verstehen wir darunter, wie nachher, den objektiven Zusammenhang der Dinge, so kann es einen Wortwitz auf Grund irgendwelchen sachlichen Zusammenhanges nicht geben. *Urteile* gewinnen wirkliche oder scheinbare Geltung aus dem Zusammenhange der Thatsachen. Einem *Worte* aber einen Sinn zuzuschreiben, dazu kann kein solcher Zusammenhang veranlassen. Der einzige sachliche Zusammenhang, der hier in Frage kommt, ist eben der zwischen dem Wort und seinem Sinn. Der ist es denn auch, der hier an die Stelle des Zusammenhangs der Dinge treten muss.

1. Dieser Zusammenhang ist Zusammenhang der Ähnlichkeit bei überraschenden, und sprachlich unerlaubten, aber doch bezeichnenden onomatopoetischen Bildungen, wie wir sie auch im gewöhnlichen Leben oft in witziger oder witzelnder Weise vollziehen.

2. Er beruht auf Erfahrung bei allen den witzigen Wortbildungen, die wir uns nur darum gefallen lassen, weil sie thatsächlich bestehen. Überall, bei Kindern, bei den verschiedenen Ständen Gesellschafts- und Berufsklassen, in Provinzen und Städten, begegnen wir neben der allgemeingültigen einer eigenen Sprache. Die Worte sind witzig, nicht für denjenigen, dem sie völlig geläufig und naturgemäss sind, wohl aber für den, dem sie verständlich und doch, weil dem anerkannten Sprachgebrauche fremd, eigentlich sinnlos erscheinen. Auch fremdsprachliche Worte, die ganz anders klingen, als wir es gewohnt sind, und die darum überhaupt nicht als mögliche Sprachzeichen erscheinen, können aus gleichem Grunde den Eindruck des Witzigen machen. Der Wert des Witzes erhöht sich

wiederum, wenn die Worte die Sache kurz bezeichnen. — Wie dort, bei der "witzigen Onomatopoesie", in der Ähnlichkeit des Wortes mit der bezeichneten Sache, so liegt hier, bei den "witzigen Idiotismen", in der erfahrungsgemässen Thatsache, dass das Wort die Sache bezeichnet, die "sachliche" Begründung des Witzes.

DIE WITZIGE BEGRIFFSBEZIEHUNG.

II. Die "witzige Begriffsbeziehung" stellt Beziehungen zwischen Begriffen unrechtmässig oder scheinbar unrechtmässig her, Beziehungen der
Gleichheit oder Verschiedenheit, der Identität oder des Gegensatzes.
Beziehungen endlich der Zusammengehörigkeit dieser oder jener Art.

A. Betrachten wir auch hier zuerst die Fälle, in denen *äussere Momente* den Witz begründen.

1. Wir haben dann, soweit das äussere Moment in Wortähnlichkeit besteht, in erster Linie zu nennen die "witzige Wortverwechselung". Ein Wort tritt an Stelle eines anderen, ihm ähnlichen Wortes, das seinen eigenen und wohlbekannten Sinn hat. Der Witz entsteht, indem wir die Verwechselung verstehen, d. h. sie, durch die Ähnlichkeit der Worte verführt, in Gedanken mitmachen, und damit die entsprechenden Begriffe und Gegenstände für einen Augenblick identifizieren. Jemand "insultiert" etwa den Arzt statt ihn zu konsultieren und erweckt damit die Vorstellung, als ob in der That das Konsultieren ein Insultieren wäre, und nicht bloss ein Wort für ein anderes taschenspielerisch einträte.

Wie hier, so ist überhaupt bei der witzigen Begriffsbeziehung auf Grund von Wortähnlichkeit, die hergestellte Beziehung die der Identität oder wenigstens der Vergleichbarkeit. Eine weitere Art bezeichnen wir als "witzige Wortkarikatur". Wenn ich den Perückenträger einen "Perückles" nenne, so ersetze ich nicht ein Wort durch ein anderes, ebenso sprachgebräuchliches, sondern ich verändere oder verdrehe ein Wort, ohne es doch völlig unkenntlich werden zu lassen, künstlich in der Weise, dass es an ein anderes bekanntes anklingt, oder in ein (illegitimes) neues, mit selbständigem Sinn, sich verwandelt. Insofern das Wort trotz seiner Veränderung verständlich bleibt, liegt zunächst eine einfache "witzige Wortverdrehung" oder "Wortbildung", also ein blosser Wortwitz vor. Indem wir aber zugleich den durch die Veränderung erschlichenen neuen Sinn mit dem festgehaltenen alten identifizieren, entsteht die genannte neue, in diesen Zusammenhang gehörige Witzart. Der "Perückles" erscheint als eine Art Perikles, ebenso die als "Dichteritis" bezeichnete Dichterei im Lichte einer der Diphtheritis vergleichbaren Krankheit u. s. w.

Wir können Dinge bezeichnen direkt und bildlich. Auch das Bild kann derart verschoben werden, dass es kein legitimes Bild mehr ist, aber doch noch erkannt wird und zugleich in der Verschiebung einen scherzhaften Nebensinn ergiebt. Eine sehr geläufige derartige Bildkarikatur lasse ich mir beispielsweise zu Schulden kommen, wenn ich sage, jemandem sei — nicht ein Licht, sondern ein Nachtlicht, eine Thranlampe oder etwas dergleichen aufgegangen. So wenig Witz in solchen Witzen stecken mag, so habe ich sie doch hier mit zu erwähnen.

Alle möglichen Wortverdrehungen und Wortbildungen können in den Dienst jener witzigen Wortkarikatur treten. Wir können aber aus der Menge der möglichen Fälle diejenigen noch besonders hervorheben, in denen der mit dem künstlichen Wortgebilde ursprünglich gemeinte Gegenstand nicht nur in spielende, sachlich bedeutungslose Beziehung zu dem durch die Umbildung neu entstehenden Begriffe gesetzt, sondern durch den Inhalt dieses Begriffes charakterisiert, erklärt, illustriert werden soll. Derart sind die *Fischart*'schen *"charakterisierenden Wortbildungen"* – "Jesuwider" statt Jesuit oder Jesuiter, "Maulhenkolisch" statt Melancholisch und unzählige andere. Der besondere Wert dieser Art leuchtet ein. Jene Neubildung ist zugleich ein vernichtendes Urteil, diese wenigstens eine drastische Veranschaulichung.

In allen diesen Fällen wird der mit dem gebrauchten Worte eigentlich gemeinte Begriff oder Gegenstand erraten oder kann erraten werden. Es genügt, dass ich sage, jemand habe die Dichteritis und man weiss, dass seine Dichterei damit witzig charakterisiert werden soll. Dagegen werden bei anderen Arten der witzigen Begriffsbeziehung beide Begriffe ausdrücklich bezeichnet und auch äusserlich in Beziehung gesetzt. — Ein analoger Gegensatz wird uns noch öfter begegnen.

Auch hierbei sind die beiden Möglichkeiten: die Träger der beiden Begriffe sind gebräuchliche Worte, oder es findet eine Wortneubildnng statt. Das Erstere ist der Fall bei den "*einfachen Klangwitzen*" der *Schiller*'schen Kapuzinerrede: Krug — Krieg, Sabel — Schnabel, Ochse — Oxenstirn; das Letztere bei den demselben Zusammenhange angehörigen "karikierenden Klangwitzen": Abteien — Raubteien, Bistümer — Wüsttümer. In beiden Fällen liegt eine Beziehung der Begriffe bereits ausdrücklich vor. Wir verwandeln aber diese — bloss äusserlich thatsächliche Beziehung, verführt durch den Gleichklang der Worte, in eine Art innerer Wesensbeziehung. Jene thatsächliche Beziehung wird für uns zu einer sozusagen selbstverständlichen, in der Natur der Begriffsinhalte selbst liegenden. Eben darauf beruht bei beiden der Witz.

Als eine besondere Art des Klangwitzes kann noch der "*antithetische Klangwitz*" bezeichnet werden, von der Art des recht bezeichnenden, der mit Bezug auf eine Berliner Kunstausstellung gemacht wurde: es seien dort viele eingerahmte Bilder, aber noch mehr eingebildete Rahmen zu sehen gewesen. Entsprechend der Umkehrung der Worte scheinen auch die Begriffe inhaltlich einer als blosse Umkehrung oder ergänzende Kehrseite des anderen. — Zugleich gehört freilich die unlogische Begriffsverbindung "eingebildete Rahmen" für sich allein noch einer andern und zwar einer gleich zu besprechenden Witzart zu.

2. Auf der Grenze zwischen der witzigen Begriffsbeziehung auf Grund der Wortähnlichkeit und derjenigen, bei der die gewohnheitsmässige Festhaltung der logischen Bedeutung von äusseren Sprachformen den Witz macht, steht die "*witzige Wortverschmelzung*". Zu jenen hier in Betracht kommenden "äusseren Sprachformen" gehören alle erfahrungsgemässen Formen der Wortverbindung. Eine derselben ist die Wortzusammensetzung. Als eine karikierende Abart derselben kann die sprachlich unmögliche Wortverschmelzung — Famillionär, Unterleibnizianer, Revolutionärrisch etc. — betrachtet werden. Insofern gehört die witzige Wortverschmelzung in *diesen* Zusammenhang. Zugleich ist sie doch auch

"witzige Wortkarikatur". Entsprechend dieser Doppelnatur besteht der in ihr entstehende "Nebensinn" je nach der Art der Verschmelzung bald im Gedanken einer Identität, bald in der Vorstellung einer gewissen Zusammengehörigkeit der Begriffsinhalte, nämlich der Inhalte der Begriffe, die in der Wortverschmelzung vereinigt sind. Der "Unterleibnizianer", d. h. der mit seiner Verdauung nicht recht zuwege Kommende, erscheint ohne weiteres als eine Art Schüler oder "Unterschüler" des grossen Philosophen, das "revolutionärrische" Gebaren ist ein als närrisch charakterisiertes revolutionäres Gebaren, das "famillionäre" ein familiäres mit dem Beigeschmack des Millionärtums.

Als Gegenbild der witzigen Wortverschmelzung nennen wir gleich die *"witzige Wort-* oder *Begriffsteilung"*, durch die der Schein einer Teilung eines Begriffs in zwei selbständige erzeugt wird. So, wenn ich von Demo-, Bureau- und anderen Kraten spreche. Der Schein, dass die Wortteile, in unserem Falle insbesondere das "Kraten" selbständige Begriffe darstellen, kann entstehen, weil wir es oft genug erfahren haben, dass selbständige Worte mit anderen zu einem vereinigt sind. Der Witz gehört zugleich zur Gattung der "einfachen Klangwitze", wenn die Klangähnlichkeit oder -gleichheit des abgetrennten Wortteils mit einem selbständigen Worte, das mit jenem Wortteil inhaltlich nichts zu thun hat, benutzt wird, um den Schein der Inhaltsgleichheit beider zu erzeugen. "Welcher Ring ist nicht rund? — Der Hering"; "Photo-, Litho- und andere Grafen". — Die witzige Begriffsteilung ist zugleich "karikierender Klangwitz", wenn der abgetrennte Begriffsteil erst karikiert werden muss, ehe er mit dem ihm fremden Worte zu inhaltlicher Identität gebracht werden kann. "Auch bei den Alten schon gab es allerlei Klösse; z. B. Sophoklösse, Periklösse" u. s. w.

Von der witzigen Wortverschmelzung verschieden ist die *"witzige Wortzusammensetzung"*: — "Sprechruhr" u. dgl. Wieder anderer Art ist die "witzige Aufzählung" nach der Art des *Heine*'schen "Studenten, Vieh, Philister" etc.; mit dieser nächstverwandt die *"witzige Koordination"*, die ihrem Sinne nach bald Unterordnung unter denselben Begriff, bald Unterscheidung, bald Entgegensetzung sein kann: "Mit einer Gabel und mit Müh' zog ihn die Mutter aus der Brüh'"; "Der Löwe ist gelb aber grossmütig" — als ob die Mühe ein Instrument wäre, wie die Gabel, die Grossmut eine sichtbare Eigen-

schaft, die mit der Farbe verglichen werden könnte; — "Nicht nur
Gelehrte, sondern auch einige vernünftig denkende Menschen" — als
ob es unter den Gelehrten nicht auch mitunter vernünftig denkende
Menschen gäbe; — "Klein aber niedlich" — als ob dies nicht vielmehr
sehr nahe verwandte Begriffe wären.

Die attributive Verbindung wird witzig missbraucht im *"witzigen*
Widersinn" von der Art des hölzernen Schüreisens oder des Lichtenberg'schen Messers ohne Klinge, an dem der Stiel fehlt. Widersprechendes scheint verträglich, weil wir, von der äusseren Verbindung
der Worte überrascht, den Widerspruch nicht oder nicht sogleich
empfinden. Andere Beispiele, wie das "messingne Schlüsselloch",
der "lederne Handschuhmacher", der "doppelte Kinderlöffel für
Zwillinge" gehören, sofern bei ihnen dem Glauben an die Gültigkeit
des Begriffes zugleich ein erfahrungsgemässer sachlicher Zusammenhang zu Grunde liegt, zugleich zu einer später zu besprechenden Gattung. — Dagegen verführt uns die äussere Verschiedenheit
von Gegenstand und Attribut zur Annahme einer sachlichen Verschiedenheit in der *"witzigen Tautologie"*. Eine solche wäre die "rei-
tende Artillerie zu Pferde", die man der bekannten "reitenden Artillerie zu Fuss" konsequenterweise entgegenstellen müsste.

B. Von der witzigen Begriffsbeziehung, soweit sie auf inneren
Momenten und zwar

1. auf teilweiser sachlicher *Übereinstimmung* beruht, gilt speciell,
was *Jean Paul* vom Witze überhaupt sagt, nämlich, dass sie halbe,
Viertelsähnlichkeiten zu Gleichheiten mache und so den ästhetischen Lichtschein eines neuen Verhältnisses erzeuge, indes unser
Wahrheitsbewusstsein das alte festhalte. Zur Bezeichnung von Personen, Dingen, Eigenschaften werden Begriffe verwandt, die mit
dem, was sie bezeichnen, sich teilweise decken, zugleich aber ihm
irgendwie inkongruent, also zur Bezeichnung eigentlich nicht geeignet erscheinen. Der Eindruck des Witzigen entsteht, indem wir
uns die Bezeichnung gefallen lassen, also die teilweise Übereinstimmung für eine ganze nehmen, dann aber sogleich wiederum
der Inkongruenz uns bewusst werden.

Insofern die witzige Bezeichnung jedesmal an die Stelle der unmittelbar geeigneten tritt, lassen sich alle hierher gehörigen Fälle

unter den Begriff der *"witzigen Begriffssubstitution"* fassen. Dieselbe ist

a) "logische" Begriffssubstitution. Personen, Dinge, Eigenschaften, Thätigkeiten werden bezeichnet statt durch den sachlich eigentlich geforderten und nach einfach logischem Sprachgebrauch nächstliegenden Begriff, durch einen ihm übergeordneten oder nebengeordneten oder untergeordneten: die Begriffssubstitution ist verallgemeinernde oder vergleichende oder individualisierende Bezeichnung. Dabei bleibt der stellvertretende Begriff undeterminert oder er erhält eine nähere Bestimmung, die die Bezeichnung erst verständlich macht. Verallgemeinernde Bezeichnungen der ersteren Art wählen wir besonders, um verblümt zu reden, oder zum Bewusstsein zu bringen, dass uns der Gegenstand des specielleren Namens nicht wert scheine. Der im Gefängnis Sitzende hat frei Quartier oder frei Kost und Logis, wird auf öffentliche Kosten gespeist, hat sich der Einsamkeit ergeben, sich für eine Zeitlang von der Öffentlichkeit zurückgezogen etc.; der Redner hat "es nicht halten können", hat die Lnft erschüttert, sich in Bewegung seiner Lungenmuskeln ergangen, sein Stimmband in tönende Schwingungen versetzt u. dgl. Witzig vergleichende Bezeichnungen sind in vielen Fällen die sprichwörtlichen Redensarten: Er hat geräuchertes Fleisch (Ausschlag) im Gesicht; Den Teufel barfuss laufen hören; Etwas auf der unrechten Bank finden (= stehlen). Die meisten dergleichen Wendungen sind zugleich individualisierend: Die Laus um den Balg schinden; Aus einem .... einen Donnerschlag machen; Den .... (nämlich die untere Fortsetzung des Rückens) hinten tragen, d. h. sich betragen, wie man sich natürlicher Weise beträgt u. dgl. Eine reine Individualisierung ist es, wenn ich statt von den Malern einer Stadt von den dort lebenden Rafaels und Tizians rede.

Tritt zum substituierten Begriff die nähere Bestimmung hinzu, so wird die Substitution zur vollständigeren oder weniger vollständigen *"witzigen"* — wenn nämlich witzigen — *"Umschreibung"*, und zwar wiederum zur — zunächst wenigstens — verallgemeinernden oder vergleichenden oder individualisierenden, bezw. auch hier zur individualisierend vergleichenden. Auch die "verallgemeinernde" *Umschreibung* wird speciell der verblümenden Bezeichnung dienen; die vergleichende und individualisierende ihrerseits wird oft vergleichen, was im Grunde nicht zu vergleichen ist und erst durch die einschränkende nähere Bestimmung vergleichbar erscheint. So wenn ich, nach Heine, eine alte hässliche Frau als eine zweite Venus von Milo bezeichne, nämlich was das Alter, die Zahnlosigkeit und die gelben Flecken angehe.

Witze dieser Art sind billig, solange sie nur Dinge mehr oder weniger künstlich bezeichnen. Ihr Interesse wächst, wenn sie *"karikierende Bezeichnungen"* oder *"witzige Hyperbeln"* sind, und doch, was sie eigentlich sagen wollen, deutlich zu verstehen geben. Im Grunde ist freilich, da jeder Vergleich hinkt und jede Individualisierung neue Momente hinzufügt, nämlich eben die individualisierenden, jede darauf beruhende Bezeichnung irgendwie karikierend, das heisst die Sache verschiebend. Und diese Verschiebung wird leicht, obgleich durchaus nicht immer, zugleich eine Steigerung sein. Dass umgekehrt die Steigerung — Kilometernase, Quadratmeilengesicht etc. — jederzeit eine Verschiebung ist, braucht nicht gesagt zu werden. — Aber nicht jede witzige Karikatur oder Hyperbel ist so drastisch, wie etwa die hyperbolisch karikierenden Bezeichnungen, die Falstaff auf Bardolphs Nase häuft.

Abgesehen davon besteht noch ein weiterer Unterschied. Die witzigen Bezeichnungen sind entweder nur spielende Bezeichnungen, denen es nicht darauf ankommt, ob das Wesen der Sache, so wie es wirklich ist, getroffen wird, oder sie heben eine wesentliche Eigenschaft treffend hervor, sind also charakterisierend, oder endlich sie sind ironisch gemeint. Dem letzteren Zwecke dient insbesondere eine Art, die darum speciell den Namen der *"ironischen Bezeichnung"* führen muss. Es liegt Ironie darin, wenn ich meine bescheidene Wohnung als meinen Palast oder meine Residenz bezeichne; insofern ich nämlich erwarte, der Hörer werde aus dem stolzen Namen das ungefähre Gegenteil, die gar nicht stolze Wohnung, heraushören. Zunächst aber will ich, wenn ich solche Ausdrücke gebrauche, einen Gegenstand, durch den Namen für einen ähnlichen, spielend bezeichnen. Wenn ich dagegen eine tadelnswerte Handlung, ohne weiteres, recht lobenswert, ein abstossendes Benehmen recht liebenswürdig nenne, so setze ich einen Begriff an die Stelle des direkt gegenteiligen und zwar in der einzigen Absicht dies direkte Gegenteil des Gesagten recht eindringlich zu machen. Die in sich nichtige Bezeichnung soll, indem sie wie eine geltende sich gebärdet, ihre nicht bloss teilweise, sondern völlige Nichtgeltung offenbaren und ihrem eigenen Gegenteil Geltung verschaffen; und sie soll nur eben dies. In solcher Vernichtung des Nichtigen und seinem Umschlag ins Gegenteil besteht aber, wie wir schon früher meinten, das eigentliche Wesen der Ironie. Die Ironie ist subjektiv komische oder witzige, sofern das mit *logischem* Anspruch auftretende nichtige Wort oder Zeichen das Umschlagende ist.—So besonders geartet die ironische Bezeichnung ist, so lässt sie sich doch unter die vergleichenden Begriffssubstitutionen unterordnen. Auch tadelnswert und lobenswert, abstossend und liebenswürdig sind ja einander nebengeordnete Begriffe.

Eine dritte Bemerkung betrifft die äussere Form der witzigen Substitution. Wie bei der witzigen Begriffsbeziehung auf Grund äusserer Ähnlichkeit das eine Mal der eine der beiden Begriffe, nämlich der im Witze eigentlich gemeinte, aus dem anderen erraten werden musste, das andere Mal beide, Begriffe ausdrücklich sich gegenüberstanden, so muss auch hier der eine der beiden in die Beziehung eingehenden Begriffe oder Gegenstände, nämlich der mit der Bezeichnung gemeinte, das eine Mal aus der Bezeichnung erraten werden, während er das andere Mal ausdrücklich genannt wird. Das Letztere wird speciell dann der Fall sein, wenn die Bezeichnung nicht gelegentlich auftritt, als Teil eines Satzes, der *irgend etwas* aussagt, sondern als der eigentliche Gegenstand der Aussage. Natürlich wird sie in diesem Falle im allgemeinen höheren Anspruch erheben. Sie wird witzige Charakteristik oder etwas dergleichen sein. Jenen Namen wollen wir ihr den auch a parte potiori allgemein beilegen.

Darum ist doch diese geflissentliche "*witzige Charakteristik*" in ihrem Wesen nichts anderes als die gelegentliche witzige Bezeichnung. Die ganze oben gemachte Unterscheidung hat hier weit weniger zu bedeuten, als in dem angeführten früheren Falle. Insbesondere ist die witzige Charakteristik nicht, weil sie in Form eines vollständigen Urteils auftritt, "witziges Urteil". Denn nicht darum handelt es sich dabei, eine wirkliche oder scheinbare Wahrheit zum Bewusstsein zu bringen oder eine Thatsache glaublich zu machen, durch Mittel, die dann doch wiederum die ganze Aussage als nichtig erscheinen lassen, vielmehr will auch sie nur, was als thatsächlich bestehend *vorausgesetzt* ist, in treffender und zugleich unzutreffender Form *bezeichnen*. So will die witzige Charakteristik der Beine Bräsigs,—sie haben ausgesehen, als ob sie verkehrt eingeschroben wären, oder die *Fallstaff*'sche Charakteristik *Schaals,* — er war wie ein Männchen, nach Tisch aus einer Käserinde verfertigt — nicht glaublich machen, *Bräsigs* Beine oder *Schaals* ganzes Äussere sei wirklich der Art gewesen, um dann das Bewusstsein wachzurufen, dass die Worte gar nicht als Träger irgend einer Wahrheit, also in keiner Weise ernsthaft gemeint sein können, sondern die eine will eine bestimmte Beschaffenheit der Beine *Bräsigs*, ebenso die andere eine bestimmte Beschaffenheit des *Schaal*'schen Äusseren, an die sie glaubt und an die wir glauben, in einer bestimmten Weise kenntlich machen und charakterisieren. Nur unter jener Bedingung aber wären die Sätze, wie wir sehen werden, "witzige Urteile"; sie könnten es, genauer gesagt, nur sein, wenn sie als "witzige Übertreibungen" gemeint wären. Dagegen gehören sie, so wie sie gemeint sind, trotz ihrer Form durchaus zu unserer Gattung.

Endlich erweitert sich die witzige Charakteristik zur *"witzigen Charakterzeichnung"*, in der von einer Person oder Sache durch wenige Züge, die von rechtswegen kein mögliches Bild geben können, dennoch eines gegeben wird. So wenn *Heyse* sagt: er sah gesund, satt und gütig aus. Das Wesentliche der Witzart ist, dass mehrere Bezeichnungen in ihrer Zusammenordnung das Bild gegen alle strenge Logik plötzlich hervorspringen lassen, mögen im übrigen die Bezeichnungen, wie in dem angeführten Beispiel, allgemein, oder vergleichend oder individualisierend sein. Ein Musterbeispiel der vergleichenden Art ist Falstaffs bekannte Beschreibung der von ihm angeworbenen Soldaten.

Hier ist auch der Ort, wo wir der *"witzig zeichnenden Darstellung"* zu gedenken haben. Sie steht mit jener witzigen Charakterzeichnung auf einer Linie. Einige Striche, scheinbar planlos hingeworfen, ergeben plötzlich ein Gesicht und erscheinen doch wiederum dazu völlig ungenügend. Dabei kann die Karikatur fehlen.

Es giebt aber daneben eine *"witzige Karikaturzeichnung"*. Sie ist witzig nicht als Karikatur, sondern sofern sie das Urteil erzeugt, die Zeichnung sei diese oder jene Person oder bezeichne diesen oder jenen Charakter, während doch zugleich das Bezeichnungsmittel gänzlich unzutreffend erscheint. Auch wieweit die Karikatur objektiv komisch ist, kommt für den Witz nur soweit in Frage, als die komischen Züge zugleich bezeichnend und nicht bezeichnend erscheinen; an sich hat diese Komik mit dem Witze nichts zu thun. Genauer steht die witzige Karikaturzeichnung mit der witzig karikierenden Bezeichnung und, wenn sie ihr Objekt anderen Gegenständen, etwa Menschen einem Tier oder einer geometrischen Figur ähnlich macht, mit dem karikierenden Vergleich auf einer Stufe. — Jede solche Zeichnung kann mehr oder weniger charakterisieren; sie kann auch in den Dienst der Ironie treten.

b) Mit Vorstehendem sind wir bereits über die logische Begriffssubstitution hinausgegangen. Zu ihr gesellt sich, wenn wir in das Gebiet des sprachlichen Witzes zurückkehren, die bildliche Substitution oder die *"witzig bildliche Bezeichnung"*. Jedes Bild ist seiner Natur nach Substitution; zur witzigen Bezeichnung wird es, wenn es überraschend, unzutreffend, allzuweit hergeholt scheint und doch verstanden wird. Wie weit dafür die obigen Bestimmungen gelten, habe ich nicht nötig näher auszuführen. Nur daran erinnere ich, wie auch hier gelegentliche Bezeichnung und ausdrückliche Charakteristik sich entgegenstehen. In einem trefflichen Beispiel dieser *"witzig bildlichen Charakteristik"* bezeichnet Jeau Paul den Witz selbst als den Priester, der jedes Paar kopuliert. Der Witz und ein Priester, das scheinen denkbar unvergleichbare Dinge und doch trifft die Definition.

c) Die dritte Art der witzigen Substitution ist die *"parodische Bezeichnung"*. Eine doppelte Art derselben lässt sich unterscheiden. Die eine beruht auf dem Vorhandensein verschiedener Sprachen innerhalb einer und derselben Sprache. Das Volk, der Dichter, der Gelehrte, der Handwerker, der Künstler in seinem Beruf, jeder spricht seine eigene Sprache. Von solchen eigenen Sprachen war schon früher die Rede. Aber nicht um den witzigen Eindruck, den die Worte der Sprache auf den Fremden machen, der sie versteht, und doch zugleich nicht als sinnvolle Sprachzeichen anerkennen kann, handelt es sich hier, sondern in gewisser Art um das volle Gegenteil davon. Nicht fremd müssen dem Hörer die Worte, die Redewendungen und Redeformen sein, die ich *parodierend* gebrauche, sondern wohlbekannt, aber bekannt als einer Gedankenwelt angehörig, die derjenigen fremd ist, in die ich sie verpflanze. Indem ich sie verpflanze, nehme ich jene Gedankenwelt mit; die damit bezeichneten Dinge erscheinen in der Beleuchtung derselben selbst fremdartig, verschoben, verwandelt; zugleich sind sie doch dieselben geblieben; der fremdartige Schein verschwindet; die parodierende Bezeichnung erscheint als Spiel, das zur Sache nichts hinzugethan hat.

Die andere Art, die Parodie im engeren Sinn, verpflanzt nicht nur aus einer Gedankenwelt, sondern aus einem speciellen Wort- und Gedankenzusammenhang in einen anderen und fremdartigen. Vor allem sind es dichterische Zusammenhänge, aus denen wir parodierend Worte entnehmen können. Auch diesen speciellen Wort- und Gedankenzusammenhang nehmen wir bei der Verpflanzung mit. Indem er bei der bezeichneten Sache als sachwidrig sich in nichts auflöst, entsteht der Witz.—Wie Worte und Redewendungen, so können schliesslich ganze Citate—Spät kommt ihr, doch ihr kommt etc.—als parodische Bezeichnungen fungieren. Ich will ja, wenn ich jemanden mit dem angeführten Citate begrüsse, trotz der Satzform nur eben ein Faktum mit *Schiller*'schen Worten *bezeichnen*.

Hierbei dachte ich vorzugsweise an diejenige Parodie, die aus *aussergewöhnlichem* Zusammenhange Worte und Wendungen in den Zusammenhang des *gewöhnlichen Lebens* verpflanzt. Ihr steht aber mit dem gleichen Anspruche auf jenen Namen diejenige entgegen, die umgekehrt Alltägliches und Geläufiges aus seinem alltäglichen Gedankenzusammenhang hineinversetzt in den ausserordentlichen. Der Unterschied der beiden Arten ist derselbe, den wir immer wieder zu machen Veranlassung hatten und haben werden. Während dort das aussergewöhnliche Wort das ihm von Rechtswegen zukommende besondere Pathos verliert angesichts des von ihm bezeichneten gewöhnlichen Gegenstandes, für welches das Pathos nun einmal nicht passt, scheint *hier* das *gewöhnliche* Wort, indem es in dem aussergewöhnlichen Zusammenhange verwandt wird, ein Pathos zu *gewinnen*, zu dessen Träger es dann doch wiederum nach gewöhnlicher Anschauung nicht dienen kann.—So sehr beide Arten sich gegenüberstehen, so ist doch der psychologische Vorgang, soweit er für den Witz in Betracht kommt, im wesentlichen derselbe.

Wiederum erwähne ich die karikierende und hyperbolische, die charakterisierende und ironische Parodie nicht besonders, obgleich alle diese Möglichkeiten bestehen. Dagegen ist mir die Beziehung der Parodie zur objektiven Komik wichtig. Nichts hindert natürlich, das Wort Parodie zugleich in einem allgemeineren Sinne zu nehmen und jede Einfügung in einen neuen und fremdartigen Zusammenhang, wodurch das Eingefügte Träger der Komik wird, so zu nennen. Dann giebt es neben der witzigen auch eine objektiv komische oder kürzer objektive Parodie, beide sich entsprechend und doch so unterschieden wie Witz und objektive Komik überhaupt unterschieden sind. Insbesondere gehört zur objektiven Parodie die oben besprochene *Darstellung* des objektiv Komischen — einschliesslich der mimischen "Nachahmung" — sofern sie das Komische aus dem Zusammenhange, in dem es sich versteckt, heraushebt und in den Zusammenhang der Darstellung und damit in das helle Tageslicht setzt, in dem es erst in seiner Komik offenbar wird; dann freilich auch jene Afterparodie, die auch das Erhabenste so mit dem Niedrigen zu verbinden weiss, dass es von seiner Höhe herabstürzt und dem Lachen preisgegeben wird. Jene charakterisierende Art dient, wie wir sahen, dem Humor, ich meine dem echten Humor, von dem die Ästhetik redet. Diese, die schon *Goethe* mit Recht "gewissenlos" fand, ist ebendarum auch jedes ästhetischen Wertes bar.

Es kann aber auch, abgesehen von dieser Korrespondenz, die objektiv komische Parodie, vor allem die der Nachahmung — ebenso wie die objektiv komische Karikatur — zur witzigen Parodie werden. Die parodierende Nachahmung ist es immer, wenn ich durch sie nicht nur das Nachgeahmte lächerlich erscheinen lasse, sondern zugleich etwas, das ich sagen will, in spielender Weise ausdrücke. Hierher gehört die witzige Rache des italienischen Malers, von der schon im zweiten Abschnitt die Rede war. Der Maler stellt den Prior, indem er dem Judas seine Züge leiht, in den Gedankenzusammenhang, der durch den Namen Judas bezeichnet ist. Dass der Prior zum Judas wird, ist objektiv komisch. Dass aber der Maler ihn so erscheinen lässt, also sein Urteil über den Prior zu erkennen giebt durch dieses Quidproquo, diese unlogische Einfügung der Gestalt in den völlig fremdartigen Zusammenhang, dies ist witzig. Es ist Bezeichnung durch ein zur Bezeichnung von Rechtswegen untaugliches Mittel und insofern Witz von der hier in Rede stehenden Art.

Etwas anders geartet, aber ebenso hierhergehörig ist die bekannte witzige Selbstparodie aus den fliegenden Blättern: Ein X. pflegt sich in seiner regelmässigen Gesellschaft nur dadurch bemerkbar zu machen, dass er in allem, was vorkommt, einen "famosen Witz" findet. Einmal verabredet sich die Gesellschaft ihm durch Schweigen die Gelegenheit dazu zu nehmen. X. tritt ein, sieht sich um, und meint: "famoser Witz". Damit parodiert er sich selbst, bezeichnet aber zugleich die Situation. Er thut es witzig, eben weil er damit nur sich selbst zu parodieren scheint.

2. Mit der vorstehend erörterten Witzart hängt diejenige, bei der ein erfahrungsgemässer sachlicher Zusammenhang von Begriffen der witzigen Begriffsbeziehung zu Grunde liegt, eng zusammen. Dies gilt insbesondere, insoweit auch diese Begriffsbeziehung als Beziehung zwischen einem Gegenstande und seiner Bezeichnung sich darstellt. Ich kann bezeichnen nicht nur, indem ich sage, was etwas ist, sondern auch durch die Angabe sekundärer Momente, durch Kennzeichnung der Gründe oder Folgen einer Sache, der Arten einer Person zu handeln sich zu gebaren etc., kurz durch Momente, die mit dem zu Bezeichnenden erfahrungsgemäss zusammenhängen. Diese Bezeichnung muss nur wieder, um witzig zu sein, überraschend, fremdartig, ganz ungehörig, die angegebenen Umstände müssen weithergeholt oder gänzlich unmöglich, trotzdem aber bezeichnend erscheinen. So ist es weithergeholt, wenn der Italiener einen, wenn nicht nach italienischen, so doch nach unseren Begriffen unentbehrlichen Teil der menschlichen Wohnung als denjenigen bezeichnet, dove anche la regina va a piedi; dagegen wird Unmögliches vorausgesetzt, wenn ich von einem Menschen sage, er sei so fett, dass sein Anblick Sodbrennen errege, oder wenn ich eine lange Nase — nach Haug — damit bezeichne, dass ich erzähle, sie sei für einen Schlagbaum gehalten worden, oder — nach Jean Paul — damit, dass ich angebe, ihr Eigentümer habe nicht sterben können, weil sein Geist, wenn er ihn habe aufgeben wollen, immer wieder in die Nase zurückgefahren sei. — Die letzteren Fälle könnten auch einer anderen Witzgattung zugehörig scheinen. In der That ist es ein witziges Urteil, und speciell eine Art "Münchhausiade", wenn ich jemand glauben machen will, der blosse Anblick des Fetten könne die angegebene Wirkung auf den Magen haben. Aber nicht um die Erzeugung dieses Glaubens handelt es sich hier, sondern um seine Verwertung zu einem anderen Zweck, nämlich eben zum Zweck der witzigen Bezeichnung. Dass eine Wirkung einen Augenblick für möglich gehalten werden könne, dies ist die *Voraussetzung*

für die Möglichkeit, die übermässige Fettigkeit in der angegebenen Weise zu bezeichnen. Indem jener Gedanke in nichts zergeht, erscheint auch die Bezeichnung wiederum nichtig. So verhalten sich also Möglichkeit und Unmöglichkeit der behaupteten Wirkung, die das witzige *Urteil* machen, zur zutreffenden und zugleich nicht zutreffenden, kurz zur witzigen *Bezeichnung*, wie Voraussetzung und Folge; jene witzige Bezeichnung ist so wenig ein witziges Urteil, als die Voraussetzung die Folge ist.

Diese *"witzige Bezeichnung durch abgeleitete Momente"* kann wiederum, wie die Beispiele zeigen, zugleich karikierend und speciell hyperbolisch sein. Sie ist andererseits bald rein spielend bald charakterisierend oder ironisierend. Auch sie wird zur witzigen Charakteristik und erweitert sich zur witzigen Charakterzeichnung. Man denke etwa an die Art, wie *Heinz Percy*'s Charakter aus seinen Worten und der Art sich zu gebaren mit wenig Strichen zeichnet.

Neben dieser Art steht als zweite die eigentliche *"witzige Begriffsverbindung"*. Bei ihr sind dieselben beiden Möglichkeiten; die Begriffsverbindung ist sachlich in Ordnung und scheint nur nichtig, weil sie überraschend, fremdartig oder mit scheinbarem Widerspruch behaftet ist, oder sie ist unmöglich, scheint aber möglich, weil ein sachlicher Zusammenhang zu Grunde liegt, der nur gesteigert, ergänzt, verschoben, kurz witzig ausgebeutet wird. Die erstere Möglichkeit verwirklicht sich in der *"witzigen Scheintautologie"* und dem *"Oxymoron"* oder witzigen Scheinwiderspruch: — Beides ist vereinigt, wenn ich von Waschweibern oder alten Jungfern weiblichen und männlichen Geschlechtes rede —; sie verwirklicht sich andererseits in allen möglichen dem gewöhnlichen Sprachgebrauch zuwiderlaufenden, knappen, Mittelglieder auslassenden oder nach sachlicher Analogie gebildeten Begriffsverbindungen, so wenn *Falstaff* sagt: ich kann "keinen Schritt weiter rauben" u. s. w.

Der zweiten Art sind zunächst die schon an anderer Stelle angeführten Fälle des *"witzigen Widersinns"*: Messingnes Schlüsselloch und dergleichen. Der Zusammenhang zwischen Messing und Schlüsselloch leuchtet ein, nur dass das Schlüsselloch nicht selbst aus Messing sein kann. Ebendahin gehört der doppelte Kinderlöffel für Zwillinge, der lederne Handschuhmacher und dergleichen. Sofern hier die sachlich zu Recht bestehende Begriffsverbindung witzig verschoben ist, kann der Witz als *"karikierende Begriffsverbindung"* bezeichnet werden. Eine Abart wiederum ist das *"witzige Fallen aus dem Bilde"* und die *"witzige Bilderverwechselung"* — Mitten im tiefsten Morpheus — Beim ersten Krähen der rosenfingrigen Eos —; auch hier wird ja der Witz durch einen sachlichen Zusammenhang ermöglicht.

DAS WITZIGE URTEIL.

III. Das *witzige Urteil* bildet, wie schon gesagt, die dritte Hauptgattung. Bei ihr wird eine Wahrheit verkündigt in einer Form, die die ganze Aussage wiederum als nichtig, als blosses Spiel erscheinen lässt; oder eine Scheinwahrheit, die logisch in nichts zergeht. Wiederum beruht die witzige Aussage auf den genannten vier Arten des Vorstellungszusammenhanges.

A. 1. Ein witziges Urteil ist zunächst die *"witzige Satzverdrehung"*, die der witzigen Wortverdrehung entspricht. Ein Satz sagt genau genommen gar nichts, aber der Hörer erkennt ihn als geflissentliche Verdrehung eines anderen und findet die gemeinte Wahrheit heraus. Oder ein Satz enthält einen völligen Widersinn, der Hörer errät aber, was gesagt sein soll, aus der blossen Ähnlichkeit des Gesagten mit einem möglichen sinnvollen Satz. Im letzteren Falle ist die Verdrehung zum *"witzigen Gallimathias"* geworden. Jedes Durcheinanderwerfen von Worten, allerlei falsche Konstruktionen können diesen Witzarten dienen.

Das Gegenstück bildet der *"witzige Unsinn"*, der an anerkannte Wahrheiten äusserlich anklingt und darum selbst für den Augenblick als
Ausdruck einer Wahrheit genommen wird. Der wesentliche Unterschied ist,
dass dort eine Wahrheit im Gewande des Unsinns, hier ein Unsinn im
Gewände der Wahrheit auftritt.

2. Derselbe Erfolg kann erreicht werden durch allerlei äussere Sprachformen, die nun einmal erfahrungsgemäss der Verkündigung oder Eindringlichmachung der Wahrheit zu dienen pflegen.

Es giebt allerlei Überzeugungsmittel, z. B. Gründe. Aber die stehen nicht jederzeit zur Verfügung. Da müssen dann andere Mittel eintreten. Man betont, druckt gesperrt oder fett. Manche Schriftsteller lieben es, in dieser Weise dem Drucker das Überzeugen zu überlassen. Man kann sich darauf verlassen, dass sie um so betonter reden, je weniger Gründe sie haben. Dieses Mittels kann sich auch der Witz bedienen, so wie jedes unlogischen Mittels. Man betont den Widersinn, spricht ihn mit Emphase aus. Je grösser der Applomb und die Unverfrorenheit, desto eher wird das Vertrauen sich rechtfertigen, dass man wenigstens für den Augenblick den Eindruck der Wahrheit mache.

Ähnliche Wirkung haben andere Mittel. Man bringt eine Behauptung immer wieder vor, man bringt sie nebenbei, im Tone der Selbstverständlichkeit, man leitet sie ein mit einem "bekanntlich", citiert angeblich: wie schon der oder der grosse Gelehrte oder Dichter mit Recht gesagt hat; man kleidet sie in möglichst wissenschaftliche Form, spart auch langatmige Fremdwörter nicht; berühmte allermodernste Philosophen können dabei als Muster dienen. Endlich ist die poetische Form nicht zu verachten.

Immer beruht bei diesem *"witzigen Erschleichen"* der Eindruck des Witzes auf der Gewohnheit, Wahrheit zu suchen hinter dem äusseren Gewande der Wahrheit. Es stehen aber neben jenen Fällen andere, in denen nicht eine völlig neue Wahrheit verkündigt, sondern nur eine nichtsbedeutende in eine gewichtige verwandelt wird. Dazu dienen speciellere formale Mittel. Ein Beispiel ist die bekannte witzige Definition des Kopfes: "Der Kopf ist ein Auswuchs zwischen den beiden Schulterknochen, welcher erstens das Herausrutschen des Krawatt'ls verhindert, und zweitens das Tragen des Helmes bedeutend erleichtert". Dass der Kopf dies ist, bezweifelt niemand. Die Form der Definition aber macht daraus eine Wesensbestimmung. Sofern der Witz unmöglich wäre ohne die in der Definition thatsächlich liegende Wahrheit, die der Witz nur steigert oder ergänzt, scheint er freilich einer anderen sogleich zu besprechenden Art anzugehören. Indessen ist es eben doch diese äussere Form der Definition, durch die die Steigerung oder Ergänzung bewerkstelligt wird.

B. Worin diese andere Art bestehe, ist auch schon gesagt. Mit Veränderung eines schon citierten *Jean Paul*'schen Ausdrucks können wir sie als diejenige bezeichnen, die halbe, Viertelswahrheiten zu ganzen Wahrheiten macht.

1. Dies kann in doppelter Weise geschehen. Wir lassen uns verführen, den Inhalt einer Behauptung zu glauben, oder momentan für möglich zu halten, weil Ähnliches allerdings vorkommen kann. Ich erzähle etwa allerlei eigene oder fremde Erlebnisse, wie sie im Einzelnen wohl erlebt sein könnten, die aber im Ganzen so ausserordentlich sind, und ein so merkwürdiges Zusammentreffen von Umständen voraussetzen würden, dass der Hörer, ohne mit Gründen widersprechen zu können, doch Grund hat die *"witzige Aufschneiderei"* für eine solche zu halten.

Oder ich steigere mögliche Vorkommnisse bis zur Unglaublichkeit oder Unmöglichkeit, doch so, dass ein gewisser Schein der Möglichkeit bleibt. Diese *"witzige Übertreibung"* haben wir schon unterschieden von der hyperbolischen Bezeichnung, die nicht etwas Ungeheuerliches glauben machen, sondern ein als wirklich Vorausgesetztes in ungeheuerlicher Weise *bezeichnen* will.

2. Mit diesen beiden Witzarten nahe verwandt und doch davon verschieden ist diejenige, durch die wir verführt werden die erfahrungsgemässe Beziehung zwischen einem Thatbestand und einem anderen gewohnheitsmässig festzuhalten, unter Umständen, unter denen dieselbe aus einleuchtenden Gründen nicht mehr stattfinden kann. Wir vollziehen, indem wir sie festhalten, einen falschen Analogieschluss, den wir doch sofort als falsch erkennen. Solche *"Witze aus falschem Analogieschluss"* sind die *"Münchhausiaden"* nach Art der schon einmal angeführten Erzählung Münchhausens, dass er sich selbst am Schopf aus dem Sumpf gezogen habe. Nicht minder die *"witzigen Probleme"*: "Wie kann man mit einer Kanone um die Ecke schiessen? — Bekanntlich beschreibt das Geschoss eine Kurve; man braucht also nur das Rohr auf die Seite zu legen". Speciell als *"Vexierwitze"* könnte man die Witze bezeichnen, die auf Grund der falschen Analogie einen bestehenden Sachverhalt völlig auf den Kopf stellen, wie die Anklage gegen *Schiller*, dass er in seinem Wallenstein eine so abgedroschene Phrase vorbringe, wie "Spät kommt ihr, doch ihr kommt".

Wie bei diesen Witzen "Unsinn im Gewande der Wahrheit", so tritt auch hier in einer zweiten Art "Wahrheit im Gewande des Unsinns" auf. Ich denke an die *"spielenden Urteile"* im engeren Sinne, bei denen sachlich alles in Ordnung und nur die Form unfähig erscheint, überhaupt als Träger einer Wahrheit zu dienen. Hier findet *Schleiermacher's* Definition der Eifersucht ihre Stelle, und mit ihr alle möglichen wichtigen und banalen Wahrheiten, deren Form durch gleichartig wiederkehrende Worte oder auch nur Konsonanten oder Vokale, durch Häufung sehr kurzer oder sehr langer Worte — man denke etwa an das Wortgefecht zwischen *Äschylos* und *Euripides* in *Droysen's* herrlicher Übersetzung der "Frösche" — durch scherzhafte Reimerei oder dgl. den Charakter des Spielenden und damit logisch Kraftlosen gewonnen haben. Als besondere Art hinzugefügt werden kann noch die *"witzige Kürze"*, die mit einem Wort, einer Handbewegung eine Antwort giebt, oder ein Urteil fällt, und endlich so kurz werden kann, dass nur das beredte *"witzige Schweigen"* übrig bleibt.

DIE WITZIGE URTEILSBEZIEHUNG.

IV. Die *witzige Urteilsbeziehung* setzt zwei — oder mehrere — Urteile in Beziehung. Dabei ist — sogut wie bei der witzigen Begriffsbeziehung — die Beziehung der eigentliche Träger des Witzes. Sie wird hergestellt durch Mittel, die doch logisch nichtig sind oder scheinen. Ebenso nichtig erscheint dann die Beziehung zwischen den Urteilen oder die Geltung, die einem Urteil aus dieser Beziehung erwachsen ist.

A. 1. Das erste logisch nichtige und trotzdem wirksame Mittel eine solche Beziehung herzustellen, die äussere Ähnlichkeit oder Gleichheit, begründet Witzarten von ziemlich verschiedenem Charakter. Vor allem sind wieder die beiden Fälle möglich, dass das eine Urteil ausgesprochen wird und das andere aus ihm erschlossen oder in ihm wiedererkannt werden muss, und dass die ausdrückliche Beziehung beider Urteile zu einander den Witz begründet. Dann aber verwirklicht sich wiederum jene Möglichkeit, die der *"Doppelsinn-Witze"*, in verschiedener Art.

Das ausgesprochene Urteil lässt ein anderes *ohne weiteres* erraten in der *"witzigen Zweideutigkeit"* von der Art des bekannten "C'est le premier vol de l'aigle". Niemand konnte etwas dagegen einwenden, wenn der französische Hofmann die erste That des *Louis Philipp*, die Konfiskation der Güter der Orleans, als ersten Flug des Adlers, also als le premier "vol" de l'aigle bezeichnet. War sie aber le premier vol du l'aigle, dann war sie auch der erste Raub des Adlers, da in dem Satze beides liegt. Es folgt also aus der Annahme des einen Gedankens, durch das Mittel des Satzes, in dem er sich verkörpert, die Annahme des anderen Gedankens, nicht mit logischer, aber mit einer gewissen psychologischen Notwendigkeit. Genauer ist hier das Bindemittel das zweideutige Wort "vol".

Nicht so ohne weiteres ergiebt sich das Urteil, das erraten oder erschlossen werden soll, bei anderen Arten. Indem der französische Dichter auf die Aufforderung des Königs ein Gedicht zu machen, dessen sujet er sei, antwortet, le roi n'est pas sujet, erwartet er wiederum, dass man aus der Selbstverständlichkeit, die er sagt, dass nämlich der König nicht Unterthan sei, durch das Mittel des Wortes sujet das andere Urteil ableite, der König könne nicht sujet eines Gedichtes sein. Aber er erwartet es, weil das Wort sujet soeben von dem König in diesem anderen Sinne gebraucht worden ist. Der Dichter hat in seiner Antwort diesen Sinn mit demjenigen, den die Antwort voraussetzt, vertauscht. Wir können diese Witzart darum als *"witzige Begriffsvertauschung"* bezeichnen.

Dieselbe gewinnt anderen und anderen Charakter je nach dem Verhältnis, in dem die beiden Bedeutungen des einen Wortes zu einander stehen. Verhalten sie sich zu einander als engere und weitere Bedeutung, so mag man den Witz "limitierende" Begriffsvertauschung nennen. "Kann er Geister citieren? – Ja, aber sie kommen nicht" wäre ein Beispiel. Der Gefragte kann Geister citieren wie jedermann. Nehmen wir das Wort zugleich in dem engeren Sinne der Frage, so hat der Frager seine vollgültige Antwort.

Eine andere Abart der witzigen Vertauschung ist die *"witzige Deutung"*. "Wenn ein Soldat in einem Wirtshaus mit einem Offizier zusammentrifft, so trinkt er sein Bier aus und geht nach Hause. – Was thust du also, wenn du in einem Wirtshause mit einem Offizier zusammentriffst? – Ich trinke sein Bier aus und gehe nach Hause".

Hier ist das doppeldeutige auf den Soldaten und den Offizier beziehbare "sein" das Bindemittel.

Nicht immer ist es ein einzelnes Wort, dessen Doppelsinn beide Urteile entstehen lässt. Auch ein Satz als Ganzes, eine Frage oder Behauptung, endlich eine Handlung kann in doppeltem Sinn genommen werden und so den Witz begründen. Eine Handlung etwa ist Gegenstand der witzigen Sinnvertauschung, wenn der Bediente, dessen Herr im Zorn ein Gericht zum Fenster hinauswirft, Miene macht das ganze übrige Essen sammt Tischtuch etc. folgen zu lassen: der Herr wünschte ja wohl auf dem Hofe zu speisen.

Überall haftet hier der Doppelsinn an denselben unveränderten Zeichen. Muss mit diesen erst eine Veränderung vorgenommen werden, so entsteht die *"witzige Urteilskarikatur"*, der witzigen Wortkarikatur entsprechend. Sie ist jenachdem Veränderung der Interpunktion, der Betonung, oder einzelner Worte. Ich verwandle das *Schiller*'sche: "Mein Freund kannst du nicht länger sein" in die Frage: Mein Freund, kannst du nicht *länger* sein? als hätte Schiller jemanden diese Frage stellen lassen. Oder ich lasse *Schiller* sagen: Die schönen Tage von Oranienburg sind jetzt vorüber u. dgl.

Ihrer Stellung nach damit verwandt sind die *"witzigen Übersetzungen"*, soweit sie eine in Gedanken vollzogene Karikatur der übersetzten Worte voraussetzen. "Vides, ut alta stet nive candidus Soracte — Siehst du, wie da der alte Kandidat Sokrates im Schnee steht". Zugleich rechnen sie auf Gleichklang von fremden Worten und solchen der eigenen Sprache, und vor allem auf den Umstand, dass die fremde Sprache eben eine fremde ist, bei der wir uns auf den ersten Blick allerlei unglaubliche Konstruktionen und Verdrehungen gefallen lassen.

Auch bei dieser Witzart soll noch aus dem einen Urteil, in dem der Witz enthalten ist, das andere *wiedererkannt* werden. Sehr viel weniger mannigfaltig als diese Gattung ist die andere, in der die ausdrückliche Beziehung der Urteile zu einander den Witz begründet. Wir wollen sie als *"witzige Urteilsantithese"* bezeichnen. "Es giebt viele Dinge zwischen Himmel und Erde, von denen sich unsere Schulweisheit nichts träumen lässt; aber noch viel mehr Dinge lässt sich unsere Schulweisheit träumen, die es weder im Himmel noch auf Erden giebt". Das zweite Urteil hat im Grunde mit dem ersteren inhaltlich wenig zu thun. Vermöge der äusseren Ähnlichkeit aber scheint es nur eine Modifikation desselben. Diese Art ist dem "Klangwitz" völlig analog.

2. Ebenso steht mit der witzigen Begriffsverbindung in Analogie die "*witzige Urteilsverbindung*", in der der Schein der logischen Zusammengehörigkeit von Urteilsinhalten erzeugt wird durch äussere Sprachmittel, die sonst erfahrungsgemäss die Zusammengehörigkeit bezeichnen.

Auf der Grenze zwischen dem witzigen Urteil und dieser neuen Witzart steht die "*witzige Urteilsverschmelzung*". Wenn ich "Galilei auf dem Scheiterhaufen zu Worms" in die Worte ausbrechen lasse: "Solon, Solon, gieb mir meine Legionen wieder" so verschmelze ich nicht weniger als fünf Urteile oder Thatsachen miteinander. Freilich stehen die Thatsachen auch an sich in einem gewissen Zusammenhang. Aber ihre Vereinigung in eine einzige ist doch nur durch die äussere Form, die in diesem Falle keine andere ist als die Form des einheitlichen Urteils, zuwege gebracht.

So pflegt auch bei den beliebten Vereinigungen unzusammengehöriger *Schiller*'scher und sonstiger Verse, die bald Verschmelzung bald Verbindung ist, eine gewisse sachliche Beziehung zu Grunde zu liegen. "Wie ein Gebild aus Himmelshöhen sieht er die Jungfrau vor sich stehen, die mit grimmigen Gebärden urplötzlich anfängt scheu zu werden". Ausserdem trägt die äussere Form, das gemeinsame Pathos dazu bei, die äussere Verbindung als Träger einer sachlichen Zusammengehörigkeit und damit den ganzen Unsinn als wirkliches dichterisches Erzeugnis erscheinen zu lassen.

Es bedarf aber weder dieser sekundären äusseren Hilfsmittel noch irgendwelches einleuchtenden sachlichen Zusammenhangs, um die witzige Urteilsverbindung herzustellen. Ich lese in einer Zeitung Anzeigen aller Art ohne Pause hintereinander ab, verbinde was mir gerade einfällt, durch satzverbindende Worte, begründe eine Aussage durch ein Beispiel, das keines ist, eine Analogie, die nicht zutrifft, eine allgemeine Regel, die nicht hierhergehört — lediglich darauf vertrauend, dass der Hörer, durch die äussere Verbindung verführt, eine sachliche wenigstens suchen, oder durch die begründende Form, das "denn", "also", "wie z. B." getäuscht, einen

Augenblick an eine wirkliche Begründung glauben, also dem nichts bedeutenden Satze die entsprechende Geltung zugestehen werde.

Immerhin wird auch hierbei der Witz gewinnen, wenn zur äusseren Form eine gewisse, nur logisch ungenügende, sachliche Beziehung hinzutritt. Dies gilt auch von einigen Fällen der witzigen Urteilsverbindung, die noch besondere Hervorhebung verdienen. Ich meine zunächst den *"verdeckten Hieb"* oder die *"gelegentliche Abfertigung"*, die eine wichtige Bemerkung, durch die jemand getroffen werden soll, in eben ihr fremdartigen Zusammenhang zugestandener Thatsachen nebenbei einflicht, so dass sie als dazu gehörig und mit ihm gleich unangreifbar erscheint, oder die umgekehrt eine richtige Behauptung in einen Zusammenhang offenbar unsinniger Behauptungen gelegentlich verwebt und dadurch als gleichfalls unsinnig charakterisiert. Die Möglichkeit dieser Witzart beruht darauf, dass wir auch in unserem Glauben und Nichtglauben einem Gesetze der Trägheit unterliegen. Sind wir einmal im Zuge für wahr oder für nichtig zu halten, Beifall zu spenden oder zu verurteilen, so lassen wir uns nicht so leicht irre machen. Wir bedürfen sozusagen eines neuen Anlaufes, damit wir wieder kritikfähig werden. Aber eben dazu lässt uns die gelegentliche Bemerkung keine Zeit.

Diesem Falle steht zur Seite und doch in gewisser Art entgegen das *"witzige Ceterum censeo"*, das eine Behauptung dadurch beweist, dass es sie mit möglichst verschiedenartigen Thatsachen verbindet, und durch die Art der Verbindung als den Punkt erscheinen lässt, in dem alle die Thatsachen münden, oder von dem sie alle ausgehen.

Schliesslich muss noch ein Fall ganz besonders hervorgehoben werden, nämlich der Fall der nicht nur nebenbei ironisierenden, sondern eigentlich "ironischen Urteilsverbindung". Sie ist wiederum *"witzige Einschränkung"* oder *"ironische Widerlegung"*. Jene verkündigt eine angebliche Thatsache, z. B. volle Pressfreiheit, um dann Ausnahmen oder Einschränkungen hinzuzufügen, die von der Thatsache nichts mehr übrig lassen. Diese widerlegt ein scheinbar angenommenes Urteil — "Brutus ist ein ehrenwerter Mann; so sind sie alle ehrenwerte Männer" — durch Thatsachen, die dasselbe scheinbar bestätigen. In beiden sind die Bedingungen der Ironie verwirklicht, insofern beide ein nichtiges Urteil, das erst wie ein gültiges auftritt, vernichten und in sein Gegenteil umschlagen lassen. Nur dass bei der ironischen Widerlegung auch der Schein der Bestätigung umschlägt. Das Mittel der Vernichtung sind beide Male Thatsachen. Damit ist eine zweite Art der Ironie gewonnen neben jener, die in der ironischen Bezeichnung uns entgegentrat.

B. Eine innere sachliche Beziehung und zwar zunächst eine innere Verwandtschaft oder teilweise Inhaltsgleichheit liegt der witzigen Urteilsbeziehung zu Grunde vor allem in den der witzigen Begriffssubstitution analogen Fällen, in denen eine Wahrheit in — logisch betrachtet — zu allgemeiner Form oder in Form einer Analogie, oder zu speciell ausgesprochen wird, doch so, dass aus dem vorhandenen Urteile das gemeinte, also jene Wahrheit, unmittelbar abgeleitet werden kann. Ich beantworte eine Frage, spreche ein Urteil, einen Tadel aus, nicht direkt, sondern in Form einer allgemeinen Wahrheit, eines Urteils, das sich auf ähnliche Dinge oder vergleichbare Verhältnisse bezieht, durch eine Geschichte, ein Beispiel, das ich erzähle oder an das ich erinnere.

Diese Witzart kann als *"witzige Urteilssubstitution"*, sie könnte, wenn es erlaubt wäre, das Wort Allegorie in seinem weitesten Sinn zu nehmen, auch als *"witzige Allegorie"* bezeichnet werden. Wie bei der witzigen Begriffssubsition, so sind hier die drei Möglichkeiten: die Substitution ist einfach logische, bildliche, parodische. Die beiden letzteren begründen das *"witzig bildliche Urteil"* und das *"parodische Urteil"*.

Wiederum sind innerhalb der ersteren, nicht bildlichen oder parodischen Art diejenigen Unterarten die wichtigsten, die das gemeinte Urteil durch eines von verwandtem oder von speciellerem Inhalt ersetzen. Das Eine wie das Andere kann geschehen in einem Satze oder in längerer Rede: in Epigrammen, Sprichwörtern, wie sie der Volkswitz schafft, oder in ausgeführten Gleichnissen, Schwänken, Fabeln. "Aus ungelegten Eiern schlüpfen keine Hühner"; "Wer auf dem Markt singt, dem bellt jeder Hund ins Lied"; "Die Laus, die in den Grind kommt, ist stolzer als die schon drin sitzt", so sagt der Volkswitz, und drückt damit drastisch allgemeine Wahrheiten aus. Dagegen erzählt *Hans Sachs* in "St Peter mit der Gais" eine *Geschichte*, um zu zeigen, wie thöricht es ist, Gott ins Weltregiment zu reden. — Nebenbei muss bemerkt werden, dass das volkstümliche

Sprichwort aller möglichen Mittel des Witzes sich bedient, die in diesem Zusammenhange erwähnt wurden, deren eigentümliche Verwendung innerhalb des Volkssprichwortes aber nicht jedesmal bezeichnet werden konnte.

Auch das witzig bildliche Urteil ist vorzugsweise im Volkssprichwort zu Hause. Von der bildlichen Bezeichnung ist es dadurch unterschieden, dass es ganz in die Sphäre des Bildes sich begiebt und da urteilt. Es muss zunächst in der bildlichen Sphäre einleuchten, und es muss ebendarum auch einleuchten, wenn das Bild in die Sache übersetzt wird. "Die Nase hoch tragen" ist bildliche Bezeichnung. "Wer die Nase hoch trägt, dem regnet's hinein" ist ein bildliches Urteil. Solche Urteile werden witzig in dem Masse als sie zugleich fremdartig, überraschend, im Grunde zum Ausdruck ihrer Meinung logisch ungeeignet erscheinen. — In ausgeführterer Weise und kunstmässiger tritt das bildliche Urteil auf in der *"Allegorie"* im engeren Sinne. Man denke etwa an *Schiller*'s "Pegasus im Joche."

Ebenso wie zur bildlichen Bezeichnung das bildliche Urteil, verhält sich zur parodischen Bezeichnung das parodierende Urteil. Es kann sich steigern bis zur ausgeführten Parodie, die Gewöhnliches in der Sprache und Form der hohen Epik oder umgekehrt Erhabenes in der Sprache des Alltagslebens darstellt. Die letztere Art der Parodie pflegt man auch wohl als Travestie zu bezeichnen. Kleidet das parodierende Urteil, was es sagen will, nicht nur im allgemeinen in die Sprache und Form, die nun einmal einer fremden Gedankenwelt eigentümlich ist, sondern in Worte, die einem bestimmten fremdartigen Gedankenzusammenhange angehören, so wird es zum "parodierenden Citat". Jedes Citat, das sich an Stelle einer direkten Aussage setzt, gehört hierher, wenn es genügend fremdartig klingt.

Bei Betrachtung der witzigen Begriffssubstitution hob ich besonders hervor die karikierende und speciell hyperbolische, andererseits die charakterisierende und ironische. Diese Unterschiede gelten auch hier. Aber nur auf die hierhergehörigen ironischen Urteile mache ich besonders aufmerksam. Wir begegneten dort einer ironischen Bezeichnung im engeren und eigentlichen Sinne. Dieser entspricht das einfache *"ironische Urteil"*. Es wäre ein parodierendes Urteil mit ironischem Charakter, wenn ich dem Wunsch eines anderen, eine Kleinigkeit, die er bei mir sieht, in die Hand oder an sich zu nehmen, mit den Worten begegnete: Die Sterne, die begehrt man nicht, man freut sich ihrer Pracht. Ich redete von Sternen und meinte etwas einem Sterne möglichst wenig Ähnliches. Ein ironisches Urteil aber hätte ich damit nicht gefällt. Dazu gehört, nach unserem Begriff der Ironie, dass das ganze Urteil als solches, indem es gefüllt wird, zergeht und in sein Gegenteil umschlägt. Und ein einfaches ironisches Urteil kann nur dasjenige heissen, das ohne weiteres oder in sich selbst zergeht und umschlägt, indem es ins Dasein tritt. Ein solches ironisches Urteil fälle ich, wenn ich jemand lobe, dass er seine Pflicht gethan, so oder so sich verhalten habe, in keiner anderen Absicht, als um ihm zum Bewusstsein zu bringen, dass er alles das nicht gethan hat. Nur die Art des Urteils und die Gelegenheit, bei der es auftritt, machen hier, dass das Urteil ins Gegenteil umschlägt.

In allen vorstehend erörterten Fällen lässt der Witz aus einem Urteil ein anderes ableiten. Ihnen stehen diejenigen gegenüber, in denen er es selbst ableitet. Die Ableitung kann blosses Spiel sein, und sie kann wiederum eine neue Art der witzigen Ironie repräsentieren. In jenem Falle, dem der einfachen *"witzigen Folgerung"*, muss vor allem die Unerlaubtheit der Ableitung, in diesem, dem der *"ironischen Folgerung"*, vor allem die Nichtigkeit des Abgeleiteten einleuchten. Ich abstrahiere aus einem Begegnis, das mir erzählt wird, oder das ich selbst erlebt habe, und an dem nicht eben viel Besonderes ist, scherzend eine Regel, die auf das Erzählte passt, aber darum doch durchaus nicht aus ihm folgt, zum Beispiel aus einem kleinen Unfall, der jemand bei einem Spaziergang traf, die Regel, dass Spazierengehen eine höchst schädliche und naturwidrige Beschäftigung sei. Damit vollziehe ich eine, wenn auch in dem angegebenen Beispiele nicht gerade erschütternde, witzige Folgerung.

Dagegen leitet die ironische Folgerung aus einem in sich nichtigen oder als nichtig angenommenen Urteile, dessen Recht sie scheinbar anerkennt, ein anderes ebenso nichtiges, bezw. das Recht zu einem solchen ab, um mit der Nichtigkeit dieses zugleich die Nichtigkeit jenes Urteils eindringlich zu machen. Bei dieser ironischen Folgerung ist die Ironie auf ihrer vollen Höhe. Durch ein selbst Nichtiges, in dessen Gewand sich die Wahrheit kleidet, also auf gleichem Boden oder mit gleichen Waffen, werden die Ansprüche des Nichtigen in ihr Gegenteil verkehrt.

Es kann dies aber in mannigfacher Weise geschehen. Ich illustriere eine thörichte allgemeine Behauptung durch "*ironische Exemplifikation*", d. h. durch ein Beispiel, dessen Sonderbarkeit einleuchtet, oder bringe umgekehrt ein specielleres Urteil zu Fall durch "*ironische Verallgemeinerung*"; ich widerlege eine Lüge durch "*ironische Analogie*", d. h. indem ich ihr nach Art des *Gellert*'schen Bauern eine andere gleichartige an die Seite setze. In der Regel wird diese ironische Analogie zugleich "*ironische Steigerung*" sein. Kein besseres Mittel Aufschneidereien zu widerlegen, als indem man sie überbietet, und so die Aufschneiderei offenkundig macht.

Auch in Handlungen kann sich diese Witzart verwirklichen. Sie wird dann zum "*witzigen Bezahlen mit gleicher Münze*". Ich behandle jemand, der an mir oder einem Dritten eine Ungeschicklichkeit oder ein Unrecht gethan hat, bei gleicher Gelegenheit in genau derselben Weise, nicht so, dass ich mich zu rächen, sondern vielmehr so, dass ich ihm Recht zu geben und daraus das gleiche Recht für meine Handlungsweise abzuleiten scheine. Indem ihm mein Unrecht einleuchtet, folgt dann daraus für ihn sein Unrecht und seine Beschämung.

2. Kaum habe ich nun nötig, die witzigen Urteilsbeziehungen, die auf erfahrungsgemässem Zusammenhang beruhen, noch besonders zu bezeichnen. Der Unterschied zwischen ihnen und der vorigen Art besteht nur eben darin, dass der erfahrungsgemässe Zusammenhang an die Stelle der teilweisen sachlichen Übereinstimmung tritt.

Auf Grund dieses Zusammenhanges lässt ein Urteil ein anderes erschliessen in den Fällen des "*witzigen Erratenlassens*" im engeren Sinne. Ich lobe etwa, um mein Urteil über einen Gegenstand befragt, Nebensächlichkeiten, die nicht gemeint waren, und gebe damit zu erkennen, dass ich den Gegenstand selbst nicht eben loben kann. Oder:—Ihr Herr Vater war ja auch ein ehrlicher Mann, sagt *Heine* zu einem Börsenbaron, der sich wundert, dass die Seine oberhalb Paris so rein und unterhalb so schmutzig sei, und fordert damit auf, diesen erfahrungsgemässen Zusammenhang auf den Herrn

Baron zu übertragen und daraus sich über letzteren ein Urteil zu bilden.

Dagegen wird im Witze selbst aus einem Urteil, bezw. einer Thatsache ein Urteil von anderem Inhalt erschlossen, wenn Phokion das Klatschen der Menge mit der Frage beantwortet: Was habe ich Dummes gesagt? — Die *"witzige Konsequenz"*, wie wir solche Fälle im Unterschied zur witzigen Folgerung nennen wollen, wendet sich hier zurück und lässt zugleich ein Urteil über die Thatsache, auf der sie beruht, erraten. Insofern ist sie besonderer Art, "Abfertigung durch witzige Konsequenz", und von der "einfachen witzigen Konsequenz", die nur scherzweise unerlaubte Konsequenzen zieht, verschieden.

Dagegen nähert sie sich der *"ironischen Konsequenz"*, die, der ironischen Folgerung analog, aus einem nichtigen Urteil nach Gesetzen erfahrungsgemässer Zusammenhänge nichtige Urteile ableitet und so wiederum Thorheit durch Thorheit vernichtet.

DER WITZIGE SCHLUSS.

V. Unter dem *"witzigen Schluss"* kann nach dem Bisherigen nur der Witz verstanden werden, der ausdrücklich in Schlussform auftritt. Denn ein Schluss *vorausgesetzt* wird im Grunde bei jedem Witze. Es ist aber bei ihm in der That die Schlussform das einzig Auszeichnende, während die Mittel dieselben sind, die in den anderen Hauptarten, vor allem den witzigen Urteilsbeziehungen, bereits vorliegen. So ist der witzige Schluss, der im zweiten Abschnitt angeführt wurde: "Wer einen guten Trunk thut etc., der kommt in den Himmel", der Art nach nur eine Reihe von witzigen Begriffsvertauschungen, bei denen Begriffe abwechselnd im engeren und im weiteren Sinne genommen werden.

Eine Einteilung nach den Mitteln, durch die der Witz zu stande kommt, ist die in Obigem versuchte Einteilung. Sie ist ebendamit nicht eine Einteilung nach dem ästhetischen Gesichtspunkt. Dieser Gesichtspunkt wird später zu seinem Rechte kommen.

* * * * *

V. ABSCHNITT. DER HUMOR.

XIV. KAPITEL. KOMIK UND ÄSTHETISCHER WERT.

ALLGEMEINES ÜBER "ÄSTHETISCHEN WERT".

Das ästhetisch Wertvolle ist in unseren Tagen gelegentlich vom Schönen unterschieden worden. Der Streit hierüber wäre jedoch ein blosser Wortstreit. Ich entziehe mich demselben, indem ich erkläre, dass ich unter dem Schönen, wie freilich im Grunde jeder, nichts anderes verstehe, als eben das ästhetisch Wertvolle. Das Verhältnis des Komischen zum ästhetisch Wertvollen ist also das Verhältnis des Komischen zum Schönen, und umgekehrt.

Wertvoll ist dasjenige, das Wert hat, d. h. das so beschaffen ist, dass es für uns erfreulich sein kann. Ästhetisch wertvoll ist dasjenige, das um seiner Beschaffenheit willen Gegenstand der ästhetischen Freude oder des ästhetischen Genusses sein kann.

Dies müssen wir nach einer bestimmten Richtung hin genauer bestimmen. Etwas kann Wert haben, weil es ein an sich Wertvolles, d. h. vermöge seines blossen Daseins Erfreuliches schafft, hervorbringt, ermöglicht, etwa eine wertvolle Erkenntnis, oder eine wertvolle Erinnerung, oder das Dasein eines von ihm unterschiedenen wertvollen Objektes. Solcher Wert ist Nützlichkeitswert. Dabei nehme ich dies Wort, wie man sieht, nicht im engsten, sondern in einem weiteren, über die blosse *praktische* Nützlichkeit hinausgehenden Sinne.

Davon nun unterscheidet sich der ästhetische Wert, sofern er Wert des wertvollen Objektes selbst ist, also ein Wert, dessen wir inne werden, indem wir nur dies Objekt, so wie es ist oder sich uns darstellt, uns vergegenwärtigen und auf uns wirken lassen. Mit einem Worte, der ästhetische Wert ist Eigenwert; der ästhetische Genuss Genuss dieses Eigenwertes.

Hiermit ist nicht etwa eine Definition des "ästhetischen Wertes" gegeben, sondern nur gesagt, welcher umfassenderen Gattung von Werten der ästhetische Wert angehöre. Auch das sinnlich Angenehme und das sittlich Gute sind ja an sich wertvoll. Ich habe also hier lediglich das ästhetisch Wertvolle mit diesen anderen Arten des Wertvollen zusammengeordnet.

Aber vielleicht gesteht man mir das Recht dieser Zusammenordnung nicht zu. Oder man findet, damit sei ein Standpunkt bezeichnet, dem gegenüber andere Standpunkte möglich seien.

Dann bemerke ich, dass ich hier allerdings nicht einen Standpunkt vertreten, sondern eine Thatsache feststellen will. Die Thatsache aber, um die es hier sich handelt, ist im wesentlichen eine Thatsache des Sprachgebrauches.

Es handelt sich um den "ästhetischen Wert". Nicht jeder ästhetische Wert ist Wert eines *Kunstwerkes*. Auch Naturobjekte haben ästhetischen Wert. Wohl aber gilt das Umgekehrte: Jedes Kunstwerk hat, sofern es diesen Namen verdient, ästhetischen Wert. Daraus folgt, dass das Spezifische des ästhetischen Wertes nur in Etwas liegen kann, dem wir auch beim Kunstwerke, und zwar bei jedem Kunstwerke begegnen.

Andererseits könnte ein Kunstwerk, nicht überhaupt, sondern als solches, auch noch einen anderen als den ästhetischen Wert haben. Und es könnte speciell sein "*Kunstwert*" in einem solchen von "ästhetischen" Werten prinzipiell verschiedenen Werte bestehen.

Dann ist unsere Frage eine doppelte. Sie lautet einmal: Was macht den
Wert des Kunstwerkes? und zum anderen: Was macht seinen ästhetischen
Wert?

Zunächst fragen wir: Worin besteht der Sinn des Wortes "Kunst"? Darauf sind verschiedene Antworten möglich. Etwa: "Kunst" kommt von "Können". Kunst ist also jedes Können u. s. w.

Indessen der Sprachgebrauch unterscheidet auch deutlich zwischen "Kunst" und "Kunst". Es giebt eine "Kunst", von der die Kunstgeschichte berichtet, die denjenigen, der sie treibt, zum Künstler, nicht zum blossen Handwerker oder "Artisten" stempelt. Diese Kunst ist es, deren Erzeugnisse ästhetischen Wert und "Kunstwert" besitzen.

Um nun den Sinn dieser "Kunst" festzustellen, giebt es soviel ich sehe, nur einen Weg. Wir müssen fragen, welche Arten derselben vorliegen; was für Erzeugnisse der menschlichen Thätigkeit nach jedermanns Meinung, in jenem eben angedeuteten engeren oder höheren Sinne des Wortes, *Kunstwerke* sind.

Diese Frage aber beantworten wir, indem wir uns erinnern, dass beispielsweise die Poesie, die Malerei, die Plastik, die Architektur, die Musik allgemein als solche Künste bezeichnet werden. Die Frage lautet also: Was haben diese Künste Gemeinsames? Dies Gemeinsame muss den allgemeinen Sinn des Wortes "Kunst" ausmachen.

ERKENNTNISWERT UND ÄSTHETISCHER WERT.

Ich habe oben vom ästhetischen Wert die Nützlichkeitswerte, im weiteren Sinne dieses Wortes, unterschieden. In verschiedenen solchen Nützlichkeitswerten könnte der Sinn der Kunst gefunden werden. Ich schliesse hier gleich diejenigen aus, die niemand mit dem Werte, den das Kunstwerk, eben als Kunstwerk hat, oder kurz: mit dem *künstlerischen* Werte des Kunstwerkes verwechselt: etwa den Kaufwert eines Gemäldes, oder den zufälligen Affektionswert, oder den Wert als kunsthistorisches Dokument, oder endlich den praktischen Wert, wie ihn etwa die Musik, als kriegerische Musik, besitzt.

Dann bleiben noch übrig allerlei Erkenntniswerte oder durch Erkenntnis vermittelte Werte. Hiermit habe ich schon einen Unterschied angedeutet, den wir festhalten wollen. Es bestehen offenbar die beiden Möglichkeiten: Das Kunstwerk kann seinen Wert haben, weil es Erkenntnis vermittelt; oder dieser Wert beruht darauf, dass uns das Kunstwerk das Dasein eines *Wertvollen* ausser ihm selbst erkennen lässt. Im ersteren Falle wäre der Wert des Kunstwerkes der Wert einer Erkenntnis, die Wertschätzung des Kunstwerkes Freude an einem Erkennen als solchem, an einem Wissen, an einer Einsicht. Im letzteren Falle dagegen wäre der Wert des Kunstwerkes der Wert dessen, was wir aus der Betrachtung desselben erkennen, die Wertschätzung des Kunstwerkes wäre die Freude—nicht an einem Erkennen, sondern an einem, durch Hilfe des Kunstwerkes *erkannten* Objekte oder Thatbestande.

Achten wir zunächst auf die erstere Möglichkeit. Man sagt etwa, das dramatische Kunstwerk "zeige" uns, wie es in der Welt zugehe, was es um Menschen, Menschenleben und Menschenschicksal für eine Sache sei.

Hier erhebt sich sofort ein Bedenken. Über die Wirklichkeit Aufschluss geben können uns doch nur Thatsachen, die der Wirklichkeit angehören, oder von denen wir wissen, dass sie mit der Wirklichkeit übereinstimmen. Die erdichteten Charaktere und Schicksale des dramatischen Kunstwerkes insbesondere müssen von uns als der Wirklichkeit gemäss erkannt sein, wenn sie als über die Wirklichkeit belehrend von uns anerkannt werden, wenn wir also aus ihnen Belehrung schöpfen sollen. Ist dies nicht der Fall, fehlt uns der Eindruck der Wirklichkeitsgemässheit, so sehen wir in ihnen eben willkürliche Erzeugnisse der dichterischen Phantasie, die mit der Wirklichkeit nichts zu thun haben. Diesen Eindruck der Wirklichkeitsgemässheit können wir aber nur gewinnen, wenn wir bereits wissen, wie es um die Wirklichkeit bestellt ist.

Indessen so meint man die Sache nicht. Wir sollen nicht über das, von dem wir vorher keine Kenntnis haben, im Kunstwerk belehrt werden; sondern es soll uns, was wir schon wissen, "gezeigt", vor Augen gestellt, zur Anschauung gebracht werden. Unser wissenschaftliches Wissen ist ein allgemeines, abstraktes, in allgemeine Begriffe und Regeln gefasstes. Im Kunstwerk dagegen tritt uns an Stelle der Regel der bestimmte einzelne Fall entgegen, nicht ein beliebiger, sondern ein typischer oder charakteristischer, bei dem zugleich allerlei weggelassen ist, was nicht zur Sache gehört. Das Kunstwerk zeigt uns unser Wissen, in dem einen Falle in eigentümlicher Weise *verdichtet*, so das wir daraus unmittelbar und zugleich in besonderer Reinheit, Klarheit, Einfachheit das Wesentliche bestimmter Thatsachen und Verhältnisse der Wirklichkeit wiedererkennen.

Solches Wiedererkennen hat zweifellos Wert. Es freut uns, wenn wir an einem Exemplar einer Gattung, etwa an einer Pflanze, die Eigentümlichkeit der Gattung besonders leicht und unmittelbar wiedererkennen. Es freut uns das Experiment, das uns ein physikalisches Gesetz in besonders unmittelbar anschaulicher Weise vergegenwärtigt. Gleichartig wäre die Freude an jenem Wiedererkennen der Gesetze oder der allgemeinen Weisen des Geschehens in der Menschenwelt, wenn uns in einem dramatischen Kunstwerk ein besonders klarer und einleuchtender Fall desselben vorgeführt wird.

Aber wenn uns nun auch die *Dramatik* die Freude solchen Wiedererkennens oder solcher anschaulichen Auffassung der bekannten Wirklichkeit verschaffen kann, wie ist es in diesem Punkte mit der Musik bestellt?

Es ist klar: Was die Musik giebt, ist völlig anderer Art. Die Musik schliesst unmittelbar in sich Weisen der Bewegung, ein Jubeln, ein Klagen, ein sehnsuchtsvolles Verlangen, rasches Stürmen, sanftes Gleiten. Alles dies erleben wir in uns, wenn wir die Musik hörend uns zu eigen machen. Dies Erleben ist beglückend. Was wir so unmittelbar erleben, macht den Wert des musikalischen Kunstwerkes.

Hierauf kann man erwidern: Musik sei eben nicht Dramatik. Kein Wunder, wenn beide Verschiedenes leisten.

Aber man vergesse nicht, was hier in Frage steht. Es ist der Sinn der "Kunst". Was will die menschliche Thätigkeit, die man mit diesem Namen bezeichnet? Zweifellos sind die Künste von einander verschieden. Und demgemäss ist von vornherein klar, dass sie Verschiedenes wollen müssen. Die Dramatik will dies, die Bildnerei jenes, die Musik ein Drittes. Aber ich frage hier nicht: Was will die Dramatik als Dramatik, die Bildnerei als Bildnerei, die Musik als Musik; sondern: Was wollen sie alle, als Beispiele des einen Begriffes der "*Kunst*". Welches Eigenartige an allen diesen Künsten macht sie dazu? Was charakterisiert sie als Arten der Kunst? Was berechtigt sie alle diesen selben Namen zu tragen? Wie die Künste, so wollen auch die Wissenschaften Verschiedenes. Dennoch erkennt jedermann das Recht der Frage an: Was Wissenschaft überhaupt wolle. Das gleiche Recht muss die Frage haben, was die Kunst überhaupt wolle.

Auf diese Frage haben wir nun einstweilen die negative Antwort gewonnen: Es ist unmöglich, dass der spezifische Sinn der "Kunst" darin bestehe, ein "Wiedererkennen" der bezeichneten Art zu ermöglichen oder die Freude eines solchen Wiedererkennens zu gewähren. Es ist unmöglich, dass die Kunst als solche die Aufgabe habe uns eine einfachere, leichtere, klarere Auffassung von Dingen oder Vorgängen der Wirklichkeit zu verschaffen.

Oder dürfen wir nicht Wissenschaft und Kunst, so wie wir soeben thaten, in Parallele stellen? Ist zwar die Wissenschaft einheitlich, und auf das gleiche Ziel gerichtet, Kunst aber ein Sammelname für Heterogenes?

Dann beachte man, wie heterogen unter solcher Voraussetzung die Künste im Vergleich miteinander sein müssten. Jenes Wiedererkennen, jene einfache, klare, leichte Auffassung ist ein intellektueller Vorgang, ein Akt des Verstandes, die Freude daran intellektuelle Freude. Solche Freude zu gewähren soll der eigentliche Sinn und Zweck gewisser Künste sein, während andere ihrer Natur nach bestimmt sind, eine völlig andere Seite unseres Wesens in Thätigkeit zu setzen.

Fassen wir diesen Gegensatz in seiner vollen Schärfe. Es giebt *einen fundamentalsten* Gegensatz des psychischen Geschehens oder des "Vorstellungsablaufes". Dieser Gegensatz ist kein anderer als der Gegensatz des logischen Verhaltens, des Intellektes, der Verstandesthätigkeit einerseits, und jeder sonstigen Weise der psychischen Thätigkeit andererseits. In unserem logischen Verhalten, unserem Denken und Erkennen, ist der Vorstellungsverlauf objektiv bedingt, das heisst: er ist bedingt und einzig bedingt durch die Weise der Objekte unseres Bewusstseins, ohne unser Zuthun, als diese bestimmten Objekte in uns aufzutreten und in dieser bestimmten Weise miteinander verbunden zu sein. Er ist objektiv bedingt, das heisst: wir, unser ganzes Wesen, verhält sich zur Beschaffenheit der Bewusstseinsobjekte und der Weise ihrer Verbindung passiv oder gleichgültig. Unsere Neigungen und Wünsche, dass etwas so oder so sei, sind in solchem Vorstellungsverlauf ausser Wirkung gesetzt. Es giebt innerhalb desselben nur ein Interesse, nämlich das Interesse, ohne alles Interesse an der *Beschaffenheit* des Vorgestellten und der Weise seiner Verbindung lediglich den Forderungen zu genügen, die die Objekte des Bewusstseins an uns stellen, oder lediglich der "objektiven Nötigung" zu gehorchen, der wir unterliegen, wenn wir jede Reaktion unseres Wesens dem Inhalte der Objekte und der Weise ihrer Verbindung gegenüber unterlassen.

Diesem objektiv bedingten Vorstellungsverlauf oder inneren Verhalten steht gegenüber das subjektiv bedingte, von dem das völlige Gegenteil gilt. Der Vorstellungsverlauf ist subjektiv bedingt, das heisst: es kommt darin eben die Anteilnahme unserer Persönlichkeit oder die "Reaktion" unseres Wesens auf den Inhalt des Vorgestellten und die Beschaffenheit der Vorstellungszusammenhänge zur Aussprache. Es giebt sich darin kund, was das Vorgestellte für uns, so wie wir einmal sind, bedeutet, ob seine Beschaffenheit mit unserem Wesen einstimmig ist, oder ihm widerstreitet, ihm zusagt oder widerstrebt, ob sie uns erfreut, erhöht, ausweitet, oder in uns Unlust weckt, uns niederdrückt, uns einengt. — Es ist, nebenbei bemerkt, eine gar nicht selbstverständliche, sondern höchst merkwürdige Thatsache, dass diese beiden Weisen psychischer Bethätigung nicht nur nebeneinander existieren, sondern vollkommen unabhängig voneinander sich vollziehen können, dass wir also das eine Mal logisch oder erkennend thätig sein, das heisst unseren Wünschen, oder der Reaktion unseres Wesens auf die Beschaffenheit des Vorgestellten den Einfluss auf den Vorstellungsverlauf verbieten, das andere Mal dagegen eben diesen Reaktionen unseres Wesens uns überlassen können. Es ist eine merkwürdige Sache um diese wechselseitige Selbständigkeit von "Verstand" und "Gemüt".

Und in diese verschiedenen psychischen Lebensgebiete nun sollen die "Künste" sich teilen. Gewisse Künste sollen an den "Verstand", andere an das "Gemüt" sich wenden. Bei einigen soll die Frage lauten: Was oder wie ist dies, bei anderen: Wie vermag mich dies innerlich anzumuten. Offenbar gehörten jene Künste demselben Lebensgebiete an, dem die Wissenschaft angehört, diese dem Gebiete des psychischen Lebens, das für die Wissenschaft ihrer Natur nach nicht besteht und nicht bestehen darf.

Angenommen, das Wort Kunst hätte in der That unserem Sprachgebrauch zufolge diese grundsätzlich verschiedene Bedeutung, so müssten wir, da doch Begriffe im wissenschaftlichen Zusammenhange nicht völlig Heterogenes vereinigen sollen, uns entschliessen von jetzt an nur noch die eine Gruppe von Künsten mit diesem Namen zu bezeichnen. Und zwar müsste dies die Gruppe sein, der die Musik angehört. Die andere könnte dann etwa unter dem Namen "Künste der Belustigung des Verstandes und Witzes" zusammengefasst werden.

Indessen diese Scheidung ist nicht erforderlich. Wir dürfen von vornherein annehmen, dass diejenigen, die den Wert der Werke gewisser Künste, etwa der Dramatik oder der Malerei oder der Plastik, darein setzen, dass sie uns etwas wiedererkennen lassen, uns etwas zeigen, uns Rätsel lösen, in die Wirklichkeit oder das Leben einen Einblick gewähren, uns von Thatsächlichem Verständnis schaffen, uns eine leichte, sichere, anschauliche Auffassung desselben ermöglichen, oder wie die Wendungen sonst lauten mögen, — dass sie alle im Grunde nicht meinen, was sie sagen, oder dass sie bei dem, was sie sagen, Anderes stillschweigend voraussetzen, oder ihnen selbst unbewusst mit einschließen.

Und es ist leicht zu sehen, was dies sein muss. Zweifellos hat ja die dramatische Kunst, — um speciell bei dieser zu bleiben — die Absicht uns durch Vorführung charakteristischer Fälle zu zeigen, was es um Menschendasein und Menschenschicksal für eine Sache ist. Aber damit ist nicht gesagt, dass hierin ihre Endabsicht besteht. Wer mir dergleichen "zeigt", kann ja gar nicht umhin — da ich doch nun einmal auch Mensch bin — mir zugleich den entsprechenden Eindruck zu schaffen. Und zeigt er mir's in der Weise, wie es die Dramatik thut, dann heisst dies: Ich lebe in ganz eigenartig eindrucksvoller Weise das Menschendasein und Menschenschicksal mit. Meine Persönlichkeit, — nicht mein die Thatsachen nur einfach hinnehmender Verstand, — findet darin ihre eigenen Lebensmöglichkeiten, Lebensbedürfnisse, Lebensantriebe verwirklicht.

Fassen wir die Sache so, dann verstehen wir, warum die Dramatik mir Leben "zeigt", mir einen "Blick" in dasselbe gewährt, mich dasselbe leicht, sicher, anschaulich "auffassen" lässt; und wiefern sie dies, als Gattung der "Kunst", notwendig thut. Das Leben, das ich mitleben soll, muss eben doch für mich da sein. Es kann aber für mich im Kunstwerk da sein, nur soweit ich in demjenigen, was das Kunstwerk meinen Sinnen bietet, ein mir bekanntes, nämlich aus der Wirklichkeit bekanntes Leben "wiedererkenne". Ich muss die Sprache des Kunstwerkes "verstehen", wenn es überhaupt für mich eine Sprache reden soll. Und je tiefer das Kunstwerk in das mir bekannte Leben greift, und mich einen "Blick" in dies Leben und seine "Rätsel" thun lässt, desto tiefer geht auch mein Miterleben. Andererseits, je leichter, klarer, unmittelbarer dies Leben von mir aus dem Kunstwerk herausgelesen werden kann, umso sicherer und reiner kann mein Miterleben geschehen.

So besteht also der allgemeine Sinn der Kunst, mag sie nun Musik oder Dramatik oder sonstwie heissen, darin, dass ich—nicht an einer Verstandeseinsicht oder Bethätigung des Intellektes, sondern an der Bethätigung meiner zu innerem Anteil fähigen Persönlichkeit reicher werde. Nur verwendet dazu natürlich jede Kunst die Mittel, die sie hat. Die Musik hat aber dazu nun einmal die Töne, die Dramatik das Mittel einzelne Gestalten und Erlebnisse uns "schauen" zu lassen.

Und damit ist zugleich das Allgemeinere gesagt, dass der Wert des Kunstwerkes nicht das eine Mal in etwas besteht, wozu uns das Kunstwerk Gelegenheit giebt, oder wozu es dienlich ist, das andere Mal in einem dem Kunstwerk selbst Angehörigen, sondern dass derselbe in jedem Falle der letzteren Art, also Eigenwert des Kunstwerkes ist. Solcher Eigenwert ist ja der Wert des der Musik verwirklichten und ebenso der Wert des im Drama von uns "wiedererkannten" Lebens. Dagegen wäre der Wert unseres Wiedererkennens, unserer klaren, einfachen Auffassung etc. nicht ein dem Kunstwerke selbst eigener, nicht ein unmittelbar in ihm liegender.

"VERSTÄNDNIS" DES KUNSTWERKES.

Wir müssen nun aber diesen Sachverhalt noch nach anderer Richtung hin feststellen. Ich gelangte zu demselben, indem ich nach dem spezifischen Sinne des alle Künste umfassenden Wortes "Kunst" fragte. Man könnte nun sagen; Es giebt auch eine Befriedigung des *Verstandes*, die allen Künsten gemeinsam ist. Nämlich die Befriedigung aus der Erkenntnis der Weise, wie "es" gemacht wird oder gemacht ist, aus der Einsicht in die künstlerische Thätigkeit oder Leistung, wie sie im Kunstwerk offenbar wird, aus dem "Verständnis" des Kunstwerkes in diesem Sinne.

Auch solche Wendungen sind wiederum nicht eindeutig. Dreierlei sogar kann damit gemeint sein. Zunächst dasjenige, was damit unmittelbar gemeint *scheint*: Ich freue mich über meine Einsicht als solche, aber die Thatsache, dass ich verstehe, wie das Kunstwerk dazu kommt, als dies Kunstwerk dazusein, wie die Bedingungen des vorliegenden künstlerischen Ergebnisses zu eben diesem Ergebnisse zusammengewirkt haben oder zusammenwirken.

Dann ist zu bemerken, dass die Einsicht in die *Unfähigkeit* des Künstlers, in die *Vergeblichkeit* seiner Bemühungen, in die *Zweckwidrigkeit* der von ihm aufgewendeten Mittel, genau ebensogut *"Einsicht"* ist, wie die Einsicht von entgegengesetztem Inhalte. Und jene Einsicht kann eine ebenso klare und sichere, also vom rein intellektuellen Standpunkt ebenso befriedigende Einsicht sein. Wird man nun sagen, ein Kunstwerk habe, als Kunstwerk, Wert, auch wenn es nur die Möglichkeit einer *solchen* Einsicht, oder eines *solchen* Verständnisses gewährt, wenn ich aus ihm möglichst deutlich ersehe, welchen Bedingungen es seine Leerheit und Mangelhaftigkeit verdankt, und wiefern aus diesen Bedingungen nur eben dies Ergebnis entstehen konnte. Zweifellos hat dieses Verständnis *Wert*. Aber es ist darum nicht Verständnis eines wertvollen, sondern eines wertlosen *"Kunstwerkes"*. Nichts Schlechtes in der Welt wird dadurch gut, dass ich verstehe, oder einsehe warum es nicht besser ist.

Zweitens kann die Meinung diese sein: Ein Kunstwerk hat Wert in dem Masse, als darin das Vermögen des Künstlers, irgendwelche, gleichgültig ob sinnvolle oder widersinnige Absicht zu verwirklichen, sich kund giebt. Offenbar stehen wir hiermit schon an einem völlig anderen Standpunkte. Die Befriedigung ist jetzt nicht mehr eine solche des Verstandes. Wir sollen im Kunstwerk die Geschicklichkeit oder die Begabung des Künstlers erkennen. Aber indem wir sie erkennen, ist sie für uns da. Wir freuen uns nicht mehr darüber, dass wir erkennen, sondern wir freuen uns über das *Erkannte*. Die Geschicklichkeit des Künstlers, oder allgemeiner gesagt, der Künstler, ist Gegenstand unserer Freude. Der Wert des Kunstwerkes ist der Wert des künstlerischen Könnens, das wir aus dem Kunstwerke erschliessen.

Dagegen könnte zunächst eingewandt werden, dass wir uns doch sonst über eine auf Wertloses oder Widersinniges verwendete Geschicklichkeit nicht zu freuen, sondern sie zu beklagen pflegen. Wir nennen denjenigen, der seine Geschicklichkeit so missbraucht, einen Narren. Das Erste, was wir vom Menschen fordern, also doch auch wohl vom Künstler fordern dürfen, ist, dass er Sinnvolles wolle, sich vernünftige Zwecke setze.

Es kommt aber hinzu, dass wir in den allerwenigsten Fällen von den Absichten eines Künstlers eine genaue Kenntnis haben können. Angenommen, ein Stümper behauptete, er habe in jedem seiner Werke genau das beabsichtigt, was darin erreicht sei, und wir könnten ihm nicht das Gegenteil beweisen; dann müssten wir der hier vorausgesetzten Theorie zufolge seine Werke sämtlich für vollendete Kunstwerke ansehen. Dann wer genau das erreicht, was er beabsichtigt, zeigt jederzeit, dass er zur Erreichung seiner Absicht vollkommen "geschickt" ist. Oder, müssen wir in einem Falle zweifeln, ob ein "Kunstwerk" dem Ungeschick sein Dasein verdankt, oder genau so gemeint ist, wie wir es vor uns sehen, so müssen wir ebendamit zugleich zweifeln, ob es ein grosses Kunstwerk oder das völlige Gegenteil davon sei. Vielleicht neigen wir erst zur ersteren Ansicht; dann sagen wir: das ist eine Stümperei. Nachher scheint uns die letztere Ansicht die glaubhaftere; dann brechen wir in Kunstbegeisterung aus.

Aber auch dies ist nicht die Meinung der Theorie, die den Wert des Kunstwerkes auf das künstlerische "Können" zurückführt. Mit diesem künstlerischen Können ist eben das *künstlerische* Können gemeint, d. h. das Können, das auf künstlerische Absichten gerichtet ist. Dann hängt alles an der Frage: Was sind "künstlerische" Absichten.

Gewiss nun sind dies nicht solche Absichten, die zu irgend einer Zeit ein "Künstler" hat. Ein Künstler kann allerlei Absichten haben, z. B. Essen und Schlafen. Er kann auch in seiner Kunst die Absicht haben, von sich reden zu machen, zu verblüffen, oder um jeden Preis Geld zu erwerben. Sondern künstlerische Absichten sind solche, die ein Künstler *als Künstler* hat. Einem Künstler, so sagt man mit vollem Rechte, ist in seiner Kunst alles erlaubt. Noch mehr: Alles was ein Künstler will und thut, hat ebendamit absoluten künstlerischen Wert. Aber wann ist ein Künstler ein Künstler? In welchem Wollen und Thun stellt er sich als Künstler dar?

Damit sind wir wiederum angelangt bei unserer ersten Frage. Was macht den specifischen Sinn des Wortes "Kunst" aus? Wir sahen: Kunst ist gerichtet auf Erzeugung eines in sich selbst Wertvollen. Das Kunstwerk schliesst in sich selbst etwas, das, wenn wir es in uns aufnehmen, unsere, der Anteilnahme an vorgestellten Inhalten fähige Persönlichkeit, oder, wie ich statt dessen auch kurz sagte, das unser "Gemüt" bereichert, erweitert, erhöht. Ein solches in sich selbst Wertvolles wird also notwendig der Inhalt der künstlerischen Absicht sein, ein solches will der Künstler, als Künstler. Und das Kunstwerk hat Wert, wenn wir daraus ersehen, der Künstler habe eine solche Absicht gehabt, und zugleich die Fähigkeit besessen, dieselbe zu verwirklichen.

Was nun aber heisst dies anders als: Das Kunstwerk hat Wert, wenn es in sich selbst einen wertvollen Inhalt trägt. Die Verwirklichung der künstlerischen Absicht, so wie sie in einem Kunstwerke vorliegt, das ist doch eben das Kunstwerk. Sie ist, sofern die künstlerische Absicht auf einen an sich wertvollen, oder positive Anteilnahme hervorrufenden Inhalt gerichtet ist, das im Kunstwerke enthaltene Wertvolle oder positive Anteilnahme Erzeugende. Und: das *Können* des Künstlers ist im Kunstwerke oder spricht sich darin aus, dies heisst nichts anderes als: Dies Wertvolle ist nicht bloss der Absicht nach, sondern wirklich da. Vielleicht kann der Künstler auch sonst noch allerlei. Aber das Können, das in einem bestimmten Kunstwerk vorliegt, kann nun und nimmer etwas anderes sein, als genau das, was dies bestimmte Kunstwerk dem Beschauer, der es in allen seinen Teilen und Zügen auffasst, bietet.

Natürlich ist dieser Inhalt des Kunstwerkes dann auch in gleicher Weise für mich da, wenn ich an den Künstler und seine Bemühungen, für die dabei aufgewendete Kunst gar nicht denke, sondern nur dem Kunstwerk als solchem, oder als wäre es vom Himmel gefallen, mich hingebe.

Dies weist nun auf zwei mögliche Standpunkte der Betrachtung. Der eine nimmt das Kunstwerk thatsächlich wie ein Geschenk des Himmels. Der andere erinnert sich, dass es nicht daher stammt, sondern einem Künstler und seinem Wollen und Können sein Dasein verdankt. Jener Standpunkt ist der rein ästhetische, dieser der Standpunkt des ästhetischen Theoretikers oder des naturgemäss am künstlerischen Thun interessierten Künstlers.

Aber beide Standpunkte betrachten doch nur dieselbe Sache von verschiedenen Seiten. Und sie ergeben demgemäss keine verschiedene Beurteilung des Kunstwerkes und seines Wertes. Ich kann nicht dem *künstlerischen* Können und Thun, so wie es in einem bestimmten Kunstwerk steckt oder sich kund giebt, Wert beimessen, ohne eben damit dem *Kunstwerke* einen *gleichartigen* Wert beizumessen. Es kommt nur in jenem Falle hinzu, dass ich mein Wertbewusstsein zugleich auf den Künstler übertrage, oder ihn, als Ursache des Wertvollen, das ich vor mir sehe, in meine Wertschätzung mit einbeziehe.

Nicht anders verhält es sich mit allerlei verwandten Wendungen. Wir bewundern, so sagt man, im Kunstwerk die Phantasie, die schöpferische Kraft, die Individualität des Künstlers. Von allem dem kann uns aber wiederum das Kunstwerk nur Kunde geben, sofern es im Kunstwerk realisiert ist. Die Phantasie des Künstlers, die uns im Kunstwerk entgegentritt, und uns erfreut, das sind die im Kunstwerk verwirklichten Gestalten seiner Phantasie; der Reichtum dieser Phantasie ist der Reichtum des Inhaltes des Kunstwerkes. Ebenso ist die Individualität des Künstlers, wie sie im Kunstwerk sich zeigt, die Individualität, der Charakter, die in sich einstimmige und geschlossene Eigenart des Kunstwerkes. Und auch hier können wir sagen: Der Künstler mag im übrigen noch so viel Phantasie und eine noch so ausgeprägte Individualität haben, solange und soweit diese Phantasie oder diese Individualität nicht im Kunstwerk, als Inhalt oder Moment desselben, uns entgegentritt, besteht sie nicht für die Betrachtung des Kunstwerkes. Finden wir aber die Phantasie und Individualität im Kunstwerk, so finden wir sie da auch, und haben den Eindruck ihres Wertes, wenn wir den Gedanken an den Künstler völlig zur Seite lassen.

Nicht als hätte dieser Gedanke nicht seinen Wert. Es ist eine schöne Sache, nicht nur, dass ein Kunstwerk so phantasievoll und charaktervoll ist, wie es ist, sondern auch, dass es Menschen giebt, die vermöge ihrer Phantasie und ihres Charakters so Phantasie- und Charaktervolles wollen und vollbringen können. Aber beide Werte sind in ihrer Wurzel nur einer. Der Künstler hat für uns Wert als derjenige, der—nicht irgend etwas, sondern dies Wertvolle wollte und vollbrachte. Es wird also auch hier nur derselbe Wert von zwei verschiedenen Seiten betrachtet.

So führt uns jede Überlegung darauf zurück, dass Wert des Kunstwerkes eben Wert des Kunstwerkes ist, und nicht Wert von irgend etwas ausser ihm, zu dem das Kunstwerk Gelegenheit giebt oder dient, oder dessen Dasein wir aus dem Kunstwerk erschliessen.

"KUNSTWERT".

Schliesslich komme ich noch einmal zurück auf die oben als möglich bezeichnete Unterscheidung des *"Kunstwertes"* von dem ästhetischen Werte des Kunstwerkes. Auch die schöne Landschaft, der wir in der Wirklichkeit begegnen, hat ästhetischen Wert. Aber sie hat keinen Kunstwert. Die gemalte Landschaft dagegen hat Kunstwert. Was heisst dies?

Zunächst einfach dies, dass die wirkliche Landschaft keine gemalte, also kein Kunsterzeugnis ist, dass mithin ihr ästhetischer Wert nicht der Wert eines Kunstwerkes sein kann. Mit anderen Worten; Wir nennen Kunstwert den ästhetischen Wert des *Kunstwerkes*.

Dies erfordert doch noch eine genauere Bestimmung. Die gemalte Landschaft ist auch ästhetisch nicht dieselbe wie ihr wirkliches Vorbild. Nehmen wir auch an, der Künstler ändere die Motive, die Beleuchtung, den ganzen Inhalt und Charakter der wirklichen Landschaft nicht, sondern gebe alles völlig genau wieder. Dann giebt er es doch eben wieder, und zwar mit künstlerischen Mitteln. Er überträgt z. B. die Landschaft auf eine Fläche, hält sie in bestimmtem Massstabe, giebt ihr bestimmte Grenzen. Alles dies sind Elemente der künstlerischen Form, die der Künstler zum Objekte der Wirklichkeit, und den an ihm vorgefundenen und von ihm übernommenen Formelementen hinzufügt. Es sind Mittel, durch die eine specifische Weise der ästhetischen Anschauung ermöglicht und herbeigeführt wird, eine solche, wie sie keinem Naturobjekte gegenüber möglich ist. Und durch alle diese Formelemente oder Kunstmittel wird der wertvolle Inhalt des Kunstwerkes oder sein Wertinhalt im Vergleich mit dem ästhetischen Wertinhalte des Naturobjektes ein anderer und eigenartiger. So muss es sein, wenn die fraglichen Formelemente wirklich künstlerische, die Kunstmittel wirklich Kunstmittel sein sollen. Es giebt kein künstlerisches Formelement, das nicht, als solches, zur Eigenart des künstlerischen Inhaltes etwas beitrage, so wie es keinen künstlerischen, das heisst im

Kunstwerk wirklich vorhandenen Inhalt giebt, der nicht an eine Form gebunden wäre. Auch Form und Inhalt beim Kunstwerke verhalten sich wie verschiedene Seiten *Desselben*. Künstlerische Form ist alles im Kunstwerke, das macht, dass ein ästhetisch unmittelbar Wirksames für uns im Kunstwerke da ist, und so wirkt, wie es wirkt. Und Inhalt des Kunstwerkes ist eben dies im Kunstwerk für uns unmittelbar Vorhandene und Wirksame selbst, soweit es in ihm vorhanden und wirksam ist. Was anders wirkt, ist eben damit ein anderes Wirksames, also ein anderer Inhalt des Kunstwerkes. So hat es keinen Sinn zu fragen, ob ein Kunstwerk durch die Form oder den Inhalt wirke, weil keines ohne das andere möglich, oder jede Wirkung notwendig eine Wirkung von beidem ist.

Dasjenige nun, was der Künstler durch die *specifisch* künstlerischen, ich meine die am Naturobjekte nicht vorgefundenen Formelemente zum Wertinhalte des Kunstwerkes hinzugefügt, kann man als spezifischen "Kunstwert", im Gegensatz zu dem ästhetischen Werte, der auch dem Naturobjekte als solchem eignet, bezeichnen. Es ist nach dem Gesagtem dasselbe, wenn ich diesen Kunstwert als den Wert jener spezifisch künstlerischen *Formelemente* bezeichne, da diese ihren künstlerischen Wert nicht als leere Formen, sondern als inhaltvolle und den Inhalt bestimmende Formen besitzen.

Damit ist dann aber zugleich gesagt, dass solcher "Kunstwert" nicht etwas vom ästhetischen Werte, der auch schon dem Naturobjekte zukommt, der Art nach Verschiedenes ist. Er ist vielmehr eine diesen Wert steigernde, reinigende, konzentrierende Modifikation desselben. Der in solcher Weise modifizierte ästhetische Wert des Naturobjektes, das ist der schliessliche gesamte *ästhetische Wert* des Erzeugnisses der Kunst, — soweit nämlich dasselbe Naturobjekte zum Vorbilde hat.

Freilich ist nun das, was ich hier über den spezifischen Kunstwert sagte, ebenso wie das, was vorhin über die ästhetische Bedeutung der künstlerischen Absichten, des künstlerischen Könnens, der künstlerischen Phantasie und Individualität gesagt wurde, für uns in diesem Zusammenhange zunächst nicht von unmittelbarer Bedeutung. Womit wir es hier zunächst zu thun haben, das ist ja der "ästhetische Wert" überhaupt. Ihn hat, wie wir sahen, einerseits jedes Kunstwerk; andererseits besteht er auch schon ausserhalb des

Kunstwerkes. Halten wir dies beides zugleich fest, so kann das Spezifische des ästhetischen Wertes überhaupt nur in dem gefunden werden, was allen Kunstwerken und zugleich allem ausserhalb der Kunst vorhandenen ästhetisch Wertvollen gemeinsam ist. Und dabei kommt der Wert des künstlerischen Könnens und Thuns, der künstlerischen Individualität etc. nicht mehr in Frage. Es bleibt also einzig übrig die Fähigkeit des ästhetisch wertvollen Objektes, unmittelbar durch das, was es an sich selbst ist oder uns zu sein scheint, auf uns zu wirken, kurz sein *"Eigenwert"*. Auch das ästhetisch Wertvolle der Natur ist ja freilich irgendwie *geworden*. Aber hier unterscheidet jedermann die Freude an der Erkenntnis, wie die Objekte geworden sind, die Freude des Zoologen, Botanikers etc. an seinem "Verständnis" der Formen, von der ästhetischen Befriedigung, die aus der blossen betrachtenden Hingabe an das, was thatsächlich vorliegt, erwächst.

DIE KOMIK ALS "SPIEL".

Eine Antwort auf die Frage nach dem Wesen des Wertes eines Kunstwerkes habe ich oben geflissentlich ausser Acht gelassen. Es ist die uns bereits bekannte Antwort, die *Groos* giebt: Unsere Freude am Kunstwerk ist die Freude am Spiel der inneren Nachahmung.

Diesen Gedanken haben wir bereits abgewiesen. Angenommen indessen, er wäre wahr. Dann würde die Komik wohl in erster Linie das Recht haben, ästhetisch wertvoll zu heissen. Denn die Komik ist, wie wir gesehen haben, Spiel. Und sie ist Spiel der inneren Nachahmung, wenn wir unter Nachahmung alles das verstehen, was *Groos* so nennt Sie ist spielende Auffassung von Objekten; und zwar, vermöge ihrer besonderen Bedingungen, Spiel von besonders ausgeprägter Art.

In Wahrheit aber kann die Komik eben deswegen *keinen* ästhetischen Wert beanspruchen. Das Komische ist belustigend. Lust ist Freude. Aber die Freude haftet hier nicht am komischen Objekte als solchem. Wir sahen, das komische Objekt kann wertvoll und unwert sein. Aber dieser Wert oder Unwert hat mit der Komik als solcher nichts zu thun. Die geringfügige Leistung, die auf grosse

Versprechungen folgt, ist komisch, aber sie ist nicht wertvoll, kein Gegenstand unserer Lust oder Freude.

Woran aber haftet oder worauf bezieht sich dann die komische Lust? Wir sagten soeben: auf das Spiel. Aber auch dies ist noch keine eindeutige Erklärung. Es liegt darin dieselbe Zweideutigkeit, die auch jener eben von neuem erwähnten Theorie des künstlerischen Wertes anhaftet. Was ist mit jenem Spiel der inneren Nachahmung gemeint? Eine bestimmt geartete *Thätigkeit* des Nachahmens oder eine bestimmte Weise ihres *Gelingens*?

Die gleichen beiden Möglichkeiten müssen auch bei der Komik unterschieden werden. Die erstere aber müssen wir hier gleich abweisen. Die Lust am Komischen ist nicht Lust an unserem Spielen oder unserer spielenden *Thätigkeit*. Nicht unser *Thun* ist belustigend, sondern das komische Objekt. Man erinnert sich, dass wir ehemals die Behauptung, die Lust am Komischen sei Lust an unserer Überlegenheit, schon darum für unzutreffend erklärten, weil die Lust von uns thatsächlich nicht auf unsere Überlegenheit, sondern auf das inferiore Objekt bezogen werde. So wenig wie auf unsere Überlegenheit beziehen wir aber die Lust auf unsere Thätigkeit des spielenden Auffassens. Wie soeben gesagt, nicht unser Thun erscheint uns belustigend, sondern das Objekt.

Damit scheinen wir aber in einen Widerspruch mit um selbst geraten. Erst sollte die Lust nicht am Objekte haften, sondern am Spiele. Jetzt konstatieren wir, dass nicht unsere Thätigkeit des spielenden Auffassens, sondern das Objekt das Belustigende sei.

Die Lösung dieses Widerspruches habe ich schon angedeutet: Das spielende *Gelingen* unserer Auffassungsthätigkeit ist der Gegenstand der Lust. Doch fassen wir diese Frage etwas allgemeiner.

ARTEN VON GEGENSTÄNDEN DES GEFÜHLS ÜBERHAUPT.

Drei mögliche Arten der Beziehung unseres Lust- oder Unlustgefühles auf Gegenstände müssen unterschieden werden. Ich habe Lust an einem Objekt, oder ich habe Lust an meiner Thätigkeit. Dazu tritt als Drittes die Lust, die weder Lust am Objekt noch Lust an meinem Thun und eben darum in gewisser Weise beides ist.

Es giebt eine Lust an den Objekten meines *Denkens*: Ich freue mich an dem erfreulichen Inhalte meiner Gedanken. Dieser Lust steht gegenüber die Lust an meiner Thätigkeit des Denkens oder meiner Denkarbeit, ihrer Energie, Konzentriertheit. Solche Lust kann ich haben, auch solange diese Denkarbeit ihr Ziel nicht erreicht, das heisst: solange ich noch nicht erkenne, was ich erkennen möchte. Endlich ist von beidem unterschieden die Freude an der *Erkenntnis*. Die Erkenntnis ist das "Gelingen" der Denkarbeit. Die Freude an ihr ist also Freude am "Gelingen".

Dies nun verallgemeinern wir. Die drei Möglichkeiten der Beziehung der Lust auf einen Gegenstand derselben, oder die drei hier zu unterscheidenden Arten des Wertgefühls sind diese: Gefühl des Wertes eines vorgestellten, von mir unterschiedenen Objektes als solchen; zweitens Gefühl des Wertes meines Thuns; und drittens Wertgefühl, das sich ergiebt aus der Beziehung eines Objektes zu einer jetzt in mir vorhandenen Weise innerer Thätigkeit.

Wertgefühle der ersteren Art können wir kurz bezeichnen als Objektswertgefühle, die der zweiten Art als Subjektswertgefühle, die der dritten Art als Gefühle den Wertes einer Beziehung des Objektes zum Subjekt. Die Erkenntnis ist eine solche *"Beziehung"*. Sie ist eine bestimmte Weise, wie Objekte in einen Vorstellungszusammenhang sich einordnen.

Diese drei Möglichkeiten der "Wertbeziehung" können wir weiter verfolgen. Wir sahen sie soeben verwirklicht auf dem Gebiete des (logischen) Denkens. Wir begegnen ihnen aber ebenso auf dem Gebiete des praktischen Wollens. Lust gewährt mir der Gedanke an ein zu verwirklichendes Objekt, etwa einen zu erlangenden Genuss. Lust gewährt mir andererseits die in sich einstimmige, sei es auch vergebliche *Bemühung* der Verwirklichung eines Objektes, das starke, konzentrierte, kühne Wollen. Lust gewährt mir endlich auch hier wiederum das "Gelingen".

Und dieselben Möglichkeiten bestehen endlich auf dem Gebiete des einfachen, weder auf Erkenntnis noch auf Verwirklichung eines von mir verschiedenen Objektes gerichteten Vorstellens. *Objekte* unserer Betrachtung gefallen, oder wecken Lust. Der Künstler freut sich am Reichtum und der Kraft seines geistigen *Schaffens*. Beide endlich freuen sich oder können sich freuen, wenn ihnen Objekte sich darstellen, die, gleichgültig ob in sich selbst wertvoll oder nicht, in die Richtung, die ihr Vorstellen jetzt eben genommen hat, *widerspruchslos sich einfügen* oder vermöge dieser Richtung *hemmungslos sich auffassen* lassen.

Hierhin gehört die Komik. Sie gehört zu den Gefühlen der Lust, nicht an
Objekten und nicht an unserem Thun, sondern an einer Weise, wie sich
Objekte einem gegenwärtigen Thun oder inneren Vorgang einfügen. Dasselbe
drückte ich eben so aus: Das Gefühl der Komik ist ein Gefühl von der
Weise, wie mein Thun gelingt.

Kein unwichtiger Unterschied ist es, auf den ich im Vorstehenden aufmerksam mache. Die Freude am Gelingen der Denk- oder Erkenntnisthätigkeit oder kurz die Freude am Erkennen ist die specifisch logische. Es ergiebt sich schon aus dem über die Erkenntnis früher Gesagten, dass diese Freude logisch ist, genau soweit sie nicht mitbestimmt ist durch den Wert, den das erkannte Objekt für mich haben mag. Und sie ist es, soweit sie ebenso wenig mitbestimmt ist durch den Wert, den mein Denken, das heisst meine Denkarbeit für mich besitzt. Der ist wissenschaftlich verloren, der sein Bejahen oder Verneinen einer Thatsache davon abhängig macht, ob ihm die Thatsache zusagt. Und nicht minder derjenige, der an einer Theorie festhält, weil er sich nicht entschliessen kann, die von ihm auf ihre Gewinnung gerichtete Bemühung für vergeblich anzusehen, oder kurz gesagt, weil sie seine Theorie ist.

Nicht mindere Wichtigkeit besitzt die fragliche Unterscheidung auf dem praktischen oder ethischen Gebiet. Der verschiebt den Begriff des sittlich Wertvollen, der den Wert der Handlung bemisst nach dem Wert des gewollten Objektes. Ich kann das Wertvolle wollen, und doch es in sittlich unwerter Weise wollen. Und ebenso aussersittlich oder unsittlich ist die moralische Beurteilung, für welche dieser Wert sich bemisst nach dem Gelingen oder dem glücklichen Erfolg. In Wahrheit ist sittlich wertvoll einzig die Weise des Wollens, also des inneren Thuns: Es giebt nichts in der Welt, das, "ohne alle Einschränkung für gut könnte gehalten werden, als allein ein guter Wille".

Und gleich gross ist endlich die Bedeutung jener Unterscheidung auf dem Gebiete der weder auf Erkenntnis, noch auf Verwirklichung eines von mir verschiedenen Objektes abzielenden Betrachtung, vor allem der ästhetischen Betrachtung. Ästhetisch wertvoll ist nicht meine Thätigkeit der Auffassung eines Objektes oder die Weise dieser Thätigkeit. Ebensowenig die Weise, wie mir die Auffassung gelingt, etwa die Leichtigkeit, Sicherheit, Klarheit derselben, von der oben die Rede war. Sondern, wie wir feststellten, ästhetischer Wert ist einzig der Wert des Objektes selbst, oder dessen, was für mich in dem Objekte unmittelbar enthalten liegt.

Vergleichen wir die drei hier nebeneinander gestellten Weisen der Bethätigung des menschlichen Geistes, die logische, die praktisch ethische, und die ästhetisch betrachtende, mit Rücksicht auf ihr Verhältnis zu jenen drei Arten der Wertbeziehung, so ergiebt sich aus dem Gesagten, dass bei jeder derselben die Wertbeziehung eine andere ist, dass also jene drei Thätigkeiten diese drei Wertbeziehungen unter sich aufteilen: Logischer Wert ist ein Wert des Gelingens; ethischer Wert ist ein Wert des inneren Thuns; ästhetischer Wert ist ein Wert des Objektes.

DER WERT DER KOMIK KEIN ÄSTHETISCHER WERT.

Damit ist zunächst von neuem, aber in ganz anderer Richtung, als es früher geschah, der ästhetische Wert gegen den logischen oder intellektuellen abgegrenzt. Zugleich ist die Stelle, die dem Werte des Komischen zukommt, genauer bestimmt. Er gehört — von dem Gesichtspunkt der "Wertbeziehungen" aus — in *eine* Wertgattung mit dem logischen oder Erkenntniswert. Er nimmt die mittlere Stellung ein, die allen Werten des Gelingens eignet. Das Gelingen besteht allemal im Sicheinstellen eines Objektes oder eines Objektiven. Insofern kann das *Objekt* als Gegenstand des Wertgefühles erscheinen. Zugleich ist doch das Gelingen ein sich Einstellen eines Objektiven unter der Voraussetzung eines darauf gerichteten Thuns oder inneren Geschehens. Insofern erscheint wiederum *nicht* das Objekt, d. h. nicht das Objekt an sich, als Gegenstand des Wertgefühles, sondern die durch das Objekt ermöglichte Weise der Vollführung oder Vollendung dieses Thuns, oder die Weise meiner Bethätigung. — Damit ist der oben konstatierte scheinbare Widerspruch gehoben.

Ich stellte eben die Komik neben die Erkenntnis. Unmittelbarer gehört natürlich das komische Wertgefühl zusammen mit den anderweitigen Wertgefühlen, in denen gleichfalls ein Gelingen einer Thätigkeit der blossen *Betrachtung* oder *Auffassung*, oder allgemeiner gesagt, in denen gleichfalls die Beziehung eines lediglich *aufzufassenden* Objektes zu der vorhandenen psychischen Thätigkeitsrichtung das Wertgefühl bedingt.

Solche Fälle haben wir bereits kennen gelernt. Ich erinnere an das Gefühl des Erstaunens oder des Überraschtseins, weil wir ein weniger "Grosses" erwarteten. Ebendahin gehört das Gefühl des Schrecks, das, wie man weiss, auch entstehen kann, wenn objektiv gar nichts Schreckliches vorliegt oder geschieht. Ich bin etwa, vermeintlich allein, in meinen Gedanken versunken. Dann kann mich die leise Berührung meiner Schulter durch den unerwartet und unbemerkt zu mir Hinzugetretenen aufs heftigste erschrecken. Die Beziehung der Berührung zu meinem gegenwärtigen, in völlig anderer Richtung gehenden Gedankengang ist es, die hier dies Gefühl verschuldet. So wenig braucht schliesslich das Erschreckende ein an sich Schreckliches zu sein, dass auch Hocherfreuliches das gleiche Gefühl erzeugen kann.

"Künstler" machen wohl gelegentlich die Kunst zu einem Mittel der Überraschung oder gar Verblüffung. Die Unfähigkeit durch das Kunstwerk selbst zu wirken, veranlasst sie zu wirken, indem sie das Kunstwerk zu den jetzt zufällig in uns bestehenden Vorstellungsgewohnheiten in Gegensatz treten lassen. Hier ist der Gegensatz des ästhetischen Wertes, und des Wertes, der an solcher Beziehung zwischen dem Objekt und den jeweiligen Vorgängen im Subjekt haftet, besonders unmittelbar einleuchtend. — Genau so einleuchtend ist der Gegensatz zwischen jedem ästhetischen Werte und dem Wert der Komik.

Dennoch hat man der Komik als solcher einen ästhetischen Wert zuerkannt. Dies war aber immer nur möglich, wenn man den Sinn des Komischen oder des ästhetisch Wertvollen oder beider verkannte. Am nächsten liegt aus schon angegebenen Grunde jener Irrtum für die vorhin von neuem erwähnte ästhetische Theorie, für welche der ästhetische Wert Wert des "Spieles der inneren Nachahmung" ist. Ich leugne nicht, dass hier die innere "Nachahmung" eine Ahnung des Richtigen enthält. Ich werde darauf nachher zurückkommen. Zunächst interessiert mich die Weise, wie die fragliche Theorie das Richtige geistreich verschiebt und in Widersinn verkehrt.

Auch bei der Komik findet nach jener Theorie ein Nachahmen statt. An Stelle des Nachahmens tritt dann wohl das sich "Hineinleben" in das Objekt oder das sich "Hineinversetzen" in dasselbe. Soweit angesichts des Komischen dies Nachahmen stattfindet, soll das Komische ästhetischen Wert haben. Genauer gesagt, das Komische hat für die fragliche Theorie ästhetischen Wert, sofern wir uns in das "Verkehrte" hineinversetzen, es innerlich mitmachen. Damit geben wir dem Komischen den "brüderlichen Versöhnungskuss." Dieser brüderliche Versöhnungskuss ist das die Komik "Veredelnde". Soweit dies Moment an die Stelle der unbrüderlichen Erhebung über das verkehrte Objekt oder an die Stelle unseres Gefühls der Überlegenheit tritt, verwandelt sich die komische Betrachtung in die humoristische.

Hierin liegt die richtige Einsicht, dass das Gefühl der Überlegenheit über eine Verkehrtheit gewiss *keinen* ästhetischen Wert begründen, also auch nicht das Wesen des Humors bezeichnen kann. Im übrigen ist jener "brüderliche Versöhnungskuss" zunächst ein schönes Wort.

Was heisst dies: ich mache die Verkehrtheit oder das Verkehrte innerlich mit? Zweierlei kann damit gesagt sein. Einmal einfach dies: Ich nehme von der Verkehrtheit Kenntnis, erfasse sie in ihrem Wesen oder in ihrer Eigenart, gelte ihr in meinen Gedanken nach. "Wenn wir die Verkehrtheit wirklich durchschauen wollen, so müssen wir für einen Augenblick den verkehrten Gedankengang nachdenken." Damit scheint nichts anderes als dies Kenntnisnehmen bezeichnet.

Die andere mögliche Auffassung ist die: Wir "machen" die Verkehrtheit innerlich "mit", d. h. wir denken oder wollen, kurz verhalten uns innerlich ebenso verkehrt. Wir denken den verkehrten Gedankengang nicht nur nach, sondern wir glauben daran, stimmen ihm bei, ebenso wie es derjenige thut, dem wir ihn nachdenken.

Diese beiden Möglichkeiten werden nun aber in jener Theorie nicht ausdrücklich geschieden. Immerhin verstehen wir, dass die zweite gemeint sein muss. Die erstere würde ja über das Gefühl der Überlegenheit nicht hinausführen. Bei ihr fehlte der "brüderliche Versöhnungskuss". Ich kann unmöglich das Gefühl der Überlegenheit haben über eine Verkehrtheit, wenn ich sie nicht "durchschaue", also sie in Gedanken nachdenke.

Indessen, wenn ich auch das "Mitmachen" in jenem zweiten Sinne nehme, so scheint mir wenig gebessert. Ich finde dann erstlich, dass ich in sehr vielen Fällen der Komik gar nicht weiss, worin dies innerliche Mitmachen bestehen sollte. So sehe ich beispielsweise nicht ein, was es heissen soll, dass ich mit dem leeren Grosssprecher mich innerlich aufblähe, und dann seine geringfügige Leistung mitmache. Da die geringfügige Leistung nichts Innerliches ist, so kann hier das innerliche Mitmachen doch nur bestehen in dem Kenntnisnehmen, dem Beachten, der Weise dem Vorgang mit meinen Gedanken zu folgen.

Ebensowenig weiss ich, wie ich eine äussere Ungeschicklichkeit, das Stolpern eines erwachsenen Menschen über ein kleines, nicht wahrgenommenes Hindernis anders innerlich nachmachen soll, als so, dass ich es konstatiere. Oder besteht hier das Mitmachen in dem Gedanken, dass mir dergleichen unter gleichen Umständen ebensowohl begegnen könnte?

Nehmen wir das Letztere an. Oder besser: Nehmen wir einen Fall, in welchem das "Mitmachen" in dem bezeichneten *prägnanten* Sinne ohne weiteres einen Sinn ergibt. Ich frage: Wenn ich einer Dummheit innerlich beistimme, wenn ich den Rechenfehler nicht nur "nachrechne", sondern im Nachrechnen gleichfalls begehe, wenn ich in diesem Sinne mit der komischen Verkehrtheit eine Zeitlang "Eines" bin, — liegt darin ohne weiteres ein Grund zur ästhetischen Befriedigung? Gewiss werde ich die Dummheit weniger von oben herab betrachten, oder mich ihr gegenüber weniger "überlegen" fühlen, wenn ich so zum Mitschuldigen geworden bin. Aber diese Minderung des Gefühles der Überlegenheit, dieser angebliche "brüderliche Versöhnungskuss", ist doch nicht gleichbedeutend mit ästhetischem Genuss. Es scheint mir, auch die schönsten Redewendungen können nicht darüber täuschen, dass eine solche vermin-

derte Überlegenheit nicht veredelte, sondern eben verminderte
Überlegenheit ist, also eine relative Negation der komischen Lust,
und weiter nichts.

Allerdings kann dazu noch ein Element hinzutreten. Nämlich ein
Gefühl der
Beschämung über die Mitschuld. Aber die Vereinigung von ver-
mindertem
Gefühl der komischen Lust und Gefühl der Beschämung ist doch
auch nicht
Dasselbe wie ästhetischer Genuss. Mit einem Wort, wir kommen auf
diese
Weise nicht weiter.

XV. KAPITEL. DIE TRAGIK ALS GEGENSTÜCK DES HUMORS.

DIE TRAGIK ALS "SPIEL".

Vielleicht gelingt es uns eher, weiter, d. h. den Bedingungen, unter denen das Komische in ein ästhetisch Wertvolles sich verwandelt, näher zu kommen, wenn wir — bei dem Begriff der inneren Nachahmung noch einen Augenblick bleiben, aber zunächst einmal zusehen, welche Bedeutung derselbe auf einem anderen Gebiete haben kann.

Ich bezeichnete schon die "Modifikation des Schönen", innerhalb welcher das Komische ästhetischen Wert gewinnt, als Humor. Neben dem Humor nun — nicht etwa neben der Komik — steht die Tragik. Immer wieder hat man diese beiden als Geschwister betrachtet. Dann werden beide eine Familienähnlichkeit haben. Es ist zu erwarten, dass das Verständnis des einen der Geschwister einen wesentlichen Teil des Verständnisses des anderen in sich schliessen werde.

Wie können Leiden, Besorgnis, Angst, Untergang Gegenstand unseres Genusses sein? Man sagt vielleicht auch hier wiederum: Indem wir sie "innerlich nachahmen". Dies wird zutreffen. Nur kommt dabei alles darauf an, dass wir das "innerliche Nachahmen" recht verstehen.

Die blosse Kenntnisnahme von dem Leiden kann nicht erfreuen. Das innerliche Mitmachen aber scheint diese Wirkung noch weniger haben zu können. Das Mitmachen des Leidens ist ein Leiden mit dem Leidenden, das Mitmachen der Sorge ein Sichsorgen mit dem Sorgenden. Daraus, scheint es, kann uns nur Unlust erwachsen.

Hier aber wird uns wiederum das "Spiel" entgegengehalten: Die innere Nachahmung ist Spiel, und demgemäss erfreulich, wie jedes Spiel. Das Leiden der tragischen Gestalt ist nicht wirklich. Es ist nur Schein. Diesem Schein überlassen wir uns freiwillig, um ebenso freiwillig wiederum uns ihm herauszutreten. Das heisst in unserem Falle: Wir überlassen uns dem Mitleiden oder der Mitsorge, wissen aber zugleich, dass dazu in Wirklichkeit kein vernünftiger Grund vorliegt, da ja ein wirkliches Leiden oder eine wirkliche Sorge gar nicht stattfindet. Wir geben uns also nur spielend jenem Erleben hin. Wir geben es dann ebenso spielend wieder preis. Und an diesem Spiele, dieser Freiheit auf den Schein uns einzulassen und auch wiederum von ihm loszumachen, oder ihn innerlich in nichts aufzulösen, an dieser Selbstherrlichkeit unserer Phantasie haben wir unsere Freude.

Ich wiederhole nicht mehr, was ich über diesen ausgeklügelten Widersinn oben angedeutet und an anderer Stelle[3] ausführlicher gesagt habe. Ich begnüge mich hier zu bemerken, dass ich diese Freiheit *nicht* habe, und dass ich, falls ich sie hätte, davon angesichts des tragischen Kunstwerkes keinen Gebrauch machen würde.

[3] Im "Dritten ästhetischen Literaturbericht", der im "Archiv für systematische Philosophie" demnächst erscheinen soll.

Ich habe sie nicht, weil das tragische Kunstwerk, wenn es nicht etwa ein schlechtes Machwerk ist, mich festzuhalten pflegt; weil es mich wider meinen Willen fortreisst; weil es mit Zaubergewalt mich festbannt in seiner Welt des Scheines.

Und ich würde von dieser Freiheit keinen Gebrauch machen, weil mir der ernste und erschütternde Genuss des tragischen Kunstwerkes lieber ist als die kindische Freude an solcher armseligen Freiheit.

Ausserdem füge ich hinzu, dass nicht bloss angesichts der Scheinwelt der
Bühne, sondern auch gegenüber der Tragik der *Wirklichkeit* ein tragischer Genuss möglich ist. Hier hat aber doch wohl jenes Spiel der
Phantasie keine Stelle mehr. Hier ist ja das Leiden harte Thatsache.

Wie der, oder die Vertreter jener Theorie, so mache ja gewiss auch ich das Leiden der tragischen Gestalt innerlich mit. Nur wie schon angedeutet, in anderer Weise. Ich leide mit dem Leidenden, und *bleibe* dabei mit ihm zu leiden. Wiefern ich nun aber davon Genuss haben kann, dies ergiebt sich aus der Beantwortung der einfachen Frage: Wann wir denn von dem Leiden eines anderen, sei es einer Person im Drama, sei es eines wirklichen Menschen, nicht bloss

Notiz nehmen, sondern es im eigentlichen Sinne des Wortes miterleben oder "mitmachen".

TRAGIK UND "ÄSTHETISCHE SYMPATHIE".

Jemand leidet, d. h. empfindet Unlust, weil ihm eine Büberei, ein thörichter oder verbrecherischer Anschlag misslungen ist. Auch dies Leiden erleben wir innerlich mit, d. h. wir vollziehen in uns die Vorstellung dieses Gemütszustandes. Aber wir erleben das Leiden auch wiederum nicht innerlich mit, d. h. wir nehmen nicht daran teil. Warum dies? Zweifellos, weil die Wurzel, aus welcher dies Leiden stammt, d. h. der Wunsch, das Niedrige oder Böse vollendet zu sehen, oder allgemeiner gesagt, weil dies dem Leiden zu Grunde liegende oder in ihm sich kundgebende Moment in der Persönlichkeit dessen, der leidet, uns widerstrebt oder unserem Wesen widerstreitet. Aus gleichem Grunde freuen wir uns nicht mit demjenigen, der über eine gelungene Schlechtigkeit Freude empfindet.

Umgekehrt weckt Leiden unser Mitleiden, Freude unsere Mitfreude, wir nehmen überhaupt teil an jeder Regung in einem Menschen, wenn und soweit das Moment der Persönlichkeit, aus welchem dieselbe stammt, in unserem Wesen Widerhall findet, oder wir hinsichtlich dieses Momentes mit der leidenden oder sich freuenden Persönlichkeit uns einstimmig fühlen können.

Damit ist ohne weiteres der Grund zum Genusse gegeben. Der Genuss ist
Genuss dieser Einstimmigkeit, Genuss der "*Sympathie*".

Dies kann genauer bestimmt werden. Woher wissen wir denn von fremden Persönlichkeiten? Wie kommt es, dass es solche überhaupt für uns giebt? Was wir wahrnehmen, wenn ein Mensch uns gegenübersteht, ist eine Gestalt, eine äussere Erscheinung, eine Summe von Lebensäusserungen. Aber dies alles ist nicht die fremde Persönlichkeit, ich meine die seelische oder geistige, die leidende, sich freuende, hoffende, fürchtende u. s. w. Persönlichkeit.

Das Bild dieser Persönlichkeit kann nur aufgebaut sein aus Elementen unserer eigenen Persönlichkeit. Das Bild der fremden Persönlichkeit ist die an einen fremden Körper geknüpfte, je nach der

Art dieses fremden Körpers und der Besonderheit seiner Lebensäusserungen modifizierte Vorstellung von uns selbst.

Wie wir uns selbst in der Vorstellung modifizieren können, ist jedermann wohl bekannt. Wie oft haben wir ein Bewusstsein davon, dass wir so oder so sein könnten. Wir wünschen vielleicht auch, dass wir so oder so wären. Nun, eine Vorstellung von dem, was wir sein könnten, oder die Vorstellung, wie sie ein solcher Wunsch in sich schliesst, eine solche Vorstellung, geknüpft an eine fremde sinnliche Erscheinung, das ist die fremde Persönlichkeit.

Sie ist noch etwas mehr. Die fremde Persönlichkeit *ist*, was wir sein könnten; sie ist es wirklich. Die eigene, in dieser oder jener Weise modifizierte Persönlichkeit tritt uns in der fremden Person als etwas *Wirkliches entgegen*.

Zunächst in der *wirklichen* fremden Person. Aber auch in gewisser Weise in der fremden Person, die nur künstlerisch *dargestellt* ist. Die ideelle, d. h. nur für unsere Phantasie bestehende Welt des Kunstwerkes hat für uns Wirklichkeit, nicht im Sinne der erkannten, wohl aber in dem eigen- und einzigarten Sinne der ästhetischen Realität: Auch in der nur dargestellten Person tritt uns unsere eigene Persönlichkeit, wie sie sein könnte, als etwas "*Objektives*", als ein nicht von uns ins Dasein Gerufenes, sondern uns "Gegebenes", uns von aussen Aufgenötigtes entgegen.

Und in jedem Zuge oder jeder Lebensäusserung der fremden Person finden wir eine mögliche Weise der Bethätigung unserer eigenen Person verwirklicht oder sich auswirkend, vor. Jetzt fragt es sich, wie diese Bethätigungsweise in das Ganze unserer Persönlichkeit, so wie sie thatsächlich geartet ist, sich einfügt, ob damit einstimmig oder den eigenen thatsächlichen Bethätigungsantrieben derselben widerstreitend, ob befreiend oder bedrückend, fördernd oder verletzend. Je nachdem haben wir diese oder jene Weise des Selbstgefühls.

Das Sympathiegefühl überhaupt und demnach auch das ästhetische Sympathiegefühl ist also eine psychologisch wohl verständliche, ja wenn man will selbstverständliche Sache. Es ist, wenn wir einmal vom Dasein fremder Persönlichkeiten und von Regungen, die in ihnen stattfinden, wissen, ohne weiteres gegeben.

Dies Sympathiegefühl ist Selbstgefühl, aber doch wiederum vom unmittelbaren Selbstgefühl verschieden. Der Gegenstand desselben ist unser *"objektiviertes"*, in Andere hineinverlegtes, und demgemäss in Anderen vorgefundenes Selbst. So müssen wir auch das Sympathie_gefühl_ als objektiviertes *Selbstgefühl* bezeichnen. Wir fühlen uns in Anderen, oder fühlen Andere unmittelbar in uns. Wir fühlen uns in oder durch den Anderen beglückt, befreit, ausgeweitet, gehoben, oder das Gegenteil.

Das *ästhetische* Sympathiegefühl ist aber nicht nur eine Weise des ästhetischen Genusses, sondern es ist der ästhetische Genuss. Aller ästhetischer Genuss liegt schliesslich einzig und allein in der Sympathie begründet. Auch der ästhetische Genuss, den Linien, geometrische, architektonische, tektonische, keramische Formen etc. gewähren. Was diesen letzteren Punkt betrifft, so verweise ich auf meine "Raumästhetik und geometrisch-optische Täuschungen".

Diese ganze Thatsache übersieht die oben bekämpfte Theorie. Sie übersieht damit im Ästhetischen das Ästhetische. Sie greift darum zu jenem läppischen *"Spiel"*.

VOLKELTS AUSSERÄSTHETISCHE BEGRÜNDUNG DER TRAGIK.

Nicht das Gleiche kann gesagt werden von einem anderen Ästhetiker der Tragik, *Volkelt*. Ich denke dabei sowohl an *Volkelts* "Ästhetik des Tragischen", wie an seine "Ästhetischen Zeitfragen". Aber auch *Volkelt* erkennt die ästhetische Sympathie nicht als das eigentlich Entscheidende an. Darum müssen auch bei ihm ausserästhetische Momente, oder solche Momente, die nur scheinbar selbständige Bedeutung haben, den ästhetischen Genuss vervollständigen. Ja schliesslich erscheinen solche Momente als die eigentlichen Faktoren des ästhetischen Genusses.

Es ist schon bedenklich, dass diese Momente so verschiedenartig sind. Das Kunstwerk, so hören wir einmal, lässt uns in die "Rätsel" des Lebens "blicken"; es "zeigt" uns, was es um das Leben für eine Sache sei. Es lässt auf die Stellung von Freude und Leid, von Gut und Böse, von Vernunft und Unvernunft im Leben "ein Licht fallen". Die Tragik soll auch Unerfreuliches darstellen, bloss darum, weil auch das Unerfreuliche zur *Wirklichkeit des Lebens* gehört. Mit einem Worte, die Kunst soll uns das Wirkliche in seinen bedeutsamen Zügen erkennen, wiedererkennen, verstehen lassen.

Dies alles sind Wendungen, wie wir sie schon oben kennen gelernt und abgewiesen haben. Wir sahen, mit dem Wiedererkennen hat es freilich in der Poesie seine Richtigkeit. Aber der Zweck der Kunst kann nicht in dergleichen bestehen. Wir können jetzt genauer sagen: Dieser Zweck besteht nicht im Wiedererkennen, nicht darin, dass uns etwas gezeigt wird, sondern darin, dass wir mit dem *Wiedererkannten*, oder dem, was uns gezeigt wird, menschlich mitfühlen oder "sympathisieren" können.

Auch gegen die Behauptung haben wir uns schon erklärt, dass das Kunstwerk seine Wirkung übe, indem es uns die Individualität des Künstlers offenbare, die Weise, wie in ihm die Welt sich spiegelt, seine Gestaltungskraft, den Reichtum seiner Phantasie. Alles dies offenbart sich uns, so sagten wir, im Kunstwerke, nur soweit es im Kunstwerke verwirklicht ist. Soweit es aber darin verwirklicht ist, bildet es einen Teil des Inhaltes des Kunstwerkes, und ist, wie der ganze Inhalt des Kunstwerkes, Gegenstand unserer ästhetischen Sympathie.

Nur dann könnten diese Momente den Anspruch erheben, einen eigenen und neuen Faktor des ästhetischen Genusses zu bezeichnen, wenn es erlaubt wäre, zur *ästhetischen* Bewertung des *Kunstwerkes* auch *das* Wertgefühl zu rechnen, das wir gewinnen, wenn wir vom Kunstwerk und der in ihm verkörperten ideellen Welt unseren Blick abwenden, um statt dessen dem Künstler, und dem, was er ausserhalb des Kunstwerkes ist, uns zuzuwenden und ihn, diese wirkliche Persönlichkeit, zum Gegenstand einer Betrachtung zu machen, die mit ästhetischer Betrachtung nichts zu thun hat. Ich nehme aber an, dass *Volkelt* diese Erlaubnis nicht zu geben beabsichtigt.

Als weiterer Faktor des ästhetischen Genusses bezeichnet *Volkelt* die Freude an unserer "Belebung", an der "über das Mittelmass hinausgehenden Erregung des seelischen Lebens", an der inneren "Durchschüttelung". Hier hätte *Volkelt* wohl zunächst zeigen müssen, ob es eine solche Freude überhaupt gebe, bezw. unter welchen Bedingungen es dieselbe geben könne. Er würde dann zweifellos gefunden haben, dass es auch eine über das Mittelmass hinausgehende Erregung oder eine Durchschüttelung giebt, die alles andere als genussreich ist, einen inneren Aufruhr, ein sich Drängen heftiger Erregungen, ein Hoch- und Durcheinandergehen der Wogen unseres Inneren von quälender, entsetzlicher Art.

Es fragt sich also, was uns durchschüttelt. Wir haben Freude, wenn die Durchschüttelung eine Lebenssteigerung bedeutet, das heisst, wenn uns in dem, was uns durchschüttelt, etwas gegeben ist, das eine solche Lebenssteigerung in sich schliesst. Und damit sind wir wiederum angelangt bei dem Genuss, den die ästhetische Sympathie gewährt.

Daneben giebt es freilich auch noch eine Durchschüttelung anderer Art, durch das Überraschende, Verblüffende, Sensationelle, Drastische, durch allerlei vom inhaltlichen Werte des Kunstwerkes unabhängige "Effekte". Ich nehme aber wiederum an, dass Volkelt solche Faktoren, soweit sie nicht etwa der sichereren Wirkung des wertvollen Inhaltes des Kunstwerkes dienen, nicht als ästhetische Faktoren preisen will.

Viertens wird von *Volkelt* statuiert eine ästhetische Lust aus der "Entlastung": Die ästhetischen Gefühlsbewegungen tragen den Charakter der Leichtigkeit, Freiheit und Stille. Wir sind hinausgehoben über unser individuelles Ich mit seinem Bleigewicht, seinen Fesseln, seinen Stacheln. Damit ist gewiss eine Bedingung des ästhetischen Genusses bezeichnet. Ohne solche Freiheit ist es unmöglich, dass wir das ästhetisch Wertvolle ganz in uns aufnehmen, oder in seiner ganzen Fülle und Wirkungskraft in uns erleben. Aber diese negative Bedingung des Kunstgenusses ist doch nicht gleichbedeutend mit einem positiven Faktor desselben. Die Befreiung von dem individuellen Ich mag eine Aufhebung von allerlei Gründen der Unlust in sich schliessen. Daraus ergiebt sich doch positive Lust lediglich unter der Voraussetzung, dass dazu im Kunstwerk irgend welche positiven Gründe gegeben sind.

Endlich wird von Volkelt darauf hingewiesen, dass die Kunst dem Bedürfnis unserer Phantasie nach freier Gestaltung reiche Befriedigung schaffe. Dagegen erwidere ich einmal dasjenige, was ich schon oben gegen das "Spiel der inneren Nachahmung" bemerkte. Die Kunst, die dramatische zum wenigsten, ermöglicht nicht, sondern verbietet vielmehr unserer Phantasie die freie Gestaltung. Der Inhalt des Kunstwerkes ist uns gegeben, völlig unabhängig von unserem freien Belieben.

Und damit ist auch schon das Andere gesagt: Die Befriedigung unserer
Phantasie, von der hier die Rede ist, kann nichts anderes sein, als die
Befriedigung an den Gegenständen unserer Phantasie, das heisst am Inhalte
des Kunstwerkes.

Oder sollen wir ausser dieser Befriedigung an den Gegenständen oder Inhalten unserer Phantasie auch noch eine besondere Befriedigung verspüren an unserer Thätigkeit der Phantasie, an dieser unserer geistigen Arbeit, und der Weise, wie sie sich vollzieht. Die Möglichkeit einer solchen Befriedigung leugne ich wiederum nicht. Nur ist, soviel ich sehe, auch diese Befriedigung, — ebenso wie die Befriedigung an der Phantasie des Künstlers, soweit dieselbe nicht im Kunstwerk verwirklicht ist, — dadurch bedingt, dass ich meinen Blick vom Kunstwerk weg wende, und ihn richte auf das Stück der wirklichen Welt, das durch meine reale Persönlichkeit, mein individuelles Ich repräsentiert ist. Denn dieser Welt, und nicht der Welt des Kunstwerkes, gehört doch eben meine, mit den Inhalten des Kunstwerkes beschäftigte Phantasiethätigkeit an. Es ist also auch die Freude daran nicht Freude am Kunstwerk, sondern Freude an der ausserhalb des Kunstwerkes liegenden realen Welt. Diese aber kann *Volkelt* umso weniger zur Freude am Kunstwerk rechnen wollen, als er ja selbst mit vollem Rechte die Loslösung vom individuellen Ich zur Bedingung des ästhetischen Genusses macht. In der That ist der ästhetische Genuss nichts anderes als der Genuss, der sich aus der reinen *ästhetischen Betrachtung* ergiebt. Und diese *besteht* in der Loslösung von allem, was nicht im Kunstwerk unmittelbar gegeben ist. Sie besteht im Aufgehen in diesem Objekte der Betrachtung. Die ästhetische Sympathie ist die Sympathie unter *Voraussetzung* solcher Loslösung oder solchen Aufgehens.

Ich bezeichnete diese ästhetische Sympathie auch damit, dass ich sagte, wir erleben im Kunstwerke uns selbst, nicht bloss, wie wir jetzt sind, sondern wie wir sein könnten. Wir erleben darin unser ideelles Ich. Dies kann bald in diesem, bald in jenem Zuge zu einem idealen, oder über das Mass unseres realen Ich gesteigerten Ich werden. Wie es aber hiermit bestellt sein mag: Immer wenn uns im Kunstwerk Persönliches entgegentritt, nicht ein Mangel am Menschen, sondern ein positiv Menschliches, das mit unseren eigenen Möglichkeiten und Antrieben des Lebens und der Lebensbethätigung im Einklang steht oder darin Widerhall findet; immer wenn uns dies positiv Menschliche entgegentritt so objektiv, so rein und losgelöst von allen ausserhalb des Kunstwerkes stehenden Wirklichkeitsinteressen, wie dies das Kunstwerk ermöglicht und die ästhetische Betrachtung fordert, immer dann ist dieser Einklang oder Widerhall für uns beglückend.

Persönlichkeitswert ist ethischer Wert. Es giebt keine mögliche andere Bestimmung und Abgrenzung des Ethischen. Aller Kunstgenuss, aller ästhetische Genuss überhaupt ist darnach Genuss eines ethisch Wertvollen, nicht als eines Bestandteiles des Wirklichkeitszusammenhanges, sondern als eines Gegenstandes der ästhetischen Anschauung.

DAS SPEZIFISCHE DES TRAGISCHEN GENUSSES.

Im Vorstehenden ist doch noch in keiner Weise das eigentlich Spezifische des tragischen Genusses erwähnt worden. Mitfreude ist Genuss, Miterleben des Leidens ist höherer Genuss. Wie ich gelegentlich an anderer Stelle—in dem oben erwähnten "Litteraturbericht"—sagte: Es ist eine schöne Sache um eine Mutter, die über ihr gesundes und fröhlich spielendes Kind sich freut. Aber es ist eine erhabenere Sache um die Mutter, die um ihr krankes oder sterbendes Kind in Sorge sich verzehrt. Jene Freude ist für uns erfreulich; dieser Schmerz ist verehrungswürdig, heilig. Er ist nicht nur ein höherer, sondern ein anderer Genuss, tiefer und ernster. Solchen tiefen und ernsten Genuss giebt die Tragik.

Wie dies möglich ist, dies wird uns verständlich aus einem psychologischen Gesetz, das wir bereits in anderem Zusammenhang kennen gelernt haben. Indem ich es hier zur Erklärung herbeiziehe, scheine ich Erhabenes aus Banalem ableiten zu wollen. Aber kein

Gesetz ist banal an sich. Jedes Gesetz ist erhaben, wenn es Erhabenes vollbringt.

Ich meine hier das Gesetz der "psychischen Stauung". Ich formuliere es von neuem: Wird ein Vorstellungszusammenhang, der einmal in mir angeregt ist, in seinem natürlichen Ablauf gehindert, so entsteht eine psychische Stauung, d. h. die Vorstellungsbewegung macht an dem Punkte, wo die Störung stattfindet, Halt. Damit wird zunächst das, was vor diesem Punkte sich findet, von dieser Bewegung stärker, als es sonst geschehen würde, erfasst und emporgehoben. Es kommt in uns in höherem Masse zur Geltung und Wirkung. Es übt insbesondere auch in höherem Masse die Gefühlswirkung, die es an sich zu üben fähig ist. Wir werden seines Wertes in höherem Masse inne.

Mannigfache Wirkungen dieses Gesetzes, die auf seine Bedeutung für die Tragik hinweisen können, sind uns schon aus dem alltäglichen Leben geläufig. Ein wertvolles Objekt, das wir besassen, sei zerbrochen oder vernichtet. Jetzt schätzen wir erst recht seinen Wert. Der Freund, den wir verloren haben, erscheint uns in idealisiertem Lichte. Wir sind geneigt von den Toten Gutes zu reden. Die Strafe, die dem Verbrecher zu teil wird, söhnt uns mit ihm aus.

Dies alles sind Wirkungen jenes Gesetzes. Vieles an einem Menschen kann Gegenstand unseres Hasses sein. Daneben ist er doch auch Mensch wie wir. Es finden sich in ihm positiv menschliche Züge, hinsichtlich deren ich mit ihm einstimmig bin, die in mir Widerhall finden können, kurz mit denen ich sympathisieren kann. Von diesem Positiven, oder von der Persönlichkeit, sofern sie eben Persönlichkeit ist, fordern wir, dass sie bestehe, daure, sich bethätige, frei sich auslebe. Dabei verstehe ich unter dem freien Sichausleben das durch kein inneres oder äusseres Hindernis gehemmte Sichbefriedigen, die freie Verwirklichung dessen, worauf irgend ein positiver Lebensantrieb abzielt. Solche Forderungen sind nichts anderes als unser *eigenes* Verlangen, zu dauern, uns zu bethätigen, uns frei auszuleben.

Hier nun haben wir einen bestimmten Vorstellungszusammenhang und zwar den denkbar zwingendsten. Es ist eben der Zusammenhang zwischen dem Positiven der Persönlichkeit und seiner Dauer, seiner Bethätigung, seinem Sichausleben. In der Natur dieses

Zusammenhanges liegt die Tendenz mit voller Sicherheit in *dieser Weise*, oder als dieser bestimmte Zusammenhang abzulaufen. Dies heisst nichts anderes als: Es knüpft sich an das Bewusstsein, es sei ein positiv Menschliches gegeben, unbedingt jene Forderung.

Ein solcher Vorstellungszusammenhang wird nun in uns angeregt, immer wenn wir von einem Menschen wissen. Und sein freier Ablauf wird gehemmt durch die Wahrnehmung seines Todes, durch das Bewusstsein von jedem Leiden, jeder Strafe, jedem Eingriff in sein Dasein. Der ganze Mensch, also auch jenes Positive in ihm, dauert nicht, wenn er stirbt, lebt nicht frei sich aus, wenn ihn ein Übel trifft. Damit ist die Stauung gegeben, d. h. die Notwendigkeit, das wir bei jenem Positiven und seiner Natur nach uns Sympathischen haften. Dies "tritt heraus", wird Gegenstand der "Aufmerksamkeit", gewinnt psychische Höhe und steigt für uns an Wert, oder gewinnt jetzt erst, in unseren Augen nämlich, seinen Wert. Und diesen Wert geniesse ich mitfühlend in einer Weise, wie es sonst unter keinen Umständen möglich wäre. In dem Bilde des Verstorbenen tritt das Gute und Tüchtige, das was ihn wert machte, zu leben, oder was mir sein Leben wertvoll machte, deutlicher hervor. Bei dem Freunde fällt hellstes Licht auf das, was ich an ihm schätzte. Der Verbrecher wird für mich erst Mensch, d. h. menschlicher Wertschätzung wert. Dass wir dem Verbrecher die erlittene Strafe zu gute schreiben, oder sie zu seinen Gunsten anrechnen, ist nichts als ein populärer, aus einer anderen Sphäre hergenommener Ausdruck für diese psychologische Thatsache.

Sowie hier der Tod oder das Erleiden der Strafe, so wirkt überall im Leben und in der Kunst, — nur in der Kunst, vermöge der Besonderheit der künstlerischen Darstellung und unserer ästhetischen Anschauung, in höchstem Masse, — alles was irgendwie als ein Eingriff in eine Persönlichkeit, oder als eine Störung des unmittelbaren freien Sichauslebens der menschlichen Persönlichkeit, oder einen Positiven in ihr, bezeichnet werden kann; jede Einengung eines Menschen, jeder Druck, jedes Nichtgelingen, alles was wir Kummer, Sorge, Mangel, Not, Elend nennen, jedes Missgeschick; auch jede innere Hemmung, jeder Zweifel, jede Verkümmerung; schliesslich in höchstem Masse der, sei es physische, sei es auch sittliche Untergang. Es wirkt dies alles *in dem Masse*, als wirklich ein *positiv Menschliches*, dessen Wert wir in uns inne werden können, in seinem Bestande, seiner Dauer, seinem freien Sichausleben gehemmt erscheint; im höchsten Masse, wenn dies positiv Menschliche zugleich *Grösse* hat. Immer ist die Art der Wirkung dieselbe: Erleben unserer selbst in einem Anderen, Erklingen oder lauteres Erklingen einer sonst nicht erklingenden oder nur schwach erklingenden Saite unseres Inneren, also vollerer Zusammenklang der Momente unseres Wesens, Steigerung, Erhöhung, Ausweitung unserer selbst; alles dies zugleich in einem Anderen, also objektiviert; in der fremden Persönlichkeit mit ästhetischer Realität uns entgegentretend.

Zugleich ist diese Wirkung umso stärker, je schärfer der Eingriff in den Bestand, die Betätigung des Sichausleben der Persönlichkeit erscheint. Gewiss wächst mit der Schärfe des Eingriffes auch die Unlust am Leiden. Und diese kann sich steigern zu einem Gefühl des Entsetzlichen, das keinen tragischen Genuss mehr aufkommen lässt. Diesseits dieser Grenze aber liegen die unendlich vielen Stufen der Möglichkeit, dass sich die Gründe der Unlust und die Gründe der Lust zur Erzeugung des tiefen, ernsten, erschütternden Genusses vereinigen, als welcher eben der tragische Genuss sich uns darstellt.

WEITERE ÄSTHETISCHE WIRKUNGEN DES KONFLIKTES.

Ich betrachte hier die Tragik nicht um ihrer selbst willen, sondern als Gegenbild des Humors. Soll aber die Tragik das volle Gegenbild des Humors sein, so dürfen wir sie nicht in dem engen Sinne nehmen, in dem wir sie zu nehmen pflegen, sondern müssen als tragisch jede Art des ernsten Konfliktes bezeichnen.

Die Tragik, im engeren Sinne, ist Tragik des äusserlich ungelösten Konfliktes. Konflikte können aber auch sich lösen; die Sache kann einen glücklichen Ausgang nehmen. Dann gewinnt die Stauung eine weitere Bedeutung. Die durch die Stauung gesteigerte oder zu grösserer psychischer Höhe gebrachte psychische Bewegung ergiesst sich, wenn der Konflikt gelöst, also das Hindernis des freien Vorstellungsablaufes beseitigt ist, mit grösserer Kraft. Die Lösung, oder das worin sie besteht, gewinnt grössere psychische Bedeutung und grössere Eindrucksfähigkeit.

Auch dies ist eine im gewöhnlichen Leben uns wohl vertraute Thatsache. Das schwer Errungene hat für uns doppelten Wert. Die Konsonanz, in welcher die Dissonanz sich löst, hat ein besonderes und eigenartiges Gewicht. Wem Namen statt Erklärungen dienen, der hat hier eine neue Gelegenheit von "Kontrastwirkung" zu sprechen und einen Fall des sogenannten "Kontrastgesetzes" zu statuieren.

Zwei Arten der Wirkung des Konfliktes oder des Eingriffes in Menschendasein und freies Sichausleben von Menschen haben wir hiermit einander gegenübergestellt. Beide Wirkungen sind zunächst unmittelbar subjektiv begründete, d. h. Wirkungen die unmittelbar in einem Vorgang im Beschauer ihren Grund haben: Die Stauung, die der Konflikt *in uns* bewirkt, lässt uns das Positive der Persönlichkeit, die in den Konflikt gerät oder jenen Eingriff erfährt, bedeutsamer erscheinen; und die Lösung der Stauung, die *in uns* sich vollzieht, macht uns das, worin die Lösung sich vollzieht, eindrucksvoller.

Neben diesen subjektiv bedingten Wirkungen stehen aber dann objektiv bedingte. Davon habe ich in meiner Schrift "Der Streit über die Tragödie" ausführlicher geredet. Wir sehen, wie eine Persönlichkeit leidet, d. h. wie tief sie vom Leiden erfasst wird, und welchen Charakter dies Leiden in ihr gewinnt. Und wir sehen, *wovon* oder *worunter* sie leidet. Daraus gewinnen wir ein Bild von ihrer Tiefe und ihrer Höhe und von ihrem inneren Wesen. Nichts würde so uns das Innerste ihres Wesens enthüllen, als es das Leiden vermag. Ungeahnt Grosses kann das Leiden im Menschen zu Tage fördern, die feinsten Fasern der Persönlichkeit herausstellen, die verborgensten Saiten zum Anklingen bringen.

Wir sehen dann vor allem auch, wie die Persönlichkeit dem Leiden standhält, oder von ihm gebrochen wird. Die Persönlichkeit kann im Leiden auch sittlich gebrochen, zerbröckelt, zerrieben werden, und doch tragische Gestalt bleiben. Es ist nur nötig, dass in ihr, in ihrem inneren Wesen etwas Grosses, Echtes liegt, und dass dies wirklich, im Kampf mit dem feindlichen Geschick, *zerrieben* wird.

Es kann aber auch die Persönlichkeit dem Leiden innerlich standhalten.
Sie will lieber leiden als das Grosse in sich preisgeben. Sie bleibt sich

getreu, auch indem sie untergeht. Das Grosse in ihr zeigt sich Leiden und
Tod überwindend.

Hier ist überall die Wirkung auf uns zugleich objektiv bedingt:
Das Bild der tragischen Persönlichkeit selbst wird ein reicheres,
tieferes, es wird ein in sich selbst wirkungsfähigeres. Je mehr es dies
ist, um so mehr steigert sich zugleich die Wirkung jenes subjektiven
Faktors, d. h. der in uns stattfindenden Stauung. Das Ganze der
Wirkung ist ja notwendig ein Produkt aus den beiden Faktoren.
Und in einem Produkt wirkt jeder Faktor um so mehr, je grösser der
andere ist.

Dies gilt auch, wo der Konflikt überwunden wird, falls nämlich er
nicht durch den dummen Zufall oder einen Deus ex machina, sondern durch eine Kraft oder Grösse überwunden wird, mit der wir
sympathisieren. Die Kraft und Grösse wird, indem sie überwindet,
für uns objektiv oder an sich bedeutsamer. Zugleich steigert sie die
Stauung oder die Erwartung ihres sich Auslebens, die "Spannung".
Um so wirksamer wird dann auch die Lösung.

ÄSTHETISCHE BEDEUTUNG DES BÖSEN.

Auf dies alles gehe ich hier nicht weiter ein. Dagegen interessiert
uns noch ein fundamentaler Gegensatz. Wir sprachen bisher von
Eingriffen in die Persönlichkeit, von Hemmungen ihres freien sich
Auslebens, kurz vom Leiden, und der daraus sich ergebenden
Stauung.

Aber neben dem Leiden steht das Böse. Auch das Böse greift störend ein in
den freien Ablauf eines Vorstellungszusammenhanges, bewirkt also
eine
Stauung und damit eine Steigerung der psychischen Bewegung. Der
Vorstellungszusammenhang besteht hier in dem Zusammenhang
zwischen dem
Menschen und der sittlichen Forderung, die wir an ihn stellen.

Eine Persönlichkeit vollziehe in sich mit Bewusstsein die Negation des Sittlichen, verhalte sich also wollend widersittlich, oder was dasselbe sagt, in irgend einem Punkte widermenschlich. Sie leugne in Worten oder durch die That eine sittliche Forderung. Dann gewinnt in uns diese sittliche Forderung erhöhte Kraft. Jemehr sie geleugnet wird, um so bestimmter setzen wir sie der Verneinung entgegen. Unser eigenes sittliches Bewusstsein tritt uns mächtiger entgegen.

Darin liegt nun nicht ohne weiteres ein ästhetischer Wert. Die wahrgenommene Auflehnung gegen die in mir bestehende sittliche Forderung erfüllt mich mit Unlust. Die Kraft, mit der ich das eigene sittliche Bewusstsein festhalte, giebt mir sittliches Kraftgefühl, etwas von sittlichem Stolz. Und dies Gefühl ist an sich beglückend. Das Objekt aber erscheint um so unlustvoller.

Nehmen wir indessen jetzt an, die sittliche Persönlichkeit sei nicht nur in uns, und werde in uns wachgerufen und durch den "Kontrast" zur "Reaktion" veranlasst, sondern sie finde sich auch irgendwie neben der Negation des Sittlichen in einem Kunstwerke, dann ergiebt sich, auf Grund dieser Negation, ein besonderer *ästhetischer Wert*.

Es bestehen dafür verschiedene Möglichkeiten, die ich wiederum nur andeute. Das Böse ist "Folie" des Guten, d. h. wir finden die sittliche Forderung, die einerseits geleugnet erscheint und dadurch in uns Kraft gewinnt, andererseits verwirklicht, und erleben es jetzt, dass diese Verwirklichung uns eindrucksvoller, also in höherem Grade in ihrem vollen Werte sich darstellt. Oder wir sehen in einer und derselben Persönlichkeit das Gute neben dem Bösen, als Kehrseite desselben, und erfahren eine gleichartige Wirkung. Oder das Böse, die ihr Mass überschreitende Leidenschaft, hat ein Gutes zu ihrer Wurzel und weist uns darauf hin. Oder das Böse ist Durchgangspunkt des Guten, der Weg, auf dem das Gute in einem Menschen sich Bahn bricht.

Hier ist die den Eindruck des Guten steigernde Wirkung zunächst wiederum eine subjektiv bedingte. Der Gegensatz und die dadurch bedingte Stauung oder "Spannung" steigert die psychische Bewegung in uns. Auch hier aber gesellen sich zur subjektiv bedingten objektiv bedingte Wirkungen.

Es verfällt etwa der Böse einem üblen Geschick. Jetzt erscheint unserer alles vermenschlichenden Phantasie dies Geschick wie eine dem Bösen sich entgegensetzende quasi-persönliche Macht, mit deren Wollen wir uns Eines fühlen. Vielleicht bedient sich das Geschick der Bösen. Böses Wollen und böses Wollen bekämpfen sich und bringen sich zu Falle. Dann ist unser sittliches Bewusstsein befreit; wir sind versöhnt. Das Gute hat Recht behalten.

Aber dies Gute ist doch einstweilen nur "das" Gute, die sittliche Macht nur eine quasi-persönliche. Sie wird zu einer persönlichen, wenn gutes, berechtigtes, sittliches Wollen eines Menschen gegen das Böse sich kehrt und darin seine Kraft bethätigt. Diese Kraft erweist sich doppelt gross, wenn in der bösen Persönlichkeit selbst ein sittliches Bewusstsein oder ein Zwang der Anerkennung, dass das Gute Recht habe, sich regt; oder wenn endlich dies sittliche Bewusstsein das Böse besiegt und endgültig die Übermacht in der Persönlichkeit behauptet.

Auch darauf gehe ich hier nicht näher ein. Es genügt mir auch hier, die
Hauptmomente der tragischen Wirkung kurz bezeichnet zu haben. Alle diese
Momente haben in der Wirkung des Humors ihr Gegenstück.

XVI. KAPITEL. DAS WESEN DES HUMORS.

LAZARUS' THEORIE.

Dass durch die Negation, die am positiv Menschlichen geschieht, dies positiv Menschliche uns näher gebracht, in seinem Wert offenbarer und fühlbarer gemacht wird, darin besteht, wie wir sahen, das allgemeinste Wesen der Tragik. Ebendarin besteht auch das allgemeinste Wesen des Humors. Nur dass hier die Negation anderer Art ist als dort, nämlich komische Negation.

Ich sagte vom Naivkomischen, dass es auf dem Wege liege von der Komik zum Humor. Dies heisst nicht: die naive Komik ist Humor. Vielmehr ist auch hier die Komik als solche das Gegenteil des Humors. Die naive Komik entsteht, indem das vom Standpunkte der naiven Persönlichkeit aus Berechtigte, Gute, Kluge, von unserem Standpunkte aus im gegenteiligen Lichte erscheint. Der Humor entsteht umgekehrt, indem jenes relativ Berechtigte, Gute, Kluge aus dem Prozess der komischen Vernichtung wiederum emportaucht, und nun erst recht in seinem Werte einleuchtet und genossen wird. Dieser Erfolg wird in den auf S. 104 ff.[*] zuletzt angeführten Fällen der naiven Komik notwendig eintreten. Insofern waren sie zugleich Fälle des Humors.

[* Im Unterkapitel MÖGLICHKEITEN DES NAIV-KOMISCHEN. Transkriptor.]

Der eben bezeichneten Auffassung des Humors scheint Lazarus in seinem Werke "Das Leben der Seele" zu widersprechen, indem er im Humor überhaupt nicht eine eigene Kunstform, sondern vielmehr eine eigene Denkweise und Gemütsverfassung, sozusagen eine eigene Weltanschauung sehen will. Indessen damit ist uns hier nicht gedient. Mag immerhin das Wort Humor in diesem Sinne genommen werden können — und wir werden es selbst später so nehmen — hier handelt es sich um etwas anderes. Wie es uns ehemals nicht auf den Witz ankam, den man hat, sondern auf denjenigen, den man macht, so beschäftigt uns hier nicht der Humor, den man hat, sondern das humoristische Thun oder Verhalten, der einzelne Fall des Humors.

Thatsächlich nimmt nun auch *Lazarus* im Verlaufe seiner Abhandlung das Wort Humor in diesem letzteren Sinne. Der von uns als naiv in Anspruch genommene Ausspruch des Korporals Trim ist für *Lazarus* ein Fall des Humors. Nun kommt in diesem Ausspruch freilich eine bestimmte Denkweise zu Tage. Aber weder, dass diese Denkweise vorhanden ist, noch dass sie überhaupt zu Tage kommt, sondern die Art, wie sie zu Tage kommt, macht den Vorfall zu einem humoristischen. Und Entsprechendes gilt von der Rede *Falstaff*'s, die *Lazarus* gleichfalls der Gattung des Humors zuweist.

Wichtiger aber ist uns, dass *Lazarus* bei der Erklärung dieser einzelnen Fälle des Humors — ebenso wie *Hecker* und *Kräpelin* bei ihrer Erklärung des Naiven — die Hauptsache übersieht. "Wie lächerlich," sagt er mit Bezug auf Trim, "wenn einer das vierte Gebot nicht als einen selbständigen Satz auswendig kennt, wie erhaben, wenn einer es so strikt, so reich, so voll erfüllt. Wie humoristisch, wenn wir beides zugleich von ihm erfahren". In der That ist es gar nicht humoristisch, wenn wir diese beiden Dinge zugleich und von Einem erfahren. Man lasse Trim auf die Frage des Doktors der Theologie einfach erklären, er wisse nur, was das Gebot von ihm verlange, nämlich, dass er seinem Vater von seinen 14 Groschen Lohn 7 geben solle, und der Eindruck des Humors ist dahin. Eine solche Erklärung wäre eben eine einfach sachgemässe Erklärung, nicht mehr eine gleichzeitig treffende und unzutreffende, erhabene und nichtige *Beantwortung der Katechismusfrage*.

Noch weniger trifft *Lazarus*' Erklärung des Humors der *Falstaff*'schen Rede die Sache. *Falstaff* wecke, so meint er, alle hohen Ideen, deren Widerpart er in Leben und Gesinnung sei, durch sein Reden und Thun. "Er spricht von Ehre, Mut u. s. w.; er stellt den König dar, wie er Heinrich straft u. s. w.; in allem ist er ein Gebildeter, die Ansprüche der Idee Kennender und Zeigender. Wir lachen über ihn, obgleich er das Hohe erniedrigt (z. B. in seiner Definition der Ehre); wir lachen, weil er selbst die wahre Idee in uns weckt, und diese um so sicherer zeigt, je angelegentlicher er dagegen kämpft".

Der Humor der Rede *Falstaff*'s beruht also für *Lazarus* darin, dass die Erniedrigung der Ehre doch zugleich die Idee der Ehre in uns wachruft. Wäre damit ohne weiteres der Humor gegeben, so müsste jeder, der nicht aus Unkenntnis, sondern in bewusster Bosheit das Edle erniedrigte und in den Schmutz zöge, humoristisch erscheinen, auch wenn er dies ohne allen "Humor" thäte. Denn je boshafter es herabgezogen wird, um so deutlicher wird uns jederzeit das Edle als solches zum Bewusstsein kommen. In Wirklichkeit würde aber solche Bosheit nicht den Eindruck des Humors, sondern das Gefühl der Empörung hervorrufen. So ist denn auch der Grund der Humors der *Falstaff*'schen Rede in gewisser Weise gerade der entgegengesetzte von demjenigen, den *Lazarus* angiebt. Nicht dass *Falstaff* das Recht des Sittlichen bewusst verneint, sondern das er zu dem, was er sagt, selbst ein gewisses, nämlich individuelles, sittliches Recht *hat*, das macht den Humor der Rede.

Wie *Lazarus* in der Bestimmung des Humors die Hauptsache übersieht, dies wird nicht minder deutlich aus seinem allgemeinen Erklärungsversuch. Der Seelenzustand des Humors soll sich ergeben "aus dem Wesen und Verhältnis von Fühlen und Denken. Indem das Gefühl der Realität ebenso herrschend ist, wie der Gedanke des Idealen, entspringt durch die Gleichzeitigkeit eine notwendige Verschmelzung beider, vermöge deren das Ideale den psychologischen Wert und Reiz des Realen erhält, sodass im Humor nicht nur die Wirklichkeit und die sinnliche Welt, sondern auch die Idee selbst anders, nämlich tiefer, kräftiger, lebensvoller aufgefasst wird als im abstrakten Idealismus."

Diese Erklärung erweckt allerlei Bedenken. Zunächst frage ich mich vergeblich, nach welchem psychologischen Gesetz jene Verschmelzung geschehen, und nach welchem psychologischen Gesetz sie die ihr hier von *Lazarus* aufgebürdete Wirkung haben solle. Ich könnte weiterhin darauf aufmerksam machen, wie viel Unheil in der Ästhetik das nichtssagende Abstraktum Idee schon angerichtet hat. Lassen wir uns aber diesen Begriff gefallen, dann müssen wir allgemein sagen: Mag noch so sehr das Ideale und Reale in uns gleichzeitig Macht gewinnen und das Gefühl des einen mit dem Gedanken des andern, ich weiss nicht wie, "verschmelzen"; der Eindruck des Humors ensteht uns jedenfalls erst, wenn wir das Ideale in einer Persönlichkeit verwirklicht finden, und zugleich auch nicht verwirklicht finden, wenn also das Ideale das Reale ist, und doch zugleich nicht ist. Oder wenn wir jetzt wiederum auf das "Ideale" und "Reale" verzichten. Der eigentliche Grund und Kern des Humors ist überall und jederzeit das relativ Gute, Schöne, Vernünftige, das auch da sich findet, wo es nach unseren gewöhnlichen Begriffen nicht vorhanden, ja geflissentlich negiert erscheint.

Lazarus bezeichnet den Humor der *Fallstaff*'schen Rede im Gegensatz zum Humor *Trim*'s als objektiven. Dieser Unterschied ist ungültig. *Falstaff* und *Trim* erscheinen humoristisch aus völlig gleichem Grunde.

NAIVITÄT UND HUMOR.

In allem naiv Komischen steckt nach oben Gesagtem Humor. Ich bezeichnete diesen Humor als die Kehrseite der naiven Komik. Aber es kann nicht umgekehrt gesagt werden, jeder Humor sei naiv. Vielleicht ist man geneigt, schon einige der oben angeführten Fälle des naiv Komischen, vor allem die naive Komik des *Sokrates* nicht mehr als naiv-komisch gelten zu lassen. Zur Naivität gehört es, ihrer selbst unbewusst zu sein. Daraus folgt dann, was den Humor betrifft, freilich zunächst nur dies, dass es einen unbewussten Humor giebt. Andererseits kann aber der Humor als vollbewusster sich darstellen.

Diesen bewussten Humor will *Hecker* einzig als Humor anerkennen. Der Humor, meint er, sei im Gegensatz zum Naiven völlig bewusst, ja willkürlich. Das ist dann eine engere Fassung des Begriffs des Humors, die wir nicht mitmachen wollen. Die Einsicht in das positive Wesen des Humors, das vom Gegensatz des Bewussten und des Unbewussten unabhängig ist, verbietet es uns. Auch der Sprachgebrauch widerspricht.

Es ist naiv, wenn die Putten in *Rafaels* Madonna di San Sisto so recht kindlich, und doch so ganz entgegen dem feierlichen Charakter des Vorganges sich über die Brüstung lehnen. Aber niemand wird uns verwehren dürfen zu sagen, es stecke darin köstlicher Humor. Wenn *Bräsig* gegen Bildung und Sitte verstösst, so thut er dies meist völlig unbewusst. Er ist also insofern naiv. Und doch bezeichnet *Lazarus* mit Recht *Bräsig* als eine der großartigsten humoristischen Schöpfungen,

Und wir können noch mehr sagen. Auch im bewussten Humor steckt eine Art der Naivität. Nicht nur bei *Falstaff* und *Trim*, sondern auch bei *Hamlet*, beim Narren im Lear, selbst bei *Mephisto*, ist der eigentliche Kern des Humors nicht ein Ergebnis bewusster Reflexion, sondern das Gesunde, Gute, Vernünftige, das in der innersten "Natur" der Persönlichkeit liegt und darum nicht umhin kann, in ihrem verkehrten oder närrischen Gebaren mit "naiver" Gewalt sich geltend zu machen.

Damit ist doch jener Gegensatz des Bewussten und des Unbewussten nicht aufgehoben. Der Humor kann, sagte ich, schliesslich ein vollbewusster sein. Er ist ein solcher, wenn der Träger desselben sich sowohl des Rechtes, als auch der Beschränktheit seines Standpunktes, sowohl seiner Erhabenheit als auch seiner relativen Nichtigkeit bewusst ist, wenn er also neben seinem Rechte auch das Recht derer anerkennt, denen sein Thun komisch ist. Dies ist der Humor, von dem Kuno Fischer sagt, er sei "die volle und freie Selbsterkenntnis, die nicht möglich ist, ohne helle Erleuchtung der eigenen Karikatur, ohne die komischen Vorstellungen der anderen heiter über sich ergehen zu lassen". Es muss nur hinzugefügt werden, dass dies heitere Übersichergehenlassen der komischen Vorstellungen anderer nur möglich ist, wenn der Träger des Humors zugleich des relativen Rechtes seines Thuns, wenn er also eines diesem Thun zu Grunde liegenden positiven Kernes seiner Persönlichkeit, der durch das Lachen der anderen nicht getroffen wird, sich bewusst ist. Die vollbewusste humoristische Persönlichkeit lässt andere über ihr Gebaren lachen und lacht selbst herzlich mit; zugleich weiss sie sich doch im innersten Kern ihrer Persönlichkeit über jenes Lachen erhaben. Sie lacht auch wieder über dies Lachen und lacht so am besten, weil sie zuletzt lacht.

Man erinnert sich, dass wir das Verhalten des *Sokrates* bei Aufführung der Wolken oben als letztes Beispiel der naiven Komik aufführten, zugleich aber zugaben, dass der Name des Humors dafür geeigneter erscheine. Wir können jetzt nicht nur Humor, sondern vollbewussten Humor im eben bezeichneten Sinne darin erblicken. Es entfernt sich dann *Sokrates'* Verhalten möglichst weit von dem naiv Komischen im engeren Sinne. Schon dass *Sokrates* der Aufführung der Wolken beiwohnt und mitlacht, wenn sein Gegenbild auf der Bühne verlacht wird, ist humoristisch. Wie thöricht, wenn man dem Lachen Anderer zu begegnen meint, indem man mitlacht; wie schwächlich, wenn man auch nur dies Lachen, statt irgendwie dagegen aufzutreten oder es abzuwehren, sich gefallen lässt. Giebt man nicht damit den Lachern Recht? — Aber eben dies ist die Meinung des *Sokrates*. Er versteht den Standpunkt des Volksbewusstseins, zu dessen Vertreter sich *Aristophanes* gemacht hat, und sieht darin etwas relativ Gutes und Vernünftiges. Er anerkennt eben damit das relative Recht derer, die seinen Kampf gegen das Volksbewusstsein verlachen. Damit erst wird sein Lachen zum Mitlachen. Andererseits lacht er doch über die Lacher. Er thut es und kann es thun, weil er des höheren Rechtes und notwendigen Sieges seiner Anschauungen gewiss ist. Eben dieses Bewusstsein leuchtet durch sein Lachen, und lässt es in seiner Thorheit logisch berechtigt, in seiner Nichtigkeit sittlich erhaben erscheinen.

Dieser Humor steigert sich dann noch, wenn *Sokrates* sich erhebt und seinen Lachern geflissentlich preisgiebt. Jetzt erst begeht er eine rechte Thorheit; und er begeht sie mit vollem Bewusstsein. Er erniedrigt sich nicht nur in den Augen der Menge, sondern er weiss, dass er sich erniedrigt, und er weiss es nicht nur, sondern er giebt wiederum denen, die ihn jetzt erst recht verlachen, relativ Recht. Die Menge, wie kann sie anders — nach gewöhnlicher und in ihrer Art wohlberechtigter Anschauung — als solches Gebaren thöricht finden, und wie sollte sie das natürliche Recht sich verkümmern lassen, über das zu lachen, was nun einmal ihren Horizont überschreitet. Zugleich lacht doch *Sokrates* wiederum über die, deren relatives Recht, ihn zu verlachen, er einräumt, weil er weiss, das seine Erhabenheit der Erniedrigung zum Trotz bestehen bleibt, ja in derselben erst recht zu Tage tritt.

Indem ich hier den vollbewussten Humor zu kennzeichnen versuche, habe ich im Grunde auch schon das Wesen des Humors nicht als einzelnen humoristischen Thuns, sondern als einer Gesinnung oder Denkweise bezeichnet. Diese beiden Begriffe des Humors wollten wir oben scharf unterscheiden. Auch jetzt bleiben wir bei dieser Unterscheidung. Zugleich sehen wir doch, dass die Inhalte dieser beiden Begriffe aufs unmittelbarste zusammenhängen. Die

Denkweise des Humors ist es, die dem bewusst humoristischen Thun zu Grunde liegt und darin sich kundgiebt. Auch *Sokrates* handelt nicht nur humoristisch, sondern er denkt humoristisch oder hat Humor. Er könnte sonst nicht so handeln wie er handelt.— Andererseits brauchen wir Humor, um den Humor des *Sokrates*'schen Thuns zu verstehen.

Wir können aber überhaupt *jeder* Art der Komik mehr oder weniger Humor entgegenbringen. Je mehr wir ihr entgegenbringen, um so mehr "Sinn" für Komik haben wir. Ich sagte schon oben, dass in der Komik nicht nur das Komische in nichts zergeht, sondern auch wir in gewisser Weise, mit unserer Erwartung, unserem Glauben an eine Erhabenheit oder Grösse, den Regeln oder Gewohnheiten unseres Denkens u. s. w. "zu nichte" werden. Über dieses eigene Zunichtewerden erhebt sich der Humor. Dieser Humor, der Humor, den wir angesichts des Komischen *haben*, besteht schliesslich ebenso wie derjenige, den der Träger des bewusst humoristischen Geschehens hat, in der Geistesfreiheit, der Gewissheit des eigenen Selbst und des Vernünftigen, Guten und Erhabenen in der Welt, die bei aller objektiven und eigenen Nichtigkeit bestehen bleibt, oder eben darin zur Geltung kommt. Er besteht *"schliesslich"* darin, das will sagen, dass freilich nicht jeder Humor diese höchste Stufe erreicht. Es giebt niedrigere Arten des Humors, und es giebt neben dem hier vorausgesetzten positiven einen negativen, neben dem versöhnten einen entzweiten Humor.

HUMOR UND "PSYCHISCHE STAUUNG".

Auf diese Unterschiede werden wir später zurückzukommen haben. Einstweilen sahen wir, dass Erhabenheit in der Komik das Wesen des Humors bezeichnet.

Wir sagten aber auch schon, der Humor sei Erhabenheit in der Komik und *durch* dieselbe. Die Erhabenheit ist nicht nur bei der Komik, oder irgendwie mit ihr verbunden, sondern die Komik lässt die Erhabenheit erst eigentlich für uns zu stande kommen.

Wie dies möglich ist, dies sagt uns wiederum das Gesetz der "psychischen Stauung". Wiefern eine solche Stauung bei aller Komik stattfinde, haben wir gesehen. Wir sahen, wie diese Stauung die

"Verblüffung" bewirkt, wie sie dann den Anspruch des Nichtigen ein Erhabenes zu sein, heraustreten lässt und dadurch das Nichtige, auch nachdem es als solches, das heisst als Nichtiges sich dargestellt hat, zum Gegenstande der Aufmerksamkeit, und damit zum Objekte des freien und heiteren Spieles der Auffassung werden lässt.

Zugleich aber bewirkt die Stauung ein Weiteres; nämlich die nachfolgende
Rückwärtswendung des Blickes auf dasjenige, das den Anspruch der
Erhabenheit machte. Dabei bestehen die beiden Möglichkeiten: Dieser
Anspruch erscheint auch jetzt als blosser Anspruch; oder er erscheint als
berechtigter Anspruch.

Wie sonst, so lässt auch hier die "Rückwärtswendung des Blickes", das heisst die Rückkehr der seelischen Bewegung nach ihrem Ausgangspunkte zu, an diesem Ausgangspunkte neue Seiten entdecken, falls nämlich an ihm solche zu entdecken sind.

Ich erinnere noch einmal an eines der oben angeführten Beispiele: Auf ein A sahen wir in der Erfahrung sonst ein B folgen. Jetzt folgt ihm ein dem B widersprechendes B1. Dann ist das Erste die Verblüffung, das [Griechisch: thaumazein], die Frage: Was ist oder was will das. Ihr folgt das sich Besinnen, die Konzentration auf das A und die Erwartung, dass wieder B folge. Das Dritte ist in diesem Falle—nicht die Auflösung der Erwartung in nichts, aber das Bewusstsein des Widerspruches.

Daran aber schliesst sich die Rückkehr zu dem A. Und diese Rückkehr ist gleichbedeutend mit einer genaueren Betrachtung des A, mit der Frage, ob A wirklich das A sei, auf das sonst das B folgte. Dabei kann an dem A etwas gefunden werden, das es von jenem A unterscheidet, es zu einem davon verschiedenen A1 macht.

Der gleiche Prozess vollzieht sich auch bei der Komik. Auch hier führt die Rückkehr zu A, ich meine zu dem, was als erhaben sich gebärdete, zur volleren Erkenntnis desselben. Hat dasselbe begründeten Anspruch auf Erhabenheit, so wird, was diesen Anspruch begründet, entdeckt, oder es tritt deutlicher ins Bewusstsein. Das

Komische erscheint schliesslich vielleicht als das eigentlich Erhabene.

Indem das nicht nur scheinbar, sondern in Wahrheit Erhabene solchergestalt aus dem komischen Prozess erst recht als ein Erhabendes emportaucht, besitzt es zugleich für uns einen besonderen Charakter. Es giebt eben doch an ihm eine Seite, oder es giebt für dasselbe eine mögliche Beleuchtung, die es jederzeit wiederum zum Gegenstand der Komik oder unserer spielenden Anfassung werden lassen kann. Dadurch mildert sich seine Erhabenheit. Hat die Erhabenheit Strenge, so weicht diese Strenge. Der Gegenstand der Ehrfurcht wird uns vertrauter, wird Gegentand der Liebe. Es ist die Aufgabe des Humors, Erhabenes liebenswert erscheinen zu lassen, wie es andererseits seine Aufgabe ist, Erhabenes im Verborgenen, in der Enge und Gedrücktheit, im Geringgeachteten und Verachteten, in jeder Art der Kleinheit und Niedrigkeit aufzusuchen.

XVII. KAPITEL. ARTEN DES HUMORS.

DIE DASEINSWEISEN DES HUMORS.

Das allgemeine Wesen des Humors, von dem im Vorstehenden die Rede war, bestimmt sich genauer und gewinnt mannigfache speciellere Züge in den verschiedenen Arten des Humors.

Solche lassen sieh zunächst unterscheiden nach zwei Gesichtspunkten. Mehrfach schon war die Rede vom Humor als Stimmung, oder als Weise der Betrachtung der Dinge. Ich "habe" Humor, wenn ich diese Stimmung habe oder dieser Weise der Betrachtung mich hingebe. Ich selbst bin hier der Erhabene, der sich Behauptende, der Träger des Vernünftigen oder Sittlichen. Als dieser Erhabene oder im Lichte dieses Erhabenen betrachte ich die Welt. Ich finde in ihr Komisches und gehe betrachtend in die Komik ein. Ich gewinne aber schliesslich mich selbst, oder das Erhabene in mir, erhöht, befestigt, gesteigert wieder. Damit ist hier der humoristische Prozess vollendet.

Man erinnert sich des Gegenstückes dieser humoristischen Weltbetrachtung, das uns oben bei Betrachtung der Tragik begegnete. Es besteht in der Weltbetrachtung, die einen sittlichen Massstab anlegt—nicht an das Kleine und Nichtige, oder an das, was so erscheint, sondern an das Schlechte, das Böse, das Übel; kurz das ernste Nichtseinsollende. Auch aus solcher Weltbetrachtung kann ich in meiner Persönlichkeit oder meinem sittlichen Bewusstsein gesteigert zu mir zurückkehren.

Neben diese ernst sittliche Weltbetrachtung stellten wir die gleichartige *Darstellung* der Welt, der Menschen, des Geschehens in der Welt. Dieser entspricht in der Sphäre des Humors die *humoristische Darstellung*. Ich finde das Kleine, Nichtige, Belachens- und Verlachenswerte *dargestellt* und komisch beleuchtet: zugleich offenbart sich in der Weise der Darstellung der vernünftige oder sittliche Standpunkt. Sein Recht, seine Wahrheit, seine Überlegenheit wird aus der Darstellung offenbar und eindringlich.

Die dritte "Daseinsweise" des Humors endlich ist verwirklicht im "objektiven Humor". Hier ist das Positive des Humors, d. h. das Erhabene nicht mehr bloss in mir, auch nicht lediglich in der Weise der Darstellung, sondern es findet sich, ebenso wie das Nichtige, in den dargestellten Objekten. Diese Daseinsweise des Humors erst hat ihr Gegenstück in der Tragik, und weiterhin in jeder künstlerischen Darstellung, in der das Böse und das ernste Übel in der Welt einen Faktor des ästhetischen Genusses ausmacht.

Bleiben wir noch einen Augenblick bei diesen drei Daseinsweisen des Humors. Der Humor, so sagen wir, ist Erhabenheit in der Komik und durch dieselbe. Bei der humoristischen Weltbetrachtung nun ist zunächst das Erhabene in mir. Dann freilich ist auch das Komisch-Nichtige in mir, aber nur sekundärer Weise, nur sofern, wie schon früher gesagt, mein Eingehen in die Komik zugleich eine Art des Zunichtewerdens meiner selbst in sich schliesst. Lediglich soweit dies der Fall ist, besteht hier Erhabenheit in der Komik und demnach Humor.

Damit ist zugleich gesagt, dass dieser Humor in sehr verschiedenen Graden sich verwirklichen kann. Es fragt sich jedesmal, in welchem Masse ich mir das eigene Zunichtewerden gefallen lassen kann, und in welchem Masse ich doch zugleich davor geschützt bin, thatsächlich zu nichte zu werden. Ich muss, um diesen Humor zu erleben, von meiner Höhe herabsteigen; aber nicht, um da unten zu bleiben, sondern um von da aus jene Höhe zu ermessen und erst recht zu erkennen, also in meinen Gedanken, — und darum handelt es sich ja hier — doch auch wiederum auf der Höhe zu bleiben, und jetzt erst mit vollem Bewusstsein da zu sein.

Darin liegt dann zugleich das Umgekehrte: Ich bin auf der Höhe nicht abgeschlossen, wie auf einer einsamen weltabgeschiedenen Höhe. Sondern ich bin da mit der Möglichkeit, immer wiederum herabzusteigen und mich in die nichtige Welt zu mischen. Und ich bin immer wiederum im Begriff dies zu thun. Ich bin auf der Höhe mit der eigentümlichen Geistesfreiheit, die hieraus sich ergiebt.

Derselbe Humor liegt bei der humoristischen *Darstellung* in der Weise der *Darstellung*. Er liegt zugleich in mir, sofern ich die Darstellung innerlich nachmache und ihren Humor in mir nacherlebe. Auch hier ist das Komische oder das Zunichtewerden nur sekundärer Weise mit dem Erhabenen – in der Darstellung und in mir – vereinigt. Sofern ich den hieraus sich ergebenden Humor in der Darstellung finde, ist derselbe objektiver Humor; das Gefühl dafür ist eine Weise des objektivierten Selbstgefühls. Andererseits ist der Humor der Darstellung doch wiederum kein objektiver: Er ist noch nicht in den dargestellten Objekten.

Darum bezeichne ich den oben sogenannten objektiven Humor speciell mit diesem Namen. Bei ihm ist der Humor dreifach da: in den Objekten, in der Weise der Darstellung und in mir. Dies doch nicht im Sinne des Nebeneinander. Der Humor ist in Wahrheit nur in mir. Aber ich erlebe ihn in den Objekten und der ihrer Natur entsprechenden Darstellung.

HUMOR DER DARSTELLUNG.

Der Humor der Darstellung ist lyrisch. Das Spezifische der Lyrik ist dies, dass bei ihr das eigentliche Objekt der Darstellung, das innere Geschehen, keinen persönlichen Träger hat. Man sagt wohl, Träger dieses inneren Geschehens sei der Dichter. Dies ist unrichtig, wenn man mit dem Dichter diese bekannte oder unbekannte wirkliche Persönlichkeit meint. Diese Persönlichkeit mag ein Ähnliches inneres Geschehen thatsächlich einmal erlebt haben. Aber für das dichterische Erzeugnis kommt nur die Thatsache in Betracht, dass der Dichter als *Dichter* den Inhalt der Dichtung in sich erlebt hat. Er hat ihn erlebt als Dichter, d. h. aber; er hat ihn erlebt als ideelle Persönlichkeit, nicht als dieser bestimmte Mensch, sondern als ideeller Repräsentant *des* Menschen. Sein etwaiges wirkliches Erleben ist hierfür nur Vorbild.

Als solcher ideeller Repräsentant *des* Menschen erlebt der Dichter das lyrisch dargestellte innere Geschehen, *solange* er es eben erlebt, d. h. insbesondere im Akte des Dichtens. Genau in derselben Weise aber erleben wir es, wenn wir die Dichtung hören, lesen, uns derselben erinnern, und sie geniessen. So oft wir dies thun, treten *wir* an die Stelle des Dichters. Wir sind jetzt die Träger jenes inneren Geschehens, wiederum nicht als diese realen Persönlichkeiten, sondern als ideelle Repräsentanten des Menschen. Ich sage: des Menschen; in jedem einzelnen Falle ist dies natürlich nicht der Mensch überhaupt, sondern eine bestimmte Seite am Menschen oder eine mehr oder minder speciell geartete, auch durch äussere Umstände mehr oder minder determinierte Modifikation "des" Menschen.

Dies meine ich, wenn ich sage, das in der Lyrik dargestellte innere Geschehen habe keinen persönlichen Träger. Es hat zum Träger nicht eine Persönlichkeit, die von derjenigen, die das lyrische Produkt in sich erlebt und geniesst, verschieden wäre. Es hat also bald diesen bald jenen Träger. Zugleich sind alle diese Träger doch wiederum nur Beispiele des persönlichen Trägers, der so oder so gearteten Modifikation des Menschen oder des Menschseins.

Darum ist es doch nicht in jedem Sinne zutreffend, wenn man die Lyrik die *"subjektive"* Dichtungsgattung nennt. Eben dieser unpersönliche Träger ist nicht nur im Dichter vorhanden, wenn er dichtet, und in uns, wenn wir das dichterische Erzeugnis uns innerlich zu eigen machen, sondern er ist zugleich im Kunstwerk, also objektiv da. Als objektiver Vorgang, als etwas uns Gegebenes tritt uns das dargestellte innere Geschehen entgegen. Es ist für uns nicht nur ein subjektives, sondern zugleich ein objektives persönliches Erleben. Das innere Geschehen wird nicht nur von uns erlebt, sondern es geschieht zugleich ausser uns, und wird von uns miterlebt. Oder was dasselbe sagt: Auch hier objektivieren wir unser Erleben, und uns, sofern wir es erleben; auch hier erleben wir, was wir erleben, in einem Anderen. Nur nicht in einem bestimmten, vom Dichter uns vor Augen gestellten Anderen, sondern in einem Anderen, der für uns — nicht individuell, sondern der Art nach dieser oder jener ist, soweit ihn das dargestellte innere Geschehen als diesen oder jenen charakterisiert, d. h. von anderen *qualitativ* unterscheidet. — Natürlich rede ich hier von der *reinen* Lyrik.

So nun verhält es sich auch bei der humoristischen Darstellung im hier vorausgesetzten Sinne dieses Begriffes. Wir erleben den Humor mit oder nach, aber nicht als Humor in einem dargestellten Individuum, sondern als überindividuellen Humor oder als Humor im Menschen, nämlich im Menschen, sofern er eben solchen Humor haben kann und hat.

Dagegen ist der speciell von uns sogenannte objektive Humor, sofern er künstlerisch verwirklicht ist, episch oder dramatisch. Das heisst: er ist Humor eines dargestellten Individuums, das je nachdem einer, obzwar auch nur ideellen Zeit, oder keiner Zeit, d. h. der zeitlosen Gegenwart angehört. In jenem Falle wird er von uns im engeren Sinne des Wertes nacherlebt, in diesem unmittelbar miterlebt.

STUFEN DES HUMORS.

Die zweite Einteilung von Arten des Humors hat mit der soeben vollzogenen dies gemein, dass auch bei ihr die Beziehung des Erhabenen zum Komischen den Einteilungsgrund bezeichnet. Nur ist diese Beziehung hier anderer Art. Die Komik, die einer Person anhaftet, oder in welche dieselbe verflochten ist, kann einmal harmlos, unschädlich, ohne ernsten Stachel sein. Wir sind, indem wir das Komische wahrnehmen, unmittelbar damit versöhnt, weil wir uns unmittelbar darüber erheben können oder unmittelbar darüber erhoben werden. Ohne Konflikt oder Kampf ist die Erhabenheit zugleich mit der Komik für uns da.

Ein andermal ist das Komische an sich ein Verletzendes. Das Objekt der Komik ist nicht Gegenstand des Lächelns oder des harmlos herzlichen Lachens; sondern es erscheint lächerlich und wird verlacht. Ein Gegensatz, ein Kampf, ein Konflikt findet statt zwischen ihm und einem Erhabenen oder der Forderung eines solchen. Eben dieser Konflikt aber stellt das Erhabene ins Licht. Und zwar nehmen wir hier an, dass das *Dasein* des Konfliktes, ohne äusserliche Lösung desselben, diese Wirkung hat.

Die dritte Möglichkeit endlich ist die, dass ein solcher Konflikt nicht nur besteht, sondern sich löst, d. h. das Lächerliche überwunden, das Nichtige vernichtet wird oder selbst sich vernichtet, und damit das Erhabene oder die Forderung desselben, die vorher geleugnet war, zum Sieg gelangt.

Offenbar ist unter diesen drei Stufen des Humors die erste diejenige, der nun zunächst den Namen des Humors zugestehen wird. Wir wollen sie als die des versöhnten, oder des konfliktlosen, oder des in sich unentzweiten Humors bezeichnen.

Die zweite Stufe dürfen wir dann bezeichnen als die Stufe des in sich entzweiten oder des satirischen Humors. Entzweiung, Gegensatz, Konflikt ist ja das Charakteristische der Satire. Ich verhalte mich zum Komischen satirisch, indem ich es als zum Erhabenen oder zur Forderung eines solchen gegensätzlich erkenne, verlache, lachend verurteile. In dieser Verurteilung tritt die Erhabenheit des Erhabenen, sein höheres Recht, seine Überlegenheit ans Licht. Dieser Humor kann scharf, bitter, ja verzweifelt sein. Er bleibt doch Humor, so lange er das Komische nicht einfach als nichtseinsollend abweist, sondern, wie es in der Natur der Satire liegt, lachend in dasselbe eingeht, also daran teil nimmt.

Was endlich die dritte der oben bezeichneten Stufen des Humors betrifft, so ist dabei dies zu bedenken: Das Nichtige, so sagte ich, tritt hier zum Erhabenen in Gegensatz und wird vernichtet. Das Erhabene erringt den Sieg. Aber dies muss, wenn hier wirklich eine Stufe, des Humors gegeben sein soll, in "humoristischer" Weise geschehen. Und dies schliesst in sich, dass dem Nichtigen das Erhabene nicht als ein durchaus Fremdes entgegentritt. Das Erhabene darf nicht einfach von aussen her dem Nichtigen entgegentreten und es beseitigen oder seinen Geltungs- oder Herrschaftsanspruch aufheben. Sondern das Nichtige muss dazu, als solches, eine Handhabe bieten. Es muss in gewisser Weise sich selbst vernichten und dem Erhabenen zum Siege verhelfen. Es muss in solcher Weise das Erhabene in sich selbst tragen. Oder umgekehrt, das Erhabene muss in das Nichtige eingehen, und indem es dies thut, also in gewisser Weise als Nichtiges, seine Erhabenheit zum Sieg bringen. Auch hier erscheint dieser Sieg unter dem Gesichtspunkt einer Selbstvernichtung des Nichtigen.

Nun war uns, wie man sich erinnert, die "*Ironie*" die Komik der Selbstvernichtung. Sie war das Zergehen eines Erhabenheitsanspruches durch diesen Anspruch selbst, oder durch die Weise, wie er erhoben wird, durch die Festhaltung desselben, oder die aus ihm folgenden Konsequenzen. Ironie des Schicksals ist die objektive Komik, die darin besteht, dass das selbstgewiss auftretende Wollen sich selbst ad absurdum führt, oder gerade durch das, was seiner Verwirklichung zu dienen schien, oder zu dienen bestimmt war, ad absurdum geführt wird. Witzige Ironie ist die Vernichtung des scheinbar Sinnvollen oder auf Sinn Anspruch Erhebenden durch die Art wie der Anspruch erhoben wird, oder auf Grund der aus ihm sich ergebenden Konsequenzen.

Demgemäss haben wir ein Recht, diese dritte Stufe des Humors als die des *"ironischen Humors"* zu bezeichnen. Will man diesen Namen vermeiden, so nenne man ihn wiederversöhnten Humor, entsprechend dem von Hause aus versöhnten und dem entzweiten Humor.

UNTERARTEN DES HUMORS.

Die beiden im Vorstehenden unterschiedenen Einteilungen von Arten des
Humors kreuzen sich. Und daraus ergeben sich dreimal drei Arten.

Ich erhebe mich das eine Mal über das Zunichtewerden dieser oder jener Erwartungen und Forderungen in der Welt, weil ich den Humor dazu besitze, d. h. weil mein *Glaube* an das Seinsollende, meine Empfänglichkeit für das Gute, meine Freude am Schönen stark genug ist, um durch jenes Zunichtewerden nicht angetastet zu werden. Mag sich die Welt auch närrisch gebärden, und auch an meiner Person oder meinem Geschick das Närrische nicht fehlen, so bleibe ich doch meiner selbst und der Welt, in dem, was den Kern oder das Wesentliche an beiden ausmacht, gewiss. Vielmehr, indem ich diese Selbstgewissheit oder diese Erhabenheit meiner Betrachtung oder Stimmung dem Närrischen entgegensetze und sie ihm zum Trotz behaupte, tritt diese Selbstgewissheit erst in ihrer Stärke hervor, oder zeigt sich in der Macht, die sie in mir besitzt.

Offenbar gewinnt dieser "subjektive" Humor oder dieser Humor meiner Weltbetrachtung eine andere und andere Bedeutung, je nachdem die Betrachtung lediglich vom Standpunkte meiner individuellen Neigungen, Wünsche, Anschauungen, Stimmungen, oder von einem objektiven, d. h. allgemein menschlichen Standpunkt aus geschieht. Sie hat im letzteren Falle, obgleich ihrem Wesen nach subjektiv, doch objektive Geltung oder objektiven Wert. Die fragliche Weise der Weltbetrachtung gewinnt in anderer Richtung einen verschiedenen Charakter, je nachdem der Gegensatz des Erhabenen und Nichtigen, um den es sich dabei handelt, dem Gebiet der verstandesgemässen Erkenntnis oder dem Gebiet eudämonistischer Zweckmässigkeit, oder endlich dem eigentlich sittlichen Gebiete angehört.

Der Weltbetrachtung des versöhnten oder unentzweiten Humors steht gegenüber die Weltbetrachtung des entzweiten Humors oder die satirische Weltbetrachtung. Nicht immer ist die Negation des Seinsollenden harmlos. Oft genug sehen wir das Nichtige, das *wesentlichen* Forderungen der "Idee" widerstreitet, in Macht und Geltung, Unvernunft, Zweckwidrigkeit, sittliche Verkehrtheit herrschen in der Welt. Sie gebärden sich und dürfen sich gebärden als wahre Vernunft, als echte Zweckmäßigkeit, als hohe Moral. Der Wahnwitz wird heilig gesprochen. Der gebildete und der ungebildete Pöbel fällt anbetend nieder vor der aufgeblasenen und aufgeputzten Possenreisserei. Halte ich dem gegenüber — noch nicht den Glauben an den endlichen Sieg der Idee, aber das Bewusstsein der Erhabenheit und Würde ihres Wesens fest, gewinne ich es zugleich über mich, jenes Nichtige, weil ich seine Nichtigkeit und Hohheit durchschaue — nicht nur zu verurteilen, sondern zu verlachen, und in mir selbst oder in meinem Bewusstsein lachend zu vernichten, so verhalte ich mich in meiner Weltbetrachtung satirisch. Ich verspüre zunächst das Nichtige als Nichtiges, ich erlebe es, dass mit der Verneinung des Sittlichen, die ich in der Welt vorfinde, zugleich meine sittlichen Forderungen zunichte werden. Zugleich aber gewinnt mein sittliches Bewusstsein, indem es gegen seine Verneinung sich "erhebt", seine volle Grösse und Höhe. In dieser "Erhebung" besteht hier das Positive des Humors oder das siegreiche Auftauchen des Erhabenen aus dem komischen Prozess. Auch hier wiederum können die soeben, bei der versöhnt humoristischen Weltbetrachtung, angedeuteten Unterschiede gemacht werden.

Endlich erscheint der in dieser satirischen Weltbetrachtung liegende Gegensatz wiederum aufgehoben, der Humor wird im einem wiederum in sich versöhnten Humor, wenn und soweit ich mich zu der Überzeugung hindurchzuarbeiten vermag, dass das Nichtige, so sehr es in Geltung sein mag, doch schliesslich auch äusserlich oder objektiv in seiner Nichtigkeit offenbar werde, dass das Nichtige, wenn es sich auswirke, nicht umhin könne, sich aufzuheben oder seine Macht zu verlieren, und damit der Idee zum Siege zu verhelfen. Diese im tiefsten und höchsten Sinne humoristische Weltbetrachtung bezeichnen wir als ironische Weltbetrachtung oder als Weltbetrachtung des ironischen Humors. Ich brauche nicht zu sagen, dass dieser ironische Humor mit der "Ironie" der romantischen Schule nicht etwa eine und dieselbe Sache ist.

Die gleichen drei Möglichkeiten, wie bei der humoristischen Weltbetrachtung, bestehen rücksichtlich des Humors der Darstellung. Die Darstellung ist harmlos humoristisch, oder wenn man will humoristisch im engeren Sinn, d. h. nie stellt das Kleine, die Schwächen an Menschen und das Komische ihres Schicksals dar; zugleich tritt aus der Darstellung der Glaube an das von der Komik umspielte Höhere, Sittliche, Erhabene versöhnend und erhebend heraus. Sie ist andererseits satirische Darstellung des anmasslichen und in Geltung stehenden Nichtigen und Verkehrten, eine Darstellung, die diesem Anmasslichen die Maske vom Gesicht reisst, den Schein, dass es ein Recht habe, in Ansehen und Geltung zu stehen, zerstört, es dem Verlachen preisgiebt, aber eben dadurch die Würde und einzige Hoheit der "Idee" vor Augen stellt.

Offenbar ist hiermit dasjenige bezeichnet, was man gemeinhin oder vorzugsweise mit dem Namen der Satire zu belegen pflegt.

Die humoristische Darstellung ist endlich ironische Darstellung des die Idee Negierenden, das heisst eine Darstellung, die nicht nur *gegen* das Nichtseinsollende sich "erhebt", sondern zugleich in demselben den Keim der Selbstvernichtung erblickt, und im Glauben, dass schliesslich alles zum Guten dienen müsse, das Dasein desselben heiter über sich ergehen lässt.

DIE HUMORISTISCHE DARSTELLUNG UND DER WITZ.

Hier ist der Punkt, wo auf die ästhetische Bedeutung, die der Witz zu gewinnen vermag, oder auf die Bedeutung des Witzes als eines Elementes des Humors, speciell hingewiesen werden kann.

Der Witz an und für sich, als dies reine Vorstellungsspiel, kann ebensowenig wie die objektive Komik auf ästhetischen Wert Anspruch erheben. Auch er kann einem ästhetisch Wertvollen nur *dienen*. Er ist aber als *logisches* Spiel, zu dem jede sachliche und persönliche Beziehung nur als ein ihm Fremdes hinzukommt, auch davon noch um einen Schritt weiter entfernt als das objektiv Komische.

Der Witz nähert sich jener Aufgabe zunächst, insoweit bei ihm *Wahrheiten* aus dem komischen Prozess auftauchen und sich behaupten. Aber er nähert sich ihr damit auch nur. Das ästhetisch Wertvolle, oder das "Schöne", ist nicht das Wahre, so gewiss Wahrheit Bedingung der Schönheit ist. Auch *"ergetzliche* Belehrung" ist keine ästhetische Leistung.

Ästhetischer Wert ist Wert von Objekten, von Gegenständen der Anschauung oder der Phantasie. Es ergiebt sich daraus, dass der Witz ästhetische Bedeutung besitzen kann, nur sofern er solche Objekte, also Dinge, Menschen, ein Geschehen an Dingen oder Menschen, in die komische Vorstellungsbewegung, in welcher er psychologisch betrachtet besteht, hineinzieht. Insoweit aber dies der Fall ist, ist der Witz nicht mehr blosser Witz, sondern trägt ein Moment der objektiven Komik in sich. Als Mittel zur Erzeugung der objektiven Komik also kann der Witz allein ästhetische Bedeutung gewinnen.

In die komische Vorstellungsbewegung des Witzes wird nun zunächst dasjenige hineingezogen, auf dessen Kosten der Witz gemacht wird. Dies "Objekt" des Witzes wird durch den Witz in komische Beleuchtung gerückt, also als komisch oder in seiner Komik *dargestellt.* Der Witz, sofern er objektive Komik erzeugt, ist demnach eine Weise der komischen Darstellung. Diese wird zur humoristischen Darstellung, wenn sie — humoristisch ist Und dies kann sie sein in der soeben bezeichneten dreifachen Art:

Der Witz deckt *harmlos* witzig, oder im engeren Sinne humoristisch, Schäden und Schwächen auf, greift die Wirklichkeit, selbst die erhabenste an, wo immer sie ihm einen Angriffspunkt bietet, und verrät dabei seinen Glauben an die unmittelbare Gegenwart und Macht der "Idee". Er geisselt *satirisch*, mit schneidendem Witze, das Nichtseinsollende, das sich bläht, und zeigt darin die Festigkeit seines vernünftigen und sittlichen Bewusstseins. Er wird endlich zur witzig *ironischen* Darstellung, aus der der Glaube an den schliesslichen Sieg des Seinsollenden oder der Idee hindurchleuchtet.

Sowenig, wie bereits zugestanden, die im XIII. Kapitel gegebene Einteilung der Arten des Witzes vom ästhetischen Gesichtspunkte beherrscht war, so wollte ich doch in ihr auf die soeben bezeichnete dreifache Möglichkeit der ästhetischen Verwertung des Witzes schon in gewisser Weise vorbereiten. Ich wollte dies durch die Art, wie ich von dem bloss scherzenden Witze den charakterisierenden und andererseits den ironischen Witz unterschied.

Nicht als könnte diese Unterscheidung mit jener Unterscheidung des harmlosen, satirischen, und ironischen Humors einfach zusammentreffen. Der charakterisierende Witz kann ja auch Schwächen *harmlos* charakterisieren; er dient andererseits der Charakterisierung des Wertvollen sogut wie der des Nichtigen. Der ironische Witz kann dem harmlos Bescheidenen, das selbst keinen Anspruch erhebt, spielend einen Anspruch leihen, um diesen Anspruch wieder in sein Gegenteil umschlagen zu lassen, und auch er kann andererseits am Wertvollen sich vergreifen.

Immerhin fehlt eine Beziehung zwischen beiden Unterscheidungen nicht. Der bloss scherzende Witz, der nur, was ihm eben vorkommt, in seine willkürliche Beleuchtung rückt, ohne den Anspruch zu machen, es in seinem eigentlichen Wesen zu treffen oder in seinem wahren Lichte erscheinen zu lassen, kann auch nicht den Anspruch erheben, das *Nichtseinsollende* in seinem wahren Wesen blosszustellen oder in sein Nichts zürückzuschleudern. Ihm bleibt nichts als das harmlose *Spiel* mit Personen und Objekten, und die das Wesen der Objekte nicht berührende Komik, der sie damit verfallen.

Dagegen liegt es in der Natur den charakterisierenden Witzes, auch das Wesen des thatsächlich Nichtigen oder der Idee Widrigen, das sich erhaben geberdet, zu beleuchten.

Ebenso wird der ironische Witz, der zunächst nichts ist, als die in ihr Gegenteil umschlagende Bezeichnung oder Aussage, im ironischen Humor, der den Anspruch des Nichtseinsollenden in sein Gegenteil umschlagen lässt, eine wichtige, über den Witz hinausgehende Aufgabe haben. Er wird diese Aufgabe erfüllen, beispielsweise immer dann, wenn die in ihr Gegenteil umschlagende Bezeichnung oder Aussage einen solchen Anspruch des Nichtseinsollenden zum Inhalte hat.

XVIII. KAPITEL. DER OBJEKTIVE HUMOR.

UNENTZWEITER HUMOR.

Dieselben drei Möglichkeiten oder Stufen, wie wir sie beim Humor der Weltbetrachtung und beim Humor der Darstellung unterschieden haben, bestehen endlich auch beim objektiven Humor. Darauf haben wir noch etwas näher einzugehen.

Nach dem oben Gesagten unterscheiden wir einen harmlosen, in sich unmittelbar versöhnten, unentzweiten, im engeren Sinne "humoristischen" objektiven Humor; andererseits einen in sich entzweiten oder satirischen; endlich einen wiederversöhnten oder ironischen objektiven Humor.

Der objektive Humor gewinnt ein mannigfaltigeres Ansehen, wenn wir mit dieser Dreiteilung hier sogleich den Gegensatz der Situations- oder Schicksalskomik und der Charakterkomik verbinden, den wir oben bei Betrachtung der objektiven Komik feststellten, dann aber einstweilen ausser Acht liessen. Indem ich die hieraus sich ergebenden Arten des Humors bezeichne, setze ich gleich voraus, dass der Humor in Form des Kunstwerkes uns entgegentrete. Dabei nehme ich mir die Freiheit, den Namen "Komödie" zu verallgemeinern, und nicht nur das zunächst so benannte dramatische Kunstwerk damit zu bezeichnen, in dem die Komik die höchste künstlerische Verwertung findet, sondern jedes Kunstwerk, in dem und soweit in ihm ein dargestelltes Komisches Träger des Schönen oder Vermittler des ästhetischen Wertes ist.

Die "Komödie" in diesem Sinne ist erstlich harmlose oder im engeren Sinne *"humoristische" Schicksalskomödie*. Der Mensch erfährt die Tücke des Schicksals, sei es in Gestalt des blinden Zufalls, sei es in Gestalt des neckenden oder feindlichen Thuns anderer, und wird objektiv komisch, er erhebt sich aber darüber, als über etwas, das ihm und seinen wesentlichen Zwecken nichts anhaben kann. – Ihr steht entgegen die harmlose *Charakterkomödie*, das heisst dasjenige Kunstwerk, in dem in der Schwäche, Beschränktheit, Verkehrtheit des Individuums und durch dieselbe das relativ Gute, Vernünftige, Gesunde, kurz das positiv Menschliche sich offenbart.

Diese Art der Schicksals- und Charakterkomödie verwirklicht sich in der epischen Poesie, und soweit jener Gegensatz des Individuums und seiner Komik in einer einzigen Situation darstellbar ist, schon in der bildenden Kunst. Dass sie dagegen in Gestalt des dramatischen Kunstwerkes auftrete, daran hindert der ihr eigentümliche Mangel des dramatischen Konflikts und der dramatischen Entwicklung. Mag im komischen Drama der Konflikt gelöst werden, oder zur Unlösbarkeit sich zuspitzen, in jedem Falle besteht ein Konflikt, und in jedem Falle wird — nicht der Konflikt, aber das Komische oder Nichtige, irgendwie überwunden, nämlich objektiv thatsächlich im Falle der Lösung, nur innerlich im Falle der Unlösbarkeit des Konfliktes. Wo aber die Person über die Tücke des Schicksals sich im oben vorausgesetzten Sinne unmittelbar "erhebt", ich meine in dem Sinne, dass sie trotz alles Strauchelns und Fallens doch ihrer selbst und ihrer guten Zwecke sicher bleibt, da ist der Gegensatz zwischen ihr und dem Schicksal für sie selbst von vornherein aufgehoben. Und damit ist Beides ausgeschlossen, sowohl dass sie das Schicksal bekämpfe und äusserlich darüber triumphiere, als auch dass sie dem übermächtigen und sie äusserlich vernichtenden Schicksal die Würde ihrer Persönlichkeit entgegenstelle und es so innerlich überwinde. Ebenso ist bei der komischen Person, über deren verkehrtes Gebahren wir uns um des dahinterliegenden Guten willen "erheben", so dass es uns nicht hindert, den Wert der Person zu erkennen und anzuerkennen, der Gegensatz zwischen dem Guten und der Verkehrtheit *für uns* von vornherein überwunden. Wir können darum nicht fordern, dass eine solche Überwindung noch besonders sich *vollziehe*. Das heisst: wir können weder fordern, dass das Verkehrte in der Person thatsächlich negiert, beseitigt, weggeschafft werde, noch dass die bleibende Verkehrtheit in ihr Nichts zurückgeschleudert und dadurch ein von ihr *negiertes* Erhobene in seiner Würde uns erst zum Bewusstsein gebracht werde.

In mancherlei Graden kann dieser harmlose Humor im Kunstwerk verwirklicht sein. Vor allem kommt hier jener Unterschied des unbewußten und bewussten Humors zu seinem Rechte, der bereits von uns betont wurde. In erster Linie war damals gedacht an den

Humor des komischen *Charakters*. Derselbe Gegensatz besteht aber auch beim Humor des komischen Schicksals. Wir begegnen der untersten Stufe des objektiven Humors der einen und der anderen Art im Humor des naiven Kindergemütes, das weder der Unzulänglichkeit oder Verkehrtheit seines Wollens, noch der Komik des Schicksals, die es straucheln und fallen lässt, sich bewusst ist. Wir begegnen beiden Arten des Humors in ihrer höchsten Steigerung bei der vollbewussten Persönlichkeit, die in ihrem erhabenen Wollen nicht nur die komische Situation deutlich erkennt, in welche, sie der natürliche Lauf der Dinge geraten lässt, sondern auch die eigene Unvollkommenheit klar durchschaut, darum aber doch weder am Weltverlauf noch an sich selbst irre wird.

Ohne Zweifel würde es zur vollkommenen Persönlichkeit gehören, dass sie das komische Geschick jederzeit voraussähe und abzuwenden wüsste. Darnach muss vom erhabensten Standpunkte aus jede Schicksalskomik zugleich als Charakterkomik erscheinen. Aber auch für den niedrigeren, menschlichen Standpunkt können die beiden Arten der Komik nicht nur in einer Person sich vereinigen, sondern sie werden sich jederzeit irgendwie, bald in höherem bald in geringerem Grade, wechselseitig bedingen. Es ist also auch die Scheidung zwischen Schicksals- und Charakterkomödie nur eine in Gedanken rein vollziehbare; während in der Wirklichkeit der Kunst die beiden in mannigfacher Weise sich verbinden. Je mehr die Charakterkomödie über die Einfachheit eines Bildes hinausgeht oder aus der Stille eines bescheidenen Daseins in den Strom des Lebens tritt, um so weniger werden dem Helden, um seiner eigenen Komik willen, komische Situationen erspart bleiben können. Umgekehrt wird die Schicksalskomödie, je weniger sie sich auf der Oberfläche des blinden Zufalls hält, um so mehr im Charakter des Helden einen schwachen Punkt statuieren müssen, aus dem das komische Schicksal begreiflich erscheint. Das Leben des anspruchslosen Schulmeisterleins Wuz von Auenthal kann so "still und meergrün" verlaufen, wie es verläuft. Schon Onkel Bräsig dagegen greift soweit in das Geschick Anderer ein, dass er es sich gefallen lassen muss, durch sein gutmütiges Ungeschick in allerlei Ungemach zu geraten; und dass er darein gerät, ist uns wiederum nur aus seiner komischen Natur verständlich.

SATIRISCHER HUMOR.

Was hier über das Zusammentreffen und Zusammenwirken von Schicksals- und Charakterskomödie gesagt wurde, gilt nun ebensowohl auch für die anderen Gattungen der Komödie, d. h. für die des ungelösten und die des gelösten Konfliktes, die ich nach Obigem auch als satirische und ironische Komödie oder als Komödie des entzweiten und des wiederversöhnten Humors bezeichnen kann. Mit beiden stehen wir auf dramatischem Boden, ohne dass doch die epische Gestaltung ausgeschlossen wäre.

Wenn ich hier von einem Konflikte spreche, so meine ich nicht irgendwelchen Konflikt, sondern denjenigen zwischen dem Nichtigen, der Thorheit, dem Lächerlichen in irgend einer Sphäre einerseits, und dem Erhabenen, der Vernunft, dem Seinsollenden andererseits. Und der Konflikt ist ungelöst, dies heisst, dieser Gegensatz bleibt bestehen; das Lächerliche, sei es nun ein Lächerliches an einer Person, oder das Lächerliche einer Situation, oder beides zugleich, hört nicht auf zu existieren. Es wird nicht thatsächlich aus der Welt geschafft, macht nicht einem Erhabenen Platz, schlägt nicht in ein solches um. Es wird freilich Überwunden, aber nur innerlich, d. h. im Bewusstsein. Diese Überwindung kann nur darin bestehen, dass sein Anspruch als ein Erhabenes oder Seinsollendes betrachtet zu werden, als ein Zurechtbestehendes, Überlegenes, Vornehmes, Grosses zu gelten, oder auch sein Anspruch ein Mächtiges zu sein, zu nichte wird.

Dies Zunichtewerden muss nun irgendwie sich vollziehen. Es muss im humoristischen Kunstwerke etwas geben, dass solchen Anspruch aufhebt. Dies erscheint dann als Träger des Seinsollenden oder der "Idee"; und zwar als Träger der siegreichen Idee. Auch dieser Sieg ist beim objektiven satirischen Humor oder in der satirischen "Komödie" nicht ein thatsächlicher, sondern ein solcher im Bewusstsein.

Hier erhebt sich nun die Frage: In wessen Bewusstsein? Die Antwort lautet: In jedem Falle in dem unsrigen. Vielleicht aber auch im Bewusstsein dargestellter Personen.

Und dazu tritt die andere Frage: Wo findet sich die Idee, oder was ist der Träger derselben? Auch darauf sind verschiedene Antworten möglich.

310

Das Nichtige, Unvernünftige, Lächerliche, aber mit Anmassung, d. h. mit Anspruch auf Würde Auftretende kann zunächst sich in seiner Nichtigkeit offenbaren im natürlichen Verlauf der Dinge, im einfachen sich Auswirken, in irgend einem Konflikt mit den Umständen. Dabei nehmen wir an, der Träger des Lächerlichen sei sich seiner Lächerlichkeit nicht bewusst. Er verlacht, so setzen wir voraus, nicht sich selbst, sondern geht fröhlich seinen Weg. Er erreicht sein Ziel, behält also äusserlich betrachtet Recht. Er steigt nur eben notgedrungen von seiner angemassten Höhe herab, muss sich ohne Maske zeigen, muss mit dem von ihm Verachteten, dass seine Nichtigkeit und vielleicht Nichtswürdigkeit offen zur Schau trägt, sich auf eine Linie stellen, mit ihm paktieren, ihm den "brüderlichen Versöhnungskuss" reichen.

Dass dies geschieht, ist das Verdienst jenes natürlichen Verlaufs der Dinge. Der Zusammenhang des Geschehens, die innere Logik desselben, die in ihm waltende sittliche Notwendigkeit will es so. Mit diesem Zusammenhang, dieser Logik, dieser sittlichen Notwendigkeit sympathisieren wir. Sie erscheint als das Erhabene. In dem hieraus entspringenden Gefühl sind wir versöhnt.

Man kann dies Versöhntsein als Schadenfreude bezeichnen. Aber es ist
Schadenfreude besonderer Art, nämlich sittliche Schadenfreude. Jede
Schadenfreude ist — nicht Freude am Schaden Anderer als solchem, sondern
Freude an der Aufhebung eines auf der eigenen Persönlichkeit liegenden
Druckes, Freude am einer Befreiung und damit Steigerung des
Selbstbewusstseins. Und sittliche Schadenfreude ist Freude an einer Befreiung und damit einer Steigerung des sittlichen Selbstbewusstseins.

Solche Schadenfreude oder solche sittliche Befreiung kommt in uns auch zu stande angesichts der satirischen Darstellung, von der ich oben sagte, dass ihr wohl zunächst der Name der Satire zukomme. Davon unterscheidet sich die satirische "Komödie", von der wir hier reden, dadurch, dass bei ihr das Befreiende nicht nur in der

Darstellung, sondern objektiv als Gegenstand der Darstellung uns entgegentritt. Die Befreiung besteht im Miterleben der durch den Zusammenhang des Geschehens bewirkten Vernichtung des Erhabenheitsanspruches des Nichtigen.

Dieser Zusammenhang des Geschehens ist hier der eigentliche Held, oder tritt an die Stelle desselben. Wo wir eine *Person* in einem poetischen Kunstwerk als Helden bezeichnen, meinen wir damit die Person, auf welche schliesslich der ganze mannigfache Inhalt des Kunstwerkes sich bezieht, nicht irgendwie äusserlich, sondern ästhetisch, d. h. in der Art, dass unser ästhetisches Interesse an diesem Inhalt in dem Interesse am Helden mündet oder zur Einheit sich zusammenfasst. Dies Interesse ist aber positives Miterleben, d. h. ein solches, in welchem wir eine eigene Lebenssteigerung erfahren. Wir können also auch sagen: Der "Held" bezeichnet den Punkt, in dem dasjenige, was wir angesichts des ganzen Kunstwerkes miterleben sollen, oder was uns durch das ganze Kunstwerk Positives gegeben werden soll, in Eines sich zusammenfasst.

Dieser Punkt nun ist in unserem Falle bezeichnet durch den Zusammenhang des Geschehens. Er ist also der "Held". Oder: die "Idee" ist der Held, sofern sie in diesem Zusammenhang sich als übermächtg ausweist, nämlich übermächtig über den Erhabenheitsanspruch des Nichtigen. Dagegen können die Träger des Nichtigen nicht Helden sein. Ihnen fehlt das Positive. Es wird darum auch kein Einzelner in einem solchen Kunstwerk alles beherrschend heraustreten. Was uns entgegentritt, wird eine Gruppe von Menschen sein, eine Gesellschaftsklasse, Vertreter eines Standes oder mehrerer Stände.

Damit ist zugleich gesagt, dass der *Humor* der Sache hier — nicht in den Entlarvten oder ihres Erhabenheitsanspruches Beraubten, sondern in diesem Zusammenhang des Geschehens, oder dieser "Idee" seinen Träger hat. Der Humor liegt in der aus der Verschleierung oder versuchten Vernichtung emportauchenden Wahrheit. Dieser Humor ist nicht Schicksalshumor und nicht Charakterhumor, oder er ist beides. Der Gegensatz zwischen beiden kann eben hier, weil der Held nicht persönlich ist, noch nicht hervortreten. Der Zusammenhang des Geschehens ist komisch. Und sofern die Idee, das Seinsollende, die Wahrheit, nur in diesem Geschehen, oder in

Gestalt desselben für uns gegenwärtig ist, erscheint auch sie mit der Komik *behaftet*. Andererseits ist doch jener Zusammenhang ein Zusammenhang des *Geschehens*; die Komik ist also Schicksal; die komische Verschleierung oder versuchte Vernichtung *widerfährt* der Idee.

Ist die Idee oder das Positive bei dieser satirischen Komödie nicht persönlich, so ist es doch quasi-persönlich. Wir beleben, beseelen, also personifizieren schliesslich auch einen solchen abstrakten Zusammenhang des Geschehens. Wir reden von treibenden Kräften, die in einem solchem Zusammenhang wirken. Solche "Kräfte" sind, wie alle "Kräfte", Persönlichkeitsanaloga.

Immerhin steht ein derart abstrakter Zusammenhang uns persönlich umso ferner und ist unserem Mitleben umso weniger unmittelbar zugänglich, je abstrakter er ist. Er wird aber in der That so abstrakt, wie wir ihn bisher gedacht haben, niemals bleiben.

Verschiedene Möglichkeiten bestehen zunächst, wie konkret Persönliches in ihn eingehen kann. Immer wird es in dieser satirischen Komödie geschehen, dass Lächerliches und Lächerliches *wechselseitig* sich blosstellt, noch nicht mit Bewusstsein von der Lächerlichkeit oder Jämmerlichkeit des Blossgestellten, sondern nur einfach thatsächlich. Es ist dann die Macht der Wahrheit in dem Lächerlichen selbst wirksam. Dass diese Wirksamkeit unbewusst, ja gegen den Willen des Lächerlichen geschieht, mindert nicht, sondern steigert den Eindruck dieser Macht.

Es können aber auch die Träger des Lächerlichen mehr oder minder bewusst einer dem anderen das Recht auf Erhabenheit streitig machen, und einer den anderen in seiner Nacktheit zeigen. Ebenso können andererseits diejenigen, denen dies widerfährt, von ihrer Nacktheit ein mehr oder minder deutliches Bewusstsein haben. Vielleicht auch ist unter den Verkehrten ein Cyniker, der das Kind beim rechten Namen nennt und damit der sich vornehm dünkenden Niedrigkeit ihren Spiegel vorhält. In allen solchen Fällen ist es von Wichtigkeit, dass der *selbst* in die Verkehrtheit *Verstrickte* die Verkehrtheit in ihr Nichts verweist oder zurückschleudert. Es zeigt sich darin die Macht der Wahrheit doppelt deutlich. Der Cyniker, der die Wahrheit eingestellt, thut der Wahrheit einen grösseren Dienst, als der Tugendhafte, der sie verkündigt, oder gar der Moralist, der sie predigt. Hier ist die Wahrheit einfach da. Dort siegt sie über das Schlechte, dessen natürlicher Schutz die *Lüge* ist.

Andererseits kann zu denjenigen, um deren Verkehrtheit eigentlich es sich handelt, eine Gestalt *hinzutreten,* die irgendwie in positiver Weise die Idee, und damit den Standpunkt des Beschauers vertritt. Mit ihr ist ein Zuwachs des Humors gegeben, schon wenn sie lediglich lachend und verlachend in die Komik eingeht oder sich *einlässt.* Einen weiteren Zuwachs erfährt die Komik, wenn diese Gestalt gleichfalls in ihrem *Wesen* komisch und schliesslich lächerlich ist, aber eben in ihrem komischen Gebaren oder in ihrer lächerlichen Erscheinung das Bewusstsein von jener Verkehrtheit erst recht machtvoll zu Tage tritt.

Ein Verkommener etwa, ein mauvais sujet, sagt den Heuchlern derbe Wahrheiten; und wir verspüren die Wirkung viel eindrucksvoller, als wenn sie aus anderem Munde käme. Vielleicht hat er das Recht der Wahrheiten an seinem eigenen Leibe erfahren. Ehe er so verachtet war, wie er es jetzt ist, war er so verächtlich, wie diejenigen sind, die ihn jetzt verachten. Oder eine niedrige Gesinnung von der Art, die hier vor ihm sich brüstet, und als edel oder menschenfreundlich sich ausgiebt, hat ihn zu dem gemacht, was er jetzt ist. Er wird von den Heuchlern ausgestossen. Aber sie sind die Gerichteten.

Oder ein komischer Polterer, aber gesund und ehrlich, nicht ohne moralische Grösse, vertritt seinen Standpunkt gegenüber dem Unwahren, Verschrobenen oder innerlich Verrotteten. Die sich erhaben Dünkenden gehen aber über ihn hinweg. Er ist in ihren Augen ein Narr. Um so mehr übt seine Gesundheit und Ehrlichkeit ihre herzerfreuende Wirkung.

Hierbei ist nicht vorausgesetzt, dass solche Gestalten Helden seien. Sie können Nebenpersonen sein, die auftreten und wieder verschwinden. Dann bleibt der "Held" noch immer der Zusammenhang des Geschehens, nur dass zugleich die in diesem Zusammenhang waltende Idee in solchen Gestalten verdichtet, uns anschaulich gemacht und dadurch näher gerückt ist. Sie sind noch nicht *die* Träger, aber sie sind doch Träger der Idee, das heisst des Positiven, das uns nahe gebracht werden soll.

Von da geht die "Verdichtung" der Idee weiter. Zugleich scheidet sich schärfer und schärfer der Humor der Schicksals- und der Humor der Charakterkomik. Eine Persönlichkeit wird nicht nur verlacht, sondern sie ist der eigentliche Gegenstand des Lachens. Sie ist es um des Vernünftigen oder Guten willen, das in ihr ist, das aber in eine verschrobene oder heuchlerische Umgebung nicht hineinpasst. Sie hält dem Lachen stand und bethätigt damit die Sicherheit ihres vernünftigen oder sittlichen Bewusstseins. Dies ist satirischer Schicksalshumor. Das Kunstwerk, das uns dergleichen zeigt, ist satirische Schicksalskomödie. In ihr ist jener Verlachte der Held. Ein Beispiel ist *Molière*'s "Menschenfeind", dessen Titelheld uns in seiner eigensinnigen Ehrlichkeit um so lieber wird, jemehr alle ihn verspotten und im Stiche lassen. Dass zugleich auch sein Wesen nicht von Komik frei ist, macht uns dies Schicksal begreiflicher und lässt es uns milder erscheinen.

Diesem ausgeprägten satirischen Schicksalshumor steht entgegen der satirische Charakterhumor, bei welchem in der verkehrten Persönlichkeit selbst der Gegensatz des Erhabenen und des Närrischen zu einem äusserlich ungelösten Konflikte sich zuspitzt. Das verkehrte Wollen zeigt sich machtlos. Die Persönlichkeit erlebt es an sich selbst, dass die Vernunft oder das Gute dem verkehrten Wollen überlegen ist. Sie giebt, wenn auch widerwillig der Vernunft oder dem Guten Recht. Der Konflikt ist ungelöst, sofern wir hier voraussetzen, dass der Verkehrte nicht etwa vernünftig wird. Es wird ihm nur eben die Unvernunft seines Gebarens zum Bewusstsein gebracht. Er steht beschämt. So steht *Mephisto* "beschämt", indem er "gestehen muss", der "dunkle Drang" im Menschen sei mächtiger als er. Er höhnt über sich und seine Mitteufel, weil die Liebe sich ihnen überlegen erwiesen hat. Darin liegt solcher satirischer Charakterhumor.

Was *Mephisto* dazu bringt, die Nichtigkeit seines verkehrten Wollens zu erkennen, ist das komische Scheitern seiner Pläne, also die Komik seines Schicksals. So wird überhaupt dieser satirische Charakterhumor oder dieser Humor "des in sich komisch entzweiten Charakters" überall durch die Komik des Schicksals, die ihrerseits durch die Verkehrtheit des Charakters bedingt ist, vermittelt sein.

Nicht nur die Schicksalskomik, sondern der Humor des dem komischen Geschick sich entgegenstellenden und standhaltenden Charakters, verbindet sich mit solchem Charakterhumor bei *Hamlet*, *Lear* u. a. Auch *Lear* ist beschämt in der Erkenntnis der Thorheit, durch die er sich sein lächerliches Schicksal zugezogen. Zugleich zeigt er sich als "jeder Zoll ein König" in dem Geschick, das ihn durch seine Schuld und doch so unverdient trifft. Beides zusammen macht ihn erst so gross und liebenswert.

Der Humor im *Lear* schlägt in furchtbare Tragik um. Aber, wie schon gesagt, Humor und Tragik sind Geschwister. Und es sind Geschwister, die sich oft schwer unterscheiden lassen.

Zunächst ist leicht zu sehen, welche *speciellere Parallele* hier zwischen Humor und Tragik sich ergiebt: Der Schicksals- und Charakterkomödie, speciell der soeben besprochenen Art, entspricht eine Schicksals- und Charaktertragödie, und der Vereinigung jener beiden die Vereinigung dieser. Dem Humor im Misanthrop steht gegenüber die Schicksalstragik in Antigone, Maria Stuart, die nicht dem komischen, sondern dem in brutaler Härte auftretenden Schicksal äusserlich unterliegen, um es innerlich zu überwinden. Ebenso dem Humor des Mephistopheles die Tragik des Macbeth, der nicht seine Thorheit, sondern das Furchtbare seines Thuns erkennt, dadurch aber ebenso wie Mephistopheles der Idee Recht giebt und ihre Macht an sich erweist. Endlich sind beide Arten der Tragik vereinigt im Wallenstein, Coriolan etc. Dass die Schicksalstragödie, von der ich hier rede, nicht zusammenfällt mit der Karikatur derselben, die in der Literaturgeschichte speciell diesen Namen trägt, brauche ich nicht besonders zu betonen.

Andererseits berühren sich Humor und Tragik unmittelbar. Es braucht nur der komische Konflikt ein gewisses Mass der Schärfe zu überschreiten, um ohne weiteres zum tragischen zu werden. Umgekehrt sehen wir den Räuber Moor seine Auflehnung gegen die sittliche Weltordnung humoristisch fassen, wenn auch verzweiflungsvoll humoristisch, nachdem er die ganze Widersinnigkeit seines Beginnens eingesehen hat.

DER IRONISCHE HUMOR.

Ebenso wie der zweiten Art des objektiven Humors die Tragik, so entspricht der dritten Art desselben, die wir kurz als den *ironischen* objektiven Humor bezeichnet haben, die Darstellung des Menschen, der ernste Konflikte glücklich Überwindet. Insbesondere hat die dramatische Schicksalskomödie des gelösten Konflikts in dem Schauspiele, dessen Held ernste äussere Widerwärtigkeiten besiegt, die entsprechende Charakterkomödie in dem Schauspiele, dessen Held über Regungen des Bösen in sich Herr wird, ihr Gegenbild.

Wir nennen diese dritte Art des Humors ironisch, weil wir, wie nun öfter betont, in der Überwindung des Nichtigen, im Umschlag seiner Ansprüche in ihr Gegenteil, das Wesen der Ironie sehen. In gewisser Art ist ja freilich Vernichtung des Nichtigen oder des der Idee Widrigen das eigentliche Wesen jeden Humors. So können wir es als eine Vernichtung bezeichnen, wenn das Nichtige dem Erhabenen von vornherein nichts anhaben kann, also von Hause aus machtlos erscheint, wie beim harmlosen Humor. Ebenso wenn es zur thatsächlichen Geltung kommt, zugleich aber innerlich überwunden wird, wie beim entzweiten oder satirischen Humor. Aber alles dies ist nicht Vernichtung in unserem Sinne, nicht Umschlag des die *Geltung* in der Welt sich anmutenden Nichtigen *selbst* in seiner objektiven *Thatsächlichkeit,* wodurch die Übermacht der Idee dokumentiert wird; darum nicht objektive Ironie, oder Ironie als Art des objektiven Humors.

Es kann aber das Nichtige in dreifacher Weise jener Vernichtung und jenem Umschlag anheimfallen. Dieselbe entspricht den drei Arten der witzigen Ironie, die wir oben schon mit Rücksicht hierauf unterschieden haben. Wir sahen in der ironischen Bezeichnung und dem ironischen Urteil eine Bezeichnung oder ein Urteil zergehen und der Wahrheit Recht geben, ohne weiteres, durch den blossen Eintritt in den Zusammenhang unseres Bewusstseins; wir sahen es in der "witzigen Widerlegung" zu Schanden werden durch eine Wahrheit, die ihm geflissentlich entgegentrat; wir sahen endlich in der "witzigen Folgerung" und "Konsequenz" den Umschlag erfolgen durch ein gleich Nichtiges, in dessen Gewand sich die Wahrheit kleidete. Dem entsprechend kann hier, bei dem ironischen objekti-ven Humor, das Nichtige zergehen, ohne besondere Anstrengung seitens eines Erhabenen, nur durch den Zusammenhang der Wirklichkeit, den natürlichen und vernünftigen Lauf der Dinge; oder es wird zu Falle gebracht durch die Übermacht eines ihm geflissentlich entgegentretenden und den Kampf mit ihm aufnehmenden Guten und Vernünftigen; oder endlich es wird in seiner Nichtigkeit und Machtlosigkeit offenbar durch seinesgleichen.

Eine ironische Schicksalskomödie der ersten dieser drei Stufen ist die
"Komödie der Irrungen", und die ganze Mannigfaltigkeit der Komödien, in
denen eine komische Verwickelung in ihrem eigenen Verlauf, durch die
Laune des Zufalls, durch das Wechselspiel närrischer Vorfälle und Einfälle sich löst.

Ihr steht entgegen die Charakterkomödie von der Art etwa der "Gelehrten Frauen", die von ihrer Vergötterung der Scheingelehrsamkeit durch die zufällige Entlarvung ihres Abgottes geheilt werden. Insofern ihre Thorheit zugleich den beiden Liebenden als feindliches, aber ohne ihr Zuthun sich lösendes Schicksal entgegentritt, ist diese Komödie zugleich, soweit diese beiden in Betracht kommen, Schicksalskomödie der gleichen Stufe.

Dagegen besiegt Petrucchio durch männliche Kraft und Klugheit die Komik des Geschicks, dass er sich mit Käthchen aufgebunden hat. Er thut es, indem er Käthchen selbst besiegt, und zur Vernunft bringt. So sind hier ironische Schicksals- und Charakterkomödie der zweiten Stufe unmittelbar verbunden. Ebenso sehen wir ein andermal die Damen in "Liebes Lust und Leid" durch ihre Liebenswürdigkeit, und die Liebe, die sie dadurch erwecken, über die Kavaliere, die ihnen die Thüre weisen, äusserlich triumphieren und zugleich sie von ihrem närrischen Vorsatz heilen.

Der Unterschied zwischen dieser Stufe und der vorigen ist kein unwesentlicher. Es ist ein Anderes, ob das Nichtige in sich selbst zu Fall kommt und das Gute und Vernünftige Recht behält, oder ob das Nichtige zu Fall gebracht wird durch ein positiv Gutes und Vernünftiges, das darin seine Übermacht betätigt. Dies hindert doch nicht, dass beide Stufen im selben Kunstwerk sich verbinden und dass sie in einander übergehen. Überhaupt handelt es sich ja hier nicht um feste Grenzen, sondern um fliessende Unterschiede; nicht um eine Klassifikation von Kunstwerken, sondern um die Aufstellung von Gesichtspunkten, denen sich dies oder jenes ganze Kunstwerk, oder auch nur diese oder jene Gestalt einen solchen mehr oder weniger unterordnet.

Ich sagte, Petrucchio siege durch männliche Kraft und Klugheit. Humoristisch ist doch er selbst und sein Thun nicht durch diese Kraft und Klugheit als solche. Der Humor fehlte, wenn dieselbe sich zur Verkehrtheit lediglich in Gegensatz stellte, sie in stolzer Selbstbewusstheit aufdeckte, abkanzelte, abwiese. Im Gegensatz hierzu schliesst der Humor, von dem ich hier rede, dies in sich, dass der Träger des Vernünftigen oder Guten von seiner Höhe herabsteigt, in die Komik eingeht, oder sich einlässt, demgemäss die Verkehrtheit *lachend* überwindet. So überwindet Petrucchio lachend Käthchens Tollheit.

Aber freilich Petrucchio thut noch mehr. Er übertollt die Tollheit der Widerspänstigen. Er besiegt sie mit ihren eigenen Waffen. Sofern er dies thut, gehört sein Humor bereits der dritten Stufe des ironischen Humors an.

Diese dritte Stufe findet sich, zunächst in der Form der Schicksalskomödie, verwirklicht in allen Komödien, in denen und soweit in ihnen das feindliche Schicksal oder die Person, die seine Rolle spielt, auf eigenem Boden und mit eigenen Waffen geschlagen wird. Hier wird das Nichtige von dem Erhabenen im Gewande seiner eigenen Nichtigkeit überwunden.

Mit dieser Schicksalskomödie muss nicht, aber es kann sich mit ihr die Charakterkomödie der gleichen Stufe verbinden. So ist "Minna von Barnhelm" beides, sofern der Major, der die Heldin in die komische Situation bringt, von ihr nicht nur besiegt, sondern damit zugleich geheilt wird. Beides gelingt ihr, indem sie ihm in der Maske seiner eigenen Narrheit entgegentritt.

In Minna von Barnhelm ist die Narrheit nur Maske; in den Helden der "Vögel" ist sie Wirklichkeit. Die Gründer des Vogelstaates sind ganz ausbündige Narren. Und doch sind auch sie Vertreter der Idee. Eben in ihrer Narrheit repräsentieren sie die gesunde Vernunft. Und indem das närrische Athenervolk mit seinen närrischen

Göttern vor ihnen sich beugt, beugt es sich vor der gesunden Vernunft. Oder wohin anders sollte sich, wenn es in der Welt und im Olymp so närrisch zugeht, die gesunde Vernunft flüchten können, als dahin, wohin sie sich flüchten, nach Wolkenkukuksheim? Was anders kann man noch wünschen, wenn es um alle höheren Interessen so übel bestellt ist, als sein Leben in Ruhe zu verbringen und seinen Leib zu pflegen? — Wie erhaben bricht aber doch wiederum die Idee, ich meine das sittliche Bewusstsein an dem Gewande der Narrheit hervor, dann etwa, wenn der Hauptnarr dem schlechten Sohne das Gebot, Vater und Mutter zu ehren, entgegenhält, oder den Sykophanten auf die Mittel hinweist, sich ehrlich und ohne Schurkenprozesse sein tägliches Brod zu verdienen. Wie nichtig erscheint die Anmassung des Schlechten, wenn sie aus solchem Munde sich muss strafen lassen, wie erhaben die Idee, wenn ihre Karikatur genügt, die Karikatur in der Welt der Wirklichkeit zu ihren Füssen zu zwingen und zu entthronen. Denn nicht das karikierte Athenertum, wie Droysen meint, können die Gründer des Vogelstaates sein, sondern nur die Karikatur, ich meine die närrische Verkleidung und absichtliche Verzerrung der gesunden Vernunft, die den Athenern *abhanden* gekommen ist, und nun trotz ihrer Karikatur und in aller Niedrigkeit und Possenhaftigkeit die wahre Narrheit lachend ad absurdum führt,

In der aristophanischen Komödie hat die Komik ihre ausgiebigste Verwertung im Dienste des Kunstwerkes gefunden. Hier ist höchster Humor, das heisst tiefster sittlicher Ernst, und grösste Freiheit des Geistes, lachend in den Strudel der Verkehrtheit hinabzutauchen, und darin die Hoheit des Vernünftigen, Guten, Grossen, kurz des Menschlichen zu bewähren.

Lightning Source UK Ltd.
Milton Keynes UK
UKHW021838250422
402051UK00003B/409

9 783849 549046